उपन्यासकार संजीव

किसान–आत्महत्या : यथार्थ और विकल्प

('फाँस' उपन्यास का सन्दर्भ)

उपन्यासकार संजीव

किसान-आत्महत्या : यथार्थ और विकल्प

('फाँस' उपन्यास का सन्दर्भ)

सम्पादक

प्रो. संजय नवले

वाणी प्रकाशन

वाणी प्रकाशन
4695, 21-ए, दरियागंज, नयी दिल्ली 110 002

शाखा
अशोक राजपथ, पटना 800 004

फ़ोन : +91 11 23273167 फ़ैक्स : +91 11 23275710

www.vaniprakashan.in
vaniprakashan@gmail.com
sales@vaniprakashan.in

KISAN-AATMHATYA : YATHARTH AUR VIKALP
Edited by Prof. Sanjay Nawale

ISBN : 978-93-87889-40-8
Criticism

प्रथम संस्करण

मूल्य : ₹ 595

सिटी प्रेस, दिल्ली-110 095 में मुद्रित

वाणी प्रकाशन का लोगो मक़बूल फ़िदा हुसेन की कूची से

“एक सूखी डाल पर लटकी हुई है ज़िन्दगी”

—गुंजन

प्रस्तावना

फाँस : दुखी किसानों के सर्वांगीण मुक्ति की कामना

भले भारतवर्ष में किसानों की आत्महत्याएँ कोई नयी बात न हो, परन्तु फिर भी जब भूमण्डलीकरण के दौर के बाद जिस तादाद में वह बढ़ती गयी, सारी दुनिया का ध्यान इस सामाजिक समस्या की ओर जाना स्वाभाविक था। राष्ट्रीय अपराध पंजीकरण संस्थान द्वारा सन् 2014 में यह संख्या 5,650 दर्ज की गयी। तब वह धोखे की सूचना मानी गयी। यह सामाजिक असन्तुलन एवं अस्वास्थ्यता का परिणाम माना गया और चिन्ता और चिन्तन का विषय बना। साहित्यिक, पत्रकार, समाज वैज्ञानिक आदि सबने मिलकर किसानों की समस्या की ओर शासन और समाज का ध्यान आकर्षित करने के लिए अपने-अपने ढंग से पहल की। 'हिन्दू' समाचार-पत्र में पत्रकार पी. साईनाथ ने इस पर खोजपूर्ण वृत्तान्त प्रकाशित किया। सर्वोच्च न्यायालय ने सरकार को अपने एक फ़ैसले के दरमियान किसानों की बदहाली मिटाने के लिए तुरन्त हस्तक्षेप की सलाह दी, तो सरकार हरकत में आयी। हिन्दी कथाकार संजीव का इन दिनों महाराष्ट्र में किसी बहाने आना-जाना रहा। वे किसानों की आत्महत्याओं की चश्मदीद गवाहों से सुनी, पढ़ी कहानियों से न सिर्फ़ दंग रह गये अपितु संवेदनशील साहित्यकार होने के कारण अन्दर-ही-अन्दर दहल भी उठे। इसका प्रतिबिम्ब हमें उनके द्वारा लिखे उपन्यास 'फाँस' (2015) में मिलता है।

कथाकार संजीव हिन्दी के बहुमुखी प्रतिभा के धनी रचनाकार हैं। कहानी, उपन्यास, नाटक, यात्रा-विवरण, बाल-साहित्य जैसे विभिन्न साहित्य प्रकारों में लेखन कर उन्होंने अपने समग्र साहित्यकार व्यक्तित्व को सिद्ध किया है। 'सारिका' पत्रिका की एक कहानी प्रतियोगिता में कमलेश्वर ने उनकी कहानी 'क़िस्सा एक बीमा कम्पनी की एजेंसी का' का चयन कर प्रकाशन किया और वे हिन्दी पाठकों के पसन्दीदा कथाकार बने। 'तीस साल का सफ़रनामा', 'आप यहाँ हैं', 'भूमिका', 'दुनिया की सबसे हसीन औरत', 'ब्लैक होल', 'खोज', 'गली के मोड़ पर सूना-सा दरवाज़ा' जैसे संग्रहों के ज़रिये उन्होंने अपनी डेढ़ सौ से अधिक कहानियों के ज़रिये यथार्थदर्शी कहानीकार के रूप में अपनी पहचान क़ायम की है। एक अध्यवसायी उपन्यासकार

के रूप में वे हिन्दी में जाने जाते हैं। कोई उपन्यास लिखना होता है, तो संजीव विषय की छानबीन, खोज, विषय का सर्व-स्पर्शी पठन-पाठन, सम्बन्धियों से विमर्श, यात्राएँ, भेंट, चर्चा-विमर्श कर जो परिश्रम उठाते हैं, वह उन्हें एक खोजी उपन्यासकार की संज्ञा प्रदान करता है। 'किसनगढ़ के अहेरी', 'सर्कस', 'सावधान! नीचे आग है', 'धार', 'जंगल जहाँ शुरू होता है', 'रह गयी दिशाएँ इसी पार' जैसे उपन्यास उनकी मेहनत, अनुसन्धान और प्रज्ञा का त्रिविध मेल है। उनका 'ऑपरेशन जोनाकी' नाटक भी बहुचर्चित रहा। 'सात समन्दर पार' शीर्षक यात्रा-विवरण उनके सूक्ष्म निरीक्षण की उपज है। 'हंस' का संपादन प्रेमचन्द की विरासत का विकास मानना चाहिए। यही बात 'फाँस' उपन्यास के बारे में भी कही जा सकती है। प्रेमचन्द ने किसान की बदहाली का विवरण करते हुए सन् 1936 में 'गोदान' उपन्यास लिखा, तो उनके सामने वाला किसान ऋण से दबा, धर्मभीरू था। आज़ादी के पूर्व काल का किसान दोहरे शोषण का शिकार था। आर्थिक शोषण साहूकार करते थे, तो धार्मिक शोषण पण्डित-पुरोहित। लगभग सौ वर्ष के बाद संजीव अपने उपन्यास 'फाँस' में किसान की आत्महत्या को स्वर देते लिखते है। तो साहूकारी सहकारी बनी और धर्म ने उसे कहीं का नहीं रखा है। जातीय शोषण धर्म का अंग बन गया है।

सन् 2015 में वाणी प्रकाशन से 'फाँस' प्रकाशित हुआ। सन् 1990 से भूमण्डलीकरण का आरम्भ हुआ। 2015 तक आते-आते पिछले पच्चीस बरसों में किसान की बदहाली सर्वांगी बनी और वह आत्महत्या के लिए विवश, विकल होता रहा। पिछले दो बरसों में तो ग्लोबल वार्मिंग के चलते मानसून ऐसा सनकी बना कि किसान उजड़-सा गया है। ऋण-मुक्ति से भी उसे जीवन-मुक्ति का आनन्द मिलना असम्भव बना। 'गोदान' पढ़कर हमने प्रेमचन्द की संवेदना नहीं ली। वही ग़लती हम संजीव के साथ भी कर रहे हैं। यही कारण है कि आज महाराष्ट्र के साथ पंजाब, मध्यप्रदेश, गुजरात का किसान आक्रोश करता कभी रेल की पटरी पर तो कभी रास्ते पर धरना धरे, मोर्चा निकाले, निवेदन थामे आत्मक्लेष को ज़ाहिर कर रहा है।

'फाँस' के प्रकाशन के बाद पिछले दो बरसों में विभिन्न पत्र-पत्रिकाओं में उस पर समीक्षाएँ प्रकाशित होना पाठक की पसन्द और अनुसन्धानकर्ताओं के प्रतिसाद और प्रतिक्रियाओं का जो क्रम चलता आया है, उससे यही सिद्ध हुआ है कि होरी की पीड़ा हमसे भुलाते न भूली अपितु दिन दुनी रात चौगुनी बेचैन करती रही। 'फाँस' का शिबू 'गोदान' के होरी का एन्लार्ज है। 'पक्षधर', 'बनासजन', 'पहल', 'फॉरवर्ड प्रेस' जैसी पत्र-पत्रिकाओं में 'फाँस' पर समीक्षाएँ प्रकाशित होना तथा विभिन्न संगोष्ठियों, चर्चा सत्रों, परिषदों में उस पर निरन्तर मन्थन होते रहना 'फाँस' में वर्णित किसानों की आत्महत्याओं के प्रति हमदर्दी है और वह लेखक को साधुवाद देने का बहाना

भी है, साथ ही अनेक समीक्षा ग्रन्थों, अनुसन्धान प्रबन्धों में 'फाँस' पर लिखा जाना, सन्दर्भित करना भी उपन्यास की लौकिक सफलता समझी जानी चाहिए। प्रो. (डॉ.) संजय नवले जो सम्प्रति डॉ. बाबा साहब आम्बेडकर मराठवाड़ा विश्वविद्यालय, औरंगाबाद (महाराष्ट्र) में हैं, उनके द्वारा संपादित किया 'किसान आत्महत्या, यर्थाथ और विकल्प: उपन्यास 'फाँस' शीर्षक समीक्षा ग्रन्थ न सिर्फ़ छपी समीक्षाओं की कतरनों का संग्रह है, वह 'फाँस' उपन्यास में वर्णित सामाजिक समस्या को विवेचन, विश्लेषण के ज़रिये लक्ष्य तक पहुँचाने का प्रतिबद्ध प्रयास भी है। यह ग्रन्थ चाहता है कि किसानों की आत्महत्या का सिलसिला समाप्त हो, किसान ऋण-मुक्त हों, उन्हें अपनी उपज के वाजिब दाम मुहैया हों, उनकी बेटी की शादी और बेटे की शिक्षा साधनाभाव में अधर में न लटकती रहे और ढेर सारी अपेक्षाएँ। यह सब 'फाँस' के ज़रिये संजीव द्वारा जगाये अलख का परिणाम है। इसका लेखक किसान-पुत्र है, वैसे सम्पादक और समीक्षक भी। कुछ भूमिहीन भी है, जो किसान की पीड़ा से अधिक दुखी और संवेदनक्षम नज़र आते हैं। प्रस्तुत ग्रन्थ पारम्परिक समीक्षा ग्रन्थ इसलिए नहीं रहा क्योंकि यह यूजीसी के अनुदान का न तो मोहताज है, न ही किसी चर्चा-सत्र में बटोरे गये शोध-निबन्ध है। बल्कि कुछ तो लिखवाए हुए भी हैं।

डॉ. संजय नवले एक लिखने, पढ़ने वाले अध्यापक, अनुसन्धानकर्ता, एवं अनुवादक हैं। 'उपन्यासकार मधुकर सिंह' आपकी समीक्षात्मक पुस्तक है। 'मराठी दलित कहानियाँ' में आपने कहानियों के मराठी से हिन्दी में अनुवाद के साथ उनका सम्पादन भी किया है। आपकी सम्पादन कुशलता का साक्षी है, 'स्वातन्त्र्योत्तर हिन्दी कथा-साहित्य में स्त्री-विमर्श' ग्रन्थ। 'साहित्यशास्त्र' भी आपकी लिखी रचना है। ऐसे अनुभवी सम्पादक से साकार प्रस्तुत ग्रन्थ उम्मीदें जगाता है और उसी के साथ उसकी ओर देखा जाना चाहिए।

संजीव का 'फाँस' उपन्यास इक्कीसवीं सदी के महाराष्ट्र के आत्महत्याग्रस्त किसानों की शोकात्म गाथा है। संजीव ने इसे एक ओर समस्याग्रस्तता के दायरे में चित्रित किया है, तो दूसरी ओर वह संकटमोचन का कार्य भी करता है। वह किसी डॉक्टर की भाँति परीक्षण, चिकित्सा करता है, तो विपरीत समुपदेरान कर उपाय भी सुझाता है। संजीव ने इसे सौ मर्ज़ की एक दवा न बनाकर मर्ज़ की अनेकानेक दवाओं का सुझाव दिया है। शर्त है कि मर्ज़ ग़ायब हो और मरीज बचा रहे। संजीव की उपन्यास-लेखन की यह भूमिका उनकी सामाजिक प्रतिबद्धता की निशानी है। उपन्यास का कल्पना तत्त्व यथार्थ को प्रभावी ढंग से प्रस्तुत करने का पूरक साधन है। तभी तो 'फाँस' एक जीवन्त कृति बनी है। उपन्यास के पात्र कल्पित नाम से भले अवतरित हों, उनका जीवन और प्रश्न वास्तविक है। कथा-प्रसंग निर्माण नहीं किये गये हैं, वे हालात से उभरे हैं। यह सब इसी से सम्भव हुआ है कि किसानों की

आत्महत्या को संजीव ने परकाया प्रवेश से भुगतकर उनकी कथाएँ बुनी हैं। कथाएँ अनेक हैं, पर एक ही प्रश्न-वेदी पर खड़ी नज़र आती है। वे। वर्ग-संघर्ष इसकी आधारशिला है। जीवन-संघर्ष इसकी आत्मा है। उपाय योजना है। ऐसी रचना संजीव एक लक्ष्य के तहत करते हैं। वे चाहते हैं, 'कोशिश है कि सूरत बदलनी चाहिए।' उद्देश्य की पारदर्शिता के कारण कथा का ख़ाका प्रभावी बन पाया है। पाठक का रचना से तादात्म्य इसी का परिणाम है और यह प्रस्तुत औपन्यासिक कृति की सफलता समझी जानी चाहिए।

'किसान आत्महत्या, यर्थाथ और विकल्पः उपन्यास 'फाँस' में लक्ष्य कृति की भिन्न-भिन्न पहलुओं से चर्चा-चिकित्सा करने वाले दर्जन भर आलेख हैं। समीक्षा विभिन्न दृष्टिकोणों एवं पक्षों से होने की वजह से एक तरह की समग्रता आयी है। सुधीर सुमन का आलेख विमर्शों के मद्देनज़र 'फाँस' की समीक्षा करता है। समीक्षक ने बड़ी सूक्ष्मता से सारे चरित्र, स्थलादि को गिना है, साथ ही गाँव के असामाजिक तत्त्वों की चर्चा कर परोक्ष रूप से उन्हें अबोध किसानों का खलनायक बनाया है और यह उचित भी है। खेती बनाम नौकरी, ज्ञान बनाम लाभ, श्रद्धा बनाम अन्धश्रद्धा तथा बाबावाद की चर्चा कर उपन्यास के विचार-पक्ष का उद्घाटन किया है। जगह-जगह पर उद्धरणों से अपनी धारणाओं को स्पष्ट करने से उपन्यास की विषयवस्तु खुलकर सामने आती है। बहुत बार यह देखा गया है कि मूल कृति की अपेक्षा समीक्षा बोझिल रहती है। यहाँ समीक्षा सुबोध बनने से मूल कृति का सौन्दर्य समझ में आता है।

'पक्षधर' पत्रिका में प्रकाशित विवेक मिश्र की समीक्षा शीर्षक से ही अपनी ओर आकर्षित करती है। 'फाँस' किसानों का सामूहिक सुसाइड नोट है बताकर मिश्र ने समस्या के सामूहिक रूप की ओर हमारा ध्यान आकर्षित किया है। उपन्यास में शिबू के साथ सुनील, आशा, माधव की आत्महत्याओं की चर्चा है। हर एक के कारण अलग होकर भी उसका मूलाधार खेती है। यह दिखाकर संजीव उन्हें आत्महत्या करने वाले हज़ारों किसानों का प्रतिनिधी ठहराते हैं। समीक्षक का यह मानना कि, "संजीव का यह उपन्यास उन तमाम आत्महत्याओं का हलफ़िया बयान है, एक मौत के बाद पीछे छूटे परिजनों का खेती से तौबा करता हुआ इकरारनामा है और साथ ही भविष्य में होने वाली आत्महत्याओं की चेतावनी है।" मेरे विचार में उपन्यास को लेकर ऐसी सार्थक सारसंक्षेपी टिप्पणी दूसरी हो ही नहीं सकती। इस समीक्षा में विवेक मिश्र ने उपन्यास की अनेक विशेषताएँ गिनी हैं, जिनसे उपन्यास के भावपक्ष के साथ कलापक्ष स्पष्ट होता है और उपन्यास की सामाजिकता रेखांकित होती है।

'परिकथा' पत्रिका में प्रकाशित समीक्षा लेख 'किसान की आत्महत्या : उपेक्षा और उदारीकरण' में तरसेम गुजराल ने संजीव के 'फाँस' उपन्यास को फ़ीचर फ़िल्म

या डॉक्यूमेंटरी बताकर उसकी चलचित्र शैली को अधोरेखित किया। 'बनास जन' में प्रकाशित मोतीलाल की समीक्षा किसानों की आत्महत्याओं को सुनियोजित हत्या मानकर अपनी असहमति तीव्र शब्दों में व्यक्त करती है। विनोद विश्वकर्मा ने 'फाँस' के पूर्वार्ध को यथार्थ और उत्तरार्ध को आदर्शवादी ठहराया है। डॉ. वीणा शर्मा की समीक्षा शिल्प और शैली की चर्चा है। 'सुसम्भाव्य' में प्रकाशित डॉ. एन.आर. श्याम की समीक्षा को 'फाँस' की आत्महत्या के विरुद्ध का संघर्ष माना गया है। प्रस्तुत ग्रन्थ में सम्पादक डॉ. संजय नवले का लेख विदर्भ के हालात को स्पष्ट करता है। यह स्वाभाविक है कि विदर्भ की सीमा पर बसे मराठवाड़ा इलाक़े में उनका निवास और कार्यभूमि होने से वे एक तरह से किसानों की आत्महत्याओं के चश्मदीद गवाह बनकर समीक्षा से उभरते हैं। डॉ. गिरीश काशिद ने अपनी समीक्षा में 'फाँस' को यथार्थ और विकल्प के नज़रिये से इसे आत्महत्याओं का दस्तावेज़ करार दिया है। डॉ. रमा नवले ने 'फाँस' को किसानों की आत्महत्या विषय पर लिखा पहला हिन्दी उपन्यास बताया है। अपने विस्तृत आलेख में उन्होंने 'फाँस' उपन्यास के विविध पक्षों पर प्रकाश डालकर इस कृति को असाधारण सिद्ध करने का प्रयास किया है। 'फॉरवर्ड प्रेस' में प्रकाशित प्रेमपाल शर्मा की समीक्षा 'फाँस' को सच्चे बहुजन उपन्यास के रूप में पेश करती है। प्रस्तुत समीक्षा द्वैभाषिक है। वह हिन्दी के अलावा अंग्रेज़ी में भी अपनी बात को समानान्तर रखती है। इससे समीक्षा का पाठकीय दायरा दोहरा हो जाता है। विकास के अविवेकी मॉडल के कारण किसान की तबाही की चर्चा उपन्यास का सर्वथा नये पहलू से विश्लेषण है। विकास की अन्धी दौड़ में खेती बंजर बनी और परिणामस्वरूप किसान की ज़िन्दगी उजड़ गयी दिखाकर प्रेमपाल शर्मा ने डंके की चोट पर अपनी मान्यताओं को बेबाक ढंग से रखा है।

डॉ. गोविन्द बुरसे द्वारा लिखित आलेख में आपने 'फाँस' में वर्णित संघर्ष की चर्चा की है। इसमें सरकार की नीति, किसानों का आत्मसंघर्ष विश्लेषित किया है। सामाजिक संघर्ष के तहत जातिगत, स्त्रीवादी एवं धार्मिक संघर्ष पर बल दिया है। वैचारिक और शैलीगत संघर्ष की चर्चा एकत्रित क्यों की गयी, कुछ समझ में नहीं आता। डॉ. विजय शिन्दे का आलेख बड़ी आत्मीयता से लिखा प्रतीत होता है। खेतीबाड़ी को लेकर भूमण्डलीकरण के पश्चात् हालात में जो तब्दीली आयी, उसने किसानों की सारी उम्मीदों पर पानी फेर दिया। ऐसी स्थिति में किसान पेसोपेश में है। कोई मार्ग उसे किफ़ायत नहीं बख़्शता। अपने विस्तृत विवेचन के बाद उनके द्वारा उठाया प्रश्न कि आख़िर क्यों लगाये मन किसान अपनी खेती में? पाठक को अन्तर्मुख करता है। पाठक की यह कृति समीक्षा की सार्थकता एवं सफलता है। सुभ्रदा कुमारी सिन्हा ने जो समीक्षा दर्ज की है, उसका परिपार्श्व भूमण्डलीकरण का भँवर है। भंवर पेचीदा होता है और विस्थापन उसका नतीजा होता है। किसान के

जीवन का सच भूमण्डलीकरण का फल है। बी.टी. कॉटन बीज, बाज़ारवाद, खेती के यान्त्रिकरण से सेंद्रिय खेती का चक्र विभेद आदि बुनियादी बातें हैं, जिन्होंने किसान को अपनी चपेट में लाकर दबोचा है। किसान आत्महत्या न करें तो क्या विशद पड़ताल बना यह लेख सामन्ती और पूँजीवादी सभ्यता का पर्दाफ़ाश करता है। संजीव की भाषा पर आलेख की टिप्पणी विश्लेषण सृजित है। करिश्मा पठान का निबन्ध 'फाँस' के स्त्री-चरित्रों के संघर्ष पर आधारित है। 'फाँस' के स्त्री-चरित्र आशा का अपवाद छोड़ दिया जाये, आत्महत्या नहीं करते, बल्कि परिस्थिति से जूझते रहते हैं। शकून इसका अच्छा उदाहरण है। लड़ाई किये बग़ैर हार न मानने की शपथ लेकर शकुन जो संघर्ष करती है, बेजोड़ है। पुरुष-पात्रों की तुलना में 'फाँस' के स्त्री-पात्र जुझारू हैं। दुर्गा, झाँसी की रानी के बरअक्स उनमें कोई कमी नज़र नहीं आती। शुभा, कलावती, सिन्धुताई जैसे पात्रों की चर्चा इस सन्दर्भ में द्रष्टव्य है।

'पहल' पत्रिका में पूर्व प्रकाशित सूरज पालीवाल की समीक्षा भी प्रस्तुत ग्रन्थ में अन्तर्भूत है। 'फाँस' की लिखायी संजीव ने वर्धा में की थी। सूरज पालीवाल उस रचना-दौर के गवाह है। विदर्भ ही उनकी कर्मभूमि रही है। इस परिपार्श्व में उनकी विवेचना का कुछेक ऐतिहासिक महत्त्व है। यह भूमि अनेकानेक महात्माओं के पदस्पर्श एवं कर्म की रहने के बावजूद यहाँ के किसानों की आत्महत्या समीक्षक के मन में टीस जगाती है, तो स्वाभाविक है। उन्होंने 'नाम' के कार्य का इसमें किया उल्लेख सरकार के हरकत में आने के पूर्व का जनप्रयास है।

प्रस्तुत ग्रन्थ में इन पंक्तियों के लेखक द्वारा लिखी समीक्षा भी है। उससे भी पता चलेगा कि आख़िर 'फाँस' में ऐसी क्या चीज़ है, जो हर पढ़ने वाले को लिखने के लिए बाध्य करती है। शायद इसी प्रभाव से डॉ. संजय नवले ने इस ग्रन्थ का संकल्प किया होगा। संजीव व्यक्तिगत जीवन में देहात से जुड़े आदमी हैं। देहाती संस्कारों में पले-बढ़े। स्वाभाविक है कि किसानों की आत्महत्याएँ उन्हें निरन्तर उकसाती रहीं। स्वयं संजीव देहाती संस्कृति के शिकार हैं। उनका बाल विवाह होना तथा पत्नी का गौने के बाद ससुराल आना, फिर संजीव का पेट पालने के लिए घरबार छोड़कर दूर रहना, 'यह सब किसानी, देहाती जीवन की ऐसी पीड़ाएँ हैं, जिनसे किसी का छुटकारा लगभग असम्भव-सा रहता है। स्वयं संजीव ने इसे क़बूल करते हुए स्पष्ट किया है कि, "वैवाहिक जीवन बहुत अच्छा न रहा। मैं लगभग तनहाइयों में जीता रहा। यह भी तो नहीं ठीक कि हर दर्द बता दे कुछ दर्द, कलेजे से दबाने के लिए है।" किसानों की आत्महत्याएँ कलेजे से लगाने का दर्द नहीं तो क्या? कोई आत्महत्या प्रतिक्षिप्तता से होती है तो उसका अकेला कारण होता है, परन्तु जब योजना के तहत, दीर्घ प्रयासों से हारकर जो आत्महत्याएँ होती हैं, वे सामूहिक कारणों का दृश्य परिणाम बनकर सामने आती है। दुर्खिम ने आत्महत्या के कारणों

की जो चर्चा की है, उससे यही तथ्य हाथ आता है। आत्महत्या की जड़ मानसिक, भावनिक आहतता ही अधिकतर देखी गयी है।

'फाँस' की रचना के जो अनेक कारण है, उसमें संजीव की अपनी बनावट, गढ़न का कुछेक हिस्सा है। रही बात वैचारिक प्रतिबद्धता की, तो उसके बिना ऐसी कृति का सृजन प्रायः असम्भव है। प्रेमचन्द ने 'गोदान' रचा, अमृतलाल नागर ने 'नाच्यौ बहुत गोपाल' लिखा, सबके पीछे एक गहरा दर्द कार्यरत था। वहीं बात 'फाँस' की रही है। ये तीनों महागाथात्मक उपन्यास लेखक की संवेदना एवं सामाजिक पक्षधरता का नतीजा है। संजीव नक्सलबाड़ी आन्दोलन से परिचित है। और प्रभावित भी। उनकी 'अपराध', 'शिनाख़्त' जैसी कहानियाँ तथा 'ऑपरेशन जोनाकी' जैसा नाटक नक्सलबाड़ी आन्दोलन के कार्यकर्ता प्रभास के सम्पर्क के बिना कतई सम्भव नहीं था। वह आन्दोलन साधन के रूप में ग़लत हो पर साध्य से उद्देश्य के कोई कैसे असहमत हो सकता है? तभी तो संजीव ने एक जगह लिखा है, ''दरअसल प्रारम्भिक दौर में मैं नक्सलबाड़ी आन्दोलन के सात्त्विक और निःस्वार्थ विचारों का क़ायल था। परोक्ष रूप से काफ़ी दिनों तक और आज भी मुझे यह विचारधारा प्रभावित करती है। यहाँ पर दुख, कायरता और सर्वांगीण मुक्ति की कामना मुझे ऐसे आन्दोन से जोड़ती थी। नक्सलबाड़ी आन्दोलन के पवित्र मानवीय भाव से मैं अलग नहीं हूँ।'' 'फाँस' उपन्यास लेखन के पीछे भी दुख, कायरता और सर्वांगीण मुक्ति की कामना देखते ही बनती है और पवित्र मानवीय भाव आकर्षित किये बिना नहीं रहता। यह ज़रूरी नहीं कि हम नक्सलवाद के हिमायती बनें पर लक्ष्य के हमदर्द तो होते ही हैं। उसके पीछे हमारा हमदर्द होना और इंसान होना ही कारण होता है।

मार्क्सवादी चिन्तनधारा का प्रभाव संजीव के समग्र लेखन पर परिव्याप्त है। मार्क्स जैसे वामपंथी परन्तु मूलतः मानवतावादी विचारक एवं साहित्यकार एंगेल्स, लेनिन, चेखव, दोस्तोवेस्की, गोर्की, टॉलस्टाय, ओ. हेनरी, लू-शून, सार्त्र, कामू, काफ्का, रवीन्द्रनाथ, शरतचन्द्र, प्रेमचन्द परम्परा के संजीव अनुगामी हैं। उनके साहित्यिक संस्कार में संजीव का सृजन विकसित हुआ है। किसानों की बदहाली के प्रति आस्था की जड़ यह विरासत है। सृंजय सूचित 'स्क्रैप और स्क्रिप्ट के बीच खड़ा एक आदमी सम्बोधन' 'फाँस' है। स्वयं संजीव अपने आपको वामपंथी मानते हैं, इसमें कोई आश्चर्य नहीं। वंचित वर्ग के प्रति सहानुभूति एवं संवेदना उसी का परिणाम है। सृंजय ने 'रजत जयन्ती (1990) अंक में संजीव की प्रतिबद्धता अंकित करते हुए लिखा है कि, ''देश से ज़्यादा यह वंचित वर्ग के लिए लिखता है, सामाजिक उत्पीड़न, मानवीय जलालत, धार्मिक तिरस्कार, आर्थिक असमानता के ख़िलाफ़ लिखता है। यह साम्यवादी पार्टियों में आस्था रखता है। उनके प्रचार-प्रसार के लिए तन-मन-धन से जुटा रहता है।'' मार्क्सवाद किसान, मज़दूर का पक्षधर है। यह वर्ग ही उसकी

आधारशिला एवं लक्ष्य है। 'फाँस' पढ़ते हुए सर्वत्र उसका अदृश्य संचार संजीव की कुशल शैली का द्योतक है। यशपाल के उपन्यास सीधे मार्क्सवाद के प्रचारक रहते थे। पर संजीव का साहित्य तार्किक मार्क्सवाद की ओर हमें ले जाता है। 'आज और आज से पहले' समीक्षा लेख संग्रह में कुँवर नारायण ने यशपाल को मार्क्सवादी होते हुए भी सर्वग्राही बताया है। यशपाल के घर प्रगतिशील लेखक संघ की बैठक में सभी विचारधारा के समाजशील साहित्यिक जुट जाते थे। उनकी मीमांसा करते हुए कुँवर नारायण ने स्पष्ट किया है कि ''लेखक संघ के जिस मंच पर साहित्यिक वर्ग इकट्ठा होता था, उस मंच के अधिकांश नये-पुराने लेखक यशपाल की तरह कट्टर मार्क्सवादी न होकर अन्य विचारों के प्रति भी अगर उदार नहीं तो उत्सुक तो थे ही और यह मानते थे कि साहित्य का मार्क्सवादी विचारधारा से प्रभावित होना और उसका मार्क्सवादी राजनीति के तहत होना एक बात नहीं है।'' यह एक बात न होने की स्थिति संजीव के लेखन और विशेषकर 'फाँस' की बुनियाद और बनावट के सन्दर्भ में सही है। यह सब डॉ. संजय नवले ने अपने द्वारा सम्पादित समीक्षा ग्रन्थ किसान आत्महत्या, यथार्थ और विकल्प : उपन्यास 'फाँस' के ज़रिये भली-भाँति विवेचित एवं विश्लेषित किया है

डॉ. सुनील कुमार लवटे

7 जुलाई, 2017
भारत इतिहास अनुसन्धान स्थापना दिवस

अनुक्रम

किसानों की गल-फाँस

—सूरज पालीवाल

'अब तो प्रतिवर्ष कहीं-न-कहीं दुष्काल पड़ा ही रहना है, मुख्य करके अंग्रेज़ी राज में इसका घर है...जब अंग्रेज़ विलायत से आते है। प्रायः कैसे दरिद्र होते हैं, और जब हिन्दुस्तान से अपने विलायत को जाते हैं, तब कुबेर बनकर जाते हैं। ...इससे सिद्ध होता है कि रोग और दुष्काल इन दोनों के मुख्य कारण अंग्रेज़ ही हैं।'

—भारतेन्दु, 'कवि वचन सुधा'; 18 मई, 1974

'हिन्दुस्तान सम्पत्तिहीन देश है। यहाँ सम्पत्ति की बहुत कमी है। जिधर आप देखेंगे, उधर ही आँख को दरिद्र-देवता का अभिनय किसी-न-किसी रूप में अवश्य ही दीख पड़ेगा। परन्तु इस दुर्दमनीय दारिद्र को देखकर भी कितने आदमी ऐसे है। जिनको उनका कारण जानने की उत्कण्ठा होती है? यथेष्ट भोजन-वस्तु न मिलने से करोड़ों आदमी जो अनेक प्रकार के कष्ट पा रहे हैं, उनका दूर किया जाना क्या किसी तरह सम्भव नहीं? गली-कूचों में, सब कहीं, धनाभाव के कारण जो कारुणिक क्रन्दन सुनाई पड़ता है, उसके बन्द करने का क्या कोई इलाज नहीं? हर गाँव और हर शहर में जो अस्थिर-चर्म्मावशिष्ट मनुष्यों के समूह आते-जाते दीख पड़ते हैं, उनकी अवस्था उन्नत करने का क्या कोई साधन नहीं? बताइये तो सही, कितने आदमी ऐसे है। जिनके मन में इस तरह के प्रश्न उत्पन्न होते हैं।'

—'आ. महावीर द्विवेदी, सम्पत्तिशास्त्र की भूमिका की शुरुआत।

'अठारहवीं सदी के प्रारम्भ से लेकर अन्त तक केवल चार दफे दुर्भिक्ष पड़ा। किन्तु उन्नीसवीं सदी से दुर्भिक्ष का ज़ोर बढ़ने लगा। 1800 से 1825 तक सम्पूर्ण भारत में दस लाख भारतवासी भूखों मरे। 1825 से 1850 तक 5 लाख और 1850 से 1875 तक 50 लाख मनुष्यों ने बिना अन्न अपने प्राण खोये। उन्नीसवीं सदी के अन्तिम 25 वर्षों के दुर्भिक्षों का विचार करने से तो छाती फटती है। केवल इन 25 वर्षों में दुर्भिक्ष दैत्य ने भारत पर 28 बार अपनी कोपाग्नि प्रकट की और लगभग 4 करोड़ मनुष्यों को भस्मीभूत कर दिया। उन्नीसवीं सदी में सब मिलकर जितने मनुष्यों ने भूख से प्राण त्याग किये, उन पर विचार करके कौन ऐसा पाषाण हृदय

होगा जिसके नेत्रों में आँसू न आ जायें? संसार में युद्ध से बहुत नरहत्याएँ होती है। किन्तु जितने मनुष्य अकाल के कारण भारत में 100 वर्षों में मरे, उतने संसार के सारे युद्धों में भी उन 100 वर्षों में नहीं मरे।'

—'ईश्वरदास मारवाड़ी, 'सरस्वती', अगस्त, 1915

उपर्युक्त तीनों उदाहरणों से पता चलता है कि हमारे युगपुरुषों को न केवल साहित्य की चिन्ता थी अपितु जनता के दुख और तकलीफ़ों की भी उतनी ही चिन्ता थी। इसे विडम्बना ही कहा जाये कि भारत को स्वाधीनता तो मिली लेकिन स्वाधीनता आन्दोलन के दौरान स्वतन्त्र भारत के विकास को लेकर बहुत विचार नहीं किया गया। जो विचार हुआ भी वह विरुद्धों का सामंजस्य भर था। पण्डित नेहरू जिस प्रकार का भारत चाहते थे, वह गाँधी जी को प्रिय नहीं था। यही कारण है कि नेहरू जी ने गाँधी जी के 'हिन्द स्वराज' पर टिप्पणी करते हुए कहा था कि 'मैं इसे पहले भी अवास्तविक मानता था और आज भी।' अवास्तविक मानने के कारण नेहरू जी के पास थे, वे 1925 में सोवियत संघ घूमकर आये थे, वे उस सपने को देखकर आये थे जो सपना सोवियत संघ में साकार हुआ था। नेहरू जी के समाजवाद को सोवियत संघ से अलग कर नहीं देखा जा सकता। वे चाहते थे कि बड़े उद्योग लगे, बाद में जिन्हें उन्होंने आधुनिक भारत के तीर्थ कहा था। गाँधी जी लघु उद्योगों के माध्यम से भारत का विकास करना चाहते थे। कल्पना कीजिये कि 1952 के बाद जो पंचवर्षीय योजनाएँ शुरू हुईं, उसमें वे यदि लघु उद्योगों के माध्यम से होतीं तो आज विकसित राष्ट्रों के सामने हम कहाँ टिक पाते। कहना न होगा कि गाँधी जी को सबसे पहले महात्मा कहने वाले कविगुरु टेगौर ने गाँधी जी को लम्बा पत्र लिखकर 'चर्खा संस्कृति' का विरोध किया था। इस विरोध में रामराज्य की वह कल्पना छुपी थी जो आधुनिक विकास के पक्ष में नहीं थी।

नेहरू जी स्वप्नदर्शी और भावुक थे, वे विकास के लिए आधुनिक संयन्त्रों की स्थापना तो कर रहे थे लेकिन स्वाधीन भारत के सामाजिक विकास के लिए आत्मानुशासन की दिशा में उन्होंने कोई ठोस प्रस्ताव नहीं रखा। जैसे भूखा आदमी अच्छा खाना मिलने पर टूट पड़ता है, उसी तरह स्वाधीन भारत में विकास की जो धारा बही उसे प्रभुत्वशाली लोगों ने अपने क़ब्ज़े में कर लिया। ग्रामीण जीवन में राजनीति गयी तो दिशाहीन होकर, विकास की धारा गयी तो कुछ लोगों तक, जो लोग जीवन की मूलभूत सुविधाओं तक से वंचित थे, उन्हें उसकी आवश्यकता थी, लेकिन वे उससे उपेक्षित ही रहे। योजनाएँ बहुत अच्छी थीं लेकिन उनका क्रियान्वयन जिन लोगों ने किया, वे सही नहीं थे। ज़मींदारी का उन्मूलन हुआ तो लेकिन ज़मींदारों ने फ़र्ज़ी नामों पर ज़मीन अपने नाते-रिश्तेदारों, नौकरों और यहाँ तक कि अपने प्रिय घोड़े, हाथी और कुत्ते तक के नाम पर दर्ज करा ली। ज़मींदारी-उन्मूलन के साथ भूमि सुधार होने चाहिए थे जो कांग्रेसी सरकारों ने नहीं किये, सबसे पहले भूमि

सुधार केरल की कम्युनिस्ट सरकार ने किया, जिस सरकार को बाद में नेहरू जी ने बर्ख़ास्त कर दिया था। समाज के निचले पायदान पर खड़े लोग केवल दर्शक बने पहले भी खड़े थे और बाद में भी वे वैसे ही रहे।

आज जो किसानों की आत्महत्या पर हायतौबा मची हुई है, उसके केन्द्र में हमारी नीतियाँ ही हैं। दरअसल, हमने उस तरह का समाज बनाया ही नहीं जिस समाज में सबको जीने का अधिकार हो। स्वाधीनता के बाद से ही यदि इस ओर ध्यान दिया जाता, भूमिहीनों को भूमि सुधारों के माध्यम से ज़मीनें बाँटी जातीं तो आज छोटे किसान से मज़दूर बने अधिकांश ग्रामीण आत्महत्या करने के लिए विवश नहीं होते। कहना न होगा कि स्वाधीनता के बाद ग्राम-केन्द्रित और नगर-केन्द्रित लेखन की जो बहस चली थी, उसके मूल में भी नगरों की श्रेष्ठता और सुविधासम्पन्न जीवन ही था। इसलिए गाँव पर लिखना धीरे-धीरे कम होता गया। गाँवों पर कहानियाँ या उपन्यास बहुत कम हैं। यही कारण है कि किसान आत्महत्याओं पर हिन्दी में बहुत कम लिखा गया है। जिस महाराष्ट्र में सबसे अधिक किसान आत्महत्याएँ हो रही हैं, वहाँ भी कहानी-उपन्यास कम ही हैं। सदानन्द देशमुख ने 'बारोमास' उपन्यास इसलिए लिखा कि वे आज भी गाँव में रहते हैं, गाँव के जीवन से उनकी निकटता ने ही किसानों की भयावह आत्महत्याओं पर लिखने को प्रेरित किया। हिन्दी में चर्चित उपन्यासकार संजीव ने 'फाँस' इसलिए भी लिखा कि वे लगभग एक वर्ष विदर्भ के वर्धा में रहकर गये हैं। यह उपन्यास उन्होंने यहीं रहकर लिखा था। संजीव पर एक बार नामवर जी ने यह आरोप लगाया था कि 'संजीव प्रोजेक्ट के रूप में उपन्यास लिखते हैं'। मैं इस आरोप पर नहीं प्रोजेक्ट पर बात करना चाहूँगा कि प्रोजेक्ट बुरा नहीं है, यदि लेखक में रचनात्मकता की धधक है।

संजीव ने वर्धा में रहकर आसपास के गाँवों की लगातार यात्राएँ कीं, वे उन किसानों के घर भी गये, जिन किसानों ने आत्महत्या की थीं। उन्होंने न केवल वर्धा के भूगोल को समझा अपितु आर्थिक-सामाजिक-राजनीतिक चक्र को भी समझा जिसमें किसान लगातार पिस रहे हैं। विदर्भ में अधिकतर खेती कपास, सोयाबीन और ईख की होती है। कपास को यहाँ सफ़ेद सोना कहा जाता है। यह एक प्रकार की कच्ची खेती है, जो बेमौसम बरसात या अकाल के कारण नष्ट हो जाती है। सीधा आदमी चालाकी करता है तो अपना ही नुक़सान करता है, उसी प्रकार विदर्भ के किसानों ने कपास की अधिक पैदावार के लिए अमेरिकी बीज 'बी.टी.' का उपयोग किया, जो उनके लिए आत्मघाती सिद्ध हुआ। इससे न केवल ज़मीन की उर्वरता कम हुई अपितु तमाम तरह की बीमारियों ने भी इस फ़सल को नुक़सान पहुँचाया। फ़सल को बीमारी से मुक्त करने के लिए जिस कीटनाशक दवाई का प्रयोग किया जाता है, अधिकांश किसान उसे ही पीकर आत्महत्या कर रहे हैं। आत्महत्या के पीछे जो सबसे बड़ा कारण है, वह है सरकारी उपेक्षा। क़र्ज़दार किसान का कोई संगठन

नहीं है, वह अकेला है 'गोदान' के 'होरी' की तरह। आठवें दशक में शरद जोशी के नेतृत्व में बड़ा 'शेतकारी संगठन' बना था, तब किसानों को एक उम्मीद जगी थी कि जब उनकी आवाज़ सरकार तक पहुँचेगी लेकिन सत्ता की कुटिलताओं के कारण शरद जोशी ही स्वयं दिल्ली दरबार के अंग बन गये, वे राज्यसभा के सदस्य हो गये और किसान संगठन से जो किरणें निकली थीं, वे दिल्ली दरबार के विषैले बावलों में घुटकर रह गयीं।

जब-जब सत्ता को कोई चुनौती देता है तो सत्ता अपनी तमाम चालाकियों के तहत या तो उसे अपने में मिला लेती है या उसे उपेक्षित कर देती है। महाराष्ट्र में शरद जोशी या उत्तर प्रदेश में महेन्द्र सिंह टिकैत इसके जीवन्त उदाहरण हैं। शरद जोशी ने बहुत अच्छा नारा दिया था, वे पढ़े-लिखे थे, देश-दुनिया में रहकर आये थे, अंग्रेज़ी जानते थे इसलिए उन्होंने कहा था, ''बाज़ार और टेक्नोलॉजी तक किसानों की पहुँच हो'। बहुत छोटे-छोटे उत्पादों की क़ीमत भी उसका उत्पादक तय करता है लेकिन कपास की क़ीमत मण्डियों में बैठे व्यापारी तय करते हैं। किसानों के पास अपनी फ़सल बेचने का दूसरा कोई रास्ता नहीं है। वे या तो मण्डी में अपना उत्पादन बहुत कम क़ीमत पर बेचे या घर में रखकर सड़ने दें। फ़सल को तैयार करने के लिए उसने जो कर्ज़ साहूकार और बैंकों से लिया था, उसे चुकाने के लिए वह औने-पौने दाम पर बेचने को विवश होता है। किसान हमेशा कर्ज़ में रहता है, 'साहूकार और बैंक अधिकारियों की लगातार प्रताड़ना उसके आत्म को धिक्कारती है, उसके जीवित होने को ललकारती है, उन स्थितियों में आत्महत्या के अलावा और कोई उपाय उसे दिखाई नहीं देता।

कर्ज़ के इस भयावह आतंक ने भारतीय किसानों का जीना दूभर कर दिया है। स्वाधीनता से पहले जमींदार और साहूकार दोनों मिलकर लूटते थे लेकिन आज़ादी के बाद गाँव का बड़ा भूपति साहूकार बनकर अपने ही किसानों को लूट रहा है। न केवल जीते-जी बल्कि मरने के बाद भी वही सबसे पहला आदमी होता है जो मृतक के घर जाकर आत्महत्या को पात्र सिद्ध करने के लिए मिलने वाले सरकारी अनुदान में अपना हिस्सा तय करता है। संजीव ने अपने उपन्यास 'फाँस' में इस समस्या की भयावहता पर लिखा है कि शेतकारी लोगों की गुहार सुनकर प्रधानमन्त्री मनमोहन सिंह और राहुल गाँधी आये थे। 1997 से 2006 तक यहाँ 15 हज़ार किसान आत्महत्या कर चुके थे। समूचे देश में यह संख्या ढाई लाख तक पहुँच गयी थी। विदर्भ के ग्यारह ज़िलों में ही तीस हज़ार। दिल्ली, मुम्बई और पता नहीं कहाँ-कहाँ से लोग आये। समितियाँ बनी। जाँच-पड़ताल हुई। सभी का कहना था कि विदर्भ कृषि का ज्वालामुखी है। सुप्त ज्वालामुखी। कर्ज़ उतारना दो दूर, किसानों की आमदनी ही इतनी कम है कि खेती में बने रहना मुमकिन नहीं। दिल्ली लौटकर प्रधानमन्त्री ने कहा कि कपास उत्पादक किसान को बचाना है तो उसे राहत पैकेज देना पड़ेगा।

ठीक 2009 के चुनाव से पहले 72 हज़ार करोड़ रुपये की कर्ज माफ़ी की घोषणा हुई यानी जो कर्ज़ लिये थे, वो माफ़। लेकिन कुछ गाँववालों का मुँह लटक गया। सरकार के हिसाब से क़र्ज़ वही था जो सरकारी बैंकों से लिया गया था। उनको तो लाभ मिला लेकिन बाक़ियों को? ज़्यादातर लोगों ने तो गाँव के सूदख़ोरों से कर्ज़ लिया है। उनका ख़ून साहूकार चूसता रहे और 72 हज़ार करोड़ का आँकड़ा सरकारी दान के रूप में छापकर सरकार अपनी पीठ थपथपाती रहे। घूम-फिरकर यळ कोई नहीं देखता कि इससे कितने किसानों को लाभ पहुँचा। जिन्हें लाभ पहुँचाया गया है, वे इसके पात्र थे भी कि नहीं। यह राजनीतिक खेल है, जिसकी सत्ता होती है, गाँव पंचायत पर वही क़ाबिज होता है और वही अपने लोगों को सरकारी पैसा बाँटकर अपनी राजनीति पक्का कर प्रसन्न होता है। सरकारी आँकड़ों को देखा जाये तो गाँव पंचायतों को अब तक जो धन मिला है, उससे गाँवों को शहरों की बराबरी करनी चाहिए थी लेकिन वास्तविकता इसके उलट है। गाँव अब भी नारकीय जीवन जी रहे हैं। पिछले दो वर्षों से शौचालयों के लिए पैसा बाँटा जा रहा है। प्रधानमन्त्री जी ने न जाने कितने करोड़ रुपये विज्ञापन पर ख़र्च कर दिये लेकिन गाँव के लोग अब भी खेतों में ही शौच के लिए जा रहे हैं। घर के अन्दर शौच जाने की कल्पना ही वे कर ही नहीं सकते। फ़सल के पाला मार जाने, अति बरसात में फ़सल नष्ट होने तथा अकाल में फ़सल सूख जाने पर जितना भी पैसा गाँवों में पहुँचता है, वह अपने लोगों में बाँटकर हिसाब भेज दिया जाता है। ग़रीब की हालत अभी भी दयनीय है। 'फाँस' के शिबू ने जिस तरह मर-खपकर कर्ज़ चुकाया था लेकिन उसकी आत्महत्या के बाद उसे अपात्र इसलिए सिद्ध कर दिया गया कि उस पर बैंक का कर्ज़ नहीं है। संजीव किसानों की इस पीड़ा के बारे में लिखते हैं, "हरित क्रान्ति के लिए बाँध बन रहे थे। हमने विस्थापन के बाद पुनर्वासन के लिए पैसे माँगे, नौकरियाँ माँगी। जवाब में ठीक गाँधी जयन्ती के दिन पुलिस ने हमें पीटा। वह क़मीज़ उलटकर पीठ दिखाने लगा, जिस पर लम्बे-लम्बे गोहटें उभरे हुए थे। लाखादुर तहसील के पुधार गाँव के सोन्दरकार जी की फ़सल अचानक आयी बारिश से बरबाद हो गयी। देखकर खड़े-खड़े गिरे, मर गये। ऐसे बीसियों सोन्दरकार जी को मैं जानता हूँ। उनकी मौत आत्महत्या नहीं मानी गयी। वह क्या है? बाप के नाम ज़मीन, मरा बेटा! आत्महत्या अपात्र! कारण, ज़मीन तो उसके नाम थी ही नहीं। यहाँ शिबू काका की आत्महत्या को पात्र नहीं माना गया। कारण, ज़मीन पर कर्ज़ तो कोई था ही नहीं? सरकारी कर्ज़ उतारने के लिए ही रोज़-रोज़ मरते रहे। उसके और उसकी पत्नी, बाल-बच्चों को कभी सुस्वादु भोजन, ढंग का कपड़ा और सुरक्षा नहीं मिली, वह मौत कोई मौत नहीं?"

संजीव किसानों के आक्रोश को वाणी देते हुए आगे लिखते हैं, "सरकार कृपया हम किसानों को यह बताये कि आत्महत्या करते वक़्त किन-किन बातों का ख़याल

रखा जाये? कब और कैसे की जाती है आत्महत्या? किस पण्डित से पूछकर...? यह भी सिखाया जाये कि कैसे लिखी जाती है सुसाइडल नोट! उत्तेजना में उसके मुँह से फिचकुर निकलने लगी तो विजयेन्द्र ने माइक ले लिया, 'एक बड़े समूह के लिए ज़िन्दगी मात्र एक दुःस्वप्न बन जाये और मौत एकमात्र विकल्प! मौत मौत होती है, 'आत्महत्या में पात्र-अपात्र का फ़र्क़ करना सरकार या अधिकारियों की बेईमानी और बदनीयती बताती है।'' पात्र-अपात्र का खेल सरकारी खेल है, जिसे गाँव का पटवारी तथा साहूकार सिद्ध करता है। मान लो शिबू काका पर साहूकार का कर्ज़ होता तो वे उसे हड़पने के लिए शिबू की मौत को पक्के तौर पर आत्महत्या सिद्ध करवा देते।

पूरे विदर्भ के सरकारी आँकड़ों को देखें तो मालूम होता है कि अधिकांश ज़मीन के मालिक कुनबी और राजपूत हैं। नीची समझी जाने वाली जातियों में महार, चमार और माँग पर कुल 15 प्रतिशत ज़मीन है। इन जातियों के अधिकांश लोग या तो खेत मज़दूर है। या छोटी-मोटी जोत के आधार पर क़र्ज़े में फँसे रहते हैं। इसलिए किसान आत्महत्याओं के आँकड़ों को देखें तो मालूम होता है कि 64 प्रतिशत आत्महत्याएँ छोटे किसान ही करते हैं। इन आत्महत्याओं का सबसे बड़ा कारण किसानों का अनपढ़ होना, खाद, बीज एवं पानी के अभाव में खेती करना, मण्डियों में उनकी फ़सल की कोई क़ीमत न होना तथा औने-पौने दामों पर स्थानीय साहूकारों से कर्ज़ लेना इत्यादि है। जून से लेकर नवम्बर तक विदर्भ में अधिक किसान आत्महत्याएँ होती हैं। उसका कारण यह है कि जून में यहाँ मानूसन आ जाता है और किसान बुवाई के लिए कर्ज़ लेता है। कई बार तो दो-तीन बार बुवाई करनी पड़ती है, 'कभी पानी नहीं पड़ा और कभी अधिक पानी पड़ने से बीज ही तबाह हो गया। इन स्थितियों में किसान बार-बार बीज और खाद के लिए कर्ज़ लेता है। संजीव इन स्थितियों के बारे में लिखते हैं, ''महँगे बीजों, खादों और कीटनाशकों की वजह से ज़्यादातर किसानों को कर्ज़ लेना पड़ता है। सरकारी बैंकों में खसरा-खतौनी, नक़ल दुरस्ती समेत कई लफड़े और कर्ज़ की राशि कम। फलतः ज़्यादातर किसान वहाँ जाने से ही घबराते है। और उन्हें ऋण एजेंसियों और गाँव के साहूकारों से कर्ज़ लेना ही आसान लगता है। जो होता तो 10 प्रतिशत प्रतिमाह या उससे भी ज्यादा, पर वे यह नहीं पूछते थे कि किसलिए ले रहे हो।'' इसलिए नहीं पूछते कि उन्हें मालूम है उनकी लाठी में ताक़त है, सारा सरकारी महकमा उनके साथ। बेचारा किसान बचकर जायेगा भी तो कहाँ? उसका घर और जानवर कुर्क कर लेंगे, उसे सरेआम बेइज़्ज़त करेंगे और वह जैसे भी होगा चुकायेगा नहीं तो आत्महत्या कर लेगा।

संजीव किसान की इसी मनःस्थिति को उभारते हैं, ''इस बार पूजा करते समय सिर को माटी से कई बार लगाया था शिबू ने। बल्कि सगुन के लिए शकुन के गालों पर भी ढिठौने-सा जड़ दिया, कुलदेवी से मिन्नतें करते समय कण्ठ भारी हो गये, 'अब इम्तहान मत लेना देवी। मर जायेंगे हम। शकुन के कान की बाली बेचकर

बीजा ख़रीदा है। नारियल फोड़ा, जैकारा हुआ और कापूस का बीज लेकर उतर गये घर के चारों सदस्य, 'पहले शिबू, फिर बड़ी, फिर छोटी और अन्त में शकुन। यह तीसरी बुआई है। चुभ रही बदरकट्टू धूप। चुनचुना रही है पूरी देह। हाथ से लेकर बीजों को धमका रही है छोटी। दो-दो बार धोखा हो चुका है। इस बार बहना नहीं,, बिलाना नहीं, सड़ना नहीं, सूखना नहीं, दगा मत देना। बरोबर जम सिल। समझाला? बहोत मारूँगी, हाँ! इस मीठी धमकी के बाद उसने बीजों को फिर चूमा और रोप दिया काली माटी में।'' इस चित्रण में किसान परिवार का चित्र बनता है, वह आत्मीय के साथ दयनीय अधिक है। बीजों के प्रति जो ममता और विश्वास है, कुलदेवी से इस बार बीज नष्ट न होने देने की जो प्रार्थना है, उसमें पूरे परिवार की बेबसी स्वतः स्पष्ट हो जाती है। परिवार में छोटी सबसे अधिक क्रान्तिकारी है, पढ़ी-लिखी है। वही बीजों से बहन का रिश्ता जोड़कर अपनी स्थिति भी बता रही है और ममतालु होकर चेतावनी भी दे रही है, जैसे छोटे बच्चों को कहा जाता है कि यदि यह करोगे तो मारेंगे। छोटी जो अपने घर में सबसे छोटी है, वह बीजों को छोटी बहन मानकर उनसे परिवार को बचाये रखने की मार्मिक धमकी देती है। इस धमकी में अपनापन अधिक है, इस प्रकार के रिश्ते जीवन और मृत्यु के बीज झूलते किसान परिवारों में ही सम्भव हैं। किसान का रिश्ता पशुओं से लेकर बीजों तक से जिस प्रकार बनता है, वह किसान जीवन के बहुत छोटे-छोटे संघर्षों को जाने बिना नहीं बन सकता।

संजीव जानते है। कि जो किसान अपनी पत्नी की बाली बेचकर तीसरी बार बीज बो रहा है, उसके लिए बीज का क्या महत्त्व है? जैसे इस बार के बीज उनके लिए अन्तिम आशा की तरह हैं, भयंकर ग़रीबी में घर का सब जाता रहा लेकिन यह अन्तिम विश्वास है, जो उन्हें जीवित रखे हुए है। इस विश्वास की रक्षा करने की प्रार्थना छोटी अपने हाथों के बीजों से करती है जो उसकी माँ के कान की बालियों से ख़रीदे गये हैं। बेटियाँ माँ के दुख को अच्छी तरह जानती हैं, ग़रीब किसान की पत्नी के पास अब बालियों के अलावा बचा ही क्या था, जिन्हें बेचकर एक और प्रयास करने की हिम्मत होती। अन्तिम तो कानों की बालियाँ थीं, जिनसे ये बीज ख़रीदे गये थे। इसलिए ग़रीब और बेबस किसान और उसके पूरे परिवार की जो जिजीविषा इस चित्रण में देखने को मिलती है, वह अप्रतिम है। विदर्भ में सबसे अधिक किसान आत्महत्या करते है। पर क्यों करते हैं, इस प्रश्न पर विचार किया जाना ज़रूरी है। विदर्भ में कोई बड़ा कारख़ाना नहीं है, रोज़गार के और कोई साधन नहीं हैं, केवल खेती है और खेती भी प्रमुख रूप से कपास की। कहना न होगा कि 2012 तक 2,84,649 किसानों ने आत्महत्या की, जिसमें 68 प्रतिशत कपास की खेती से जुड़े थे। जहाँ बहुयात में कपास होता है, वहाँ कपड़ा मिलें भी होनी चाहिए लेकिन विदर्भ इनसे वंचित है। सारा कपास मण्डियों के माध्यम से बाहर जाता है।

उन्नीसवीं सदी में अंग्रेज़ों ने यहाँ की काली मिट्टी को देखकर कपास की खेती पर बल दिया था, जो आज तक चल रहा है। अंग्रेज़ों ने कपास ख़रीदने की सरकारी स्तर पर व्यवस्था की थी, जिनसे ढाका के हथकरघों को उजाड़कर मैनचेस्टर को आबाद किया गया था। पर हमारी स्वाधीन भारत की सरकार ने इस ओर ध्यान नहीं दिया।

संजीव ने एक प्रश्न उठाया है कि आदिवासी विदर्भ के किसानों से अधिक सुविधाहीन है। लेकिन वे तो आत्महत्या नहीं करते। फिर क्या कारण है कि इसी वर्ष मराठावाड़ा में औसतन रोज़ नौ आत्महत्याएँ हुईं। विदर्भ भी इससे अछूता नहीं था। आदिवासियों के "यहाँ किसी को भी भीख माँगते नहीं देखा। खेत में काम करते है। सभी-क्या आदिवासी गोंड या ग़ैर-आदिवासी। इन आदिवासी मुलगियों का हेल्थ देखा? देखो घास-पात खाकर के...मांड पी करके...ये ऐसी है...जंगल से लकड़ी ला रही हैं। किसी से कोई शिकायत नहीं। न अपनी तक़दीर से, न ज़माने से और आत्महत्या! वह तो जैसे जानते ही नहीं किस चिड़िया का नाम है।" इसी तरह यदि मैं कहूँ कि पश्चिमी राजस्थान में हर तीसरे साल अकाल पड़ता है, बाड़मेर और जैसलमेर की अन्तहीन रेत में पानी और पेड़ों का नाम तक नहीं है, पर वहाँ किसी किसान को आत्महत्या करते नहीं सुना। खेती भी वहाँ बरसात के आधार पर ही होती है। बरसात हुई और बाजरा बो दिया, दूसरी-तीसरी बरसात समय पर हो गयी तो बाजरा घर में आ गया। कहना न होगा कि अकेला बाड़मेर और जैसलमेर का लोकसभा क्षेत्र हमारे केरल प्रान्त से भी बड़ा है। चारों ओर अनन्त रेत का समुद्र है, मीलों चलने पर कोई एक ढाणी देखने को मिलती है, सड़क ख़ाली और रेत से ढकी हुई। फिर भी मनुष्य की जिजीविषा उन्हें आत्महत्या नहीं करने देती। क्या कारण है कि आदिवासी क्षेत्रों और थार की रेत में भी आदमी जीने के लिए संघर्ष में अधिक विश्वास करता है, न कि आत्महत्या करने में। पर विदर्भ में आदमी इतना थका-हारा क्यों है? स्वयं को मारना आसान काम नहीं है, लोग भले ही कह लें कि यह कायरों का काम है पर आदमी को कायर बनाता कौन है? जो कायरता के कारण बनते है। वे तो शेर बने फिरते है। और शेर को कायर बनाकर मरने के लिए छोड़ दिया जाता है। विदर्भ क्या पूरे महाराष्ट्र में जिस प्रकार की राजनीतिक व्यवस्था है, उसमें नवजागरण और दलित चेतना की बात भले ही कर लें लेकिन इससे कर्ज़ के जुए के नीचे दबे आदमी को कोई लाभ नहीं हुआ।

आज़ादी के बाद और विशेष रूप से उदारीकरण के बाद जहाँ-जहाँ नव-धनाढ्यों की बाढ़ आयी है, वहाँ अकूत सम्पत्तियों के चमचमाते द्वीप बन गये हैं। अकूत सम्पत्तियों की बाढ़ में आम आदमी मरने के लिए छोड़ दिया गया है। उसका अन्तिम विश्वास जिन राजनेताओं पर था, वे भी उससे किनारा कर गये हैं। अब राजनेताओं की सम्पत्तियों की जो सूची हर साल अख़बारों में प्रकाशित होती है, उसे देखकर शर्म आती है। जिस देश में सत्तर प्रतिशत लोग बीस रुपये से भी कम आमदनी वाले हों,

वहाँ अरबों की सम्पत्ति हमारे जन-नायकों के पास है। और दुर्भाग्य से वे ही काले धन की समाप्ति की दुहाई भी दे रहे हैं। कल तक योग के माध्यम से विदेशी धन और विदेशी वस्तुओं का विरोध करने वाले रामदेव के पास कितनी सम्पत्ति है, किसी को नहीं मालूम। यह ज़रूर मालूम है कि हर टीवी चैनल पर हर दो मिनट में वे अपना कोई उत्पाद लेकर उपस्थित हो जाते हैं। यही कारण है कि इस वर्ष आरम्भ के तीन-चार महीनों में उन्होंने विज्ञापनों पर लगभग 360 करोड़ रुपये ख़र्च किये। यह धन कहाँ से आया? जिस चैरिटी का वे बार-बार नाम लेते हैं, वह चेरिटी जीवन में तो कहीं दिखाई नहीं देती, वह धन कहाँ से आ रहा है और कहाँ जा रहा है? एक संन्यासी को व्यापार की चालाकियाँ किसने सिखाई, राजनीति और राजनेताओं से उनके सम्बन्धों का खुलासा क्यों नहीं होता? किसान की आत्महत्या इन्हीं षड्यन्त्रों के कारण हो रही है। अमेरिका जो अब पूरी दुनिया का माई-बाप बना हुआ है, वह अपने किसानों को दिल खोलकर सबसिडी देता है लेकिन भारत जैसे देश में विश्व बैंक के माध्यम से सबसिडी देने पर रोक लगाने की वकालत करता है।

संजीव ने 'फाँस' में एक और बड़ा प्रयोग किया है, वह है उपन्यास के प्रमुख पात्र शिबू की पत्नी शकुन का सारी समस्याओं से मुक्ति के लिए बौद्ध धर्म स्वीकार करना। वह देखती है कि हिन्दू उनकी कोई सहायता नहीं करते, उनकी जवान होती बेटी को मन्दिर का पुजारी निरन्तर ताक़ता रहता है, साहूकार उनकी विवशता का लाभ उठाते हैं, ज़मींदार छोटी जोत वाले किसान को कुछ मानते ही नहीं, कुनबी और बड़ी जाति के लोग उन्हें अपने कुएँ पर नहीं चढ़ने देते तथा बैंक के अधिकारी हीरो होंडा मोटर साइकिल पर तो ऋण देने को तैयार है। लेकिन बीज और खाद के लिए किसान को नहीं। इन स्थितियों का समाधान शकुन को बौद्ध धर्म स्वीकार करने में लगा और वह अपनी नारकीय स्थितियों से उबरने के लिए बाध्य हो गयी। 'राम, सीता, गणेश, शिव, विष्णु, दुर्गा कचरे की तरह एक-एक कर फेंके जा चुके थे। काली का एक फोटो भी फेंका गया। योग-क्षेम वहन करने के लिए उसने हिन्दू देवी-देवताओं की फ़ौज खड़ी कर रखी थी, 'सब भरम! सब बेकार! अब इनकी जगह भगवान बुद्ध, अम्बेडकर, फुले, सावित्रीबाई फुले। शकुन ने कुछ सोचा, जाने क्या सोचा, फिर माँ काली की प्रतिमा भी वापस लाकर आँचल से पोंछी, सिर नवाया और इनमें सजा दी। छोटी ने एक और भी फ्रेम लाकर बीचोबीच जड़ दिया। पति-पत्नी ने आश्चर्य से देखा, 'बाबा साहब की वाणी-शिक्षित हो, संगठित हो, संघर्ष करो।'' शकुन को यह विश्वास था कि बौद्ध धर्म अपनाने के बाद उसके सारे संकट स्वतः ही समाप्त हो जायेंगे। हिन्दू लड़के बेटी की शादी में दहेज माँगते है। लेकिन बौद्ध लड़के ऐसा नहीं करेंगे। बौद्ध हो जाने के बाद मन्दिर का पुजारी उसकी बेटी को ग़लत दृष्टि से नहीं देखेगा, बैंक का अफ़सर उसे कर्ज़ दे देगा, साहूकार उसके प्रति नरमी बरतेगा और उसके खेत में पकी फ़सल से सोना उसके घर में बरसने लगेगा।

पर ऐसा नहीं हुआ। यह बौद्ध धर्म की पराजय नहीं है बल्कि यह व्यवस्था की पराजय है, जिसमें किसान जीने को विवश है। किसान की परेशानियों की ओर किसी का ध्यान नहीं है, यदि उनके पूरे परिवार के श्रम का मूल्य देखा जाये तो उसे फ़सल से मिलता क्या है? चारों ओर से घिरे शिबू ने अपने ही बनवाये कुएँ में कूदकर आत्महत्या कर ली। शकुन की पड़ोसन शुभा बोली, ''पड़ोसी होने के नाते मैं जानती हूँ इस परिवार को। इसी कुएँ में सरकारी कर्ज़ के चलते तीन साल से इस परिवार ने त्योहार के दिन भी कभी पूड़ी-पकवान नहीं बनते देखा। पूड़ी-पकवान तो दूर, भर पेट कभी दोनों जून जेवण भी नसीब हुआ हो—मुझे सन्देह है।''

रात-दिन खेत में खपने वाले किसान परिवार की यह स्थिति है और कहा जाता है कि फाइव स्टार होटलों में जितनी झूठन फेंकी या बरबाद की जाती है, उससे दुनिया की भूख समाप्त हो सकती है। पर अन्न उगाने वाले किसान को तीज-त्योहार भोजन नसीब नहीं है। छोटी जाति और छोटी जोत के किसान की समस्या धर्म नहीं है, धर्म के पाखण्ड बड़े लोगों के लिए है। ग़रीब आदमी को न इस धरती पर कोई सहारा देता है और न ऊपर। धार्मिक आदमी विश्वास के सहारे जीता है लेकिन जिस दिन परिस्थितियाँ उसके विश्वास को तोड़ती हैं, उस दिन आत्महत्या करने के अलावा और कोई रास्ता उसे दिखाई नहीं देता। 'फाँस' में ही एक और महत्त्वपूर्ण प्रसंग है। पुजारी शिबू की लड़कियों को ताक़ता है तो शिबू और शकुन आपस में चिन्ता करते हैं। शकुन दोनों लड़कियों की शादी की बात करती है तो शिबू अपनी विवशता व्यक्त करता है, ''अगर लाख-लाख रुपयों की डिमांड न होती। कहाँ से लाऊँ? अब इस खेती में और बरक्कत तो होने से रही।'' लड़कियों की शादी की चिन्ता के साथ दूसरी चिन्ता अब खेती में कोई बरकत नहीं है। खेती जो किसान के जीवन का आधार है, यदि उसमें कोई फ़ायदा नहीं, गुजारा भी हो सकता मुश्किल हो तो ऐसी खेती का क्या लाभ? यह बड़ा प्रश्न है जो शिबू अपनी पत्नी शकुन से करता है। शकुन को भी कोई रास्ता दिखाई नहीं देता, इसलिए वह बौद्ध धर्म स्वीकार करने के लिए कहती है, ''हमने लाख समझाया, बौद्ध हो जाओ, बौद्ध हो जाओ। महार सारे ही बौद्ध हो गये, बाक़ी हमारे जैसे ही मुक्त नहीं हो पाये अभी तक उस मोह से, 'जाएँ, न जाएँ। एक कीचड़ भरे गड्ढे से बड़े तालाब में आ जाने जैसा, 'जैसा चाहो मुलगा पाओ, जैसा चाहो मुलगी...। मैं पूछती हूँ तुम इन हिन्दुओं के पास जाते ही क्यों हो? ...तुम चुन-चुनकर हिन्दुओं के पास ही जाते हो। हिन्दू ठहरे न! तुम्हारा जाति, 'मोह तो तुम्हें खींचेगा ही। तुम कैसे भूल जाते हो कि हमारे पुरखे कभी पीछे झाड़ू बाँधकर और हाथ में डब्बा लेकर चलते थे, ताकि पीछे की अपनी छुई ज़मीन अपवित्र न हो जाये। बाबा साहब के लाख बुलाने पर भी जो न आ पाये, उन्हें तुम आदमी कहते हो? केंचुए हैं, केंचुए! बड़ी जात के हिन्दुओं की संक्रामक दहेज की बीमारी से बीमार...अपने बग़ल के गाँव में नील और चन्दा के

बाप को किसने मारा, फ़सल की बरबादी ने? नहीं...इन्हीं हिन्दुओं की इसी संक्रामक बीमारी ने!... मैंने कितनी बार समझाया दीक्षा ले लो, दीक्षा ले लो, मगर तुम...? आज भी उसी मन्दिर में मत्था टेकने जाते हो, जिसका पुजारी पहले बाग के सन्तरों का लालच दे-देकर मुझे पटाने की कोशिश करता था। और अब बगुला भगत की तरह मन्दिर के ऊँचे चबूतरे पर बैठकर नहाती औरतों और स्कूल जाती मुलगियों को घूरता रहता है।''

यह पति-पत्नी का आत्मीय संवाद है, जिसमें जीवन के अनुभवों की कड़वाहट साफ़ दिखाई दे रही है। शिबू के पास कोई उत्तर नहीं है, वह न केवल निरुत्तर है बल्कि विफलताओं ने उसे तपते यथार्थ से परिचित करा दिया है। इसलिए पत्नी के तर्कों के सामने पराजित होकर वह घोषणा करता है, ''आज से मैंने भी मन्दिर को छोड़ दिया।'' पर सनातन प्रश्न फिर सामने है कि क्या मन्दिर जाना छोड़ने से उसकी समस्याओं का समाधान हो जायेगा? यदि समाधान इतना आसान होता तो शिबू को अपने द्वारा निर्मित कुएँ में कूदकर आत्महत्या क्यों करनी पड़ती।

पिछले कई वर्षों से महाराष्ट्र में बढ़ती किसान आत्महत्याओं से दुखी होकर हिन्दी और मराठी के चर्चित अभिनेता नाना पाटेकर ने एक एनजीओ 'नाम' शीर्षक से बनाया, जो किसान की समस्याओं के लिए ज़मीनी स्तर पर महत्त्वपूर्ण काम कर रहा है। एक नाना सदियों से लम्बित किसानों की समस्याओं का कितना समाधान कर पायेंगे, यह बाद की बात है। लेकिन बड़ी बात यह है कि आत्महत्या करने वाले किसान परिवारों के बीच आने के लिए उनका मन द्रवित हो उठा। वे आये और लगातार अपने लिए नहीं बल्कि ग़रीब किसान और अनाथ हुए कृषक बच्चों के लिए लोगों को सहायता करने हेतु प्रेरित कर रहे हैं। नाना जैसे लोग इस भयंकर त्रासदी से जुड़ेंगे तो समाधान की ओर कुछ तो बढ़ेंगे। संजीव ने भी 'फाँस' में ऐसे ही एक नाना को रचा है जो अपने ही किसान को कहता है, ''सोचते हो, तुम्हारे दुखों से दुखी और द्रवित हो जायेगी सरकार! दान, दया की बरसात करेगी। है न? कीड़े-मकौड़े की तरह मर जाने वाले डरपोको! तुम क्या समझते हो, तुम्हारे आत्महत्या कर लेने से शासन बदल जायेगा? प्रसासन बदल जायेगा? सिस्टम बदल जायेगा? कोच्छ नहीं बदलेगा। तुम समझते हो, तुम्हारे नेता लोगों का पत्थर दिल पसीज जायेगा। कभी नहीं। मइ देख के आता चन्द्रपुर में, उधिर तुम मर रहे थे, इधिर सब नंगा नाच देख रहे थे।'' नाना का यह दुख है जो अब आक्रोश हो गया है। वे अपने ही किसानों की रोज़-रोज़ की आत्महत्याओं से चिन्तित हैं, वे सरकार और अपने ही नेताओं की उपेक्षा से दुखी हैं। लेकिन वे यह स्पष्ट करते है। कि आत्महत्या कोई विकल्प नहीं है, इससे समस्याएँ सुलझने की अपेक्षा बढ़ती हैं।

संजीव जैसे वरिष्ठ कथाकार अपने उपन्यास 'फाँस' के माध्यम से विदर्भ के किसानों की दयनीय अवस्था से परिचित कराते हैं। वे यह भी बताते है। कि इस

काली मिट्टी में उर्वर शक्ति बहुत है लेकिन साधनों के अभाव में किसान स्वयं अनुर्वर हो गया है। गाँव का मुखिया, पटवारी, नेता, धार्मिक विश्वास, साहूकार और बैंक सब मिलकर उसे लूट रहे हैं। डॉ. अम्बेडकर की निर्वाण स्थली नागपुर, महात्मा गाँधी की कर्मस्थली वर्धा, विनोबा भावे की साधना स्थली पवनार तथा सन्त गाडगे बाबा और तुकाड़ोजी महाराज की इस कथित पवित्र भूमि पर आज भी किसान आत्महत्या कर रहे हैं, यह तथ्य दिन के उजाले की तरह सबके सामने है पर इसके समाधान के लिए कोई गम्भीर प्रयास नहीं किये जा रहे हैं, यह चिन्ता 'फाँस' के मूल में है।

फाँस : मृत्यु का वरण करते किसानों से सम्बन्धित शोध और समकालीन विमर्शों के आईने में मुक्ति की तलाश

–सुधीर सुमन

कृषि जो भारतीय अर्थव्यवस्था का मूलाधार थी, वही किसानों के गले की फाँस कैसे बन गयी, संजीव ने अपने उपन्यास 'फाँस' के ज़रिये इसे गहराई से समझाने की कोशिश की है और साथ ही इस दौर के जितने चर्चित विमर्श रहे है। या जिन आन्दोलनों ने जनमानस पर असर डाला, उन विमर्शों और आन्दोलनों की स्पष्ट छायाएँ भी इस उपन्यास में नज़र आती हैं। विदर्भ के 11 ज़िलों के किसानों को क़रीब से देखने, जानने, समझने के क्रम में संजीव ने यह उपन्यास लिखा है। वे मानते है। कि किसान की आत्महत्या 'देश की आत्महत्या' है। 2015 में यह उपन्यास प्रकाशित हुआ था। दो साल से अधिक समय बीत चुका है, आत्महत्याओं का सिलसिला जारी है और साथ ही इस देश के सत्ताधारी राजनेताओं और मन्त्रियों द्वारा आत्महत्या करने वाले किसानों के विरुद्ध एक से बढ़कर एक अपमानजनक और संवेदनहीन बयान भी जारी हैं। सरकारों की कृषक-विरोधी कॉरपोरेटपरस्त नीतियों में कोई तब्दीली नहीं आयी है। देश में जितने साम्प्रदायिक-जातीय जनसंहार हुए या पुलिस द्वारा फ़र्ज़ी मुठभेड़ों में जितने लोग मारे गये, उनसे कई गुना अधिक किसानों ने आत्महत्याएँ की हैं।

'फाँस' को पढ़ते हुए हर बार एक गहरी उदासी दिलोदिमाग़ पर तारी होने लगती है। तीन बार पढ़ने के बाद भी मेरे लिए मुश्किल यह थी कि किसानों की दुर्दशा, ख़ासकर जिन इलाक़ों में किसान आत्महत्या कर रहे हैं, उनके जीवन की त्रासदी की परतों को उधेड़कर सामने लाते इस उपन्यास पर क्या लिखा जाये। बेशक इस उपन्यास में तमाम प्रतिकूलताओं के विरुद्ध संघर्ष करती शकुन्तला और कलावती, विजयेन्द्र, मल्लेश, नाना और वर्धा की सिन्धु ताई जैसे अविस्मरणीय चरित्र हैं, कृषि की जनपक्षीय वैकल्पिक दिशा की तलाश है, पर उदासी और दुख का माहौल इतना गहरा है, जिसके फाँस से निकल पाना मेरे लिए बहुत ही कठिन था। यह उपन्यास अपने पूरे प्रभाव में पाठक को निःशब्द कर देता है। गोदान जैसे उपन्यास या मदर

इण्डिया और दो बीघा ज़मीन फ़िल्मों से भी ज्यादा जटिल यथार्थ है साम्राज्यवादपरस्त-कॉरपोरेटपरस्त तन्त्र में किसानों की तबाही का, जिसे संजीव ने इस उपन्यास में उसके बहुस्तरीय परतों के साथ दिखाने की कोशिश की है।

उपन्यास में कथा शुरू होती है किसान आत्महत्याओं के लिए चर्चित विदर्भ क्षेत्र के वनगाँव से जो यवतमाल ज़िले के पूरबी छोर पर है। वनगाँव यानी आधा वन, आधा गाँव, 'आधा गीला, आधा सूखा। वनगाँव के ऊपरी हिस्से में दलित, पिछले और मामूली जोत के किसान रहते हैं, नीचे जहाँ पहाड़ी ढलान से होकर पानी इकट्ठा होता है, वहाँ ब्राह्मण, राजपूत और कुछ मराठा परिवार हैं, हालाँकि उनके रीति-रिवाज उनके मूल्य ऊपर भी मौजूद रहते हैं, यद्यपि इस उपन्यास में मेण्डालेखा नामक एक गाँव भी आता है जहाँ मन्दिर-मस्जिद-गिरजाघर नहीं हैं, कोई धर्म और जाति नहीं है, जंगल पर सबका अधिकार है। गाय-भैंस भी पाले जाते हैं, पर उनके बच्चों को छोड़कर उनका दूध मनुष्य नहीं पीते। हर समस्या का फ़ैसला स्त्री-पुरुष मिलकर लेते हैं। वहाँ कोई राजा नहीं है, कोई मालिक नहीं है। मेण्डालेखा उपन्यास में किसी स्वप्न या आदर्श की तरह आता है। यथार्थ तो वनगाँव या कहें कि पूरे विदर्भ के साथ पूरे देश के कृषि क्षेत्रों का है, जो किसानों को आत्महत्या के लिए विवश कर रहा है। बेशक मेण्डालेखा भी एक हक़ीक़त है, पर वह अपवाद की तरह है, फिर भी वह एक आईना है, जिसमें किसानों की बदहाली, सरकारों द्वारा उनकी आपराधिक उपेक्षा और कृषक-विरोधी नीतियों के साथ-साथ उन समाजों में मौजूद विभेदकारी-उत्पीड़क और यातनादायक परम्पराओं-मूल्यों की जो वास्तविकता है, वह और भी मारक रूप में नज़र आती है। यही उपन्यास का मूल कथ्य है। लेकिन कथानक सिर्फ़ वनगाँव और मेण्डालेखा की तुलना से नहीं बना है। वनगाँव के छोटे किसान शिवशंकर उर्फ़ शिबू, उसकी पत्नी और बेटियों की कथा के समानान्तर दूसरे गाँवों के कृषक परिवारों और आन्दोलनकारी किसानों की कथा भी साथ-साथ चलती है। वनगाँव के शिबू-शकुन्तला का परिवार हो या नागौरा के बाप-बेटे सुनील-विजयेन्द्र का परिवार या अमला के सुरेश वानखड़े और आशा का परिवार या अमरावती के माधव-रोहिणी का परिवार, इन सारे किसान परिवारों में कोई-न-कोई आत्महत्या करता है। निर्गुणी गाँव के मोहन बाघमारे और सिन्धु ताई दम्पत्ति की भी बेहद त्रासद दास्तान है।

किसान जायें तो जायें कहाँ?

उपन्यास 42 प्रकरणों में बँटा हुआ है। पहले ही प्रकरण में उपन्यास की नायिका कलावती यानी छोटी की निगाह से वनगाँव और मेण्डालेखा की तुलना की गयी है। वह स्कूल की ओर से युवा महोत्सव कैम्प में भाग लेने गयी है। चूँकि उसे महोत्सव के समापन के मौक़े पर होने वाले सांस्कृतिक उत्सव में भी शामिल होना है, इस

कारण वह पाँच दिन देर से गाँव लौटती है। लेकिन इस बीच गाँव में उसके ख़िलाफ़ दुष्प्रचार शुरू हो चुका है। दुष्प्रचार की वजह यह है कि उसके साथ उसका सहपाठी अशोक भी गया था, जो मराठा है, ग़ैर दलित है, जिसके साथ उसकी ज़्यादा पटती है। अशोक के पास मोबाइल है, जिस पर वे गाने सुनते हैं, वे पत्रिकाएँ पढ़ते हैं, देश-दुनिया की ख़बरों और ख़ासकर किसानों की दशा को लेकर छपे लेखों पर दोनों के बीच बहसें होती हैं। उसका पिता शिबू उसके साथ-साथ बड़ी बेटी सरस्वती को भी स्कूल न भेजने का फ़ैसला कर चुका है, जबकि उसकी माँ शकुन्तला उन्हें पढ़ाने की ज़िद पर अड़ी रहती है। कलावती के माँ-बाप दलित हैं, छोटे किसान हैं। कपास, मक्का, ज्वार, धान और गेहूँ उपजाते हैं। पहले प्रकरण में उनके छोटे-से घर का भी चित्रण है। उनकी पशुशाला जो भैंस-गाय से आबाद रहती थी, उसमें मात्र एक भैंसा रह गया है। पहले लालू और माकड़ू नाम के दो बैल भी उनके पास थे। लालू जो बूढ़ा बैल है, हल जोतते वक़्त उसकी मौत हो जाती है, जिसका उपन्यासकार ने अत्यन्त मार्मिक वर्णन किया है। इसी प्रकरण में लालू की मौत की याद से पूर्व पेड़ से लटककर फाँसी लगा लेने वाले एक किसान का भी प्रसंग आता है, जिसने दो-दो बार फ़सल मारे जाने और कर्ज़ न दे पाने के कारण आत्महत्या कर ली थी। किसान शिबू की आर्थिक दशा अच्छी नहीं है, इसका संकेत उसके इसी कथन से लग जाता है कि "अकेला होता तो चला भी जाता कहीं...नागपुर, नासिक, मुम्बई, दिल्ली... लेकिन ये दो मुलगियाँ (लड़कियाँ), बायको (पत्नी), 'इन सबको लेकर कहाँ जाऊँ?"

किसान खेती छोड़ रहे है। या छोड़ना चाहते हैं, यह आज के भारत की सच्चाई है। संजीव अपने इस उपन्यास में इसकी वजहों की शिनाख़्त करते हैं। विडम्बना यह है कि सरकारें किसानों को जंगलों पर उनके परम्परागत अधिकार से भी वंचित कर रही हैं। उपन्यास के दूसरे प्रकरण में जब शकुन्तला अपनी बेटियों और गाँव की अन्य औरतों के साथ वन में महुआ चुनने जाती हैं, तो सिपाही ख़ुदाबक्स छोटी यानी कलावती को अपनी हवस का शिकार बनाना चाहता है, जिसका औरतें प्रतिरोध करती हैं। पता चलता है कि जिस जंगल से किसानों के बाप-दादा महुआ के साथ-साथ बाँस, बहेरा, केन, तेदू पत्ते, सखुआ, लकड़ी आदि लाते रहे, वह सरकारी हो चुका है। इन्हीं चीज़ों की लूट का आरोप लगाकर पुलिस गाँववालों को हाँककर थाने ले जाती है।

विभेदपूर्ण सामाजिक व्यवस्था की फाँस

उपन्यास में वन पर ग्राम समाज के अधिकार का सवाल तो उठता ही है, उपन्यासकार संजीव यह दिखाना भी नहीं भूलते कि विभेदपूर्ण हिन्दू सामाजिक व्यवस्था में जो ऊपरी पायदान के लोग हैं, वे भी वनों पर अपने अधिकार से वंचित कर दिये गये लोगों के प्रति विद्वेष से भरे हुए हैं। उपन्यासकार वनगाँव के पुजारी के भ्रष्ट, कामुक और

निठल्ले चरित्र का भी वर्णन करता है। दरअसल हिन्दू धर्म की आस्थाओं, मान्यताओं और सामाजिक रिवाजों को भी उपन्यासकार ने फाँस ही माना है। शकुन्तला बेटियों के विवाह में होने वाली मुश्किल को बड़ी जात के हिन्दुओं की संक्रामक दहेज की बीमारी से जोड़कर देखती है। उनकी जाति के हिन्दुओं के लड़कों के लिए दहेज का रेट प्रायः एक हीरो होंडा और एक लाख रुपये है, पर आर्थिक रूप से संकटग्रस्त एक छोटे किसान परिवार के लिए इतने रुपये जुटाना भी मुश्किल है। शकुन्तला अपने पति से बहस करते हुए कहती है, "अपने बग़ल के गाँव में नीलू और चन्दा के बाप को किसने मारा, फ़सल की बरबादी ने? नहीं...इन्हीं हिन्दुओं की इसी संक्रामक बीमारी ने।" अपनी बेटियों के लिए वर खोजते शिबू को लगता है कि 'काश! यह जाति व्यवस्था न होती तो समाधान इतना मुश्किल न होता।'

शकुन्तला का हिन्दू देवी-देवताओं से भरोसा उठने लगता है, वह बौद्ध धर्म की दीक्षा ले लेती है। हिन्दू देवी-देवताओं की तस्वीरें वह घर से बाहर फेंक देती है। उनकी जगह बुद्ध, अम्बेडकर, फुले, सावित्रीबाई फुले की तस्वीरें लग जाती हैं। अशोक जब देवी-देवताओं की तस्वीरें फेंकने पर सवाल करता है, तो शकुन्तला तल्ख़ी से जवाब देती है, "तेरे ये देवता और तुम क्या कर रहे थे जब पुलिस हमसे जानवर की तरह बदतर सुलूक कर रही थी।" शकुन्तला तो एक बार अपनी मराठा सखी शुभा के बेटे अशोक को चुनौती भी देती है कि वह कलावती से शादी कर ले, पर जाति की दीवार इतनी आसानी से कहाँ टूटती है। हालाँकि शकुन्तला की दोनों बेटियों की शादी के बाद शुभा को अपने बेटे के इस इतिहासबोध से थोड़ी राहत मिलती है कि बुद्ध भी क्षत्रिय थे। ज़ाहिर है इसके ज़रिये उपन्यासकार ने जातीय श्रेष्ठताबोध से ग्रस्त मानसिकता पर व्यंग्य ही किया है। यहाँ तक कि चौरासी अवार्ड पाने वाले रामजी दादा जी खोबरागड़े भी जाति दंश के शिकार नज़र आते हैं। उनसे विजयेन्द्र की पहली बार मुलाक़ात करवाने ले जाते वक़्त नाना बताता है, "सत्तर साल के दादा जी अगर दलित न होते, ग़रीब न होते, सिर्फ़ तीसरी तक ही पढ़े-लिखे न होते या उनकी तरफ़ से कोई लड़ने वाला होता, तो उनके द्वारा विकसित एचएमटी सोना धान के लिए उन्हें सरकार देश का अग्रणी आविष्कारक मानती, अन्नदाता घोषित करती, नाम, यश, पैसा-क्या नहीं... ।"

किसानी से बेहतर नौकरी या मज़दरी

शिबू अपनी लड़कियों की शादी के लिए दहेज में नक़द के बजाय खेत देने का प्रस्ताव देता है, पर लड़कों के परिवारवालों का कहना है कि "खेत लेकर क्या करना है, 'सुसाइड!" लड़कों को नौकरी चाहिए, नौकरी के लिए रिश्वत की ज़रूरत होती है और उसके लिए भी उन्हें दहेज की अपेक्षा रहती है। मोहनदास बाघमारे जो शरद जोशी द्वारा चलाये गये किसान आन्दोलन का जुझारू कार्यकर्ता रहा, तीन बार जेल

में ठूँसा गया, पुलिस की मार से लगभग अपंग-सा हो गया, वह अपने बेरोज़गार बेटों की अपेक्षाओं से परेशान है, ''शेत (खेत) बेचकर पढ़ाया, अब खेत बेचकर घूस दो। नौकरी लगेगी या नहीं कोई गारंटी नहीं। पढ़े-लिखे लड़के खेती करना अपमान समझते हैं। खेत से गये, बेटों से गये, आमदनी से गये, उम्र से गये। और बेटे सूदख़ोरों की तरह सर पर सवार।'' दूसरी ओर बेटों का क्षोभ यह है कि, ''दूसरे लड़कों के बापों ने हाथ-पाँव जोड़कर दे-दिलाकर जैसे-तैसे हासिल कर ली नौकरी और एक हमारा बाप है, ज़िन्दाबाद-मुर्दाबाद करते मुर्दा हो गया है।'' हालत यह है कि कोई किसान पाँच एकड़ ज़मीन बेचकर प्यून की नौकरी पा लेता है तो उसे अच्छी ख़बर समझा जाता है। मोहन बाघमारे ने भी अपनी बेटी की शादी किसान के बजाय मज़दूर से की है।

मौजूदा व्यवस्था में विदर्भ के इलाक़े में कृषि मज़दूरों की क्या दशा है, इसकी पड़ताल उपन्यास नहीं करता। एक जगह ज़रूर इसका ज़िक्र है कि शिबू की आत्महत्या के बाद शकुन्तला खेत बेच देती है और मजूरन बनकर अपने ही खेत में कपास चुनने लगती है। हालाँकि किसान-मज़दूरों के बीच अलगाव का एक हल्का संकेत तो मिल ही जाता है। तेलंगाना का वेंकट कहता है, ''वैसी ही समस्या तेलंगाना में भी है। कॉमन समस्याएँ हैं। सिंचाई, नरेगा में भ्रष्टाचार, खेती के लिए मज़दूर नहीं मिलते, नरेगा ने वर्किंग कल्चर ख़राब कर दी है।''

बदहाली का ज्ञान बनाम ज्यादा लाभ का प्रलोभन

मोहन बाघमारे, नाना बापटराव शंकर राव, सुनील, विजयेन्द्र जैसे लोग यह बख़ूबी समझते है। कि 2002 में कपास के बी.टी. कॉटन बीज के आने के बाद से ही स्थितियाँ ख़राब हुई। एक बार तो अच्छी फ़सल हुई, पर बीज ने अगली बार धोखा दिया। पुराने देशी बीज कहीं मिले नहीं। मोहन बाघमारे की बीवी सिन्धु गुस्से में बोलती है, ''बी.टी. बोये, धन्ना सेठ बनने के लिए। फ़क़ीर बनकर रह गये।'' बी.टी. कॉटन के लिए खाद और कीटनाशक ज़रूरी थे और उसके लिए सरकारी कर्ज़ लेने की मजबूरी थी। उसी के साथ नये-नये कीड़े और नये-नये रोग भी पैदा हुए। किसान आन्दोलन के नेता जोशी को ही किसानों के बीज, खाद, ऋण, मुआवज़े के लिए बने 'टास्क फोर्स' का डायरेक्टर बना दिया गया और आन्दोलन बिखरता चला गया। कर्ज़ और फ़सल की बरबादी के कारण आत्महत्या करने वाले किसानों की तादाद बढ़ने लगी। आत्महत्या करने वाले किसानों को पात्र-अपात्र मानने का जो प्रशासनिक गोरखधन्धा है, उसके कारण कई किसानों के परिजन मुआवज़े से भी वंचित रह जाते हैं। कृषि विभाग की मदद या सरकारी बैंकों से ऋण भी असली ज़रूरतमन्द किसान को नहीं मिलता। मोहनदास इगतदास बाघमारे को लोग ज़बर्दस्ती सरकारी मदद के लिए कृषि पदाधिकारी के पास ले जाते हैं, पर वहाँ उसके तीखे सवाल से अधिकारी

भड़क जाता है। वह बैंक से लोन लेने की सलाह देता है। लेकिन बैंकवाले खेती के बजाय हीरो होंडा ख़रीदने के लिए लोन देते हैं।

2009 के चुनाव के पहले केन्द्र सरकार कपास उत्पादक किसानों के लिए 72 हज़ार करोड़ रुपये कर्ज़ माफ़ी की घोषणा करती है, पर इससे उन बहुसंख्यक किसानों को कोई राहत नहीं मिलती जिन्होंने गाँव के सूदख़ोरों से कर्ज़ लिया था। किसानों को दुधारू गाय देने की जो योजना शुरू हुई, उसकी सबसे बड़ी गड़बड़ी यह थी कि योजनाकारों ने इस पहलू पर ध्यान ही नहीं दिया कि सूखे से ग्रस्त विदर्भ में मवेशियों के लिए चारा कहाँ से आयेगा और किसान दूध बेचेंगे कहाँ? लेकिन गायवाली योजना के चक्कर में किसानों को अपने हक़-अधिकार के लिए सचेत और संगठित करने वाले सुनील भी फँस जाते हैं। नागपुर जैसे शहर में 20-25 लाख लीटर दूध की माँग के बावजूद किसानों को मिली गायों के दूध का नियोजन नहीं हो पाता। शकुन्तला का मन भी गाय के लिए ललचाता है, पर शिबू जो बैंक से लिये गये एक कर्ज़ चुकाने के लिए उसके गले की हँसुली बेच चुका है, वह दुबारा कर्ज़ के फाँस में पड़ना नहीं चाहता। इसी तरह एक योजना कुआँ खोदने की है, जिसमें कुआँ पहले खोदा जाता है और सरकार ऋण बाद में देती है। नाना की टिप्पणी है, ''कुएँ के निर्माण के लिए सब कुछ बेच डालो, 'घर-द्वार, चूल्हा-चौकी, गाय-बैल, औरतों के गहने और औरतों को भी...और आख़िर-आख़िर तक उसी कुएँ में कूदकर जान दे दो शिबू की तरह।'' लेकिन ज़रूरतें और लोभ पीछा कहाँ छोड़ते हैं। सुनील भी ज्यादा कमाई के लिए अपनी पच्चीस एकड़ और नासिक की फैक्टरी में काम करने वाले पाटिल की पच्चीस एकड़ की खेती पर एक साथ कापूस, सोयाबीन, तुअर की खेती की योजना बनाते हैं। मधुमक्खी पालन करते हैं, सन्तरा, अनार, नीबू, आम, आँवला के बाग लगाते हैं, ट्रैक्टर भी ख़रीद लेते हैं, क्योंकि उन्हें अपने बेटे विजयेन्द्र को अमेरिका भेजने के लिए धन चाहिए। वे अपना सिद्धान्त तोड़कर कर्ज़ लेते हैं। अन्ततः कृषक आत्महत्याओं के ख़िलाफ़ अलख जगाने वाला यह शख़्स ख़ुद एण्डो सल्फान पीकर आत्महत्या कर लेता है।

उन्मादी-कामुक उपभोक्तावादी संस्कृति, धार्मिक अन्धविश्वास और दारू के नशे का जाल

सुनील का बेटा विजयेन्द्र अपने प्रोजेक्ट के लिए गड़चिरोली और चन्द्रपुर के किसानों की माली हालत का सर्वेक्षण कर रहा है। कभी जोशी के नेतृत्व वाले किसान आन्दोलन का कार्यकर्ता रह चुका नाना बापटराव शंकर राव विजयेन्द्र को एक गाँव में हो रहे 'डांस हंगामा' नामक आयोजन में ले जाता है। विजयेन्द्र उस आयोजन के नाम से भड़कता है। इस पर नाना तर्क देता है, ''तुम तो बात-बात पर उखड़ जाते हो, काम तो हम वहीं करेंगे जिसके लिए आये है। लेकिन तुम्हारे लिए यह

भी जानना ज़रूरी नहीं है कि इस अभागी धरती के ये तुम्हारे किसान-मज़दूर सूरमा रहते कैसे हैं, खाते क्या हैं? उनका टेस्ट क्या है, संस्कृति क्या है, कितने रंग है। इस संस्कृति के। तभी तो तुम उनकी सही-सही रिपोर्ट कर पाओगे।'' विजयेन्द्र परेशान हो जाता है कि किसान आत्महत्याओं के समानान्तर ऐसी उत्तेजक-कामुक संस्कृति कैसे चल रही है? वह अपनी रिपोर्ट में यह दर्ज करता है, ''आश्चर्य है, अम्बेडकरवादियों के गढ़ में, गढ़चिरोली में माओवादियों की उपस्थिति के बावजूद, कृषक आत्महत्याओं के गहरे मातम के साये में भी कैसे चल रहा है यह सब?'' असल में परिवर्तनकामी राजनीति से लेखक की यह अपेक्षा है कि वह किसानों के लिए अहितकर सांस्कृतिक-सामाजिक-धार्मिक प्रवृत्तियों के ख़िलाफ़ भी संघर्ष को भी प्राथमिकता दें। यह उलाहना इसी मंशा से प्रेरित लगता है।

गम्भीर संकटों के वक़्त किसी न किसी ईश्वर, देवी-देवता या तान्त्रिक, फ़क़ीर, साधु आदि की शरण में जाना जनता की सामान्य प्रवृत्ति रही है। अशोक की माँ शुभा कलावती की माँ शकुन्तला से एक जगह कहती है कि ''एक बार शिरडी के दर्शन कर आओ, सारे दुख-दलिद्दर समाप्त।'' लेकिन धर्म-अध्यात्म का धन्धा भी अर्थव्यवस्था से निरपेक्ष नहीं होता। उपन्यास में नाग जोगी द्वारा राजा-महाराजा, चोर-डकैतों के ज़मीन में गड़े ख़ज़ाने की खोज के लिए गुप्त अभियान चलाना और अनुष्ठान करना भी इसकी बानगी है। नाग जोगी की हक़ीक़त का पर्दाफाश तो ख़ुद उसकी पत्नी लक्ष्मी उसके चेले सदानन्द के समक्ष करती है, ''स्साला भंड़वा! बड़का सिद्ध तान्त्रिक बना फिरता है, यहाँ गाँड़ उघरी हुई है। उस दिन सांड घुसा था, आये दिन सर्प घुसते है। घर में।'' पाठकों को इस प्रसंग में डौंडियाखेड़ा में राजा रामबक्श सिंह के सोने के ख़ज़ाने की अफ़वाह फैलाने वाले बाबा शोभन सरकार की याद आ सकती है, जिनके तमाशे को मीडिया ने अपनी टीआरपी के लिए काफ़ी उछाला था। लेकिन शोभन सरकार जैसे लोग तो कभी-कभार ही चर्चा में आते हैं, किसानों को आत्महत्या की ओर धकेलती व्यवस्था ने अध्यात्म और धर्म का जो जाल फैला रखा है, उसके बड़े खिलाड़ी तो श्री श्री रविशंकर, निर्मल बाबा या आशाराम बापू जैसे लोग हैं। श्री श्री रविशंकर ने तो अप्रैल, 2017 में विदर्भ के गाँवों के दौरे के बाद कहा कि 'ग़रीबी' किसानों की आत्महत्या का प्रमुख कारण नहीं है, बल्कि किसानों में 'अध्यात्म की कमी' इसकी वजह है, इसके लिए उन्हें योग और प्राणायाम करना चाहिए। किसानों की तबाही में सरकारों की नीतियों की जो भूमिका रही है, उस पर ऐसे कॉरपोरेट गुरु पर्दा डालने का काम करते हैं। अन्धविश्वास और तन्त्र-मन्त्र का धन्धा चलाने वालों को भी सत्ता का संरक्षण मिलता है, डॉ. नरेन्द्र दाभोलकर की हत्या इसका साक्ष्य है।

तेलंगाना के किसानों की समस्याओं का अध्ययन करके लौटते वक़्त विजयेन्द्र सोचता है, ''अन्धश्रद्धा-उन्मूलन के दाभोलकर साहब को सुबह में गोली मार दी जाती

है। मोहन दादा को हत्यारे धर्म की कोई हत्यारी परम्परा गोहत्या के प्रायश्चित्त के लिए पशु बनाकर घर से खदेड़ देती है, निरंजन देव उस बार भी नहीं आया। कोई सेठ महाजन होता हो दुम हिलाता हुआ आता।... हत्यारे कई हैं, 'एक से बढ़कर एक।... स्वर्ण मन्दिर में दुख भंजरी पाठ के लिए दस-दस साल से लाइन है...बड़े-बड़े है। अन्धविश्वास की लाइन में। अमिताभ बच्चन समेत एक लाख तीस हज़ार। वहाँ कोई बेर का पेड़ है तो शिरडी में नीम का पेड़ और बोधगया में पीपल का, बनारस में...। ये सभी हत्यारे हैं...सभी।'' ज़ाहिर है अन्धविश्वास का नाता सिर्फ़ ग़रीबी से नहीं है, बल्कि लोभ से भी है। बेशक जीवन का वास्तविक संकट झेल रहे लोगों को कोई व्यक्ति या वैचारिक-राजनीतिक संगठन उनकी तबाही की वास्तविक वजहों को बताये, इसकी ज़रूरत है। विडम्बना यह है कि जो देवी-देवता या तान्त्रिक-मान्त्रिक सामान्य जनता के लिए सहजता से उपलब्ध होते थे, वह भी उपलब्ध नहीं हैं। अब निरंजन गिरि जैसे लोगों के हाथ में यह कारोबार है, जो कुओं का पानी सूख जाने, तीन साल से सूखा जारी रहने, लड़के-लड़कियों के फेल होने, किसानों की आत्महत्या, ओले पड़ने और हरड़ द्वारा सारी फ़सल और पेड़ खा जाने आदि को बुरी आत्मा का साया बताते है। और उससे मुक्ति के लिए अनुष्ठान कराते चलते हैं। उसके कहने पर बैल के हत्या की प्रायश्चित्त के लिए गले में उसका फन्दा डालकर भिक्षा-पात्र लिये मोहन बाघमारे गाँव-गाँव भटकता रहता है, क्योंकि उसने न चाहते हुए भी अपना बैल कसाई शम्सुल को बेच दिया था। कलावती निरंजन गिरि के ख़िलाफ़ अपने गुस्से का इज़हार करती है कि उसका वश चले तो वह मोहन दादा के गले का फन्दा गिरि के गले में पहनाकर घसीटते हुए पब्लिक में जगह-जगह ले जाये, लेकिन विजयेन्द्र कहता है, ''गिरि जैसों को कुछ भी करो तो पब्लिक उनके सपोर्ट और तुम्हारे अगेंस्ट हो जायेगी।'' अन्धविश्वास का उन्मूलन आसान काम नहीं है, इसकी ओर उपन्यास स्पष्ट तौर पर संकेत करता है।

रही दारू के नशे की बात, तो उपन्यास के आख़िरी हिस्से में जहाँ किसानों की तबाही के कारणों और उससे मुक्ति की दिशा को लेकर एक आयोजन होता है, वहाँ एक दढ़ियल युवक तमतमाकर बोलता है, ''यह कैसे सम्भव है कि हम कृषक समस्या पर बात करें और दारू की बात न करें? पर उन्हें रोकेगा कौन? मन्त्री पीता है, अफ़सर पीता है, सिपाही पीता है, दरोगा पीता है, आईजी, डीआईजी, डीजी पीता है, मराठा पीता है, अम्बेडकरी पीता है, छात्र पीता है, मास्टर पीता है, कुलपति पीता है, कुलाधिपति पीता है जबकि महात्मा गाँधी से लेकर शंकर गुहा नियोगी और अन्ना हज़ारे, अभय बंग, 'सभी ने इसका निषेध किया। वर्धा में मद्य पूरी तरह प्रतिबन्धित है और यहाँ सबसे ज्यादा वो भी खुलेआम पी जाती है। इसके चलते कितने शेतकरी (किसानों) ने प्राण गँवाये और इन्हें रोकने के लिए दारू पर पलने वाले हमारे थाने...इन्होंने महिला मण्डलों को आगे कर दिया है, 'तुम आगे

बढ़ो, हम तुम्हारे साथ है। और कितने साथ हैं, ये आपको शकुन्तला देवी बताएँगी, 'भट्टी भंजक दल की सदस्या...।''

कलावती की माँ शकुन्तला दारू-विरोधी अभियान की कार्यकर्ता बन चुकी है। जिनकी रोज़ी-रोटी ही दारू बेचने से चलती है, उनके हमले भी उसने झेले हैं। उन लोगों के अपने ज़बर्दस्त तर्क हैं, ''चोरी-चकारी छोड़कर दारू का धन्धा शुरू किया... हमको दूसरा धन्धा दिला दो, हम दारू बन्द कर देगा।'' लेकिन दूसरी ओर नारायण सेठ जैसे लोग हैं, जो किसानों को ऋण भी देते है। और उन्हें दारू भी बेचते हैं। शकुन्तला इस अनुभव से गुज़री है कि दारू की बिक्री के ख़िलाफ़ महिलाओं के भट्टी भंजक अभियान का समर्थन करने वाली पुलिस नारायण सेठ जैसों के शराब के धन्धे में सहयोगी की भूमिका अदा करती है।

पितृसत्तात्मक धार्मिक-सामाजिक संस्कारों और इज़्ज़त की फाँस से मुक्ति की जद्दोजहद

इस उपन्यास की यह महत्त्वपूर्ण ख़ासियत यह है कि इसमें अपने व्यक्तिगत-पारिवारिक-सामाजिक जीवन के संकटों से मुक्ति की जद्दोजहद में स्त्रियाँ पितृसत्तात्मक धार्मिक-सामाजिक संस्कारों की बेड़ियों को तोड़ते हुए अपनी नयी सामाजिक पहचान हासिल करती हैं। चाहे वह शकुन्तला हो या वर्धा की सिन्धु ताई, जो बचपन से ही अपमान और प्रताड़ना की शिकार रही। शादी के बाद गर्भवती हुई तो साहूकार ने अफ़वाह फैला दी कि उसके पेट में उसका बच्चा है, नतीजतन पति ने उसके पेट पर लात जमा दी। उसने खटाल में एक बच्ची को जन्म दिया। गन्दी ईंट से खुद गर्भनाल काटा। जब ससुराल और मायके, 'कहीं भी आश्रय नहीं मिला तो ट्रेन पकड़कर अनजाने सफ़र पर चल दी। गीत गा-गाकर भीख माँगने लगी। वहाँ सुरक्षा महसूस नहीं हुई तो श्मशान में रहने लगी। बाद में बेटी को लेकर पुणे आ गयी और दगड़ू सेठ हलवाई के अनाथालय के सुपुर्द किया और अपना जीवन उपेक्षित माताओं और बच्चों को बचाने और सम्मान दिलाने के लिए समर्पित कर दिया। कलावती इस सिन्धु ताई की ज़िन्दगी से बहुत ही प्रभावित है।

हालाँकि कलावती की जो ज़िन्दगी है, उस पर हाल के वर्षों में उभरे महिला आज़ादी के आन्दोलनों और विमर्शों का ज्यादा असर नज़र आता है। इसकी शुरुआत कलावती द्वारा उस जींस को पहनकर गाँव में मटकते हुए धूमने से ही हो जाती है, जो आशा वानखड़े ने उसे दी थी। अपने सहपाठी अशोक से वह प्रेम करती है। उससे दुनिया-जहान की बातें करती है। वह अपने पिता शिबू से बहस करती है, ''मुलगियों के सिर पर ही इज़्ज़त का सारा बोझ क्यों?'', 'वह आत्महत्या करने वाले एक कृषक दम्पती के बच्चे को घर ले आती है, उसे जीवन नाम देती है। लेकिन जीवन को अशोक-कलावती से जोड़ते हुए पूरा ग्रामीण समाज अफ़वाहों और

चरित्रहनन पर उतर जाता है। शिबू महसूस करता है कि "इन अफ़वाह फैलाने वालों में वे भी शामिल है। जो बौद्ध हैं। भगवान बुद्ध भी नहीं धो सके उनकी बर्बरता।"

खेती की तबाही, बेटियों के विवाह की चिन्ता और कलावती के बारे में अफ़वाहों से त्रस्त होकर शिबू आत्महत्या कर लेता है। घूस न देने के कारण उसकी लाश को आत्महत्या का 'पात्र' भी नहीं माना जाता है। इसके बाद मन्दिर का पुजारी अफ़वाह उड़ाता है कि जीवन अपशकुनी है और बौद्ध हो चुके लोग भी इस पर विश्वास करते हैं। उपन्यासकार ने लिखा है, "गाँव में अधिसंख्य दलितों के बौद्ध हो जाने के बाद भी संस्कार मन्दिर के ही चलते थे।" पति की आत्महत्या के बाद शकुन्तला दोनों बेटियों की शादी बौद्ध रिवाज से करती है, लेकिन परम्परागत संस्कार कलावती के ससुराल में भी आड़े आते हैं। कलावती अपने ससुराल में बिजली लाने के लिए संघर्ष करती है, जैसे मायके में रहती थी, उसी तरह ससुराल में रहना चाहती है, तो उसका विरोध होता है और वह ससुराल छोड़कर विजयेन्द्र के घर पहुँच जाती है। धीरे-धीरे वह विजयेन्द्र के क़रीब होती जाती है।

संजीव की कहानियों और उपन्यासों में स्त्री-पुरुष सम्बन्धों के प्रति सामान्य तौर पर जो नैतिक दृष्टिकोण रहता आया है, उससे कुछ भिन्न है यह सम्बन्ध। हालाँकि दबे हुए स्वर में पुरानी आशंकाएँ ज़रूर दस्तक देती है। कि "सामाजिक बन्धन इसलिए ज़रूरी है। कि अराजकता न फैले, इसलिए भी कि पशुओं की तरह हमारी सारी एनर्जी इसी आहार, निद्रा, भय और मैथुन में ही न जाया हो जाये।" लेकिन सेक्सुअल सम्बन्ध विजयेन्द्र और कलावती के रिश्ते के केन्द्र में है ही नहीं। जो है वह अत्यन्त सहज, कुण्ठारहित। यद्यपि उपन्यास के अन्त में प्लेटोनिक प्रेम की जो रूढ़ आदर्शवादी अवधारणा है, लेखक उसे आत्महत्या करने वाले किसानों की सन्तानों के लिए 'कलावती कुंज' नाम की संस्था चला रहे अशोक के ज़रिये स्थापित करने की कोशिश करता है। उपन्यास में अशोक से दुबारा कलावती की मुलाकात तो नहीं होती, पर उसका सन्देश उसे मिलता है, "क्या हुआ जो हमारा दैहिक मिलन नहीं हुआ! क्या हुआ जो हम घोषित रूप से पति-पत्नी नहीं बन पाये! क्या हुआ जो हमने जैविक सन्तानें पैदा नहीं की! हमारी आत्माओं का तो मिलन हुआ। हमारी रूहें तो एकसार हुईं। उसी की सन्तानें है। ये...।" जबकि अशोक के बारे में सूचना मिलने से पहले ही एक रात अन्तरंग क्षणों में कलावती विजयेन्द्र से कह चुकी है कि "अनजाने हम बढ़ आये पर बढ़ आये सही वो जनम-जनम के साथी वाला कॉन्सेप्ट या मन-प्राण वचन वाली एकनिष्ठता की बात तो झूठ है, सरासर झूठ। हम सदियों से इस झूठ को ढोये जा रहे हैं, रिचुअल्स-सा हो गया है जैसे 'सॉरी' कहना, जैसे कोर्ट या राजघाट पर जाकर झूठी क़सम खाना। यह कैसे सम्भव है कि हम एक को छोड़कर दूसरे को चाहे ही नहीं। मिलें न मिलें, अलग बात है।" विजयेन्द्र उससे सवाल करता है, "आज अगर अशोक आ जाये तो क्या करोगी?" जवाब मिलता

है, "अशोक? वही क्यों, पूरी ज़िन्दगी में और भी आ जायें, तुम्हारे भी हमारे भी।"

ज़ाहिर है यह स्त्री-पुरुष सम्बन्धों की नैतिकता के नये स्वरूप का स्वीकार भी है। विजयेन्द्र कहता है, "सोचकर अजीब लगता है, क्या तुम उसी बाप की बेटी हो जो तुम्हारी वर्जिनिटी, तुम्हारी आबरू के प्रति इतना सेंसिटिव रहा कि आत्महत्या ही कर बैठा। इसे कैसे समझें—ऐक्शन का रिएक्शन!" कलावती जवाब देती है, "सदियों के थोपे गये इन मूल्यों के तले दबकर रह गया है हमारा सहजबोध जैसे ये ऋणवादी मूल्य। शास्त्रों में दबाव बनाया जाता है कि कर्ज़ अदा किये बिना मरे तो मुक्ति नहीं होगी। ज़रूरत थी, मजबूरी थी, कर्ज़ लिया, न दे पाये, जान दे दी, मरने के पहले तिल-तिल कर मरते रहे।" लेकिन यह एक क़िस्म का सामान्यीकरण है, जो धार्मिक आस्थाओं और अन्धविश्वासों की तीव्र प्रतिक्रिया में निर्मित हुआ है। कर्ज़ अदा न करने के अपराधबोध में आत्महत्या तो ख़ुद ही इस तर्क का निषेध है कि 'कर्ज़ अदा किये बिना मरे तो मुक्ति न होगी', कोई भी धर्मभीरु ऐसा क्यों करेगा? अगर धर्मशास्त्र ने ऋणवादी मूल्यों का दबाव बनाया है, तो आत्महत्या तो उस दबाव का प्रतिकार हुआ न?

आत्महत्या के बुनियादी कारक : सामाजिक-आर्थिक या धार्मिक-मनोवैज्ञानिक?

मुझे लगता है कि जो सामाजिक इज़्ज़त-प्रतिष्ठा के पैमाने हैं, जो ठोस रूप से सामाजिक-आर्थिक हैसियत के अनुसार बनते हैं, वे पैमाने ही किसी की आत्महत्या की वजह बनते हैं। कर्ज़ के बोझ से मुक्ति की आकांक्षा धार्मिक से ज्यादा सामाजिक-आर्थिक मुक्ति से जुड़ा हुआ है। इसके साथ ही जो वर्तमान आर्थिक-सामाजिक स्थिति है, उसके और ख़राब होने की आशंका भी आत्महत्या का कारण बनती है। अगर आदिवासी या सर्वहारा मज़दूर आत्महत्या नहीं करते, तो इसका कारण यह नहीं है कि उनमें धार्मिक आस्थाएँ नहीं होतीं या वे हिन्दूवादी धार्मिक धारणाओं से बिल्कुल मुक्त होते हैं। मुझे लगता है कि आत्महत्या के कारणों को दर्शन, मनोविज्ञान या धर्म के भीतर तलाशना एक तरह से किसानों की आत्महत्या के केन्द्रीय कारक से पाठक का ध्यान बँटाता है। शासकवर्गीय बुद्धिजीवियों या शोधार्थियों द्वारा ऐसे बयान दिये जाते रहे है। या निष्कर्ष पेश किये जाते रहे हैं, जिनमें आत्महत्याओं को दार्शनिक या मनोवैज्ञानिक मामला बताया जाता है। ऐसे बयान या निष्कर्ष प्रायः सरकारों की किसान-विरोधी नीतियों के लिए ढाल का काम करते रहे हैं। उपन्यासकार स्वीट्ज़रलैंड में आत्महत्याओं के दर से भारतीय किसानों की आत्महत्या की तुलना करता है। उपन्यासकार को लगता है कि जीवन में दुख का न होना और ख़ुद द्वारा वरण किये गये अकेलेपन के कारण स्विस लोगों में आत्महत्या की प्रवृत्ति अधिक है, जबकि हम पर अकेलापन लादा गया है। यहाँ किसानों की आत्महत्या की वजहों की जो तलाश है, वह थोड़ी देर के लिए आत्महत्या के दार्शनिक-मनौवैज्ञानिक कारणों

की तलाश की ओर मुड़ जाती है। यह प्रसंग न भी होता तो इससे उपन्यास के कथ्य पर कोई फ़र्क़ नहीं पड़ता।

सुनील हों, शिबू या आशा वानखड़े, 'ये लोग कर्ज़ के साथ-साथ फ़सल की बरबादी यानी गहरी आर्थिक मार की वजह से आत्महत्या करते हैं। विजयेन्द्र आत्महत्या की साइकी का गहन मन्थन करता है। खेती, बीज, खाद, कीटनाशक, सिंचाई के साथ-साथ ही बच्चे की शिक्षा, स्वास्थ्य, बेटी की शादी, ख़ुशी, ग़मी आदि चीज़ों और अवसरों के लिए सरकारी बैंकों के बजाय ऋण एजेंसियों और गाँव के साहूकारों से कर्ज़ लेने की विवशता और ज़मीन की गुणवत्ता, सिंचाई की प्रकृति और पैदावार से कोई मतलब न रखने वाली कॉरपोरेट मुनाफ़े के लिए बनायी गयी नीतियाँ और योजनाएँ, 'इन सबको वह किसानों को आत्महत्या की ओर धकेलने वाली वजहें मानता है। प्रतिकूल परिस्थितियों में भी उपजाये गये कपास, सोयाबीन या ईख की फ़सल की उचित क़ीमत किसानों को मिले, इसकी व्यवस्था सरकारें नहीं करतीं। यवतमाल ज़िले की एक मण्डी में एक किसान झल्लाकर कहता है, "ऐसा ही रहा तो मैं तो बनियों को बेचकर चला जाऊँगा। जब देश का हर फैसला देसी-विदेसी बनियों को ही करना है तो सरकार क्यों हमें चूतिया बना रही है।"

एक तथ्य यह भी है कि कृषि की तबाही के बावजूद ज़मीन की क़ीमत बढ़ती गयी है। कॉरपोरेट कम्पनियों के अतिरिक्त आर्थिक उदारीकरण के दौर में पनपा देश का एक समृद्ध हिस्सा किसी क़ीमत पर ज़मीनें ख़रीद रहा है। निर्माण उद्योग अथाह कमाई का एक प्रमुख ज़रिया बन गया है। मोहनदास बाघमारे से बातचीत करते हुए नाना बापटराव शंकर राव एक बार कहता भी है, "काम तो इन दिनों एक ही है, 'बालू, मिट्टी, ईंट या खाद की ढुलाई। सड़कों के किनारे सारी खेती वाली ज़मीनें बिक चुकी हैं। मकान बन रहे हैं। आने वाले दिनों में सिर्फ़ बिल्डिंगें होंगी, चमचमाती सड़कें होंगी और चमचमाती गाड़ियाँ। न हमारे-तुम्हारे जैसे लोग होंगे, न शेती (खेती), न हमारी-तुम्हारी बैलगाड़ियाँ।" ज़ाहिर है ये आशंकाएँ सिर्फ़ विदर्भ के लिए नहीं हैं, बल्कि पूरे देश के लिए हैं।

विदर्भ की तरह ही पंजाब, गुजरात, आन्ध्र, मध्य प्रदेश, बुन्देलखण्ड में भी किसान आत्महत्या कर रहे हैं। उपन्यासकार इसका भी पर्दाफ़ाश करता है कि कृषक आत्महत्या के ख़िलाफ़ आवाज़ उठाने वालों के भी अपने निहित स्वार्थ हैं, कोई अपनी चीनी मिल के लिए कपास उत्पादक किसानों की आत्महत्या पर सवाल उठाता है, तो कोई किसानों के नाम पर अरबों रुपये लूटने के लिए, "घण्टे-घण्टे पर ड्रेस बदलने वाले गृहमन्त्री, करोड़ों-अरबों में खेलने वाले राजनेता, फ़िल्मी लोग, दलाल, व्यापारी, क्रिकेट और बिल्डर्स, इनके लिए खेल हो गया है, 3 लाख किसानों की आत्महत्या।" यह कोई संयोग नहीं है कि उपन्यास के प्रकाशन के एक साल बाद ही विदर्भ के इलाक़े में महाराष्ट्र की सरकार ने बाबा रामदेव को पतंजलि फूड और हर्बल पार्क

के लिए छह सौ एकड़ ज़मीन दी और बाबा ने विदर्भ की वन सम्पदा का उपयोग करके रोज़गार उपलब्ध कराने का सपना दिखाया।

एक गाँव साईंपुर जहाँ के लोगों ने सरकार से लिखित रूप से आत्महत्या की अनुमति माँगी है, वहाँ विजयेन्द्र एक सभा आयोजित करता है। वहाँ नाना ग्रामीणों को फटकारता है कि आत्महत्या करने से क्या शासन, प्रशासन, सिस्टम बदल जायेगा? पत्रकार पराग देशपाण्डे मकान के लिए मिले सरकारी अनुदान पर व्यंग्य करता है, ''ख़ुद के टॉयलेट तक के लिए लाखों और शेतकरी को पूरे मकान के लिए 300 रुपये!'' एक किसान बताता है कि विस्थापन के बाद पुनर्वास के लिए पैसे और नौकरियाँ माँगने पर गाँधी जयन्ती के दिन पुलिस ने उनकी पिटाई की। विडम्बना यह है कि प्रशासन और सरकार किसानों की आत्महत्या को 'आत्महत्या' नहीं मानती। उस सभा में कोई किसान व्यंग्य करता है, ''सरकार कृपया हम किसानों को बताये कि आत्महत्या करते वक़्त किन-किन बातों का ख़याल रखा जाये, कब और कैसे की जाती है आत्महत्या? किस पण्डित से पूछकर...? यह भी सिखाया जाये कि कैसे लिखी जाती है सुसाइडल नोट।''

उपन्यास पाठकों को बोड़रा नाम एक गाँव में ले जाता है, जहाँ आगे-पीछे छह किसानों ने आत्महत्याएँ की हैं। लोगों की दिमाग़ी हालत ठीक नहीं है। आर्सेनिक, अत्यधिक कीटनाशक और खाद के कारण वहाँ का पानी विषाक्त हो गया है या और कोई कारण है, इसे जानने की कोई दिलचस्पी सरकार और प्रशासन को नहीं है। विजयेन्द्र को लगता है, ''कल को सारा देश बोडुरा न बन जाये।''

इस उपन्यास में विडम्बनात्मक सन्दर्भों की भरमार है। एक सेठ साईं बाबा को सौ करोड़ का मुकुट चढ़ाता है और दूसरी ओर धान की बढ़िया क़िस्म के आविष्कारक दादा जी खोबरागड़े का 50 ग्राम का मेडल नक़ली निकलता है। नाना एक जगह कहता है, ''अपुन का सीधा-सा प्रिंसिपल है, मरना ही है तो यू.पी. में मरो, कुम्भ में मरो तो सरकार पाँच लाख देगी, प्रतापगढ़ में गैंगवार में मरो तो दस लाख। यहाँ क्या मिलेगा—25 हज़ार और 75 हज़ार का फिक्स, वो भी पात्र बनने पर।'' कहने का मतलब यह है कि मरने वालों के लिए मुआवज़ों की जो नीति है, वह भी विडम्बनापूर्ण है।

उपन्यासकार उत्पादन की लागत और फ़सल की क़ीमत तथा औद्योगिक उत्पादों और सरकारी कर्मचारियों के वेतन की किसानों की आय में भारी फ़र्क़ की भी चर्चा करता है। किस तरह मेगासिटी के नाम पर नौकरी के वादे करके किसानों की ज़मीन हड़पी जाती है, इसका भी ज़िक्र भी करता है। उसके अनुसार, ''क्विक लाभ, क्विक मनी, क्विक उत्पादन, क्विक आनन्द की पूँजीवादी संस्कृति है, जिसका ज़ोर बढ़ रहा है, पर किसानों पर जो फाँस कस रहा है, वह उसे क्विक मुक्ति के लिए आत्महत्या करने को विवश करता है।''

अपने रिसर्च के दौरान विजयेन्द्र को महसूस होता है कि "असल राजनीति और उसका अर्थशास्त्र तो समाज के कुछ ख़ास वर्गों के हाथ में है जो तय करते है। कि रस्सी कब गले की टाई होगी, कब माला और कब फाँसी का फन्दा। यह सरासर लोकतान्त्रिक मूल्यों में कमी और बाज़ार के सामाजिक व्यवहार में बढ़ते हस्तक्षेप के कारण हुई है। इससे निपटने के लिए किसान और किसानी को केन्द्र में रखकर योजनाएँ बनानी होंगी या किसानों को आगे बढ़कर बाज़ार और तन्त्र को अपने नियन्त्रण में ले लेना होगा।"

भारतीय कृषि बदहाली के कारणों का मन्थन : पैकेज नहीं पॉलिसी चाहिए

यद्यपि उपन्यासकार आत्महत्या की विभिन्न वजहों को अलग-अलग चरित्रों के जरिये उजागर कर देता है, आत्महत्या के लिए ज़िम्मेवार सरकार की नीतियों और संवेदनहीन तन्त्र को भी उजागर करता है, इसके बावजूद शायद उसे लगता है कि कुछ कमी रह गयी है, जिसके कारण उपन्यास के आख़िरी हिस्से में विजयेन्द्र द्वारा 'मन्थन' नाम से कृषि और कृषकों पर केन्द्रित एक बड़ा आयोजन किया जाता है। यह आयोजन अपने-अपने तरीक़े से किसानों की बेहतरी के लिए काम कर रहे लोगों और संगठनों के कार्यों और अनुभवों को सामने लाता है। बेशक उपन्यास में लगातार कृषि और किसानों से जुड़े आँकड़ों का ज़िक्र होता है, लेकिन 'मन्थन' में विकल्प की तलाश में लगे लोगों, संस्थाओं और संगठनों के अनुभवों को जिस तरह पेश किया जाता है, वह उपन्यास में एक गम्भीर शोधपरक और ज्ञान-विस्तार वाले पाठ का रूप अख़्तियार कर लेता है। इस 'मन्थन' में मिट्टी की क़िस्मों, वैज्ञानिक तरीक़े से मधुमक्खी पालन, मुर्गी पालन, बकरी पालन, पपीता आदि फलों के उत्पादन, रामजी दादा खोबरागड़े द्वारा विकसित हाईब्रीड धान, बी.टी. कॉटन के विनाशकारी परिणाम, पर्यावरण को नुक़सान पहुँचाने वाले रासायनिक कीटनाशकों की जगह जैविक कीटनाशक के उपयोग, जेनेटिक मोडिफाइड बीज, देशी प्रजातियों से कई गुना ज्यादा क़ीमत वाले हाईब्रीडों को मिल रहा सरकारी संरक्षण, पर्यावरण और प्राणियों को उनसे होने वाले भारी नुक़सान, बहुराष्ट्रीय कृषि रसायन और बीज कम्पनियों की ताक़त, नीति-निर्माताओं द्वारा इन अन्तर्राष्ट्रीय कम्पनियों की दलाली, ऑर्गेनिक पद्धति से उत्पादन, 'जीरो बजट फार्मिंग', पानी के उचित प्रबन्धन, जल-संरक्षण और सिंचाई के परम्परागत तरीक़े, कृषि उत्पादों की वाजिब क़ीमत, ग्रामीणों के विरोध के बावजूद आण्विक विद्युत परियोजना लागू करने की सरकारी कोशिश, आत्महत्या करने वाले किसानों के लिए घोषित पैकेज की राजनेताओं-मन्त्रियों द्वारा लूट, कृषि उत्पाद से सम्बद्ध शराब उद्योग, दारू की लत, मद्यनिषेध की सरकारी नौटंकी, शराबबन्दी की ज़रूरत, कॉरपोरेट और बिल्डर्स द्वारा देश की लाभ देने वाली ज़मीनों की ख़रीद और ओले, अतिवृष्टि, बाढ़-सूखा, टिड्डी आदि प्राकृतिक आपदाओं, असली पीड़ितों

के बजाय अमीरों और ताक़तवरों द्वारा मुआवज़े की लूट, सरकारी कृषि नीतियों, ऋण, बैकिंग, महाजनों, ऋण एजेंसियों और साहूकारों पर चर्चा होती है। 'मन्थन' में किसानों की पीड़ा को अभिव्यक्त करने वाली कविताएँ और फ़िल्में भी प्रदर्शित की जाती हैं। उपन्यास इस विडम्बना पर भी उँगली उठाता है कि मामूली आदमी को कोई छूट नहीं है, ''लेकिन अगर पूँजीपति या रसूखदार हो तो करोड़ों, अरबों-खरबों का कर्ज़, इनकम टैक्स डकारकर शान से धन्धा चमकाकर भारत रत्न या शीर्ष पद तक पा सकता है।''

किसानों का हाल यह है कि ''कोई यह नहीं पूछता कि कर्ज़ अदा करने वाला अदा कर पाने की स्थिति में है भी या नहीं। न भगवान, न शास्त्र, न प्रशासन, न कोई कोर्ट, न कचहरी।'' विजयेन्द्र इसे 'महाजनी कोड ऑफ़ कंडक्ट' की सज्ञा देता है। सरकार की ऋण नीति किस तरह छोटे किसानों के लिए अहितकर है और बड़े ज़मीन मालिकों और देशी महाजनों और निजी एजेंसियों के लिए फ़ायदेमन्द है, इसका भी वह ज़िक्र करता है। 'किसानों को पैकेज नहीं पॉलिसी चाहिए', ''मन्थन' का यही निष्कर्ष है। यह उपन्यास भी अपने आपमें एक मन्थन ही है।

'मन्थन' में विजयेन्द्र कृषि अर्थनीति विशेषज्ञ देविन्दर शर्मा की एक रिपोर्ट पढ़ता है कि नेशनल फामर्स यूनियन के सर्वे के अनुसार 70 से ज़्यादा कृषि आधारित व्यवसाय मुनाफ़ा कमा रहे है। लेकिन इस खाद्य शृंखला में किसान ही हैं, जो घाटे में चल रहे हैं। उपन्यासकार यह भी जानकारी देता है कि अमेरिका में भी आम आबादी की तुलना में किसान ज्यादा आत्महत्या कर रहे हैं। चीन में हर साल मौत को गले लगाने वाले 2 लाख 80 हज़ार में से अस्सी फ़ीसदी लोग भूमि अधिग्रहण का शिकार होते हैं। निष्कर्ष यह है कि 'यह वैश्विक अर्थव्यवस्था का नया रूप है जिसमें किसान को हाशिये पर धकेला जा रहा है।' आत्महत्या को लेकर अलग-अलग समझ है। किसी के लिए वह सिर्फ़ पलायन नहीं बल्कि अन्याय के विरुद्ध अन्तिम चीख़ है, मौन चीख़। किसी के लिए आत्महत्या महज़ कायरता नहीं, भाव-प्रवणता का एक उदात्त मुहूर्त है, 'पश्चात्ताप और निर्वेद की आग में मानवता का झुलसता हुआ परचम। लेकिन 'मन्थन' में एक किसान तैश में आकर जो बोलता है, वह ज्यादा वाजिब लगता है, ''...सम्पन्नों की प्रतिस्पर्धा में खड़े होने की लालच में कर्ज़ के दलदल में डूबते जाते है। और एक दिन मर जाते हैं।'' ''इसीलिए डिस्पैरिटी मिटाओ, बीज बदलो, खाद बदलो, पशुधन जोड़ो, कम्पोस्ट लाओ, कीटनाशक बदलो, जो ज़हर फैला रहा है माटी-पानी-ख़ून में, आदमी बदलो, आदमी! बाज़ार को अपने क़ब्ज़े में करो, को-ऑपरेटिव जोड़ो, कर्ज़ बन्द करो, दारू बन्द करो, फिज़ूलख़र्ची बन्द करो और अगर यह सब नहीं कर सकते तो बन्द करो यह नौटंकी!''

स्वशासन का मॉडल और भारतीय शासकवर्ग की लोकछवि का सवाल

उपन्यास के चालीसवें प्रकरण में उपन्यासकार पाठकों को पुनः 'मन्थन' में शामिल लोगों के साथ मेण्डालेखा ले जाता है। वहाँ पहुँचकर पाठक के भीतर फिर मेण्डालेखा से दूसरे गाँवों की तुलना शुरू हो जाती है। मेण्डालेखा में किसी किसान ने आत्महत्या नहीं की है। वहाँ के लोग सरकारी या किसी अन्य संस्था से मदद लेने के पक्ष में नहीं हैं। गाँव का एक बुज़ुर्ग कहता है, "हमने सोचा कि सरकार और सरकारी कर्ज़ पर भरोसा करेंगे तो मारे जाएँगे! देने वाले हाथ हमेशा ऊपर, लेने वाले हमेशा नीचे!"

मेण्डालेखा में शराबबन्दी भी है। एक व्यक्ति बताता है, "पहले मावा से दारू चुराकर पीते, औरतों को बौत पीटते, फिर ग्रामसभा बन्दिश लगा दी। एक बूँद भी नहीं। न पीयी जायेगी, न चुरायी जायेगी। इससे पहला फ़ायदा मिला औरतों को। पहले सामने बैठने का भी उनको हक़ नहीं था, अब पंचायतघर में बराबरी की हिस्सेदार हैं।" मन्थन वाले पूछते हैं, "आपने अपने ग्राम स्वराज का दूसरे गाँवों में विस्तार क्यों नहीं किया?" एक बूढ़ा जवाब देता है, "आप सरकारी लोगों के कारण! दारू हमने बन्द कराया, आपने चालू करा दिया। जो-जो स्टेप उठाया, आपने उन पर धूल डाल दी।"

मेण्डालेखा में लड़की ही बारात लेकर लड़केवाले के घर जाती है। विवाह में पण्डित-सण्डित की ज़रूरत नहीं होती, सरपंच विवाह कराता है। ग्राम स्वराज या स्वशासन का वह आदर्श उदाहरण है। उस समाज में कोई ऊँच-नीच नहीं है, गालियाँ और स्तुतियाँ नहीं हैं, बलात्कार नहीं है और वहाँ एक औरत की 'ना' को कोई जबरन 'हाँ' में नहीं बदल सकता है। वहाँ न हत्या-आत्महत्या है और न ही दारू की आदत न है। बाँस, धान या कोई और फ़सल हो, सबका मालिक ग्राम समाज है। फ़सल का रेट ग्राम समाज ही तय करता है। ग्रामसभा और वन सुरक्षा समिति की परमिशन के बिना जंगल की 118 हेक्टेयर की तय सीमा के भीतर सरकार का भी पत्ता नहीं खड़क सकता। वे हाकिमों के पास नहीं जाते, हाकिम उनके पास आते हैं। उन्होंने विवश किया है कि अंग्रेज़ी के बजाय प्रशासन उनकी भाषा में उनसे बात करे। यह भी पता चलता है कि बी.डी. शर्मा, बाबा आमटे, अभय बंग, चिपको आन्दोलन वाले बहुगुणा जी, वृक्षमित्र आदि ने यहाँ के कोया आदिवसियों के आन्दोलन का नेतृत्व किया था। मन्थन में आये निसार अहमद जब देवाजी तोपाजी, खोबरागड़े, हीरालाल, वृक्षमित्र आदि को आइकॉन बताते हैं, तो कोई व्यंग्य करता है, "वो सचिन या माधुरी दीक्षित के पाँव पकड़कर मना रहे हैं, बन जाओ ब्रांड अम्बास्डर।" व्यंग्य थोड़ा और पैना हो जाता है, जब देवाजी तोपाजी से पूछा जाता है कि क्या वे इनको जानते हैं, तब वे मासूमियत के साथ सवाल करते हैं, "इन्होंने देश के ग़रीब आदमी के लिए जान दी है क्या?"

मंगल पर जाने वाले मल्लेश, जिसे 'मन्थन' में सम्मानित किया जाना है, वह देवाजी तोपाजी, सिन्धु ताई, ग्राम स्वराज के पुरोधा तुकड़ोजी महाराज, खोबरागड़े जी, बाबा आमटे आदि के काम की तारीफ़ करता है। वह कहता है, "जिन वैज्ञानिक खोजों को वैज्ञानिकों को करना था, उन्हें प्रायः अनपढ़ किसानों ने किया। जिन बड़े-बड़े कामों को मन्त्रियों, अफ़सरों, नेताओं को करना था, उन्हें आम आदमी ने किया। ज़िन्दगी ने उन्हें उतनी नियामतें नहीं बख़्शीं। फिर भी...।" "मुझे क्षमा करें, मैं प्रेरक बनने आया था और ख़ुद प्रेरणा ग्रहण करके जा रहा हूँ...।" जिस तरह संजीव की प्रसिद्ध कहानी 'अपराध' में भी नायक अन्त में अपने शोध को निरर्थक मानकर गंगा में फेंक देता है, उसी तरह इस उपन्यास में मल्लेश मार्स मिशन से सम्बन्धित और विजयेन्द्र कैलिफोर्निया यूनिवर्सिटी से सम्बन्धित काग़ज़ात को फाड़कर फेंक देते हैं। बेशक लाखों किसानों की आत्महत्या वाले इस दौर में मल्लेश और विजयेन्द्र जैसे लोग भी हैं, जो अपना चमकता कैरियर छोड़कर अपना जीवन किसान, पर्यावरण, जल, जंगल, ज़मीन की रक्षा के लिए समर्पित कर देते हैं। राज जैसा युवक है जो फ़िल्मों को ज़रिये किसानों को सचेत और संगठित करने की कोशिश करता है। देवाजी तोपाजी स्वशासन की सफल लड़ाई लड़ते हैं। दादा जी खोबरागड़े के बारे विजयेन्द्र का मानना है कि "जिस विदर्भ और जिस भारत में अपने लाभ-लोभ आत्महत्याएँ कर रहे हैं, हताशा के उन स्याह अँधेरों में दादा जी एक मशाल की तरह जल रहे हैं।"

'मन्थन' के जरिए जल संरक्षण, सम्पूर्ण मद्य व नशा निषेद्य, जी.एम. बीजों के स्थान पर देशी बीज, विदेशी खादों की जगह देशी कम्पोस्ट और नाइट्रोजन, फॉस्फेट के देशी विकल्प, कीटनाशकों के देशी विकल्प, कर्ज़ देने वाली एजेंसियों का सम्पूर्ण बायकॉट, सरकारी बैंकों की ऋण लेने-देने की व्यवस्था को किसानोपयोगी बनाने, कृषक सहकारिता के जरिए कृषि व ग्राम उत्पादों का संग्रह, मूल्य, निर्धारण, विपणन करने, डीजल, बिजली आदि पर सब्सिडी ख़त्म किये जाने का विरोध और किसानों की आत्महत्याओं को रोकने की हर सम्भव कोशिश करने, रोज़गार का विकल्प खोलने, वैज्ञानिक दृष्टिकोण को बढ़ावा देने, आत्महत्याओं के मुआवज़े के मामले में एकरूपता बरतने के लिए आन्दोलन करने और मेण्डालेखा के स्वराज स्वशासन के मॉडल को अपनाने का लक्ष्य तय किया जाता है। नारा है, "दिल्ली-मुम्बई में हमारी सरकार, हमारे गाँव में हम ही सरकार।'

उपन्यास के आख़िरी पृष्ठ पर कलावती कहती है, "देश को बचाना है तो देशवासी को बचाओ और शेतकरी को बचाना है तो इन परजीवियों और दलालों को उखाड़ फेंको।" "इन सेठों-साहूकारों से कह दो, हम किसी के क़र्ज़दार नहीं। कोई भी शेतकरी किसी भी महाजन का क़र्ज़दार नहीं। तुम भी इस देश के, हम भी इस देश के। हमारा पैसा तुम्हारा पैसा। तुम्हारा पैसा हमारा पैसा। अपने दिये पैसे का

तुम हिसाब माँगते हो! सोचो, क्या होगा उस दिन, जिस दिन इस देश का एक-एक शेतकरी अपने पैसे का हिसाब माँगेगा।'' वह सन्त ज्ञानेश्वर की बहन मुक्ताबाई के एक काव्यांश को दुहराती है–'मूँगी उड़ाली अकाशी, तिने घेरेले सूर्यासी!' यानी चींटी आकाश में उड़ी, उसने सूर्य को निगल लिया।

तो एक ओर कलावती द्वारा संचालित कृषि अनुसन्धान केन्द्र है और दूसरी ओर मौत के पंजों से छीने हुए बच्चों की संस्था, ''कलावती कुंज'। उपन्यास का अन्त इन्हीं दो सम्भावनाओं से होता है। शेष सम्भावनाएँ सिन्धु ताई, दादा जी खोबरगड़े, देवा जी तोपाजी, विजयेन्द्र, मल्लेश, कलावती जैसे लोग और वैकल्पिक कोशिशों में लगे वैज्ञानिक, छात्र-शिक्षक, संस्कृतिकर्मी और उनकी संस्थाएँ है। और सर्वोपरि स्वशासन का सपना है। लेकिन ग़ौर किया जाना चाहिए कि 'मन्थन' आयोजन के अन्तिम दौर में जब एक मन्त्री गुस्से में सवाल दागता है, ''तुम लोगों ने मेण्डालेखा समेत जिस-जिस संस्था का नाम मॉडल के बतौर लिया, सरकारी संरक्षण न मिलता तो वे क्या पनप पाती?'' इस पर प्रेम नामक एक शोध छात्र करारा जवाब देता है, ''महोदय, प्रतिरोध के विभिन्न रूपों में सरकार या सत्ता उन रूपों को मजबूरन स्वीकार करती है जो उसकी शक्ति संरचना और छवि के लिए सबसे उपयुक्त लगते हैं। मेण्डालेखा का वैकल्पिक मॉडल आपको अपनी लोकपक्षीय छवि को चमकाने का अवसर देता है।''

सवाल यह है कि क्या राजनीतिक पार्टियों या सरकारों की लोकपक्षीय छवि चमकाने की यह जो मजबूरी या दबाव है, उस तरह के किसी दबाव के तहत बनने वाले वैकल्पिक मॉडल या संस्थाएँ ही किसान आत्महत्याओं पर केन्द्रित इस उपन्यास का हासिल है? ख़ासकर तब जब हम देख रहे है। कि कॉरपोरेट कम्पनियों और कॉरपोरेटपरस्त फासिस्ट सरकार को अब लोकपक्षीय छवि के लिए ज़मीन पर कुछ करने की मजबूरी नहीं रह गयी है, बल्कि अपनी फ़र्ज़ी लोकपक्षीय छवि का प्रचार करने के लिए वह आजकल ताक़तवर सूचना माध्यमों का ज्यादा सहारा ले रही है, वह छोटे-से-छोटे विरोध या असहमति की आवाज़ को बर्बरता से कुचल देना चाहती है और प्रतिरोध व आन्दोलनों की ख़बरों को ग़ायब करवा देती है या उनके बारे में दुष्प्रचार करती है। इसीलिए कलावती-विजयेन्द्र का कृषि अनुसन्धान केन्द्र और अशोक का 'कलावती कुंज' भी मेरे जैसे किसी पाठक को उदासी या निराशा से मुक्त न करे, तो इसे लेकर आश्चर्य नहीं होना चाहिए। मुझे इस सन्दर्भ में संजीव के उपन्यास 'धार' की याद आती है, जिसमें एक संगठन द्वारा सैकड़ों आदिवासियों की मदद से किये गये को-ऑपरेटिव माइनिंग के सफल और जनपक्षीय प्रयोग को सरकार पुलिस बल की मौजदूगी में बुलडोजर चलवाकर नष्ट करवा देती है।

भयानक और त्रासद फैंटेसी ही अब रियलिटी है

मुझे लगता है कि मन्थन को सहयोग देने वाले सेठों के गिफ्ट वाला ट्रक जहाँ विजयेन्द्र को धक्का मारता हे और घायल स्थिति में जिस तरह के विडम्बनापूर्ण दृश्य उसके ज़ेहन से होकर गुज़रते हैं, वहीं उपन्यास का अन्त हो जाता तो ज्यादा यथार्थ के क़रीब होता। वे दृश्य जो किसी दुःस्वप्न या फैंटेसी की तरह हैं, उन्हें देखा जाना चाहिए, इन दृश्यों में दो दुनियाएँ हैं, दो वर्ग हैं—

''मुम्बई के फैशन शो को कवर करते मीडिया के चैनल! रैम्प पर आती हुई सुन्दरियों की क़तार। फ़र्श बुहारते उनके एक से बढ़कर एक गाउन। उसी के समानान्तर विदर्भ की विधवाओं का जुलूस!

कपास चुनती बदरंग नववारी में बदरंग महिला। कपास से जीनिंग मिल, जीनिंग मिल से गाउन बनकर फैशन शो की सुन्दरियों तक का सफ़र! कपास की चुनाई से जीनिंग मिल, जीनिंग मिल से साड़ी बनकर गाँव की महिलाओं तक का सफ़र! फैशन सुन्दरियाँ और विधवाएँ अदल-बदल जाती हैं। कभी केवल सुन्दरियाँ, कभी केवल विधवाएँ। कभी सुन्दरियों के बीच विधवाएँ। कभी सुन्दरियों का कायाकल्प विधवाओं में। कभी सारे पॉजिटिव निगेटिव्स में ढलते हुए। गले में परिचय पत्र के टैग्स।

लक्मे सुन्दरयाँ कैटवॉक करती हुई मुड़ गयी हैं। उस मोड़ से निकलकर आ रही है। मजूरनें। कभी तेज़-तेज़। कभी दौड़ती हुई। अँधेरे में ठोकर लगी, गिरी फिर उठीं, दौड़ पड़ीं दुलकी चाल से। दूर ट्रेन के इंजन की आती हुई हेड लाइट। कहीं ट्रेन छूट न जाये। विदर्भ की बिजली से चौंधिया रहा है मुम्बई का फैशन शो और यहाँ एक क़तरा रोशनी के लिए तरसते प्राण!

रैम्प पर वॉक करते पक्ष-प्रतिपक्ष के नेता, उद्योगपति, साहूकार, अफ़सर, पटवारी। रैम्प पर वॉक करती मनमोहिनी गायें, रैम्प पर वाक करते भजन गाते साधु, तान्त्रिक और कंकालों की क़तारें। पीछे-पीछे भजन गाते वॉक करते हुए सदानन्द, 'वैष्णव जन ते तेणे कहिए जे पीर परायी जाणे रे...।

रैम्प अब बेताल भूमि में परिवर्तित होता है। हाथों में फ्लैग लहरा रहे है। कुछ कंकाल। फ्लैग में खोपड़ी अंकित है। राजधानी एक्सप्रेस की तर्ज़ पर श्मशान एक्सप्रेस की स्पेशल ट्रेनों को सिग्नल दिया जा रहा है—एक ट्रेन पंजाब से, एक गुजरात से, उसी तरह एक कर्नाटक, एक मध्य प्रदेश, एक छत्तीसगढ़, एक आन्ध्र पदेश, एक तमिलनाडु, एक बुन्देलखण्ड, एक विदर्भ से। दिल्ली के गाज़ीपुर के कचरे के स्तूप पर आ-आकर रुकती है ट्रेनें। मरे-अधमरे रोगग्रस्त किसानों के कचरे को उलीचती है। ट्रेनें। हज़ारों, लाखों चील, कौवे, गिद्ध चक्राकार चक्कर काट रहे है। उन पर। देश का अधुनातन पक्षी विहार!... अचानक उनका रंग उजला हो जाता है, जैसे मृत किसानों की रूहों द्वारा यहाँ भी कोई मन्थन चल रहा हो। विचित्र-विचित्र

आवाज़ें। ट्रैफ़िक जाम हो गया है। ताई मोहन दादा के गले का रस्सा पकड़े खड़ी हैं। रोहिणी खड़ी है पति का जला काला प्रेत लेकर। पाँवों में बेड़ी घसीटते हुए बोडुरा का प्रकाश खड़ा है—बाप की लाश को बेताल की तरह कन्धे पर लादे हुए। अपात्र मृतात्माओं की भीड़! कोई सिपाही चाबुक सटकार रहा है उन पर—लाइन से आओ! लाइन से।'' यहाँ मौजूदा व्यवस्था, सरकार और कारपोरेट मीडिया—सबका किसान-विरोधी चेहरा अपने नृशंस वर्गीय स्वार्थ के साथ उजागर होता है और पाठक को गहरी बेचैनी और क्षोभ से भर देता है। मेरी नज़र में यह उपन्यास की बड़ी उपलब्धि है।

बाक़ी रह गयी जो कुछ बात

मैंने शुरू में ही यह कहा कि इस उपन्यास पर समकालीन विमर्शों की स्पष्ट छायाएँ हैं। सर्पबन्धु एनजीओ, जो सर्पों की रक्षा के नाम पर किसानों के लिए मुश्किले पैदा करता है, वह एनजीओ की जन-विरोधी प्रवृत्ति का एक उदाहरण है। वैसे जिस तरह आर्थिक उदारीकरण के बाद देश में एनजीओ की संख्या बढ़ी है, उसके लिहाज़ से उनसे जुड़े और भी प्रसंग हो सकते थे। ख़ासकर जो एनजीओ सरकारों द्वारा जारी प्राकृतिक संसधनों की लेट का विरोध करते हैं, जो 'जल, जंगल, ज़मीन' की लड़ाइयों के पक्ष में नज़र आती हैं, उन पर सरकारें अंकुश लगाने के लिए किसी हद तक चली जाती हैं।

गुजरात के एक किसान परिवार के दीपक पटेल, जिसके बड़े भाई ने आत्महत्या कर ली थी, उसकी आपबीती के जरिए यह उपन्यास रोज़ी-रोटी के लिए अवैध तरीक़े से विदेश जाने वालों की त्रासदी से भी पाठकों का साक्षात्कार कराता है। देशी क़िस्म का जो पूँजीवाद है, वह गाय सम्बन्धी धार्मिक आस्थाओं का जिस तरह इस्तेमाल करता रहा है, इसके प्रसंग संजीव के उपन्यास 'रह गयीं दिशाएँ इसी पार' और 'गो-लोक' आदि कहानियों में भी नज़र आते हैं। इस उपन्यास में भी वे गाय और गोवंश सम्बन्धी धार्मिक आस्था से टकराते हैं। मोहन बाघमारे द्वारा कसाई को बैल बेचने के अपराधबोध की चर्चा हो चुकी है। 'मन्थन' में यह रिपोर्ट पेश की जाती है कि जिस खेत में शिबू का बैल और शिबू दफ़नाये गये थे, उसमें अच्छी फ़सल होती है। देविन्दर शर्मा कहते है। कि मरणोपरान्त हमारी और जानवरों की अस्थियाँ एक उत्तम खाद का काम कर सकती हैं। नदियों के किनारे लाश जलाने से वे प्रदूषित होती हैं, लाखों और क़ीमती खाद बेकार हो जाता है। यहाँ तक कि सूखे के कारण जहाँ फ़सलों के साथ गायें भी मर रही हैं, वहाँ जब एक गाय गिर जाती है, तो आदिवासी उसे काटकर पूरे गाँव में बाँट देते हैं। फिर हाथ जोड़कर बोलते हैं, ''हमें क्षमा करना गौ माता। तुम्हें भरसक बचाने की कोशिश हमने की लेकिन कर नहीं पाये।'' दारू की बोतलें खुलती है। और वे किसी शहंशाह की तरह

बहकने लगते हैं। उनके बारे में बतकही चलती है कि उन पर प्राचीन गौरव और महानता का बोझ नहीं है, इस कारण वे आत्महत्या नहीं करते।

कहने का तात्पर्य यह है कि उपन्यास में सिर्फ़ स्त्री और दलित विमर्श या धर्म व मीडिया सम्बन्धी विमर्श ही नहीं है, इसमें आदिवासी विमर्श भी मौजूद है, लेकिन बनगाँव के ग़ैर-आदिवासियों की तरह आदिवासियों को भी जंगल पर परम्परागत अधिकार चाहिए, यह सूत्र ज़मीनी स्तर पर विकसित नहीं होता। उपन्यास पढ़ते हुए यह प्रश्न उठता है कि ग़ैर-आदिवासी ग़ैर-सवर्ण छोटे किसानों के जीवन-प्रश्नों के साथ आदिवासियों के जीवन-प्रश्नों का जुड़ाव क्यों नहीं है? बेशक मेण्डालेखा में स्वशासन का जो मॉडल है, 'मन्थन' में जुटे लोगों का उसे उम्मीद से देखना और उससे प्रेरणा लेना एकता की एक सम्भावना की ओर संकेत ज़रूर करता है। लेकिन आदिवासियों और ग़ैर-आदिवासियों के बीच एकता का वैसा आग्रह इस उपन्यास में नहीं है, जैसा झारखण्ड आन्दोलन की पृष्ठभूमि पर लिखे गये संजीव के उपन्यास 'पाँव तले की दूब' में था। वैसे एक ग़ौर करने वाली बात इस उपन्यास में ज़रूर है कि वहाँ आन्दोलन का बौद्धिक नेतृत्व करने वाला सुदीप्त निराश होकर आत्महत्या कर लेता है, लेकिन माझी हड़ाम जैसा ज़मीन से जुड़ा आदमी आन्दोलन की बागडोर सँभाले रहता है, उसके सपनों को जीवित रखता है, वह समझ इस उपन्यास में भी है। यहाँ सम्भावनाएँ ज़मीन से जुड़े लोगों में ही है, इसे बुद्धिजीवी और शोधार्थी बख़ूबी समझते हैं।

सम्भावना तो कलावती और अशोक के सम्बन्ध के भीतर भी थी कि वे कृषक समाज में मौजूद जातिवादी अन्तर्विरोधों को पार करते हुए एक नये क़िस्म के रिवाज की शुरुआत करते, पर वह सम्बन्ध एक 'महान' प्रेमकथा बनकर ही रह जाता है। राकेश बिहारी ने 'हंस' में प्रकाशित अपनी समीक्षा में सही ही लिखा है कि "उपन्यास के लगभग अन्त में अशोक को एक ख़ास खाँचे का महान प्रेमी बनाकर पेश करने की परिघटना आधुनिकता और आदर्शबोध के द्वन्द्व के बीच एक ऐसी नियति को रेखांकित करती है जो हमेशा से एक ख़ास तरह के फॉर्मूले की शरण में जाकर ही तुष्ट होता है।" मुझे राकेश बिहारी की यह बात भी वाजिब लगती है कि "आश्रमों, ग़ैर-सरकारी संस्थानों और जनान्दोलनों की ज़रूरतों से इंकार नहीं किया जा सकता, लेकिन किसानों की समस्या के व्यावहारिक हल के लिए एक बेहतर और ईमानदार कृषि-नीति की ज़रूरत है, जिसकी विनिर्मिति में कृषि और उद्योग दोनों का सम्यक ध्यान रखा जाना चाहिए।"

ख़ैर, पाठक और समीक्षक की समझ और आग्रह तथा उपन्यास की संरचना के प्रति पसन्द-नापसन्द अपनी जगह, पर एक जो ख़ासियत संजीव के लेखन की है कि वह है पाठकों को अपने समय के ज़रूरी ज्ञान और सूचनाओं से समृद्ध करना। 'मन्थन' के भीतर चलने वाला विमर्श या उपन्यास के बीच-बीच में आँकड़ों और

सूचनाओं का इस्तेमाल किसी को भले ही कथा-प्रवाह में बाधक लगे, पर यह ज़रूरी है। किसानों की मुक्ति के लिए राजनीति के अतिरिक्त किन सांस्कृतिक-वैचारिक प्रक्रियाओं, प्रयोगों या तकनीकी माध्यमों का सहारा लिया जा सकता है, इस उपन्यास से यह सीखा जा सकता है। उपन्यास में प्रयुक्त मराठी के शब्दों का इस्तेमाल जहाँ विदर्भ इलाक़े समाज को जीवन्त बनाते हैं, वहीं हिन्दी भाषी पाठकों के शब्द-भण्डार को भी बढ़ाते हैं।

अन्तिम बात सियाराम शर्मा द्वारा लिखित पुस्तिका 'भारत का गहराता कृषि संकट और किसानों की आत्महत्याएँ' के हवाले से कहना चाहता हूँ। सियाराम शर्मा ने लिखा है, "देहाती इलाक़ों में जोतदारों एवं कुलकों के सामन्ती प्रभुत्व को समाप्त करने तथा कृषि पर हो रहे बड़ी पूँजी और साम्राज्यवाद के हमलों से रक्षा के लिए 'ग्रामीण सर्वहारा और किसानों की एकता' ज़रूरी है। इन दोनों का साझा संघर्ष ही कृषि क्षेत्र से सामन्ती सम्बन्धों और संस्थाओं के साथ-साथ उत्पीड़नकारी नव-औपनिवेशिक साम्राज्यवादी लूट से भारतीय कृषि को मुक्ति दिला सकता है।" सियाराम शर्मा यह भी मानते है। कि आने वाले दिनों में किसानों और आदिवासियों पर ज़ोर-ज़ुल्म और बढ़ेंगे। इनका संगठित और एकताबद्ध प्रतिरोध ही अन्ततः इन्हें बचाएगा और देश को कृषि संकट के भँवर से बाहर निकालेगा। अन्यथा नव-साम्राज्यवाद और वृद्ध पूँजीवाद की असभ्य आक्रामक और क्रूर व्यवस्था उन्हें निर्ममतापूर्वक रौंदते हुए आगे बढ़ जायेगी।

सवाल है कि क्या मेण्डालेखा का मॉडल इस असभ्य आक्रामक और क्रूर व्यवस्था पूँजीवादी व्यवस्था को निर्णायक चुनौती दे पायेगा? क्या चींटी सूर्य को निगल पायेगी? यह सोचते हुए बेचैनी बढ़ जाती है। उपन्यास के चरित्र ज़रूर एक दिशा तलाश लेते हैं, एक विकल्प की ओर बढ़ते हैं, लेकिन इसके बावजूद सवालों की 'फाँस' से दिलोदिमाग़ को मुक्ति नहीं मिल पाती। यह भी इस उपन्यास की बहुत बड़ी ताक़त है, यह उपन्यास जो "सबका पेट भरने और तन ढकने वाले देश के लाखों किसानों और उनके परिवारों को" समर्पित है "जिनकी 'हत्या' या 'आत्महत्या' को हम रोक नहीं पा रहे।" इस उपन्यास को ज्यादा-से-ज्यादा पाठकों को पढ़ना चाहिए, क्योंकि यह विदर्भ के किसानों पर केन्द्रित होते हुए भी पूरे देश के किसानों की पीड़ा और यातना से पाठकों को जोड़ता है।

व्यवस्था के नाम लिखा गया किसानों का एक सामूहिक सुसाइड नोट

–विवेक मिश्र

"ऐसा क्यों होता है साहेब राव?
ऐसा क्यों होता है?
क्यों मेरे हाथ मुझे बाघ के पंजों जैसे दिखाई देते हैं?
तुमने आत्महत्या नहीं की!
हमने ही तुम्हारा ख़ून किया...
तुम्हारा और तुम्हारे बीवी-बच्चों का...
...तुम हमें माफ़ करना साहेब राव..."

मराठी के सुविख्यात कवि विट्ठल बाघ की ये पंक्तियाँ विदर्भ के सुखाड़ से देश की संसद तक गूँजनी चाहिए थीं पर फाँसी लगाकर पेड़ से झूलते शेतकारी की घुटी हुई चीख़ की तरह ये पंक्तियाँ भी वीरान खेतों के बियाबान में कहीं बिला गयीं। किसानों की आत्महत्याओं पर उठीं तमाम तरह की आवाज़ें, रुदन, शोर, नारे सब कहीं किसी खोह में, किसी अँधेरी गुफ़ा में समा गये और वे कभी वापस न आ सकें इसके लिए उन गुफाओं, खोहों के मुँह पर कभी न हिलायी जा सकने वाली बड़ी-बड़ी योजनाओं और आयोगों की चट्टानें धर दी गयीं।

आज जबकि खेती-किसानी एक डर, एक बीमारी, एक मजबूरी और एक सम्भावित मौत का नाम है। अब जबकि ये एक ऐसा रास्ता बन चुका है जिस पर कोई विकल्पहीनता की स्थिति में चले तो चले, पर स्वेच्छा से कोई इस पर चलना नहीं चाहता। तब भी इस देश में विकल्पहीन किसानों की कमी नहीं। अभी भी ऐसे बहुत से लोग है। जिनके पास इस दर के सिवा और कोई दर नहीं। वे ऐसी जगह खड़े है। जहाँ न तो हालात ही बदलते हैं, न उनसे खेती ही छूटती है, न सरकारों की नींद ही टूटती है और न ही इन आत्महत्याओं का सिलसिला ही रुकता है। आज सूचना क्रान्ति के इस समय में जहाँ चीज़ें कुछ ही क्षणों में वायरल होकर कहाँ-से-कहाँ पहुँच जाती हैं। जब देश का मीडिया चौबीसों घण्टे चीख़कर लोगों

तक दुनिया भर के समाचार पहुँचाने का दम भरता है। वहाँ इन आत्महत्याओं पर कोई शोधपरक, सिलसिलेवार, क़ायदे से इनकी पड़ताल करती हुई रिपोर्ट तो छोड़िए, सही-सही आँकड़ों के साथ इनकी ख़बर भी प्राइम टाइम और मुख्य पृष्ठ से नदारद दिखती है। उसे आपको अख़बार के सातवें-आठवें पन्ने के किसी हाशिए पर या आधी रात के बाद के न बिकने वाले टाइम स्लॉट में कहीं खोजना होगा। ऐसे में कथाकार संजीव पाँच साल के गहन शोध और अपनी तमाम निजी समस्याओं और सीमाओं से पार पाते हुए, अपने अथक परिश्रम से सच्चे सरोकारों और संवेदनाओं की आँच में तपा, देश के किसानों की समस्याओं और सीमाओं से पार पाते हुए, अपने अथक परिश्रम से सच्चे सरोकारों और संवेदनाओं की आँच में तपा, देश के किसानों की समस्याओं पर, आत्महत्याओं की इस सतत त्रासदी पर 'फाँस' जैसा उपन्यास लेकर हमारे सामने आते हैं।

'फाँस' को पढ़ना आज के समय में देश की सबसे अवसादपूर्ण घटना से, हादसों की एक लम्बी श्रृंखला से गुज़रना, उससे रूबरू होना है। ये एक ऐसे विषय को हमारे सामने ला खड़ा करता है जिससे हम लगातार मुँह छुपाते आये है। और वह लगातार किसी प्रेतछाया-सा हमारे अतीत-वर्तमान और भविष्य पर मँडराता रहा है। 'फाँस' किसी एक किसान, किसी एक खेतीहर परिवार, किसी एक गाँव या फिर किसी एक प्रान्त की खेती और किसानी की समस्याओं की कथाभर नहीं है, बल्कि यह उस घाव के नासूर बनने की कथा है जिसमें कई दशकों से, कहें की आज़ादी के बहुत पहले से धर्म, अन्धविश्वास, जटिल जातीय संरचना, शोषण के सामन्ती सामाजिक ढाँचे के कीड़े बिलबिला रहे है। और अब उसमें राजनीतिक उपेक्षा और भ्रष्टाचार का संक्रमण भी बुरी तरह फैल गया है। ये खेती (जिसे देश की अर्थव्यवस्था की रीढ कहा जाता था) के कैंसर जैसे असाध्य रोग से पीड़ित हो जाने की कथा है।

विदर्भ के यवतमाल ज़िले के वनगाँव के एक शेतकारी (किसान) शिबू और शकुन और उनकी दो मुल्गियों (बेटियों) छोटी (कलावती) और बड़ी (सरस्वती) के तमाम मुश्किलों, दुख-तकलीफ़ों के बीच भी अपनी दुनिया, अपने सपनों में रमे परिवार के जीवन के किसी एक आम दिन से शुरू होने वाली यह कथा धीरे-धीरे किसानों के जीवन के कई अँधेरे-उजाले कोनों में झाँकती हुई आगे बढ़ती है। और एक किसान, एक घर, एक खेत, एक दुःस्वप्न, एक आत्महत्या से शुरू होने वाली कहानी में कई किसान, कई घर, कई खेत, अनगिनत नष्ट फ़सलें और अनगिनत टूटे सपने, अनगिनत आत्महत्याओं की कहानियाँ जुड़ते-जुड़ते यह देश भर के लिए अन्न उपजाने वाले किसानों की हत्याओं और उनके साथ की जाने वाली साज़िशों की महागाथा बन जाती है। छोटी-छोटी दिखने वाली समस्याएँ धीरे-धीरे जटिल होकर देशभर के किसानों के सामने उसे और उसके परिवार को लील जाने को तैयार खड़ी वर्तमान समय की बड़ी त्रासदी में बदल जाती है। इसे पढ़ते हुए 'भारत एक कृषि

प्रधान देश है/था' आज का सबसे त्रासद, विद्रूप पैदा करने वाला और विडम्बनाओं से भरा हुआ वाक्य लगने लगता है।

यह उपन्यास शुरू से लेकर अन्त तक हमें किसान जीवन की दुश्वारियों से, त्रासदियों से, विद्रूपताओं और विड़म्बनाओं से रूबरू कराता है। 'इतनी मुश्किल है तो खेती छोड़ क्यों नहीं देते' जैसे जुमलों के जवाब में यह बताता है कि आज भी भारत में खेती-किसानी मात्र एक जीविका का साधन नहीं है बल्कि एक जीवन पद्धति है जिससे अधिसंख्य किसान चाहकर भी मुँह नहीं मोड़ सकते। यह किसान परिवार का बच्चा-बच्चा जानता है। कथा की शुरुआत में ही छोटी शिबू को आगाह करती है, "शेती (खेती) कोई धन्धा नहीं, बल्कि एक लाइफ़ स्टाइल है—जीने का तरीक़ा, जिसे किसान अन्य किसी भी धन्धे के चलते नहीं छोड़ सकता। सो तुम बाबा लाख कहो की शेती छोड़ दोगे, नहीं छोड़ सकते। किसानी तुम्हारे ख़ून में है।"

उपन्यास का विषय और उससे जुड़ा कथानक, उसके उपजीव्य और उसमें जीते, जागते, साँस लेते, बोलते-बतियाते, हर दिन ज़िन्दगी से दो-दो हाथ करते पात्र यथार्थ की जिस कठोर ज़मीन से उठकर जिस सहजता से कथा में प्रवेश करते हैं, कि वे बिना किसी बड़े आख्यान के खुद अपनी बोली वाणी से अपना वातावरण निर्मित करते हुए, न केवल विश्वसनीयता के साथ खुद अपने सुख-दुख पाठक के सामने रखते है। बल्कि अपनी कथा का एक अलग ही, बहुत खुरदुरा-सा शिल्प भी गढ़ने लगते हैं। उन्हें पढ़ते हुए साहित्यालोचन में की जाने वाली भाषा, शिल्प और कलात्मकता की बातें बेमानी लगने लगती हैं। और शायद यही कारण है कि संजीव जैसे एक सिद्धहस्त कथाकार ने एक कड़वे, कठोर और झुलसा देने वाले सच को पाठकों के सामने रखने के लिए भाषा और शिल्प भी सीधा, मारक और भेदकर रख देने वाला चुना है। उपन्यास में बहुतायत में प्रयुक्त मराठी शब्द, जैसे, 'मुलगा, मुलगी, बड़ील, आई, नवरा, बायको, कणीक, लुगड़ा, पोला, हल्या जैसे शब्द अन्त तक आते-आते हिन्दी के साथ हिल-मिलकर आपके अपने हो चुके होते हैं।

इधर के कुछ वर्षों में हिन्दी ही क्या अन्य भारतीय भाषाओं में भी इस तरह के शोधपरक यथार्थवादी उपन्यास कम ही पढ़ने में आये हैं। कथाकार संजीव हिन्दी साहित्य में पहले से ही अपने शोधपरक एवं वैज्ञानिक दृष्टिसम्पन्न लेखन के लिए जाने जाते हैं। 'सूत्रधार' से लेकर यहाँ उनके पिछले सालों में आये उपन्यास 'आकाशचंपा', 'रह गयी दिशाएँ इसी पार' आदि उनके गहन शोध और सत्य के अपने तरह के अन्वेषण के कारण ही विशिष्ट हैं। इस उपन्यास की रचना-प्रक्रिया के दौरान भी वे खुद प्रभावित क्षेत्रों में गये, वहाँ रुके और कई ऐसे परिवारों से मिले जिनके परिजन ने आत्महत्या की थी। इसी कारण जितने भी पात्र मिलकर इस कथा में किसानों की समस्याओं का कांलाज बनाकर सामने रखते हैं, उनमें से अधिकांश पात्रों की शिनाख़्त कथा से बाहर अभी भी जारी संघर्ष में मौक़े पर जाकर की जा

सकती है। हम कह सकते है। कि वे मात्र लेखक की कल्पनाओं के पुतले नहीं है। बल्कि वे जीते, जागते, संघर्ष करते चरित्र है। जो एक लेखक की उँगली पकड़कर अपनी कथा कहने के लिए उपन्यास में चले आये हैं।

इसमें जहाँ एक ओर सीमित साधनों में अपनी लड़ाई लड़ता शिबू है, तो व्यवस्था से लोहा लेता सबके सामने एक आदर्श स्थापित करता सुनील भी है, एक बैल के साथ ख़ुद को जोतकर हल खींचते हुए मानुस के साथ मानुस और बैल के साथ बैल बन जाने वाले मोहन दादा हैं, तो समय को ठेंगा दिखाता नाना भी है जो चारों तरफ़ मँडराती मौत को भाँपकर भी खिलंदड़े अन्दाज़ में ज़िन्दगी जी रहा है। पर है। सब कठिन समय की भँवर में उससे बाहर कोई नहीं।

सबसे पहले बात अशिक्षा, अन्धविश्वास, सामन्ती क़हर, सरकारी तन्त्र और व्यवस्था के शोषण के बीच अपनी ज़मीन, अपनी खेती बचाये रखते हुए अपनी लड़कियों को पढ़ा-लिखाकर अच्छे घर में ब्याह देने के सपनों के साथ तमाम तरह के द्वन्द्वों और दबावों में फँसे शिबू की, जो लाख जतन कर अपनी बायको (पत्नी) की मदद से गले में पड़े क़र्ज़े के फन्दे को निकाल फेंकने के बाद भी समय की मार के आगे एक दिन घुटने टेक देता है, और कुएँ में कूदकर जान दे देता है। जिसके पीछे रह जाती है। दो जवान बेटियाँ और रोती-बिलखती पत्नी जिसने गले की हँसुली निकालकर बेची और बैंक के बढ़ते ब्याज को रोककर क़र्ज़े की रकम पूरी कर दी—''कहता था—'रानी, ये कर्ज़ गले की फाँस है, निकाल फेंको' और जिस दिन मैंने निकाल फेंका वह निहाल हो गया, गाँव भर में लड्डू बँटे, गीत गाते हुए बरसात में भीगते हुए नाचता रहा।'' पर यहाँ एक बार क़र्ज़ा चुकाना ही दुखों से पार पाना नहीं है।

दूसरा, सुनील, आसपास के इलाक़ों में सबका सलाहकार, सबका आदर्श पर बड़ी खेती तो बड़ा नुक़सान। बड़ी महत्त्वाकांक्षी योजना तो असफल होने पर बड़ी निराशा। पीछे कोई बीमा नहीं। कोई सुरक्षा नहीं। बुत बन गया सुनील—इन सबका दोषी मैं हूँ, सबकी हिम्मत बँधाने वाला ख़ुद ही हिम्मत हार बैठा। हवा में फ़िक़रे उड़ रहे थे—''कभी कर्ज़, कभी मर्ज़, कभी सूखा, कभी डूब। दूसरा फ़िक़रा-भूत से शादी करोगे तो अपना घर चिता पर ही बनाना पड़ेगा। सो, सुनील आज भूत बन चुका था। जो ख़ुद भी डूबा, औरों को भी ले डूबा।'' पीछे छोड़ गया पत्नी, बेटियाँ, बेटा विजयेन्द्र अपनी पढ़ाई जो अपना काम, पढ़ाई सब छोड़ के लौट आया उसी चक्की में पिसने, उससे जूझने।

तीसरे, मोहनदास इगतदास बाघमारे (मोहन दादा) जिन्होंने क़र्ज़ा ले-लेकर बेटों को पढ़ाया और बेटों ने शहर जाकर माँ-बाप से मुँह मोड़ लिया। निचाट बियाबान में एक ही साथी है, उनका बैल जिसे भाई कहके बुलाते हैं। अपने दुख-दर्द उसी

से कहते हैं। एक दिन हाट में उसी भाई को बेच आये किसी कसाई को पर घर लौटकर अपराधबोध ने पल भर चैन से बैठने नहीं दिया। पण्डित के कहने पर गले में बैल की घण्टी बाँधकर घों-घों करते भाई की हत्या का प्रायश्चित्त करने निकले तो ख़ुद को ही खो दिया। पाप-पुण्य के बियाबान में ऐसे बिला गये कि फिर किसी को मिले ही नहीं। पीछे छूट गये ख़ाली ख़त, पत्नी सिन्धू ताई और एक बैल की हत्या का कभी न धुलने वाला कलंक।

एक नहीं, दो नहीं ऐसी कई मौतों के अनगिन क़िस्से। सबके मरने के अलग-अलग तरीक़े पर अन्त एक। उसके बाद शुरू होती है। पात्र-अपात्र की बहसें। मरने वाला किसान था या नहीं था मरने का कारण खेती, उससे जुड़ा कर्ज़ था या नहीं था, मरने वाला अपनी पात्रता कैसे सिद्ध करे कि वह खेती के इस भँवर में फँसकर मरा या किसी और कारण से, लाश मुआबज़े के लिए पात्र है या अपात्र। ये सारी बहसें बड़े ध्यान से देखती है। प्राणहीन आँखें। पर न बहसें ख़त्म होती हैं, न समस्याएँ, एक से निकले तो दूसरी समस्या मुँह बाये खड़ी है। किसी को नौकरी के लिए लाखों की घूस देनी है, तो किसी को बेटियों के ब्याह में लाखों का दहेज और चमकती मोटर साइकिल देने के लिए फिर से क़र्ज़ा लेना है, किसी को बीज का चुकता करना है, तो किसी को छप्पर चढ़वाना है, तो किसी कर्ज़ में डूबकर आत्महत्या करने वाले की आत्मा की शान्ति के लिए तेरहवीं पर ब्राह्मण भोज कराने के लिए फिर से कर्ज़ लेना है। क़दम-क़दम पर जाल बिछा है। इधर बचे तो उधर फँसे। किसी की मजबूरी किसी के लिए कमाने का मौक़ा है। दूर-दूर से सूदख़ोर, साहूकार, छोटी-मोटी फाइनेंस कम्पनियों के दलाल ज्यादा ब्याज पर क़र्ज़ा देने के लिए गाँवों के चारों तरफ़ चील-कौवों से मँडरा रहे हैं। उसी में धर्म अपना शिकंजा कस रहा है तो राजनीति अपने दाँव खेल रही है। रहनुमा एयरकंडीशंड कमरों में बैठकर विदेशी आँकड़ों और शोधों पर किसानों की मदद की योजनाएँ बना रहे हैं। किसी तक मदद पहुँचे न पहुँचे, वे आँकड़ों में अपनी पीठ थपथपा रहे हैं। ऐसे काईयाँ समय में कौन बच सकता है, कोई नहीं जानता, कोई नहीं जानता।

पर यहाँ आकर, 'फाँस' किसानों की आत्महत्याओं के भयावह दृश्य दिखाकर, समाप्त नहीं होता बल्कि यह खेती-किसानी और उससे जुड़े समाज के आर्थिक, सामाजिक तथा वैज्ञानिक पहलुओं का, क्षेत्र विशेष में प्रयुक्त फ़सलों की विभिन्न क़िस्मों का, खेती की विधियों का, प्रयुक्त बीजों का, कीटनाशकों के प्रयोग आदि का गहन विश्लेषण करते हुए किसानों की समस्याओं के राजनीतिक, सामाजिक, धार्मिक कारणों की पड़ताल भी करता है और समाधान भी खोजता है और यही कारण है कि उपन्यास दो भागों में बँटा दिखाई देता है। पहला किसानों के दुख-दर्द, उनके संघर्षों, असफलताओं और उनकी आत्महत्याओं की केस स्टडी की तरह

सामने आता है जो समस्याओं के कारणों की शिनाख़्त करता है जिससे वह विदर्भ से शुरू होकर पूरे देश के किसानों की समस्याओं को समेटता हुआ उन सबकी करुणगाथा बनकर उभरता है। वहीं दूसरा हिस्सा वह है जो समस्याओं के समाधान की खोज में आगे बढ़ता है। इसमें वे पात्र प्रमुखता पाते है। जो मृतकों के जाने के बाद समय और समस्याओं से जूझने के लिए बचे रह गये है। जो जान गये है। कि जान देने से कुछ बदलने वाला नहीं। बदलना है तो जीना होगा, लड़ना होगा। सुनील का बेटा विजयेन्द्र, शिबू और शकुन की बेटी कलावती (छोटी), बड़ी बेटी सरस्वती, ख़ुद शकुन, सिन्धु ताई, कलावती का बचपन का साथी अशोक, मंगल मिशन पर जाने वाला मल्लेश, इन सबको एकसूत्र में पिरोने वाला, कुछ-कुछ कथा का सूत्रधार फक्कड़ नाना और किसानों के लिए आदर्श दादाजी खोबरागड़े। ये सभी पात्र निराशा और टूटन के वातावरण के बीच कथा का प्रतिपक्ष रचते हैं। ये विचार के लिए 'मन्थन' जैसा मंच खड़ा कर किसानों को और उनकी मदद करने वालों को एक जगह एकजुट करते हैं। उन्हें खेती करते हुए भी पैसे जुटाने, फ़सलों के अच्छे परिणाम प्राप्त करने के वैकल्पिक रास्ते सुझाते हैं। वे बताते है। कि जहाँ हालात के आगे घुटने टेकते और आत्महत्या करते किसान है। वहीं हालात से जूझने वाले, धान की नयी क़िस्में विकसित करने वाले, समाज में एक विशेष स्थान रखने वाले होने वाले, बड़े से बड़े दुख के आगे घुटने न टेकने वाले दादाजी खोबरागड़े भी हैं। वे बताते है। कि यदि विदर्भ में 'वनगाँव' है तो आदर्श गाँव 'मेडालेखा' भी है। इस तरह 'फाँस' अपनी कथा में तो सन्तुलन और सामंजस्य पा लेता है पर 'मन्थन' में उठने वाले प्रश्न कथा से बाहर शून्य में टँगे रह जाते हैं। पेड़ों से झूलती लाशें केवल देश की व्यवस्था से, सरकारों से सवाल नहीं करतीं बल्कि वह हम सबको सवालों के घेरे में खींच के खड़ा कर देती हैं।

'फाँस' तमाम ज़रूरी सवालों के साथ हमें सोचने पर विवश कर देता है कि आज एक तरफ़ जहाँ एक बड़ा नव-धनाढ्य और खुद को प्रबुद्ध तथा शहरी समझने वाला वर्ग जो लगभग पूरे देश की रुचि-अरुचि को तय कर रहा है, जो बाज़ार में आये हर उत्पाद का पहला सम्भावित उपभोक्ता है, जिसकी ज़रूरतों के लिए निरन्तर बाज़ार विस्तार पा रहा है, वही उपभोक्ता किसी उत्पाद की यात्रा के उस सिरे को जहाँ से वह उपजता है, लगभग पूरी तरह बिसरा चुका है। आज क़स्बों, शहरों, महानगरों में एक ऐसी पीढ़ी हमारे सामने है जिसने अपने जीवन में खेत, किसान, हल या कृषि के उपकरण तो क्या गेहूँ, ज्वार, बाजरा, धान, तिलहन या दाल आदि के दानों को न कभी देखा है, न छुआ। वे इन सबको रंगीन डिब्बों, पैकिटों, उनके ब्रांड के नामों से जानते हैं। वे जिस देश-दुनिया में रह रहे है। वहाँ किसानों की समस्याएँ, उनके संघर्ष, उनकी मौतें कोई मुद्दा नहीं। उनकी सोच, उनके चिन्तन,

उनकी दृष्टि से खेत और किसान सिरे से ग़ायब है। उसका दर्द, उसकी चीख़ें सब नेपथ्य में धकेल कर। देश के विशाल रंगमंच पर प्रगति और विकास का उत्सव चल रहा है। ऐसे में निश्चय ही संजीव का यह उपन्यास उन तमाम आत्महत्याओं का हलफ़िया बयान है, एक मौत के बाद पीछे छूटे परिजनों का खेती से तौबा करता हुआ इक़रारनामा है और साथ ही भविष्य में होने वाली आत्महत्याओं की चेतावनी भी है। इस चेताानी में अप्रत्यक्ष रूप से यह भी ध्वनित हो हा है कि यदि हालात न बदले तो ऐसा समय भी आयेगा जब दुनिया का हर आदमी उपभोक्ता होगा, वह अपने मनपसन्द उत्पाद को ख़रीदने की कोई भी क़ीमत देने को तैयार होगा पर पैदा करने, उपजाने वाला कोई न होगा।

किसान की आत्महत्या : उपेक्षा और उदारीकरण

–तरसेम गुजराल

भारत में विकास और खुशनुमा प्रगति के आँकड़ों के बीच किसानों की आत्महत्या का सिलसिला थम नहीं पा रहा। ग़रज़ यह है कि कृषि संकट अथवा किसान की ओर उपेक्षा निरन्तर जारी है। भारत में लगभग 84 करोड़ लोगों की जीविका खेती पर निर्भर है। किसानों की औसत प्रति व्यक्ति आमदनी 40 रुपये प्रतिदिन से कम है। जब से देश में निजीकरण, उदारीकरण और वैश्वीकरण की काली आँधी चली, तब से सरकारी आँकड़ों के मुताबिक़ तीन लाख से अधिक किसान आत्महत्या कर चुके हैं। आज भी हर रोज़ 46 किसानों की आत्महत्या की ख़बर आ रही है यानी हर आधे घण्टे में एक किसान अपनी जीवनलीला समाप्त करने को मजबूर है। ('किसान', फरवरी 2016 का सम्पादकीय) इसी लेख में आगे कहा गया है कि ये आँकड़े भी सही तस्वीर सामने नहीं लाते, क्योंकि सरकारी पैमाने के मुताबिक़ बटाईदार या ठेके पर ज़मीन लेकर खेती करने वाले या महिलाएँ किसान नहीं है। राष्ट्रीय नमूना सर्वेक्षण के मुताबिक भारत के गाँवों में 70 फ़ीसदी महिलाएँ खेती के काम में लगी हैं। लेकिन सरकार उनको किसान नहीं मानती, क्योंकि वे ज़मीन की मालकिन नहीं हैं।

कुछ सुविधाभेगी लोगों को लगता है कि किसान अपना भाग्य बदलना नहीं चाहता। भाग्य बदलने के लिए जो यथेष्ट कोशिश होती है, वह हो नहीं रही। शकुन ऐसे कथन को हँसकर उड़ा देती है, "पत्तलों में नहीं खा रहे? या कि ज़मीन पर नहीं सो रहे? लेकिन कोई भी तपस्या आज तक फलवती हुई क्या? कहने को दो एकड़ की खेती। मिला क्या? कापूस तो एक़दम से दग़ा दे गया, मक्का सिर्फ़ नाम का जो थोड़ी-बहुत उम्मीद है, वह धान से। वह भी कितनी। दो साल से ही सूखा है। यह तो कहो, पास ही जंगल है जिससे सहेरा, शाल के बीच, मावा बाँस, लकड़ी आदि से कुछ-न-कुछ मिल जाता है, वरना तो ब्राह्मणों की रहनुअई करते बीतती। वर्षों पहले कापूस का नया बीज आया तो एक आस जगी थी। वो भी साला नपुंसक निकला। अब चारों तरफ़ निराश किसानों का एकमात्र अवलम्ब बचा जंगल। उस पर भी वन विभाग का नया फ़रमान, 'छूना मत?" (फाँस, पृ. 25-26)

शकुन के शब्दों में किसान की दशा और विवशता का चित्रण है। खेती से मिली असफलता और पुनः असफलता की वजह से यदि किसान जीवनयापन के लिए क़ुदरत की देन जंगल की तरफ़ सहायता के लिए हाथ बढ़ाता है तो वहाँ प्रतिबन्ध है। बिना परमिशन के किसी भी चीज़ को छू नहीं सकते। न फल, न फूल, न पत्ती। भले ही पड़े-पड़े सूख जाये। क़िस्मत में आये दिन बेइज़्ज़त होना लिखा है तो क्या कर लोगे।

चौधरी छोटूराम ने पहले ही किसान को सावधान करने की कोशिश की थी, "ऐ किसान! चौकस हो के रह। चौकन्ना बन। होशियारी से काम ले। यह दुनिया ठगों की बस्ती है और तू बड़ी आसानी से ठगों के जाल में फँस जाता है। जिनको तू पालता है वे भी तेरे विरुद्ध है। और तुझे ख़बर तक नहीं। कोई तुझे पीर बनकर लूटता है, कोई पुरोहित बनकर लूटता है।"

'फाँस' उपन्यास की शकुन कहती है कि उसने किस देवी-देवता की पूजा नहीं की, मन्नत नहीं माँगी, लेकिन कुछ बदला? कुछ नहीं।

'उसे दिन पर दिन इन देवी-देवताओं पर संशय होता जा रहा था।'

चौधरी छोटूराम किसान की भेष बदलने वाले वस्तु लूट का क्रम जारी रखने वालों से फिर अगाह करते हैं, 'कोई तुझे शाह बनकर लूटता है, कोई तुझे ब्याज से लूटता है। कोई रिश्वत से लूटता है, कोई ग्राहक बनकर ऊन-सी तेरी उतारता है। कोई आदत से तुझे ठगता है, कोई कमीशन से तेरी दौलत चट कर जाता है।...कोई तुलाई में तेरी आँखों में धूल डालता है। कभी भाव में तुझसे धोखा किया जाता है, कभी हिसाब में तुझे दल दिया जाता है।

संजीव को आज एक ऐसे कथाकार के रूप में पहचाना जा रहा है जो एक विषय पर पहले अनुसन्धान करते हैं, फिर उस अनुसन्धान का पक्ष अपनी सृजन-धर्मिता में तब्दील कर पाठक-संसार को सौंप देते हैं। उनके अनुसार उनके लिए साहित्य कोई निष्क्रिय उत्पाद नहीं है, "मनुष्य की ऊर्जा को मनुष्य के लिए इस्तेमाल करते हुए उसे मनुष्य बनाये रखना है।" नोबेल पुरस्कार विजेता दक्षित अफ्रीकी रचनाकार नादीन गार्डीमर ने कहा था, "एक लेखक अपने 'विषय' से पहचाना जाता है और वे विषय उसकी समसामयिक युग-चेतना से गढ़े जाते हैं।"

'फाँस' का शिबू खेती की दशा देखकर मायूस है। सोचता है कि अकेला होता तो चला भी जाता कहीं...नागपुर, नासिक, मुम्बई, दिल्ली। लेकिन ये दो-दो मुलगियाँ, बायको (पत्नी) इन सबको लेकर कहाँ जाऊँ?

बेटी कहती है, "तुम ही नहीं, इस देश के सौ में से चालीस शेतकरी आज ही खेत छोड़ दें, अगर उनके पास कोई दूसरा चारा हो। 80 लाख ने तो किसानी छोड़ भी दी।" परन्तु जैसे अन्न उगाना खिलाना भारतीय संस्कृति का बड़ा काम, बड़ा दायित्व रहा है, ऐसे ही सरस्वती के इनकार करने पर छोटी को विद्वान का कथन याद आता है, 'एक विद्वान ने कहा है कि खेती कोई धन्धा नहीं, बल्कि एक

लाइफ़ स्टाइल है जीने का तरीक़ा है जिसे किसान अन्य किसी भी धन्धे के चलते नहीं छोड़ सकता। सो तुम बाबा, 'तुम लाख कहो कि हम खेती छोड़ देंगे, नहीं छोड़ सकते। किसानी तुम्हारे ख़ून में है। छोटी ने 'देशोन्नति' में विजयेन्द्र सर का लेख पढ़ रखा है। संगी अशोक से इसी विषय पर बातें होती है और पत्रिकाएँ पढ़ने के लिए मिलती रहती हैं।

आज कॉरपोरेट सेक्टर और सरकारों के बीच सम्बन्ध पहले से कहीं ज्यादा पुख़्ता हो रहे हैं। नव-उदारवाद का भारतीय ज़मीन पर पहला क़दम 1990 के आसपास रखा गया। तभी बाज़ारवादी शक्तियों को खुली छूट मिलने लगी। राज्य ने आम जन को दिखाना शुरू कर दिया कि अब मुफ़्त में कुछ नहीं मिलेगा (साफ़ हवा और पानी भी नहीं)। राज्य ने घाटा उठाने वाले उद्यम में निवेश करने से इनकार कर दिया। 'फाँस' उपन्यास बार-बार सिद्ध कर रहा है कि खेती से ज्यादा घाटा कहीं नहीं। नहीं तो 80 लाख लोग किसानी क्यों छोड़ देते? नव-उदारवाद का आधारभूत स्वरूप यही है कि मुनाफ़े की स्थिति में पूरा लाभ व्यक्ति (पूँजीवादी) को घाटे या ख़तरे के लिए समाजीकरण की खिड़कियाँ खोल देता है जो मुनाफ़े के वक़्त बन्द रहती है। बालजाक ने वर्तमान कॉरपोरेटी क्रूरता देखी नहीं थी परन्तु तब भी व्यवसायी वर्ग की फ़ितरत समझते थे, इसलिए कहते थे कि प्रत्येक सफल व्यवसाय के पीछे एक आर्थिक अपराध छिपा हुआ है जिसे पकड़ा नहीं गया है। 'पकड़ा नहीं गया' रेखांकित करने लायक है जिसमें पकड़ने वाला पूरा अमला, उदारवादी लोकतान्त्रिक सरकारें छुपी नहीं रह सकतीं।

कॉरपोरेटी हितों का ध्यान रखते हुए बड़े-बड़े उद्योगपति, थैलीशाह बैंकों से करोड़ों रुपया कर्ज़ लेते है। परन्तु लौटाते नहीं। नव-उदारवाद नीतियों का आलम है कि मार्च 2013 तक इन 'बैड डैब्टस' अर्थात् न लौटाने वाले कर्ज़ की मात्रा पाँच साल के अन्तराल में ही 400 फ़ीसदी बढ़ गयी है। (सुभाष गाताड़े) स्मरण रहे कि इस घाटे की पूर्ति के लिए सरकारी बैंकों को 1 लाख 64 हज़ार करोड़ रुपया अपने मुनाफ़े का देना पड़ा था।

'फाँस' उपन्यास की शकुन कहती है, "इस देश का किसान कर्ज़ में ही जन्म लेता है, कर्ज़ में ही जीता है, कर्ज़ में ही मर जाता है।"

तब छोटी ज्ञान बघारने का अवसर हाथ से नहीं जाने देती, "कॉरपोरेट-सोशल रेसपांसिब्लिटी इन देशी-विदेशी सेठों की ज़िम्मेदारी। आपूर्ति उतनी ही होती है, जितने में इसका ग्राहक बचा रहे। किसी को भी किसानों की आत्महत्या की फिकर नहीं। किसी को भी नहीं। पिछले बरस सात हज़ार किसानों ने आत्महत्या को थी। अख़बार, रेडियो, टी.वी. सबने अफ़ीम खा ली, ख़बर तक न हुई... ।"

दूसरी पंचवर्षीय योजना में अमेरिका के पी.एल. 480 के दान की उदारता, घातक हथियार बेचने में राजनीतिक दाँव-पेंच, तेल कुओं में वर्चस्व की कोशिशें, बहुराष्ट्रीय

कम्पनियों का संजाल सभी कुछ एक रेखीय है। संजीव के ही उपन्यास 'रह गयी दिशायें इसी पार' में कहा गया है, "वैज्ञानिक के पास प्रतिभा होती है लेकिन पैसा? पैसा तो पूँजीपति के पास होता है या फिर शासक या सरकारें के पास। ये सेठ और सरकारों उन्हें खिलाती-पिलाती हैं, पैसे देती हैं, पालतू बनाती हैं।"

पूँजी के प्रति उदार नीतियों वाले प्रजातन्त्र में किसान की आत्महत्या शायद उतना बड़ा सवाल नहीं रहा।

'फाँस' में मोहन जब नाना से कहता है कि उसे कोई काम चाहिए, नाना उसे बताते हैं, "काम तो इन दिनों एक ही है, 'बालू, मिट्टी, ईंट या खाद की ढुलाई। सड़कों के किनारे सारी खेती वाली ज़मीनें बिक चुकी हैं। मकान बन रहे हैं। आने वाले दिनों में सिर्फ़ बिल्डिंगें होंगी, चमचमाती सड़कें होंगी और चमचमाती गाड़ियाँ। न हमारे-तुम्हारे जैसे लोग होंगे, न खेती, न हमारी-तुम्हारी बैलगाड़ियाँ।" (फाँस, पृ. 36)

बदले हुए दौर में विपदा झेलते हुए किसान के पास या तो करने के लिए अपना जिगर है या बेचने के लिए खेत, 'जानबूझकर बेटी विद्या का ब्याह किसान से नहीं, मज़दूर परिवार में किया...पाँच एकड़ खेत दोनों बेटों को पढ़ाई और बेटे की शादी में होम हो गये। बड़का एम.ए., पीएच.डी. करके बैठ गया। छोटका मुम्बई जाकर फ़िल्म में अपनी क़िस्मत आजमाना चाह रहा था। दोनों को दो-दो लाख चाहिए था, अन्धेर है। सारी पढ़ाई पढ़ने के बाद भी घूस दो तो नौकरी लगे। पहले खेत बेचकर पढ़ाया, अब खेत बेचकर घूस देना पड़ेगा जबकि नौकरी लगेगी या नहीं, कोई गारंटी नहीं। "पढ़े-लिखे लड़के खेती करना अपमान समझते हैं। खेत से गये, बेटों से गये, आमदनी से गये, उम्र से गये और बेटे सूदख़ोरों की तरह सिर पर सवार।"

सिन्धु ताई कहती है, "जो पढ़ाई, खेती से घृणा करना सिखाये, स्वार्थी बनाये, वैसी पढ़ाई को चूल्हे में न डालूँ।"

इन तीन बातों को सूत्रबद्ध करना चाहिए। कॉलोनियाँ बनाने के लिए धनपति सड़कों के किनारे वाली उपजाऊ ज़मीनें ख़रीदते चले जा रहे हैं। कृषि योग्य भूमि छीनती चली जा रही है। बच्चों की पढ़ाई और शादियों पर ख़र्च इतना ज़्यादा होता है कि फिर ज़मीन बेचकर ख़र्च का धन चुकाना पड़ता है। जो बच्चे पढ़-लिख जाते है। तो संस्कारविहीन, संस्कृतिविहीन और किसी हद तक इतिहास और ज्ञान विहीन होकर खेती के काम को आम तौर पर अपनाना नहीं चाहते। जिनको नौकरी मिल जाती है, वे घर छोड़कर चले जाते है। और नगरों-महानगरों का आकर्षण और आधुनिकता की छुअन गाँव लौटने नहीं देती।

उनके बारे में वर्धा वाली मास्टरनी कहती है, "अकेला कमाने वाला आदमी दो-दो मुलगों को पढ़ाया। मुलगी की पढ़ाकर शादी की। समूचा गाँव जानता है कि एक बैल मर जाने पर ख़ुद बैल बना। शेतकारी आन्दोलन में पुलिस के टॉरचर से

प्राय अपंग हो गया था बेचारा, फिर भी उसने परिवार और बच्चों को कष्ट न होने दिया...वह असफल हो सकता है लेकिन बेईमान नहीं।'' आर्थिक दुर्दशा में सरकारी कर्ज़ दिखने में वरदान लगता है। ठेल-ठालकर गाँव वाले मोहनदास बाघमारे को कृषि दफ़्तर पहुँचा देते हैं। पड़ोसी जाधव साथ भेजा गया कि अगर वह गूँगे बने रहेंगे तो वह उनकी विवशता बता सके। जाधव अधिकारी से कहता है कि वे लोग सभी जगह जा चुके हैं, कहीं से लोन-वोन नहीं मिलता। कहते हैं, ''हीरो होंडा लेना है तो बोलो। खेती के लिए कितना लोन मिलेगा?''

संजय मिश्र की कविता है 'जागता हुआ गाँव'—''पच्चीस तीस-साल पहले/जब मैं गाँव जाता था/दिन में या रात-बरात/ सारा गाँव जागता हुआ मिलता था/इस बार भी गया/बरसों के बाद पिछले महीने/गाँव की आँखें खुली ही मिलीं/मगर इस बार गाँव सो नहीं रहा था।''

'फाँस' उपन्यास में पूरा गाँव परेशान है। 'सो नहीं पा रहा।' सिन्धु ताई पति के पीछे दबे पाँव जाती है जो अकेले में पागलों की तरह जिस-तिस पेड़-पंछी से बातें करता रहता है...सुनने की कोशिश करती है किसी से न बोलने वाला उसका पति किससे बतिया रहा है। 'ऐसे में अकेले पड़ते-पड़ते लोग इतने अकेले हो जाते है। कि जीवन ही व्यर्थ लगने लगता है। सोचते है। मेरे जीने में क्या है और मरने में क्या?'

''मरना एक मुक्ति है और जीना एक बेहान। आये दिन तो आत्महत्या की ख़बरें सुनते हैं। जिधर देखो, उधर कोई पेड़ की डाल पर लटका पड़ा है, कोई कुएँ में गिरा पड़ा है तो कोई कीटनाशक खाकर मुँह से झाग फेंक रहा है।'' पूरे गाँव की दशा ख़राब है, ''देखो, तुम्हारे सामने इतने लोग हैं, कोई धन्ना सेठ नहीं, सब-के-सब जैसे तैसे जी रहे हैं।''

सदा घोषणा कर रहा है, ''अगले साल से अपुन खेती छोड़ रहा है।'' शम्सुल मोहन को बता रहा है, ''धनौर के एक शतकरी दिल्लू ने अपने पाँच एकड़ खेत बेचकर प्यून की नौकरी पा ली।'' ''यानी एक और किसान ने आत्महत्या कर ली।'' ''न!... बच गया, जब तक किसान था, कोई अपनी लड़की देने को तैयार न था... अगले हफ़्ते उसकी शादी हो रही है।'' समाज में किसान सम्बन्धों के स्तर पर भी हाशिये पर धकेल दिया गया जबकि एक चपरासी किसान से श्रेष्ठ माना गया। अन्नदाता का पतन हुआ दर्जा चार मुलाज़िम लूडो के खेल में 99 तक पहुँच गया।

उपन्यास में नाना बता रहे है। कि 2005 के सितम्बर में गॉमेण्ट का आडर हुआ कि पोस्ट्मॉटेम केन्द्र चौबीसों घण्टे खुले रखे जायें। ''क्यों?...'' ''सरकार ने मान लिया है कि शेतकारी तो मरेंगे ही मरेंगे, इन्हें पात्र से अपात्र बनाने के लिए कोई प्रमाण देने वाला तो हो। पोस्टमॉटेम में मिलेगा क्या ज़हर। न लाचारी निकलेगी, न टेंशन न कर्ज़।''

कर्ज़ के बाल से पार पाना किसान परिवार के लिए बहुत कठिन है। होरी के

परिवार (गोदान) से लेकर शिबू के परिवार तक (फाँस) कर्ज़ गले की फाँस ही बना रहा। शिबू को अगले महीने पच्चीस हज़ार का बैंक का कर्ज़ अदा करना है। गुढ़ी पाड़वा (मराठी नववर्ष) का दिन है। परिवार में पकवान नहीं बने, जब तक कर्ज़ न उतर जाये। रूखी-सूखी ही ठीक है। सोयाबीन का पूस बेचकर मिला ग्यारह हज़ार नौ सो। सात हज़ार पिछले साल का। बची तूअर से मिलेगा एक हज़ार, पाँच सौ की मूँग। कुद मिलाकर सत्ताइस भी न हुआ। अगली फ़सल का खाद-बीज घर का ख़र्च इसी में होना है। शिव की नज़र पत्नी की हँसुली पर टिकी रह गयी।

सत्ताइस हज़ार लेकर बैंक पहुँचे तो रक़म माँगी गयी उन्नतीस हज़ार नौ सौ साठ शिबू ने पच्चीस हज़ार लिए थे। हँसुली भी बिक गयी साढ़े तीन हज़ार में। तब जाकर लड्डू बटे। शेतकारी लोगों की पुकार ने दिल्ली हिला दी। प्रधानमन्त्री मनमोहन सिंह तथा राहुल गाँधी आये। 1997 से 2006 तक पन्द्रह हज़ार किसान आत्महत्या कर चुके थे। विदर्भ के ग्यारह ज़िलों में तीस हज़ार। "दिल्ली मुम्बई और पता नहीं कहाँ से लोग आये। समितियाँ बनीं। जाँच-पड़ताल हुई। सभी का कहना था विदर्भ कृषि का ज्वालामुखी है।... ज्वालामुखी।" 2009 के चुनाव से पहले 72 हज़ार करोड़ की कर्ज़-माफ़ी हुई। सरकार के हिसाब से कर्ज़ वही था जो सरकारी बैंकों से लिया गया था। ज़्यादातर लोगों ने गाँव के सूदख़ोरों से कर्ज़ लिया था। उनका ख़ून साहूकार चूसता रहे और 72 हज़ार करोड़ का आँकड़ा सरकारी दान के रूप में छापकर सरकार अपनी पीठ थपथपाती रहे।

विजयेन्द्र एक शोध-पत्र के हवाले से कहता है कि हिन्दू शास्त्रों में मरने के पूर्व जिन 18 बातों पर ज़ोर दिया गया था। उनमें कर्ज़ चुकता करना भी था। इसे धर्म कर्म, पितृ-ऋण, मातृ-ऋण, गुरु-ऋण वग़ैरह से जोड़ दिया गया था। अगर मामूली आदमी हो तो तुम्हें कोई छूट नहीं लेकिन अगर पूँजीपति या रसूखदार हो तो करोड़ों, अरबों-खरबों का कर्ज़, इनकम टैक्स डराकर शान से धन्धा चमकाकर भारत रत्न या शीर्ष पद तक पा सकते हो। महाजनी सभ्यता का उद्गम यही शास्त्र है जो चाणक्य, चन्द्रगुप्त के ज़माने से पहले से आज तक बरक़रार है। कोई यह नहीं पूछता कि कर्ज़ अदा करने वाला अदा करने की स्थिति में है या नहीं। 2004 का एक रिपोर्ट का परचा लहराकर कहा गया कि ये सरकारी बैंक जानबूझकर किसानों को कम ऋण देते है। ताकि वे निजी एजेंसियों और देसी महाजनों के जाल में जा फँसे।

दूसरा कहता है, "1996 के बाद अमेरिका ने अपने 9 लाख फार्मरों के लिए 7 गुना सब्सिडी दी, सब्सिडी। जबकि हमारे यहाँ कर्ज़ देते है। कर्ज़, नो सब्सिडी वर्ल्ड बैंक, आई.एम.एफ. के इशारे पर चलने वाली सरकार कृषक-विरोधी है।" (फाँस, पृ. 220)

बैंक का जो कर्ज़ नहीं अदा कर पाता, उसकी कुर्की के आदेश आ जाते हैं। सरकारी अधिकारी ज़ब्ती-कुर्की का परवाना लेकर आ धमकते हैं। बैंक मैनेजर

देशमुख भी साथ है। सम्पत्ति का विस्तार देखें, 'दो एकड़ बंजर खेत, दो अदर बैलों और इस मरतुकड़ी बैलगाड़ी के अलावा जो थे, वह थे ख़ाली-ख़ाली कुछ साबुन के टुकड़े, जीर्ण-शीर्ण कपड़े, प्लास्टिक की थैलियाँ एक झिलंगी खाट! एक चीकट रज़ाई, एक चीट चादर, एक फूटी थाली एक फूटी पतीली, दो प्लास्टिक की बाल्टियाँ, एक कटोरी, एक लोटा। बेशर्म सवाल पूछा जाता है, बहू भी नहीं है? उत्तर 'उसे भी ले जाना चाहते थे क्या? देर कर दी, भाग गयी।'

साईंपुर गाँव के लोगों ने सरकार से लिखित रूप से अनुमति माँगी है कि वे आत्महत्या करना चाहते हैं, सरकार से लिखित रूप से अनुमति माँगी गयी है। (फाँस-115) किसी लोकतान्त्रिक सरकार के लिए इससे बड़ी चुनौती और क्या होगी। क्या यह एक अमानवीय समाज व्यवस्था का उदाहरण नहीं है? राज्य की आत्महीन तल्लीनता और निर्लज्ज अनसुनी में बुनियादी सच गुम हो जाते हैं।

विजयेन्द्र की आयोजित सामानान्तर सभा में अपने टेढ़े-मेढ़े ढाँचे के साथ माइक पकड़े हुए नाना कह रहे हैं, "हमने सुना, आप लोगों ने सरकार से लिखकर आत्महत्या करने की इजाज़त माँगी है। वाह! क्या शिष्टाचार है...मरना है तो मर जाओ, ये परमिशन की नौटंकी क्यों? सोचते हो, तुम्हारे दुखों से दुखी और द्रवित हो जायेगी सरकार। दान, दया की बरसात करेगी। ...तुम क्या समझते हो, तुम्हारे आत्महत्या करने से शासन बदल जायेगा? सिस्टम बदल जायेगा? कुछ नहीं बदलेगा?"

सरकार को ही बताना चाहिए कि आत्महत्या करते हुए किन-किन बातों का ख़्याल रखा जाये "...कब और कैसे की जाती है आत्महत्या? किस पण्डित से पूछकर...? यह भी सिखाया जाये कि कैसे लिखी आती है सुसाइडल नाट!" किसान आपस में बात कर रहे हैं, "वह जो दिल्ली में पिलर-पिलर सजाकर मुकुट बनाकर बैठी है। रबजड़ोई (खोपड़ी) पर जिसे पार्लियामेंट कहते हैं, वहीं राजा रहते हैं, रानी रहती है, यही फैसला करते है। कि यह बीज बोओगे कि वह बीज हत्या है कि आत्महत्या, पात्र है कि अपात्र?" (फाँस, पृ. 117)

इतनी दुर्घटनाओं में व्यापक शोषण-तन्त्र के चित्रांकन से ऐसा लग सकता है कि जब गाँवों में इतना कुछ घट रहा है, लोग अपनी हदबन्दी से बाहर क्यों नहीं, निकलते हालात का मुक़ाबला क्यों नहीं करते? उपन्यास में नाना आत्महत्याओं के विरोध में खड़ा है। मुफ़लिसी में भी जीने की ताक़त बटोरकर खड़ा है। मोहनदास बाघमारे किसान आन्दोलनों में बढ़-चढ़कर भाग लेता है। शकुन शराब बेचने वालों के विरोध में खड़ी है। महिला मण्डल को साथ लेकर घेराव करती है। किसी गाँधीवादी की तरह हाथ जोड़कर निवेदन करती है, "तुमको मालूम है अब तक डेढ़ लाख शेतकरी आत्महत्या कर चुके हैं।" शराब को वह इसकी एक वजह मानती है। परन्तु शराब माफ़िया के लोग बुरी तरह पीट देते हैं। फ़ोन पर विजयेन्द्र कहता है, "अभी बहुत-सी पिराइयाँ बाक़ी हैं।' वहीं साहूकार जो किसानों के सर पर कर्ज़

देता है, उसी की दारू की दुकान भी है। कुटिल व्यवस्था में शकुन का आन्दोलन प्रश्नचिह्न के घेरे में है।

उपन्यास कठिन प्रश्न भी पूछता है, मसलन—किसान उत्थान की योजना दिल्ली में क्यों बनती है? ...कोयला स्टील के भाव तो उत्पादक से पूछ रखे जाते हैं। कृषक उत्पादों के बारे में ऐसा क्यों नहीं होता? कम्पनियों के बीच उगते नहीं। बीज की सारी कम्पनियाँ मालोमाल हैं। क्यों बोलता नहीं। राजनीतिक शक्तियों पर बीज कम्पनियों के ज्ञात-अज्ञात के दबाव से? गूँगी-बहरी सरकार हमदर्द होने का नाटक क्यों करती है? उपन्यासकार ने यह भी बताया है कि जेबख़ाली होने की वजह से कहीं दूसरे गाँव जाने के लिए उनके पास पैसे नहीं होते। ये लोग 20-25 मील तक पैदल चलते हैं। इनके चेहरे देखें तो लगता है, सूखा फूल, सूखा तालाब हैं।

भारत कभी सांस्कृतिक मूल्यों का देश रहा है। आज मुनाफ़ाखोर व्यवस्था में सभी मूल्य खण्डित हो चुके हैं। अन्नदाता रहे किसान को परजीवी ने लगातार लूटा है। सामन्ती समाज में किसान का भरपूर शोषण जागीरदार करते थे। अँग्रेज़ सरकार के व्यवस्थामूलक सामन्त-ज़मींदारों के अतिरिक्त लगान उन्हें खाई-खड्डों में धकेलता रहा। नील-रबर की खेती के लिए मजबूर किया। अकाल तथा भुखमरी ने उसकी हालत ख़राब की परन्तु स्वतन्त्र देश में वह आत्महत्या के लिए मजबूर हो गया। संजीव उपन्यास 'फाँस' में विदर्भ के किसानों की दशा बताते हुए पूरे भारत के किसान को पीड़ा उपन्यास के पन्नों पर उतारते हैं। संजीव को किसान जीवन के अभाव सूक्ष्मता से दर्ज करने में सफलता मिली है। उपन्यास हमारे जीवन की ख़तरे की घण्टी की आवाज़ बन गया है। क्योंकि हमारे समाज की राजनीति की उपेक्षा यदि किसान की को भिखारी बनाने पर मजबूर कर रही है तो कल कटोरा हाथ में होगा। प्राथमिकता तय कर रचे गये इस उपन्यास में यह ख़तरा अपनी जगह है कि उपन्यास की विधा उपन्यास को फ़ीचर फ़िल्म के आस्वादन तक तो सहन कर सकती है, डॉक्यूमेंटरी फ़िल्म के आस्वादन तक नहीं। पाठक कथ्य से ज़्यादा जुड़ा रहता है। संजीव की गहरी जिज्ञासा, शोधपरकता और ज़रूरी क़िस्म की पहचान उपन्यास में दिखाई पड़ रही है। इन्हीं गुणों ने इस उपन्यास को सामाजिक दस्तावेज़ बना दिया है परन्तु उपन्यास के पाठक की उपन्यास के बँधाव को लेकर आकांक्षा इससे कुछ ज़्यादा की होगी।

फाँस : किसानों की आत्महत्याओं का समग्र संवेदी दस्तावेज़

–डॉ. सुनील कुमार लवटे

कथाकार संजीव से पिछले कुछ दिनों से मैं परिचित हूँ। यह परिचय महज़ औपचारिक नहीं है। एक बेचैन लेखक की छटपटाहट का मैं अन्तःसाक्ष्य गवाह हूँ। 'फाँस' बुना जा रहा था, तब मैंने अनुभव किया है कि यह मात्र उपन्यास-लेखन नहीं था अपितु यह कहिए कि किसी सामाजिक समस्या की जड़ तलाशने कोई सचेतन समाजशास्त्री समाजशील उत्खनन कर रहा हो। मुझे मालूम नहीं कि संजीव की कोई खेती-बाड़ी है या नहीं। परन्तु इतना निश्चित लग रहा था कि इस साक्षेपी उपन्यासकार को किसानों की आत्महत्याओं ने न सिर्फ़ आहत किया है, पर सुस्वस्थ ज़रूर कर छोड़ा है। संजीव का लेखन काल्पनिक नहीं होता। किसी ज़माने में फ़िक्शन का मूल तत्त्व कल्पना था। 'शिवशम्भु का चिट्ठा' बना हिन्दी साहित्य अफ़ीमी कल्पना की उपज रहा करती थी। कल्पना ही साहित्य का लोलित्य तत्त्व था। कारण क्या था, प्रेमचन्द, यशपाल जैसे हक़ीक़ती ज़िन्दगी से वाक़िफ़ रचनाकार विरले थे। ज़्यादातर कल्पना के नशे में हवा में महल बाँधते रहते थे। इसमें कोई अतिशयोक्ति नहीं कि हिन्दी के एक विख्यात कथाकार, उपन्यासकार को मैंने विधिवत सिल-बट्टे पर भाँग पीसते, गोली लगाकर घण्टों बात करते सहा है। संजीव है। कि हालात, हक़ीक़तों से लोहा लेते लिखने की जद्दोजहद करते हैं। शर्त होती है कि जहाँ हक़ीक़त इतनी सच समाज और पाठकों के गले नहीं उतरेगी, तब वे कल्पना के सहारे उसे संयमित सत्य के रूप में रखकर अपने साहित्यिक दायित्व को पूरा करते हैं। दिल-ही-दिल में नग्न वास्तव न रख पाने की पीड़ा झेलता यह कथाकार महीने-के-महीने कसमसाता अलिख रहता है। कितनी रातें बेतहाशा उनिंदी गुज़ारता है। यह सब मैंने संजीव से सुना, सहा है। वह अनुभव एक आत्मीय के साथ उसकी पीड़ा की सहानुभूति साझा करना रहता था।

'फाँस' के रचनाकाल में संजीव अपनी तरह-तरह की जिज्ञासाएँ व्यक्त करते फ़ोन पर बातें करते। कभी दिल्ली जाना होता तो 'हंस' के दफ़्तर में और बाहर

भी इधर-उधर मिल लेते थे। किसानों की आत्महत्याओं ने उन्हें बेहद बेचैन बनाया था। महात्मा गाँधी अन्तरराष्ट्रीय विश्वविद्यालय में अतिथि साहित्यकार के रूप में उनका रहना फलदायी रहा। 'फाँस' उपन्यास इन सबका मूर्त रूप है। संजीव ने प्रस्तुत लेखन के पूर्व काफ़ी यात्राएँ, भेंट, संवाद, पठन-पाठन, अनुसन्धान किया है। अनेकों से मिलकर अपनी आशंकाओं का समाधान कर लिया है। परन्तु संजीव की यह विशेषता रही है कि वे संवेदी पीड़ा से न कभी पूरी तरह से आश्वस्त होते हैं, न मुक्त। अन्दर-ही-अन्दर सोचते-घुलते रहे हैं। यह होती है एक समाजशील साहित्यिक की मनोदशा।

'फाँस' उपन्यास पाठक के साथ मुखपृष्ठ से ही रिश्ता-नाता जोड़ लेता है और उसका जिन्न वह उतारे नहीं उतर सकता। फ्लैप, ब्लर्ब सब कुछ पढ़ने के लिए पाठक को बाध्य करना संजीव की सोची-समझी योजना का परिणाम रहता है। सूखी ज़मीन से उपजी गिली पीड़ा का यह उपन्यास मुखपृष्ठ पाठक को पाठक नहीं रहने देता। बल्कि वह उपन्यासकार का साझीदार बने सब समझ लेकर किसानों का हिमायती और किसानों को फँसाने, ठगाने वाले साहूकार, बैंक मैनेजर, शासन, शासक, कृषिमन्त्री सबका विरोधक बन जाता है, साथ-ही-साथ किसानों के लिए कुछ कर गुज़ारने के लिए बाध्य बनाता है। जैसे कि हम 'शिवार संसद' की स्थापना कर खेली की मेढ़ पर अकालग्रस्त विदर्भ में उर गये हैं। आत्महत्याग्रस्त किसानों के परिजनों की सहायता, सेवा, पथ-दर्शन, शिक्षा, उद्योग, प्रकाशन, साक्षात्कार, सर्वेक्षण, शासकीय योजनाओं का समन्वित क्रियान्वयन हर सम्भव जो कुछ बने करते रहते हैं। किसानों के शिक्षित कृषि उपाधिधारक मुलगा, मुलगियों द्वारा किसानी बडिला, आई, लाई, छोटी, बड़ी, बिज्जू, बेवा के साथ 'साथी हाथ बढ़ाना साथी रे' का हमारा प्रयास प्रस्तुत उपन्यास की प्रेरणा से ही सम्भव हो सका।

'फाँस' मोटे तौर पर शिबू, शकुन, छोटी, बड़ी जैसे किसान परिवार की शोकात्म कहानी है। पर वह आँसू बहाने वाला उपचार न रहकर समाज मंगल का उपाय सुझाने वाली 'थ्योरी' और 'थेरपी' है। उपन्यास की पीड़ा खेती की असफलता से निकल अस्सी लाख आत्महत किसानों की रामकथा है, जो आत्महत्या के सभी पक्षों का न मात्र चित्रण करती है, अपितु उसके कृषिपरक, वैज्ञानिक, आर्थिक राजकीय, सामाजिक एवं मानवीय पहलुओं पर प्रकाश डालकर उसकी चिकित्सा, चर्चा, चरखा चलाते सामाजिक सूत निकालती है।

उपन्यास के केन्द्र में शिवशंकर (शिबू), शकुन्तला (शकुन), सरस्वती (बड़ी), कलावती (छोटी) के परिवार की कथा है। मुख्य कथा के अन्तर्गत छोटी और अशोक की प्रेमकथा है और छोटी-सुभाष की गृहस्थ-कथा और छोटी-विजयेन्द्र (बिज्जू) की लिव-इन-रिलेशनशिप भी। गौण या पूरक कथाओं में सुरेश और आशा, शुभा, सुनील, मोहनदास बाघमारे विट्ठल शंकर राव जैसे असंख्य आत्महत्याग्रस्त किसानों की

शोकगाथाएँ। सभी एक-दूसरे के पूरक और पर्यायी भी। ये सारी दास्तानें किसानों की आत्महत्या के प्रकार, कारणों को बयाँ करती हैं। सूखा, वर्षा, ओले जैसे प्राकृतिक प्रकोप किसानों के लिए वरदान कम है, अभिशाप ज्यादा। तभी तो लाखों किसान महाराष्ट्र, गुजरात, तेलंगाना, पंजाब, मध्य प्रदेश, दत्तीसगढ़, बुन्देलखण्ड जैसे कपास उत्पादक प्रक्षेत्र में आये दिन आत्महत्याएँ करते आये हैं। ख़ुदकुशी भी क़िस्म-क़िस्म की। फाँस लगाकर, कुएँ में कूदकर ज़हर प्राशन कर, नदारद होकर और ज़िन्दा रहते पल-पल जीने की उम्मीद खो साँसें लेते रहना भी। आत्महत्याएँ विकास की बली हैं और विद्वान द्वारा खोजे गये नये बीजों जैसे—बी.टी., एच.एम.टी. के संकर की, शासन की ठगी योजनाओं की, साहूकारों के निर्मम शोषण की, शासकों के निर्दय व्यवहार की। जंगल, ज़मीन, जल के जन्मगत किसान, आदिवासियों के मानवाधिकार का हनन करने वालों के ख़िलाफ़ 'फाँस' एक आक्रोश है और आँसुओं का सैलाब कर्ज़, ख़र्च, व्यसन, रूढ़ी परम्परा, शोषण, अज्ञान से घिरा किसान किसका मोहताज नहीं? उसके सामने प्रश्न है खेती करें या न करें। बच्चों को पढ़ाएँ या न पढ़ाएँ। खेती पुराने तरीक़े से करें या आधुनिक। बीज देशी हों या विदेशी। बैल, भैंसा, मवेशी पाले-पोसे या ट्रैक्टर, कल्टिवेटर, पम्प का इस्तेमाल करें। जाति में रहें या धर्मांतर से मोक्ष-प्राप्ति का उपाय सोचें। करें तो क्या करें? साहूकार से कर्ज़ लें, बैंक से या सरकारी संस्थानों से। कपास, गन्ना, संगे, आम, तुवर, गेहूँ, ज्वार, मकई, अरहर, किसकी खेती करने से वह आत्महत्या से निजात पायेगा। इसका कोई ठोस उपाय अब तक हाथ नहीं आया। तभी विजयेन्द्र का मन्थन, अशोक का अनाथाश्रम, सिन्धु ताई का वृद्धाश्रम पर्यायों का जाल बिछाकर तसल्ली देने के प्रयास में जुटा है। फ़िलहाल भीड़ से मार्ग निकाले जाने की कोशिशें ही आशा की किरण है।

'फाँस' का परिवेश विदर्भ केन्द्रित महाराष्ट्र होकर भी आत्महत्याग्रस्त विश्व है। इसमें शेष भारतवर्ष के साथ स्विटज़रलैंड भी है। एक तरह से 'फाँस' न सिर्फ़ किसान की अपितु मानव के ख़ुदकुशी की मानसिक, सामाजिक, आर्थिक, राजकीय चिकित्सा, मीमांसा, समीक्षा है। संजीव ने आत्महत्या को अजनबीपन (एलायनेशन) और अकेलापन (लोनलीनेस) कारण बताया है। वह संजीव के चिन्तन का निष्कर्ष माना जाना चाहिए। उपन्यास की मूलकथा महाराष्ट्र के यवतमाल ज़िले के वनगाँव की है। यह गाँव दूसरा आधा गाँव है। पहला राही मासूम रज़ा का 'आधा गाँव' हिन्दू-मुसलमान में बँटा था। पर इक्कीसवीं सदी में आते-आते भारतवर्ष ही 'आँधा गाँव' बना जाति, धर्म, अर्थ, संस्कृति, राजनीति में बँटा है। हर एक को अपनी रोटी सेंकी जाने की चिन्ता है। उसे बेटी के न बह जाने की चिन्ता है, न जीते-जी मर जाने की। कोख में या सोख में समाज के। किसानों के हर गाँव ख़तरनाक प्रक्षेत्र (डेंजर जोन) बनते जा रहे हैं। विदर्भ तो आत्महत्या की ज्वालामुखी पर बसा बेचैन प्रदेश तेलंगना, गुजरात, छत्तीसगढ़ आदि आत्महत्या प्रवण क्षेत्र का प्रतिनिधि प्रक्षेत्र!

कृति काल है भूमण्डलीकरण के पश्चात् का। माने 1990 से अब तक का (2015)। पच्चीस बरसों में कितनी बदली है किसानों की दुनिया। किसान धोबी का कुत्ता बना न घर का रहा, न घाट का। इसका वातावरण कृषि, अर्थ, परिवार, संस्कृति, सम्बन्धों के ताने-बाने से बुना है। वह जीवन नहीं फाँस है। आत्महत्या ग्रस्त महाराष्ट्र संजीव ने मराठी शब्दों, महाराष्ट्रीय गाँवों, नामों, रिश्तों, पकवानों, पोशाखों किस-किस से नहीं सजीव किया। उपन्यासकार को महाराष्ट्र के साहित्यकार, समाजसेवक, साहित्य, भाषा, रीति-रिवाज सबकी जानकारी है, जो सूक्ष्मता से सारे उपन्यास भर की कथा में फैली, रची-बसी है। यह कथा मात्र मनुष्य की नहीं, यह मवेशी और माहौल की है। यह कथा बैल के निर्वसन की और ट्रैक्टर के बस जाने की कथा है। यह बेलबंडी के नदारद होकर मोबाइल के मनुष्य की आत्मा बन जाने की कथा है। लालटेन की जगह बिजली के लट्टू के आगमन से नये नाच-डांस का हंगामा है। रात गहराती जा रही है, डांस जवान होने लगा है। पैसा मोटा और मनुष्य छोटा। कृषिमन्त्री को कृषि की कम क्रिकेट की ज्यादा फ़िक्र रहती है। वह किसान को फ़र्ज़ी मेडल देता है और एटम् या इवेंट गर्ल्स को असली सोने का गहना पहनाने में व्यस्त है।

'फाँस' का नायक किसान है। शिबू से सुनील तक के सारे आत्महत्याग्रस्त किसानों का प्रतिनिधि है वह। एक तरह से नायक समस्या ही है। गौण या पूरक या सहायक पात्रों से उपन्यास भरा है। फिर भी शिबू, शकुन, छोटी, बड़ी, अशोक, बिज्जू की यह कथा है। कथा-विस्तार में आत्महत्या के कारण और उपायों की चर्चा है। पात्रों का चरित्र-चित्रण अशरीरी है। शरीरी है तो मात्र छोटी का और डांस हंगामे की नर्तकी का। छोटी पका फोड़ा है और नर्तकी चोली के पीछे का जिस्म और जान। छोटी अशोक को मन से प्रभावित करती है, तो बिज्जू को शरीर से। अशोक से उसका प्रेम 'पहला प्यार, भाव का ज्वार है' तो बिज्जू और सुभाष का जिस्म की प्यास। वह भी सुभाष से लोक लाज की अनिवार्यता तो बिज्जू से जिस्म की अन्तरी पुकार। शिबू, सुभा, आशा, शकुन, रोहिणी, माधव गृहस्थ किसान परिवार के प्रतिनिधी। वन विभाग का सिपाही ख़ुदाबख़्श शोषक शासन व्यवस्था का भेड़िया, कुत्ता जिसे मुफ़्त का गू खाने की आदत पड़ी है। उपन्यास के सारे स्त्री-पात्र दुर्गा, रणरागिणी ताराबाई, नागिन जैसे शौर्य, साहस, जोश से भरे। तो पुरुष बुज़दिल, संघर्षशील, हारे-थके। साहूकार, महाजन, मन्त्री, अधिकारी शोषक, किसान की ज़िन्दगी संघर्षशील, कोशिश भरी, परन्तु मझधार में फँसी। वह प्रकृति का शिकार है। कर्ज़ में डूबा है। जाति, धर्म, राजनीति ने उसे अपने घेरे में सदा-सदा के लिए जकड़ा है। महात्मा फुले ने 'शेतकत्याचा आसूड (किसान का कोड़ा) लिखा हो या मराठी उपन्यासकार ने 'बारोमास' (बारहमासा) या किसी ने कोई डॉक्यूमेंटरी बनायी हो या विजयेन्द्र ने 'मन्थन' जैसी एनजीओ स्थापित की हो, सारे प्रयास किसान के जीवन-उत्थान की कोशिशें हैं। प्रस्तुत उपन्यास हमें समझाता है कि किसानी न

जीविका है या व्यवसाय, वह एक भारतवर्ष की जीवन शैली है इस कृति के पात्र उस शैली को साकार करने में जुटे नज़र आते हैं। जीवन जीने के सारे पक्ष इस शैली के अभिन्न अंग हैं। यहाँ के पात्र कोई प्रमुख, गौण नहीं। सब एक-दूसरे के अंग, अवयव, ख़ून, पसीना, साँस है। व्यवस्था वह शासन, साहूकार, अधिकारी, संस्कारी संस्था बैंक कोई भी हों, वे किसान की भलाई का नाटक करने की आड़ में उसका शोषण ही करते हैं। अतः वे सारे प्रतिद्वन्द्वी या प्रतिनायक है किसान के, जिनका जितना निषेध किया जाये कम है।

संजीव ने उपन्यासकार की हैसियत से 'फाँस' में संवाद, विवरण, विश्लेषण, चिन्तन जैसी शैलियों का प्रयोग कर रचना को कलात्मक बनाया है। एक हिन्दी भाषी साहित्यकार हिन्दीतर भाषी महाराष्ट्र जैसे प्रदेश की विशेष समस्या को उजागर कर रहा है। प्रदेश विशेष के प्रभाव के निर्माण के हुतु रचनाकार मराठी व्यक्तिनाम, स्थलनाम, सम्बन्ध, नाते-रिश्ते, व्यंजन आदि का प्रयोग करता है। उनके प्रतिशब्द हिन्दी भाषी पाठकों के लिए प्रस्तुत करता है। यह सुविधा है। पर मूल शब्दों के प्रयोग से प्रदेश विशेष को प्रतिबिम्बित करने में संजीव को कमाल की सफलता हासिल हुई है। इसका रहस्य है, प्रदेश विशेष में लेखक का निरन्तर आवागमन एवं सम्पर्क/ पात्रों के संवादों की भाषा प्रदेश की भाषिक और सांस्कृतिक प्रचलन से मेल खाने वाली है। पात्रों के संवाद छोटे हैं। माँ-बेटी का यह संवाद इस सन्दर्भ में द्रष्टव्य है—

"अब बताइए देवी शकुन्तले, कहाँ है दुर्गद्वार, जहाँ मुझे रंगोली सजानी है?"
"किया तो...! फिर इतना नखड़ा काहे का?" बड़ी ने बिचकी मारी।
"तू जींस पहन सकती है और ननवारी नहीं?" शकुन ने कहा।
"पहना न मलका-ए-मंसूर।"
"सिर्फ़ आज नहीं, हर गुढी पाडवा पर।"
"ओके माय डीय मॉम, योर एक्सीलेंसी, शकुंतला देवी!"

संवाद में प्रदेश की परम्परा, पोशाक, रिश्ते की खटास, व्यंग्य, संवाद के ताने-बाने, नया भाषा संकर सब एक साथ प्रतिबिम्बित है। इससे संजीव की भाषिक सक्षमता और सामर्थ्य का परिचय मिलता है। ऐसा ही परिचय चावल, माड, काँदा, पुरणपोली, चटनी, वहिणी, आई, ताई, नवरा, वडिल आदि शब्द-प्रयोग से होता है। शेत जैसा प्रयोग बिल्कुल प्रसंगोचित लगता है। वह देखो, शेत बेच दिये, बैल बेच दिये, मुलगे भाग गयो। महाराष्ट्र की मराठी आये दिन अंग्रेज़ी प्रचुर हो रही है। यहाँ के अख़बारों की सुर्खियों में अग्रेज़ी शब्दों का होना आम बात बनती जा रही है। संजीव ने भी ऐसी अंग्रेज़ी प्रचुर हिन्दी भाषा का प्रयोग कर समकाल प्रतिबिम्बित किया है। कोलेप्सेवुल, इस्केप, सुसाइड, इन्सल्ट, इन्स्पिरेशन, को-ऑपरेटिव, स्टेडान, माइक्रो फाइनेंस स्कीम, एल्डिन, कॉटन जैसे शब्द एक ही पृष्ठ (भ. 176,7) पर मिलेंगे, जिससे प्रचुरता ध्यान में आयेगी। पर अन्यत्र हिन्दी भी उतनी ही पुख़्ता और पुश्तैनी!

'फाँस' संजीव का समस्या प्रधान उपन्यास है। आज तक ऐसे उपन्यास समस्या के चित्रण में सन्तोष मानते देखे गये हैं। संजीव ने उनके समाधान और सकारात्मक या रचनात्मक सुझाव, समाधान की जो पहल की है, वह उनकी प्रतिबद्धता का द्योतक है। किसान दो-तीन बार बुवाई करके भी फ़सल नहीं पाता, तो कर्ज़ थक जाता है। ब्याज बढ़ता है। फिर जब्ती-कुर्की का सिलसिला। गाँव में बदनामी। फिर व्यसन का शिकार। झूठी प्रतिष्ठा के लिए दहेज देना और उसी में धँसे रहना। एक कर्ज चुकाने के लिए दूसरे कर्ज़ की मोहताजी। उसका खसरा कभी ख़ाली नहीं रहता। जिस उस पर कर्ज़ दर्ज होता रहता है। हालत है कि, ''कॉरपोरेट-सोशल रस्सपोंसिबिलिटी इन देसी-विदेशी सेठों की ज़िम्मेदारी। आपूर्ति उतनी ही होती है, जितने में इसका ग्राहक बचा रहे। किसी को भी किसान की आत्महत्या की फ़िकर नहीं, किसी को भी।'' (पृ. 33) यह उपन्यासकार की चिन्ता लेखन के पीछे है। ''पिछले बरस (2014) सात हज़ार किसानों ने आत्महत्या की थी। अख़बार, रेडियो, टी.वी. सबने अफ़ीम खा ली, ख़बर तक नहीं हुई।'' (पृ. 35)' ''ख़बर बनती है मुम्बई में चल रही लक्मे फैशन वीक की प्रतियोगिता। 512 ख़बरिया चैनल जुटे है। उसे कवर करने को। मात्र 512...'' (पृ. 383) ''दिल्ली के कृषिमन्त्री बड़े दुखी रहते है। किसानों के लिए। जब ज्यादा दुखी होते है। तो क्रिकेट के धन्धों में मन लगाने लगते हैं।'' (पृ. 145) नांदेड के राम जी दादा ने एचएमटी नामक कपास का नया बीज खोज निकाला है। राज्य सरकार 50 ग्राम का सोने का पदक (मेडल) बहाल करती है। किसान उसे भुगताने जाता है, तो मेडल फ़र्ज़ी निकलता है। उधर एक सेठ साईं बाबा को सौ करोड़ का सोने का मुकुट चढ़ावे के रूप में अर्पित करता है। (पृ. 159) कपास के अकालग्रस्त किसानों को मुआवज़ा देने के लिए सरकार के पास पैसे नहीं हैं। वहीं सरकार गन्ना मिल मालिकों, जो सरकार के ही दलाल हैं, मन्त्री, विधायक है जो सहकारी मिलों के चेयरमैन हैं, उनके लिए छियासठ हज़ार करोड़ की सब्सिडी मुहिया करती है। (पृ. 208)

संजीव इस स्थिति से उबरने के लिए विजयेन्द्र के पात्र के जरिए रचनात्मक पहल करते हैं। 'मन्थन' जैसी स्वयंसेवी संस्था से किसान प्रबोधन करता है। अशोक के जरिए आत्महत्याग्रस्त किसानों की सन्तानों के लिए 'कलावती कुंज' की स्थापना करता है। सिन्धु ताई के जरिए वृद्धाश्रम। सिर्फ़ इंकलाब से काम नहीं चलेगा। 'कैसे आकाश में सूराख नहीं हो सकता' वाला दुष्यन्ती आशावाद संजीव में भी है। एक किसान के वक़्तव्य के जरिए संजीव का सुझाव है, पहल है—''इसलिए डिस्पैरिटी मिटाओ, बीज बदलो, पशुधन जोड़ो, कम्पोस्ट लाओ, कीटनाशक बदलो, जो ज़हर फैला रहा है। माटी, पानी, ख़ून में आदमी बदलो, आदमी। बाज़ार को अपने क़ब्ज़े में करो, को-ऑपरेटिव जोड़ो, कर्ज़ बन्द करो, दारू बन्द करो, फ़िज़ूलख़र्ची बन्द करो और अगर यह सब नहीं कर सकते तो बन्द करो यह नौटंकी।'' (पृ. 186) एक गम्भीर चिन्तन प्रस्तुत करता है।

'फाँस' उपन्यास का शीर्षक सार्थक है। उपन्यास पठनीय और कलात्मक बना है, साथ ही उसमें समाज को किसान के प्रति अन्तर्मुख बनाने की क्षमता है। यह कृति किसानों की आत्महत्या का महाभारत बनकर उपस्थित होती है। इस अर्थ में यह महाकाव्यात्मक उपन्यास है। इसमें भावात्मकता और कलात्मकता का सुन्दर संगम हुआ है। किसान, आदिवासी जनजीवन को स्वर देने वाली यह रचना किसान की जीवन शैली का सजीव चित्र है। इसे पढ़कर हम यह जान जाते है। कि, ''यहाँ गाय-भैंसे पालते सब हैं, पर उनका दूध कोई नहीं पीता।'' (पृ. 12) किसानी धन्धा नहीं वृत्ति होने की बात 'फाँस' समझाती है। जंगल किसानों की जीवन-रेखा है परन्तु इज़्ज़त के बल पर पेट का सौदा किसान की माँ-बहनें कतई स्वीकार करती। प्रसंगवश ऐसे मर्द की पिटाई में वह दुर्गा बन पुलिस को भी धता बताती है। अपने घर में जीवनधार पशुओं को कसाई के हाथ बेचना या मवेशियों की रक्षाशाला को वधशाला बनाना वह कतई बर्दाश्त नहीं करता। बैल के न होने पर ख़ुद बैल होने वाला किसान, उसकी शक्ति अमर्याद है। फिर भी प्रकृति और व्यवस्था के आगे हारा, थका किसान आत्महत्या के लिए विवश होता है, तो उसकी हत्यारा मात्र व्यवस्था होती है, जिसे बदलने की आवश्यकता 'फाँस' उपन्यास अधोरेखित करता है। किसान तथा उसकी पत्नी राणा प्रताप, शिवाजी तथा तारा राणी, दुर्गा होना मिथक बनाने वाली व्यवस्था का निषेध 'फाँस' है। चारों तरफ़ से निराश किसान का आधार कभी प्रकृति और जंगल रहा करता था। अब उनका भी भरोसा न रहना भी किसान की आत्महत्या का बुनियादी कारण है। जात, धर्म, देवता, परम्परा में घिरा किसान मात्र विज्ञान से मुक्त नहीं होगा। उसे मानवाधिकार के कवचकुण्डल भी ज़रूरी है।

किसानी का मतलब है मौत!

–मोतीलाल

संजीव के अधिकतर उपन्यास यथार्थपरक हैं। इनका नया उपन्यास 'फाँस' किसानों की आत्महत्या पर केन्द्रित है। वर्तमान दौर में भारतीय किसानों की फ़सलें अकाल के कारण सूख रही हैं। अतिवृष्टि के कारण बह रही हैं। उधर सरकारी महकमे मुँह मोड़ लिया है, जैसे उसे कुछ पता ही न हो। परिणामस्वरूप किसान विकल्पों के अभाव में फाँसी के फन्दे पर झूल रहा है। पिछले कई वर्षों से कई बार कभी अकाल तो कभी अतिवृष्टि ने किसानों की अग्निपरीक्षा ली है। खेतों में पड़ा बीज वापस घर नहीं पहुँचा है। शादी के योग्य बेटे-बेटियाँ, धन के अभाव में नौकरी के नाम पर, सेठ साहूकारों के हाथों बेचे जा रहे हैं। गाय-बैल कसाइयों की मशीनों पर गरदन झुकाये खड़े हैं। किसान रोता-बिलखता विवश दिखाई दे रहा है। थोड़ा-बहुत पैदा हुआ गन्ना, गेहूँ, कपास, आलू आदि अनाज मण्डी के दलालों के पेट में जा रहा है। अमेरिका से चली जेनेटिक बीजों की खेप, भारतीय किसानों के खेतों में नखरें दिखा रही हैं। सब लाभ-लूट के इस खेल में ग़रीबों की रोटी से खेल रहे हैं।

सिर्फ़ इतना ही नहीं भारतीय बैंकों, अन्तरराष्ट्रीय नीतियों के दबाव में किसानों के घर से हल, बैल, देशी खाद हटाकर, लोन देकर, ट्रैक्टर और रासायनिक खादें पहुँचने में लगी हैं। ऐसे में इन बहुराष्ट्रीय कम्पनियों का दबाव निरन्तर भारतीय किसानों की गरदन पर बढ़ता जा रहा है। बन्दर की भाँति सरकारे इस बैठक से उस बैठक का हवाला दिये जा रही है। दिल्ली से चली मुआवज़ा राशि, अजगर की भाँति मरे किसानों की लाश तक भी नहीं पहुँच पा रही है। लेखपाल, क़ानूनगो और क़ानूनची बने साहबों की शहरी हवेलियाँ दिनोदिन चमकदार पत्थरों में तब्दील होती जा रही हैं। इधर अकाल के इस दौर में, किसान कृषि सुधरों की आस लिये बैठा है। उसे अब भी आशा है कि सरकार उनको बचाएगी अवश्य। पर संजीव के शब्दों में किसान विलुप्त होने वाली प्रजाति बन गयी है।

ऐसी विकट परिस्थिति में, जबकि कर्ज़ में डूबा किसान न फाँसी पर झूल रहा है, संजीव की कलम जीवन्त है, उसका जीवनसाथी बनी है। उपन्यास 'फाँस'

इक्कीसवीं सदी के भारतीय किसानों का 'चुवई जस ओरी' वाला आँसू है, जिसका कोई अन्त नहीं। उधर नेता, अधिकारी स्विस बैंक को नोटों से भर रहे हैं, विषधरों की भाँति जनता को फुँफकार रहे हैं। मनमोहनी गाय उनके सपूतों को अमृतमय दूध पिला रही है। उन्हें अभयदान देकर सफल उत्तराधिकारी बनाने में लगी है और इधर विकास की अन्धी दौड़ में ...यहाँ हीरो होंडा, मेट्रो और दूसरी उपभोक्तासामग्रियों पर तो रियायतें हैं, मगर किसानी पर नहीं।... बच्चों की शिक्षा, स्वास्थ्य, हारी-बीमारी, सुरसा के मुँह की तरह बढ़ती समस्याएँ। फ़र्ज़ और कर्ज़ के दलदल में डूबता ही चला जाता है विकल्पहीन जीवन! गले की फाँस बन गयी है खेती।... द्रुत लाभ के लिए बी.टी. कॉटन जैसी ट्रांसजेनिक फ़सलें हैं, द्रुत लाभ के लिए गाँव का सूदख़ोर महाजन और ऋणदात्री एजेंसियाँ, द्रुतलाभ के लिए देशी दारू, अन्तः द्रुतमुक्ति के लिए आत्महत्या। कब शुरू हुई प्रजाति का नाम है किसान! कोई शौक़ से नहीं मरता। (प्रेमपाल शर्मा, फाँस का कवर पृष्ठ) अन्नदाता की वह दुर्दशा आख़िर क्यों? सबका पालनकर्ता आज ख़ुद अपनी मौत के इंतज़ार में है। उसकी बाँह थामने को कोई तैयार नहीं। उससे सहानुभूति जताने जो भी नेता, अभिनेता, सेठ, साहूकार आता है, वह खोल के अन्दर खंजर छिपाये है। सरकारे, भूमि अधिग्रहण विकास के नाम पर करके पूँजीपतियों को शॉपिंग माल खोलने को सौंप रही हैं। किसान उस बहुमंज़िला इमारत की निचली छत पाने तक को अदालतों में ठोकरें खा रहा है। उसकी आने वाली पीढ़ियाँ भीख माँगने की तैयारी कर रही हैं। ये कैसा विकास है भाई जिसमें अधिकतर के मुँह का निवाला छीनकर, कुछ को हीरे की चेन पहनाई जा रही है। ऐसे में किसान किसी का विश्वास कैसे करे? संजीव का यह उपन्यास, गहरे में जाकर इन्हीं प्रश्नों के उत्तर की तलाश करता है।

सबका पेट भरने और तन ढकने वाले देश के लाखों किसानों और उनके परिवारों को, जिनकी हत्या या आत्महत्या को हम रोक नहीं पा रहे, को समर्पित संजीव का यह उपन्यास, विदर्भ के किसानों के बहाने सम्पूर्ण भारत के किसानों की दर्दकथा कहा है। बयालीस छोटे-छोटे अध्यायों में विभक्त यह उपन्यास अपनी संरचना में रेणु के 'मैला आँचल' की प्रकृति का है। ये अध्याय एक तरह से वनगाँव, गढ़चिरौली, चन्द्रपुर, यवतमाल, धनोरा, मेण्डालेखा, अमला, इंजला, बासोड़ा, साईंपुर और नागौरा आदि छोटे-छोटे मराठी गाँवों में लगे सी.सी. कैमरों की जीवन्त रिपोर्टों जैसे हैं। हर अध्याय अपने आप में अलग होकर भी सबसे जुड़ा है।

उपन्यास का मुख्य कथानक वनगाँव के शिबू उर्फ़ शिवशंकर और शकुन उर्फ़ शकुन्तला के परिवार की दर्दभरी कहानी से प्रारम्भ होता है। शिबू की छोटी बेटी कलावती बड़ी होनहार बालिका है। उसकी शिक्षा से ग्रामीणों का अन्धविश्वास क्रमशः टूटता जाता है। पर सवर्णों के अहम को ठेस भी पहुँचती है। शिबू का गाँव दरअसल सवर्णों के क़ब्ज़े में है। यह गाँव एक पहाड़ी पर बसा है। पहाड़ी पर ऊपर की ओर

जहाँ पानी ठहरता नहीं है, ज़मीन उपजाऊ नहीं है। वहाँ दलितों और पिछड़ों को सवर्णों ने ज़मीनें दे रखी हैं। जबकि नीचे जहाँ बारिश का पानी इकट्ठा हो ज़मीन को उपजाऊ बनाता है। वहाँ फ़सलें सूखने का ख़तरा भी कम है, वहाँ सवर्णों के अनार और सन्तरों के बाग हैं। इनमें दलितों का क़दम रखना भी प्रतिबन्धित है। हाँ, निराई, गुड़ाई के लिए ही इनका प्रवेश होता है। संजीव की इतनी सूचना ही समझदार पाठक को चौकन्ना कर देती है। सवाल है कि आख़िर क्यों लाभकारी ज़मीनों पर समाज के एक ही वर्ग का क़ब्ज़ा है? वह परजीवी की भाँति बिना श्रम किये दूसरे के श्रम का लाभ-शोषण कर रहा है। चूँकि रचनाकार असहायों का वकील होता है, अतः उसकी ज़िम्मेदारी बनती है कि वह इस धोखाधड़ी का पर्दाफ़ाश करे। जनता को यह बताये कि इसके पीछे कौन-सी चालें छिपी रहती हैं।

संजीव अपनी ज़िम्मेदारी के प्रति मुस्तैद हो लिखते हैं—मराठों, महारों, चमारों, मुनबियों, माँग, मछुआरों और आदिवासियों की मिश्रित आबादी है। ब्राह्मणों ने गाँव से हटकर एक किलोमीटर उत्तर बाँध के नज़दीक अलग वनगाँव बसा लिया है—शायद हुआ जाने के भय से। बोले तो बाँध, बाग, उर्वर खेत सब उनके या सम्पन्न मराठों के मगर मज़दूर इस वनगाँव के। इस वनगाँव में उपनिवेश की तरह उन्होंने एक मन्दिर रख छोड़ा है। धन वालों की खेती हाल्या माने भैंसे से, बाकियों की बैल से। एकाध के जुए से इंसान भी। इस तरह वनगाँव आज भी आध ब्राह्मण। संजीव की उपर्युक्त टिप्पणी मठाधीशों और नेताओं के मुँह पर चाँटे की भँति है। विकासशील भारत में मन्दिर उपनिवेश बने हैं। एक लगाये, पीढ़ियों तक उगाहे। पूँजी लगाने का अधिकार वर्ग विशेष के पास सुरक्षित है। हर कोई इससे लाभ नहीं कमा सकता। दबे-कुचले जनों को तो बैलों की जगह इंसान वाला हिस्सा मिला है। मन्दिर-मस्जिद तो धर्म की धुरी है। ये असहाय मनुष्यों को देखते ही माया का जाल फेंक उन्हें अपने क़ब्ज़े में ले लेते हैं। झूठे नेताओं की भाँति इनके वादों की कोई गारंटी नहीं दी जा सकती। ये दायरे से बाहर वालों को नास्तिक कहते हैं। दुनियाभर के नशेड़ी, दुराचारी वैराग्य का जामा पहने शास्त्री बने फिर रहे हैं। इन्हें परिश्रमी देशभक्तों से घृणा होती है। नाक-भौं सिकोड़ने वाले ये ढोंगी चाहते है। कि जनता सदैव अँधेरे में ही जीवन जिये। अन्धकारों नमः का ये झूठा प्रसारक वर्ग कैसे संजीव के निशाने पर है—इस मुलगी को जब तक वह अपने अंक में भरकर कलेजे में उतार नहीं लेता, कुछ टीसता ही रहेगा, अन्दर-ही-अन्दर...हमें तो पहले से ही पता था कि एक दिन यह होकर रहेगा...और पढ़ाओ मुलगियों को, जैसे पढ़-लिखकर बैरिस्टर बनेंगी। जी हाँ, सदाशिव भागवत जैसे पुजारी तो यही चाहते है। कि लोग अशिक्षित रहें, कूपमण्डूक रहें, ताकि उन्हें आसानी से शोषित किया जा सके। परन्तु उपन्यासकार की सजग आँखें, इस अँधेरे के पार के रहस्य को देख लेती हैं। सत्य है, शिक्षा शेरनी का दूध होती है। वह आसानी से धर्म के नक़ली दावों के झाँसे में नहीं आने देती।

शेतकरी आन्दोलन का नेता मोहनदास इगतदास बाघमारे (मोहन दादा) अशिक्षा के कारण ही गौहत्या के आरोप में ताउम्र बैल का पाशविक जीवन जीने के लिए ज्योतिषी निरंजन देव गिरि महाराज द्वारा बाध्य किया जाता है। जैसे गोदान का होरी धर्मभीरु है, वैसे ही फाँस का मोहन दादा भी साहसी होकर भी धर्मभीरु है। उसका शेष जीवन सिर्फ़ एक मौन समझौता है। वह बैल बनकर खेत में हल खींचता है। महाराज उसे गौहत्या का प्रायश्चित्त कराने आते है। उसकी पत्नी दस रुपये का नोट देती है। दस रुपये का नोट देखकर उनकी आँख तक नहीं खुलती। जब वह सौ रुपये का नोट देखते हैं, तब प्रायश्चित्त कराते हैं। अन्धविश्वासों की आड़ में पाखण्डी जनता का शोषण करते हैं। स्वामी जी बाघमारे को भाई मारे (बैल का हत्यारा) का हत्यारा कहते हैं। इसे भयंकर पाप करार देते हैं। मोहन दादा डरकर स्वामी जी से इस पाप से बचाने की गुहार लगाता है। स्वामी जी शोषणकारी चाल चलते हैं, 'बैल के गले का फन्दा गले में डालकर, एक भिक्षापात्र लेकर भीख माँगनी पड़ेगी। शुद्धि तक न घर में घुस सकते हैं, न मनुष्य की बात बोल सकते हैं। अत मोहन दादा बैल का जीवन जीते-जीते मर जाता है। अन्धविश्वासियों की चाल सफल हो जाती है। कैसे एक पाखण्डी ने स्वार्थों की सिद्धि हेतु एक परिवार को नष्ट कर डाला। यह बताने में संजीव सफल हुए हैं।

पुजारी सदाशिव भागवत ने शिबू की बेटी कलावती की शिक्षा बाधित करने की पूरी कोशिश की। जब इसमें वह सफल नहीं हुआ तो कलावती के बारे में दुष्प्रचार फैलाना शुरू किया कि अशोक से उसके ग़लत सम्बन्ध हैं। शिबू सदाशिव के प्रति कैसा भाव रखता है, देखिये—मन्दिर का वह पुजारी। पूजा का प्रसाद भकोसकर अपने गोरे पुट्ठों का प्रदर्शन करता जाने किस-किससे टोह लेता रहता, 'कहाँ गयी? स्साला कुत्ता! दिन भर नीचे नाले में नहाती औरतों को ताक़ता खजहे कुत्ते की तरह! उपन्यास पढ़कर लगा कि रेणु के मैला आँचल के कथानक में जो बाक़ी रह गया है, वह इधर लिखा गया है। मठ और मठाधीशों का पतन रेणु ने दर्शाया था, पर उसके दुष्प्रभाव को, जिसने ग्रामीणों का जीना दूभर कर दिया है, संजीव ने दर्शाया है। समाज का प्रतिनिधि कहलाने वाला वर्ग कैसे परजीवी बन गया है, स्वार्थों के सहारे ख़ून पी रहा है, समाज को खोखला कर रहा है, संजीव ने इसे घटक रंग में चित्रित किया है।

इस उपन्यास की मुख्य समस्या, किसानों की आत्महत्या है। ग़रीबी और बेकारी से जूझते-जूझते कैसे वह ज़िन्दगी से हार मान बैठता है, यही उपन्यास का मुख्य विषय है। एक पेड़ से लटककर एक किसान ने फाँसी लगा ली थी...आज क्या घर, क्या मन्दिर, क्या मस्जिद, क्या साहूकार की दुकान, सर्वत्र उसी की चर्चा है—कौन था, क्यों फाँसी लगाई? अरे आदमी था भाई, शेतकरी! दो-दो बार फ़सल मारी गयी, कर्ज़ लिया, न दे पाया, मार लिया ख़ुद को। किसानी का मतलब है मौत!

तुम्हें यक़ीन नहीं आयेगा, अब दस एकड़ की मुसम्मात मालकिन दल्लू से कर्ज़ लेती है...प्यून से। सौ में चालीस शेतकरी ऐसे है। जो कहते है। कि इसी दम किसानी छोड़ दें बशर्ते उनके सामने कोई और उपाय हो। भीड़ अब देशी साहूकार नारायण के बरामदे की ओर लपक रही है। नारायण का हिसाब-किताब साफ़ है, फ़सल के लिए पैसा चाहिए या मुलगी की शादी के लिए, हम जानकर क्या करेगा, ज़मीन का काग़ज़ जमा करो, टीप दो और ले जाओ। हाँ रेट टेन परसेंट है। दस महीने में सूद और मूल मिलकर दो गुना! जोंक है जोंक! ऐ कौन बोला? अब इम्तहान मत लेना देवी! मर जाएँगे हम! शकुन के कान की बाली बेचकर बीया ख़रीदा है। फाँस उपन्यास के ये चुनिन्दा संवाद वह बताने के लिए काफ़ी है। कि खेती अब एक मरीचिका है, सिर्फ़ मरीचिका! हर 8 मिनट पर एक किसान द्वारा आत्महत्या! ढाई किसान चीटियों से मर गये। जैसे यह कोई मृत्यु उत्सव हो।

अफ़सोस है कि सरकारी खाते में ये आत्महत्याएँ, आत्महत्याओं का मानक पूरा नहीं करती हैं। मुआवज़े की हक़दार नहीं है अपात्र हैं, पात्र बनने के लिए दाम लगता है दाम। महिला शेतकरी आशा वानखेड़े की मौत भी अपात्र करार दे दी गयी है। रजिस्टर में दर्ज हुआ है—शराबी पति आये दिन शराब पीकर लड़ाई करता है। घरेलू झगड़े से तंग आकर उसने ज़हर पीया है। अधिकारियों की जेब गरम करो तो अभी अपात्र से पात्र बन जायेगी उसकी लाश। अरे भाई कहीं औरत भी किसान होती है। पात्र बनने के लिए भी कर्ज़ लेता है, किसान। किसान का जीवन ऐसा अँधेरा तहख़ाना बन गया है जिसमें बचने का कोई रास्ता नहीं। सारे दरवाज़े सिर्फ़ मौत के मुँह में खुलते हैं। संजीव इस तहख़ाने को छलात्कार का नाम देते हैं। इस छलात्कारी दुनिया में पुजारी से लेकर व्यापारी तक एक से बढ़कर एक लुटेरे हैं, जिनसे किसान का बचना लगभग नामुमकिन है। गोदान का होरी तो केवल दातादीन, साहुआइन और राय साहब जैसे ग्रामीण लुटेरों द्वारा लूटा-घसीटा गया था, यहाँ तो बड़े-बड़े परजीवी हैं। मल्टीनेशनल कम्पनियाँ हैं। इन्हीं की भाँति मल्टीनेशनल मठाधीश हैं। गाँव क्या पूरे देश की गरदन मरोड़ने में इन्हें समय नहीं लगता है। फूलगाँव पर बुरी आत्मा का साया है, ऐसा ज्योतिषी ने बताया। जब तक दूर नहीं होता, गाँववाले वहीं रहेंगे—गाँवबदर। निरंजनदेव गिरि महाराज की एक चाल ने सीधे-सीधे पूरे गाँव को विस्थापित कर दिया। पूरी ज़मीन ख़ाली। करो न क़ब्ज़ा, करो न अधिग्रहण! कितनी ज़मीन लेनी है, लीजिए। रंगभूमि के सूरदास की ज़मीन लेने में सरकार को एड़ी-चोटी की ताक़त लगानी पड़ी थी। यहाँ तो बड़ी-बड़ी कम्पनियाँ धर्माचारियों से मिलकर अपना काम बड़ी आसानी से कर रही हैं। तुलसीदास के पूछे एक एकन सो, कहाँ जाई का करी? वाली स्थिति में फँसा किसान छटपटाता मर रहा है।

वर्तमान विकास के इस दौर में पूँजी का खेल जारी है। इसने देशभक्त किसानों और मज़दूरों को हाशिए पर धकेल दिया है। जैसे ब्रिटिश शासनकाल में साहूकारों ने

अकाल के दौर में किसानों को कर्ज़ देकर पूरा कोलकाता (तब कलकत्ता) ख़रीद लिया था, ठीक वैसे ही आजकल ये फ़िल्म वाले सेठ, देश की सारी लाभ देने वाली जमीन ख़रीद चुके हैं। आने वाले दिनों में खेती भी कॉरपोरेट घराने वाले करेंगे। किसान का नाम ही मिट जायेगा। ओले शायद हमें बख्श दें, टिड्डियाँ हमें बख्श दें, मगर ये टिड्डियों से भी ख़तरनाक हैं। यह लोग कुछ भी नहीं छोड़ते। ये उपन्यास हमें आने वाले पल की भयावहता का अहसास भी कराता है। उपन्यास की चिन्ता है कि राजा बने इन बन्दर नेताओं के आसरे बैठना उचित नहीं, किसान को ख़ुद सामूहिक रूप से कुछ करना चाहिए। उसे ख़ुद आत्मनिर्भर होना होगा। बैल और बाग का सहारा लेना होगा। पैदा कम होगा, कम सही। जब कोई उसकी चिन्ता नहीं करता, तो उसे भी इन नेताओं, व्यापारियों का पेट पालने की चिन्ता छोड़ देनी चाहिए।

स्वतन्त्रता के बाद बनी सरकारों ने किस प्रकार डॉलर के चक्कर में देश का आत्मसम्मान गिरवी रखा है, यह किसी से छिपा नहीं है। संयुक्त राष्ट्र संघ की आड़ में कुछ देशों ने दुनिया को क़ब्ज़े में ले रखा है। मध्य दुनिया के कुछ धार्मिक दुराचारी, दुनिया को अपने क़ब्ज़े में लेना चाहते हैं। इन व्यापारियों और धार्मिक पाखण्डियों की छीना-झपटी से दुनियाभर के किसानों, ग़रीबों, मज़दूरों की ज़िन्दगी को मसलकर रख दिया है। उपन्यासकार संजीव बताते है। कि कैसे मोसेंटा कम्पनी ने द्वितीय विश्वयुद्ध में नरसंहार के हथियारों का कारोबार कर करोड़ों डॉलर कमाये थे और अब वही जेनेटिक बीजों का कारोबार कर रही है। अब वह खेती पर क़ब्ज़ा कर दुनिया मुट्ठी में करना चाह रही है। इस कम्पनी ने भारत में नवम्बर 2009 में बी.टी. कॉटन का बीज उतारा था। इसके द्वारा किसानों से किये गये वादे झूठे निकले। मोसेंटा का प्रचार है कि हमारे किसानों को 40,000 करोड़ का लाभ हो रहा है। सच्चाई इसके उलट थी। हज़ारों करोड़ का फ़ायदा इन कम्पनियों को और इनके दलालों को हो रहा था। किसान तो मर रहे थे।... समझ में नहीं आता कि क्यों बन गये उन हत्यारों के दलाल हमारे अपने ही भाई लोग। यह वही चेहरा है जो विश्वयुद्धों में घातक रासायनिक हथियार बनाता रहा। बेंगलुरू में करोड़ों डॉलर की लागत से रिसर्च एंड डेवलपमेंट की सारी नकेलें इनके हाथ में है। और सुन लो हमारे कृषि वैज्ञानियो! आपका भाग्य भी इन्हीं के हाथ में है। इतना ही नहीं उपन्यासकार की चैतन्य आँखें, देश के अन्दर भी किसानों के भाग्य से खेलने वाले खिलाड़ियों को नहीं बख्शती। इन्द्रासन और एच.एम.टी. धन की खोज की कहानी में वह बताता है कि इनके नामकरण में क्या-क्या खेल हुआ है, देखिए, 'इन्द्रासन बीज को इन्द्रासन (सिंह) का नाम मिला, गाँव का नामकरण भी...दादा जी (एच.एम.टी. के खोजकर्ता) इससे वंचित रहे। सबसे बड़ा फ़र्क़ यह है कि 2010 में इन्द्रासन को पेटेंट भी करा लिया गया जबकि दादाजी के एच.एम.टी. को पेटेंट कराना तो दूर, उसके श्रेय को भी कृषि विश्वविद्यालय ने हड़पकर, उसी में सुधार कर अपना नाम

दे दिया। यह साठ सालों में आये हमारे नैतिक पतन को भी दर्शाता है। संक्षेप में, संजीव का यह उपन्यास किसानों की खेती को, सभी पहलुओं से विचार कर, लिखी गयी जीवन्त दर्दकथा है।

'फाँस' उपन्यास पाखण्डी धर्माचारियों और लुटेरी अन्तरराष्ट्रीय कम्पनियों के छल-छद्मों को उजागर करती पीड़ा भरी कथा है। इसमें एक ओर विदर्भ सहित भारत के छटपटाते किसान हैं, अकाल है, अतिवृष्टि है, एक साड़ी मात्र को तरसती शकुन जैसी औरतें है। तो दूसरी ओर मालामाल होते बैकं हैं, पण्डे पुजारी हैं, अन्तरराष्ट्रीय कम्पनियों के मालिक हैं। सरकारें हैं। मनमोहनी गाय का दूध पिये नेता हैं। सभी अध्याय अपने मूल कथानक से जुड़कर उपन्यास को रुचिकर बनाते हैं। विचारों से कसा होने पर भी यह बिखरा नहीं है। किसानों की रोटी से खेलने वालों की काली करतूतें पढ़कर पाठक की आँखें छलछला जाती हैं। उसे ये आत्महत्याएँ नहीं एक सुनियोजित हत्याएँ नज़र आने लगती हैं।

'फाँस' उत्तर-आधुनिक किसान जीवन का महाकाव्य : क़र्ज़ से संघर्ष, स्वदेशी की ओर लौटना

—विनोद विश्वकर्मा

''भला कोई कह सकता है कि सुखाड़ के ठनठनाते यवतमाल ज़िले के इस पूरबी छोर पर 'वनगाँव' जैसा कोई गाँव होगा, जो आधा वन होगा, आधा गाँव आधा गीला होगा, आधा सूखा।'' उत्तर-आधुनिक किसान जीवन की महाकथा कहने वाला संजीव का नवीनतम उपन्यास 'फाँस', जो विदर्भ में हो रही किसान आत्महत्याओं की सामाजिक, राजनीतिक, आर्थिक, धार्मिक और वैज्ञानिक तरीक़े से समाजशास्त्रीय अध्ययन, शोधपरक तरीक़े से प्रस्तुत करता है; इन्हीं पंक्तियों से शुरू होता है। वास्तव में हमारे विकास और आज़ादी के लगभग 70 वर्षों बाद हुए प्रगतिवादी कार्यों की पोल खोलता है यह उपन्यास कि कैसे यह आज़ादी आम लोगों से दूर होती गयी, क्यों अब तक पूरे देश में तीन लाख से अधिक किसान आत्महत्या कर चुके हैं, इसी की सही पड़ताल—'फाँस' हमारे सामने प्रस्तुत कर देता है, और सच्चाई जानकर हमारे रोंगटे खड़े हो जाते हैं। उपन्यास के पीछे मराठी कवि विट्ठल वाघ की कविता उपन्यासकार की चिन्ता को ही प्रतिबिम्बित करती है—''ऐसा क्यों होता है साहेब राव?/ ऐसा क्यों होता है/ क्यों मेरे ही हाथ मुझे बाघ के पंजे जैसे दिखाई देते हैं?/ सच कहा जाये तो साहेब रावप/ तुमने आत्महत्या नहीं!/ हमने ही तुम्हारा ख़ून किया.../ तुम्हारा और तुम्हारे बीवी-बच्चों का...''

किसान की ज़िन्दगी अधजली गीली लकड़ी की तरह है, जो न तो कोयला हो पायी है और न ही राख अर्थात् उसका जीवन, जीवन की सुविधाओं की तलाश में, 'कर्ज़रूपी काले अन्धेरे की गहरी गुफा में फँस गया है, जो न तो इधर जा पा रहा है, न उधर, बीच में जान फँसी हुई है, और इसकी निजात है 'आत्महत्या'। नागार्जुन के शब्दों में—''मरो भूख से फ़ौरन आ धमकेगा थानेदार, लिखवा लेगा घरवालों से, वह तो था बीमार।'' किसान आत्महत्याएँ कर रहे हैं—भूख, लाचारी, कर्ज़ की किल्लत से और सरकारी पटवारी-पुलिस लिख रहे हैं कि घरेलू झगड़े के कारण आत्महत्याएँ हो रही हैं, यही कारण है कि यदि बीस किसान मर रहे

है। तो सरकारी आँकड़े—उसे एक बता रहे हैं। यह कैसी विडम्बना है कि हमारा अन्नदाता ही हमसे अलग-थलग पड़ गया है।

ऐसा क्यों हुआ है, क्या कृषि करना पाप का सूचक है, और यदि ऐसा नहीं है तो किसानों के साथ ऐसा क्यों हो रहा है। विकास की अनेक नयी अवधारणाओं ने किसान को प्रकृति से दूर कर दिया है; जंगल से जीवन की सुविधाओं को इकट्ठा करने वाला किसान वन विभाग के अनेक कड़े नियमों के कारण जंगल में घुसने भी नहीं पाता है; मावा (महुआ) बीनने तक की मनाही है, और यदि वह वहाँ पहुँच गया तो वन विभाग का कारिन्दा अनेक तरह से उसको परेशान करता है, 'फाँस' में इसका भी चित्र दिया गया है, इसी पहली समस्या से उपन्यास का कथा-चित्र आगे बढ़ता है, "बाँस का हरापन, ताजे किसलयों की लपटें। पलाश फूलों की महकती लाली! जिधर देखो, उधर सलोनी रंगत और महुए के फूलों की तो पूछो ही मत, जैसे सोने के कण बरसा रहे हों भगवान।... इस गहरे एकान्त में, जाने कैसे...अचानक उसे लगा किसी ने उसकी बाँह पकड़ी और खींच रहा है...कलावती को कहाँ पता था कि उसे जंगल में अकेला जाते देख भेड़िया उसके पीछे लग गया था, 'वन विभाग का सिपाही ख़ुदाबख़्श।" (फाँस, पृ. 19) देखने में यह समस्या बहुत छोटी समस्या लगती है, लेकिन किसान की इज़्ज़त पर हमला है, यह उसकी आत्मा पर हमला है; किसान कोई लकड़ी का तस्कर तो है नहीं, फिर उसके साथ ऐसा क्यों हो रहा है?

संजीव का यह उपन्यास वर्तमान उत्तर-आधुनिक समाज की गहरी पकड़ रखता है, और इस समाज में किसान किस तरह से 'फँस' गया है; उसकी व्याख्या अनेक कोणों से करता हुआ हमारे मन में कई प्रश्न छोड़ जाता है; विदर्भ में हो रही किसानों की आत्महत्याओं का मूल कारण है विदर्भ का सूखा और गीला अकाल, सरकार और महाजनों की मनमानी, कपास की खेती से उचित लाभ न मिल पाना और कपास की खेती के लिए सरकार का उचित सहयोग न होना। इसके चलते बैंक और देशी साहूकारों से 'कर्ज़' लेना और परत-दर-परत कर्ज़ की चक्की में पिसते जाना, 'जिसमें पिसना तो तय है, और इससे मुक्ति का एकमात्र उपाय है, 'आत्महत्या, जो लोककल्याणकारी राज्य की अवधारणा का मखौल उड़ाती है।

खेती से किसान का भावनात्मक रिश्ता होता है, और इस भावनात्मकता के कारण वह किसानी को छोड़ नहीं पाता, दिमाग़ में ज़ोर डालकर सोचने के बावजूद किसान बनी-बनाई परम्पराओं, रीति-रिवाजों का विरोध नहीं कर पाता है; और यही कारण है कि वह इसी चक्रव्यूह में फँसा रहता है, ऊँची पढ़ाई के लिए पैसा न होने के कारण किसान के बच्चे आधुनिक तकनीक और शिक्षा से दूर रहते हैं, अतः पीढ़ी-दर-पीढ़ी खेती ही एक ज़ारिया होती है, जीने का सहारा, और खेती छोड़कर मज़दूर बन जाने की पीड़ा का भाव भी किसान को कचोटता रहता है। किसान बैलों को भी परिवार का सदस्य मानता है, "बैल नहीं, भाई है मेरा।" (फाँस, पृ. 36)

मोहन ने आँखों-ही-आँखों में नाना को तरेरा। मोहन को आर्थिक तंगी के कारण अपना बैल बेचना पड़ता है; वह जिसके हाथ बैल बेचता है, वह पशुओं को कसाईघर में बेच देता है इस कारण लोक में यह बात फैलती है कि मोहन ने बैल की हत्या की है, अतः उसे पाप का प्रयाश्चित्त करना पड़ता है, और वह बदले में बैल बना फिरता रहता, उसे मुक्ति नहीं मिल पाती है; इससे यह पता चलता है कि किस तरह से किसान अधिक न सोच पाने के कारण और रीति-रिवाजों में फँसा है, किसी अन्य कार्य की तलाश न कर पाने के कारण आज के समय में भी किस तरह से परम्पराओं में पिसता है और अन्य लोगों की निगाह में हँसी का पात्र बनता है।

'फाँस' उपन्यास धीरे-धीरे पूरे विदर्भ की कथा प्रस्तुत कर देता है; काली दोमट मिट्टी और उपजता है सफ़ेद कपास, लेकिन यह कपास विदर्भ को सर्वाधिक सूती कपड़ा उत्पादक क्षेत्र भले ही बना दे पर किसानों के जीवन को उजियाली नहीं दे पाता है।

उपन्यास में कोई केन्द्रीय पात्र उभरकर नहीं आ पाता है; बल्कि सम्पूर्ण विदर्भ के शेतकरी (किसान) और उनका जीवन ही प्रमुख पात्र हैं; इससे उपन्यास का फलक विस्तृत व्याख्या कर पाता है विजयेन्द्र, अशोक, नाना, मोहन, सुनील, शिबू आदि पुरुष पात्र है। जो विविध स्थानों पर कथा का विकास करते हैं; स्त्री-पात्रों में शकुन्तला, सरस्वती, कलावती (छोटी), शोभा, आशा प्रमुख रूप से उभरकर आती है; जीवन व्यवहार के प्रति पात्रों का रुख़ उत्तर-आधुनिक है, कुछ पात्र नयी जीवन-पद्धति की रचना भी करते हैं। इस तरह से उपन्यास धीरे-धीरे पाठक को इस मृत्यु उपत्यका में ला खड़ा करता है, सिफ़त यह कि रोचकता कहीं भी बाधित नहीं होती।

किसान ने एक बार कर्ज़ ले लिया तो फिर कर्ज़ लेने के कुप्रभाव का सिलसिला शुरू हो जाता है और उसकी मृत्यु या घर से पलायन तक चलता रहता है; उसकी मदद कोई नहीं कर पाता है। आन्दोलन कर रहे किसानों की ख़ूब पिटाई होती है और अन्ततः आन्दोलन टूट जाता है। सुनील एक क्रान्तिकारी किसान नेता है, उसका भी मानना है, "रोटी और इज़्ज़त भीख माँगने से नहीं मिलती।" फिर वह हिन्दुस्तानी में एक फ़िक़रा सुनाता, "हिम्मते मर्दा मददे ख़ुदा।" (फाँस, पृ. 66) सुनील हिम्मत तो बहुत करता है, सबके लिए लड़ाई लड़ता है लेकिन अन्ततः होता क्या है, 'सुनील भी आत्महत्या कर लेता है।

किसान गुहार लगाता है, मुझे बचा लापे क्या मैं इस देश का नागरिक नहीं हूँ, "शेतकारी (किसानों) लोगों की गुहार सुनकर प्रधानमन्त्री मनमोहन सिंह और राहुल गाँधी आये थे। 1997 से 2006 तक यहाँ 15 हज़ार किसान आत्महत्या कर चुके थे। समूचे देश में यह संख्या ढाई लाख तक पहुँच गयी थी। विदर्भ के ग्यारह जिलों में ही तीस हज़ार। दिल्ली, मुम्बई और पता नहीं कहाँ-कहाँ से लोग आये। समितियाँ बनी जाँच पड़ताल हुई। सभी का कहना था कि विदर्भ कृषि का ज्वालामुखी है।

सुप्त ज्वालामुखी। कर्ज़ उतारना तो दूर किसानों की आमदनी ही इतनी कम है कि खेती में बने रहना ही मुश्किल है।'' (फाँस, पृ. 66) और किसान खेती छोड़ना नहीं चाहते हैं, किसी-न-किसी तरह से खेती में बने रहना चाहते हैं, मज़दूर बनना नहीं चाहते, पर यही उनकी नियति है।

''दिल्ली से लौटकर प्रधानमन्त्री ने कहा कि कापूस उत्पादक किसान को बचाना है तो उसे राहत पैकेज देना पड़ेगा। ठीक 2009 के चुनाव से पहले 72 हज़ार करोड़ रुपये की कर्ज़-माफ़ी की घोषणा हुई यानी कर्ज़ जो लिो थे, वो माफ। लेकिन कुछ गाँववालों का मुँह लटक गया था।'' (फाँस, पृ. 66) अन्य लोगों के मुँह लटकने का कारण यह था कि उन्होंने गाँव में ही कर्ज़ लिया था और साहूकारों से लिया गया कर्ज़ माफ नहीं हुआ। इस कारण 70 प्रतिशत किसानों पर कर्ज़ का फन्दा ज्यों-का-त्यों रहा। रही बैंकलोन माफ़ी तो हक़ीक़त यह थी कि सरकार ने किसानों की नहीं, बैंकों की मदद की।

किसानों के जीवन के सरकार नये तरह के प्रयोग करती रहती है कोई भी वैज्ञानिक उनके ज़मीनी वातावरण का अध्ययन नहीं करता है, बल्कि दिल्ली में ही बैठा हुआ योजनाएँ बनाता है, अमेरिका से 'बी.टी.' कपास का बीज आता है; पहली बार तो फ़सल बहुत अच्छी होती है, लेकिन दूसरी बार वह बीज काम नहीं करता है; मनमोहन सिंह द्वारा दुधारू गायें दी जाती हैं, कर्ज़ पर, किसानों के पास खाने के लाले हैं, ये मनमोहिनी गायें 20-30 सेर दूध देती हैं, लेकिन किसान इन्हें पाल नहीं पाते, यदि पाल भी लेते है। तो दूध कोई नहीं ख़रीदता है; इस तरह गाँव के धनी लोग किसानों से गायें औने-पौने दामों पर ख़रीद लेते हैं, घाटा होता है किसान का, और मज़ा मारते हैं, अन्य। लोग चर्चा करते हैं, ''एक़दम बुद्धू है सरकार। गाय तो बड़े-बड़े सेठों को देना चाहिए जो उसे खिला सकें, जिला सकें...'' विकास का विद्रूप!

जगह-जगह बतकही होती, ''तुमने एक बात पर ग़ौर किया?''

''किस बात पर?''

''सुसाइड करने वाले ज़्यादातर कुनबी हैं—मराठा'' (फाँस, पृ. 71) आदिवासी किसान कम ही आत्महत्या करते हैं। उपन्यास को पढ़ते हुए बार-बार यही प्रश्न दिमाग़ में आता है, ''शेत (खेत) क्यों बंजर हो जाता है और क्यों बंजर हो जाता है आदमी का मन? इस मरण के ख़िलाफ़ उठकर खड़े होने की कोशिश में बार-बार लड़खड़ाकर क्यों गिरता है आदमी।'' (फाँस, पृ. 73) और इसी प्रश्न की तलाश संजीव का 'फाँस' उपन्यास बेहद संजीदा तरीक़े से करता है।

हम भले ही कितना विकास कर गये हों और दुनिया हमारी मुट्ठी में हो, लेकिन सोचते वही हैं, वही पुराना, मध्ययुगीन विचार ही ग्रहण करना चाहते हैं, शिबू और शकुन की दो बेटियाँ है। विवाह के लिए लड़के नहीं मिलते, मिलते है। तो—एक लाख, एक हीरो होण्डा रेट है, लड़का भले ही नाकारा हो। धर्म, जाति और सम्प्रदाय

के वही पुराने हथकण्डे हैं। पत्नी शकुन और पति शिबू का संवाद, ''कोई ख़ुशख़बरी सुना दो कि कलेजा जुड़ा जाये।''

''एक हीरो होण्डा और एक लाख। चार देखे और चारों की एक ही डिमांड।''

''लड़के कैसे थे?''

''थे, जैसे कि होते हैं...बासुर (बछ़डा) एक जरा बैल! हमने कहा खेत लिखवा लो। वे बोले खेत लेकर क्या करेंगे, आत्महत्या। नौकरी चाहिए, नौकरी दिला तो कोई दहेज नहीं।'' (फाँस, पृ. 95) नौकरी कैसी भी हो, चपरासी की ही सही, पर नौकरी। खेत नहीं, खेत न हुआ आत्महत्या का अखाड़ा हो गया। ऐसे निर्मोही समाज को त्यागना ही भला है, और फिर ऐसे समाज में रहना ही क्यों जो अपना न हो। यही कारण है कि शकुन ने अपना हिन्दू धर्म त्यागकर बौद्धधर्म अपना लिया है, और पति से कहती है कि बौद्धधर्म अपना लो लेकिन उसका धर्मभीरुमन बौद्धधर्म अपना नहीं पाता है; इस कारण एक ही घर में दो धर्म के लोग रहते हैं, हिन्दू और बौद्ध, पत्नी बौद्ध, पति हिन्दू।

लड़कियाँ 'छोटी', 'बड़ी', सरस्वती और कलावती, अनमोल हैं, लेकिन इन्हें कोई नहीं पूछता, परिवार की बोझ हैं, और गाँव की आँख में चढ़ी हुईं। छोटी अपने घर के बग़ल में रहने वाले अशोक से प्यार करती है, यह पूरा गाँव जानता है; जाति एक नहीं है, अशोक की माँ शोभा लगातार उलाहने देती है; विवाह नहीं करती है। छोटी को कॉलेज में न पढ़ पाने का ग़म है; इनकी ज़िन्दगी पर ग्रहण की तरह ताने मारता रहता है गाँव का पुजारी कुलकर्णी, और गाँव का वातावरण बार-बार गरमाता रहता है। अशोक और छोटी एक दिन एक अनाथ बच्चा ले आते हैं; एक किसान परिवार की आत्महत्या के बाद वही एक बच्चा शेष रह गया था उस घर में; यह पुण्य का कार्य है। लेकिन पुजारी-इस बच्चे को छोटी-अशोक का बच्चा बताता है। इस परिवार की ज़िन्दगी को नष्ट किया है 25 हज़ार के कर्ज़ ने। जो इन्होंने कँआँ खोदने के लिए बैंक से लिया था। क़र्ज़ा तो किसी तरह पट जाता है लेकिन घर का भार बढ़ता ही जाता है; इन्हीं दबावों के कारण, 'शिबू आत्महत्या कर लेता है; उसी कुएँ में उसकी लाश मिलती है, जिस कुएँ को खोदने के लिए कर्ज़ लिया था। उसकी लाश को देखने अधिकारी आते हैं; आत्महत्या 'पात्र' होगी तो कुछ मुआवज़ा मिल जायेगा, लेकिन 'पात्र' होना इतना आसान नहीं है।

''गल (काँटिया) कपड़े में फँसाकर छह-सात लोगों ने खींचकर शिबू की लाश को निकाला। नब्ज़ टटोली। पेट से पानी निकाला। तरह-तरह के उपचार, पर लाश भला कहाँ जीवित होनी थी, बिलख रही है शकुन, बिलख रही है। बेटियाँ।

पोस्टमार्टम...पंचनामा...घूस की डिमांड, ''पैसे दे, दो तो इन्हें 'पात्र' बना दें वरना।''

पात्र नहीं बनाया जा सकता इस आत्महत्या को।

''क्यों?'' पूछता है विजयेन्द्र।

''इसके ऊपर बैंक का कोई कर्ज़ नहीं था।''

''लेकिन बैंक का पहले का ऋण अदा करने में ही तो तबाह हुआ यह परिवार।'' (फाँस, पृ. 105) किसानी के दर्द से, समाज के बोझ से मरने से क्या होगा। तुम्हारी आत्महत्या 'अपात्र' हो जायेगी, मिलेगा कुछ नहीं, इसलिए मरो तो ट्रेन हादसों में, साम्प्रदायिक दंगों में, 'सरकार तुम्हें दो से पाँच लाख तो देगी।

''आत्महत्या के प्रति प्रत्येक समाज का एक सामाजिक झुकाव होता है, यह झुकाव व्यक्ति से परे उसकी इच्छाओं से ज्यादा बलवान होता है, आत्महत्या के मूलतत्त्व कहीं-न-कहीं सामाजिक संरचना में मौजूद रहते हैं; ख़ासकर उन समाजों में जहाँ व्यक्ति समाज के अधीन होता है...'' (फाँस, पृ. 109) आम किसान पूरी तरह अपने आपको समाज से अलग नहीं रख पाता है, धर्म, रीति-रिवाज, सामाजिक मान्यताएँ, लोग क्या कहेंगे, इस बात का डर, धन का अभाव उसे जन्म से मृत्यु तक पकड़े रहता है, और इन्हीं तत्त्वों के कारण वह समाज में मुक्त होते हुए भी अधीन रहता है; वह स्वतन्त्र होते हुए भी परतन्त्र रहता है, संवैधानिक आज़ादी उसके किसी काम नहीं आ पाती है; ''धर्म के मूल्य उसे मरने से पहले ऋण उतार देने की ओर ठेलते है। जब तक ऐसा नहीं होता, आत्मा पर बोझ बना रहता है, प्रलोभन और ज़िम्मेवारियाँ उसे एक ओर खींचती हैं, अभाव दूसरी ओर।... आत्महत्या तो 'टिप ऑफ दि आइसबर्ग' मात्र है, पूरी समस्या इससे कहीं ज्यादा भयंकर है।'' (फाँस, पृ. 108)

जैसे-जैसे तकनीकी विकास हुआ है, किसानी का कार्य मँहगा होता गया है खाद, बीज, कीटनाशक महंगी दवाइयाँ, आधुनिक उपकरणों ने किसानों को खेती के क़रीब लाने के बजाय दूर कर दिया, सीमान्त किसान आधुनिक तकनीक से खेती कर नहीं पाते हैं; और इसका कारण यह होता है कि वे पिछड़ते जाते हैं, आर्थिक, सामाजिक, सभी स्तर पर। 'फाँस' उपन्यास इसकी गहरी पड़ताल करता है।

अम्बेडकरवादी विचारधारा का प्रभाव विदर्भ में स्पष्ट दिखाई देता है; शिबू की मौत के बाद, बौद्ध मत से, सरस्वती और कलावती का विवाह होता है, दोनों का विवाह किसी तरह समाज द्वारा सम्पन्न होता है, दोनों जोड़े क़सम खाते हैं, ''मैं ब्रह्मा, विष्णु, महेश को भगवान नहीं मानूँगा, न ही उनकी पूजा करूँगा।''

''मैं पाखण्डवाद का विरोध करूँगा।'' ''मैं ब्राह्मण के हाथ से कोई कर्मकाण्ड नहीं करूँगा।'' (फाँस, पृ. 120) विवाह सम्पन्न हो जाता है; अशोक कलावती को विदा होते देखता रहता है; दिल अटूट जाता है। अगले दिन पता चलता है, अशोक घर छोड़कर चला गया है।

हम किसी भी धर्म को मानें, हमारी मान्यताएँ, ज़िन्दगी की मर्यादाएँ पुरानी-की-पुरानी ही बनी रहती हैं, कलावती एक प्रगतिवादी चेतना से पुष्ट पात्र है; वह विवाह इस शर्त पर करती है कि विवाह के बाद उसे पढ़ने दिया जायेगा।

लेकिन उसके बाद उसे वही पुरानी मर्यादाएँ ही मानने के लिए बाध्य किया जाता है; वह अपने गाँव में सात दिन के अन्दर बिजली लाने में सफल हो जाती है, पूरा गाँव उसकी सराहना करता है, लेकिन उसका परिवार उसे बेहया कहता है। बदले में पति-पत्नी का झगड़ा होता है। और वह घर छोड़कर चली आती है; जब वह अपनी माँ से मिलती है तो वह कहती है, "मैं जानती थी, तू भाग आयेगी, तुझे कोई रोक नहीं सकता, तू आग है, आग।"

शकुन्तला अपने पति के मरने के बाद कुएँ को पाट देती है और ज़मीन शोभा को बेच देती है, थोड़ा-सा हिस्सा ही अपने पास रखती है; वही भाग जहाँ शिबू को दफनाया गया है। शकुन्तला अब कहने भर को किसान है; वह अब शराबबन्दी और अन्य सामाजिक कुरीतियों के विरोध में लड़ती है। वह 'भट्ठी भंजक दल' की प्रमुख है।

शकुन के परिवार की तरह उसकी सहेली आशा का परिवार है। उसके भी दो बेटियाँ हैं—अजन्ता, 'एलौरा, आशा का पति शराबी है, आशा एक संवेदनशील पात्र है। आशा के पति को घर से कोई लेना-देना नहीं है, आशा कर्ज़ लेती है, खेती करती है, लेकिन खेती तबाह हो जाती है, बार-बार ऐसा होने से उसके ऊपर साहूकार का दो-तीन लाख रुपया कर्ज़ हो गया है, मुआवज़ा सरकार से मिलेगा इसकी आशा है, लेकिन नहीं मिलता, पूरा परिवार कलेक्टर ऑफ़िस के समाने अनशन करता है, इसके बाद मिलता है आश्वासन। घर की ज़िम्मेदारी और कर्ज़ का दबाव है, उसका पति कपास बेचने जाता है, और बिना बेचे ही लौट आता है, उसी रात पानी बरसने से कपास ख़राब हो जाती है, और आशा आत्महत्या कर लेती है, घर में कफ़न के लिए भी पैसे नहीं हैं। उसे वही गली कपास कफ़न के रूप में ओढ़ाई जाती है यथा, "...लाश ताटी पर रखने के पहले और बाद में कफ़न चाहिए...अरे ताटी पर इलौरा ने कापूस, वही भीगा कापूस बिछा दिया...।" गाँव के किसी व्यक्ति ने रोका कि ऐसा न करो तो अजन्ता ने कहा, "यही है कफ़न!"..."यही कापूस बन गया कफ़न हमारे लिए...।" (फाँस, पृ. 142) उसे शकुन द्वारा दी गयी हरे रंग की साड़ी से ढँक दिया जाता है, लोग मना करते है। लेकिन अब क्या उसके जीवन में सौभाग्य लौटेगा, उसका पति सुरेश बहुत नकारा है, जाँच अधिकारी उसकी आत्महत्या को पात्र नहीं घोषित करना चाहते हैं, इसलिए उसका या उसके पति का किसी ग़ैर से सम्बन्ध खोजते हैं, आपसी झगड़े की तलाश करते हैं, ये वही अधिकारी है। जिन्होंने अनशन तोड़वाया था। इससे पता चलता है कि सरकार किसानी और किसान जीवन के प्रति कितनी उदासीन है।

नाना किसान जीवन का एक और जाना-पहचाना रूप है, उसकी पत्नी भाग गयी, वह बैलगाड़ी चलाता है, उसने भी कर्ज़ लिया है, बैंक ऑफ़िसर उसकी कुर्की करता है, घर में कुछ है ही नहीं, क्या ले जाये कि बैंक का कर्ज़ पटे, बैंक ऑफ़िसर

सोचता है यह आदमी जीता कैसे है, खाता क्या है, लेकिन नाना जीवट प्राणी है, जी रहा है, अभाव है, फिर भी नाना उन लाखों किसानों का प्रतीक है जो आधा पेट खाकर जी रहे है। और सरकार है कि किसानों के जीवन विकास के किताबी और अनुमानित दावे पेश कर रही है, ख़ुश हो रही है, हर तरफ़ झूठ प्रसारित किया जा रहा है कि किसान सुखी है।

किसानी ही एक ऐसा धन्धा है जिसमें सरकार आगे बढ़कर कभी भी प्रत्यक्ष रूप से सहयोग नहीं करती है, और किसानों से सम्बन्धित चीज़ों की मँहगाई लगातार बढ़ती रहती है। लेखक ने 'फाँस' उपन्यास में इसका संजीदगी से ज़िक्र किया है, यथा–"1970 में मज़दूरी दो रुपये पुरुष, एक रुपये स्त्री और आज मर्द को 200 से 250, वही औरत को भी...तब स्कूल टीचर को मिलते थे 150 रुपये प्रतिमाह और आज मिलते है। 16 हज़ार से तीस-चालीस हज़ार, पेंशन अलग से।

सरकारी कर्मचारियों के लिए फिफ्थ और सिक्स्थ पे कमीशन और किसानों के लिए कुछ नहीं।

अमेरिका के कैलिफोर्निया में कॉटन उत्पादन में हैवी सब्सिडी है, वहाँ कपास के भाव 1994 के भाव से भी कम हैं, मगर कितने किसान आत्महत्या करते हैं? वहां 22 हज़ार करोड़ की सब्सिडी है। हमारे लिए नहीं। यहाँ हुई भी तो सिंचित भूमि के लिए। असिंचित भूमि के लिए नहीं। मेट्रो रेल पर सब्सिडी...सब पर सब्सिडी, कृषि उत्पाद पर नहीं।" (फाँस, पृ. 157)

यह किस तरह के विकास की ओर बढ़ता समाज है, जीवन की मुख्य सुविधाओं से दूर है किसान, वह अपने द्वारा पैदा किये गये उत्पाद का मूल्य भी तय नहीं कर सकता है; यहाँ तक कि तौलते वक़्त कुछ ज्यादा ही उससे ले लिया जाता है। "कोयला, स्टील का भाव सरकार उत्पादक से पूछकर तय करती है, कापूस से लेकर अन्य उत्पादों का भाव तय करते समय हमसे (किसान) से नहीं पूछा जाता।" (फाँस, पृ. 157) मण्डियों में किसान के रहने आदि की कोई भी समुचित व्यवस्था नहीं होती है। मण्डियों में किसान का सामान यदि जल्द न बिके तो आफ़त आ जाती है।

संजीव के 'फाँस' उपन्यास का उत्तरार्द्ध आदर्शवादी है, इसके पूर्वार्द्ध भाग को पढ़कर यही लगता है कि प्रेमचन्द के समय के किसान और आज के समय के किसान जीवन में कोई मूलभूत अन्तर नहीं है; जबकि वह दौर गुलामी का दौर था, यह दौर आज़ादी का दौर है, दोनों के समयों में मूलरूप से लगभग 100 वर्षों का अन्तर है। लेकिन किसान जीवन की स्थितियाँ ज्यों-की-त्यों हैं। बस इस प्रकार भेद है। होरी ने बेटी बेच दी थी, लेकिन शिबू ने नहीं बेची, आत्महत्या कर ली। होरी सब कुछ झेलकर भूखे पेट मरा, और शिबू भी सब कुछ झेलकर भूखे पेट मरा। प्रेमचन्द के 'गोदान' का फलक अलग है, संजीव के 'फाँस' का अलग। 'गोदान' का अगला चरण है 'फाँस'। 'गोदान' में होरी के जीवन में कोई आदर्श किसानी का रूप नहीं

दिखाई देता है, जो ठोस रूप में अपनाया जा सके लेकिन संजीव के 'फाँस' उपन्यास में इसके आगे की बात को रखा गया है; हालाँकि दोनों के क्षेत्र अलग हैं, 'गोदान' 'किसान' पर है, 'फाँस' 'किसानी' पर।

विजयेन्द्र सुनील का बेटा है, उसका पिता एक किसान रह चुका है, लेकिन उसने भी अन्ततः आत्महत्या की है। विजयेन्द्र भी किसानी करना चाहता है; उसके जीवन से जुड़ा एक वाक़या है, उसके स्कूल में प्रतियोगिता होती है कि कौन क्या बनना चाहता है, सब–वकील, डॉक्टर, इंजीनियर, न्यायाधीश आदि बनकर आते हैं, वह किसान बनकर आता है, बदले में उसकी मैडम उसे प्रतियोगिता से बाहर ही नहीं कर देती, फ़र्श गन्दा करने के लिए डाँटती भी है; उसके स्वरूप को देखकर 'भिखारी' कहती है। इससे यह पता चलता है कि किसानी या कृषि या खेती को लोग सम्मान का व्यवसाय नहीं मानते हैं, और किसान को घृणा की दृष्टि से देखते हैं।

उपन्यास के उत्तरार्द्ध में किसानों के जीवन और बढ़ रही आत्महत्याओं का देशी इलाज खोजने के लिए मन्थन होता है; जिसमें विजयेन्द्र और उसके साथी बहुत मेहनत करते हैं; पहली समस्या तो अनिश्चित मानसून का होना है लेकिन दूसरी अन्य समस्याओं की खोज की जाती है, जो मानव-निर्मित है; किसान की सबसे बड़ी समस्या है, अपने ही समाज के समक्ष अलग-थलग पड़ जाना, इसका कारण है कि किसान को कूटनीति कम आती है, विचारों, सामाजिक संहिताओं में वह जकड़ा रहता है, उसके सपने टूटते रहते हैं, विजयेन्द्र द्वारा आयोजित मन्थन कार्यक्रम में इन मानव निर्मित बीमारियों के हल की तलाश की जाती है, उसका दल व्यापक स्तर पर किसानों के जीवन से जुड़ता है, और उसकी ज़मीनी खोज करता है, विधवाओं का जुलूस, किसानी के देशी उपाय और कीटनाशकों के कम प्रयोग, कम पानी में अधिक उत्पादन, सहकारिता की भावना का विकास, किसान अपने उत्पाद का मूल्य स्वयं निश्चित करें आदि इसके क़दम हैं; इसके साथ ही, अनायास ही किसान जीवन में प्रवेश कर रही सरकारी योजनाओं से मुक्ति प्रमुख है, यथा–"इसलिए डिस्पैरिटी मिटाओ, बीज बदलो, खाद बदलो, पशुधन जोड़ो, कम्पोस्ट लाओ, कीटनाशक बदलो, जो ज़हर फैला रहा है, माटी-पानी-ख़ून में... बाज़ार को अपने क़ब्ज़े में करो, को-ऑपरेटिव, जोड़ो, कर्ज़ बन्द करो, फ़िज़ूलखर्ची बन्द करो...।" (फाँस, पृ. 186) तभी किसान इस व्यापक फाँस से बाहर निकल पाएँगे।

छोटी की सबसे बड़ी चिन्ता है कि कीटनाशकों ने प्रकृति द्वारा प्रदत्त खरपतवार नाशकों को नष्ट कर दिया है, तितलियाँ अब दिखाई नहीं देतीं, अन्य कीट जो खरपतवार को अपने आप ही समाप्त कर देते हैं, और खेत को स्वच्छ बनाते हैं, जो नष्ट हो रहे हैं, उन्हें बचाओ, और देशी कीटनाशकों का प्रयोग करो।

छोटी और विजयेन्द्र दोनों ही आपस में प्रेम करने लगे हैं, विवाह नहीं करेंगे, जो तेरा है, वह मेरा है, का भाव है; विजयेन्द्र अमेरिका जाना चाहता है, लेकिन

वह अमेरिका अब नहीं जाना चाहता, उसकी चिन्ता है कि सरकार किसानों को आर्थिक सहायता क्यों नहीं देती; पात्र आत्महत्याओं को भी अपात्र क्यों कर देती है; आत्महत्या के बाद किसानों के परिवारों की देखभाल क्यों नहीं की जाती; आख़िर उनकी विधवाओं और बच्चों के प्रति सरकार का कोई कर्तव्य है क्या? यदि है तो क्यों नहीं करती और यदि नहीं करती तो फिर लोक कल्याणकारी राज्य होने से मतलब क्या है? उपन्यास में आत्महत्या का फलक विदर्भ से फैलकर विश्व-व्याधि की शक्ल ले लेता है। पूरे विश्व में किसानों की आत्महत्याएँ होने लगी हैं, "अमेरिका में 91 फ़ीसदी कृषि आधारित परिवारों को घर चलाने के लिए आय के एक से अधिक स्रोतों का सहारा लेना पड़ता है। यह उस देश में हो रहा है, जहाँ खेती को अगले दस साल के लिए 962 अरब डॉलर की सब्सिडी का प्रावधान किया गया है। यूरोप में भी स्थिति इतनी ही ख़तरनाक है। यूरोप में सालाना बजट का 40 फ़ीसदी खेती को देने के बाद भी...किसान खेती छोड़ देता है। नेशनल फार्मर्स यूनियन के सर्वे से पता चला है कि 70 प्रतिशत से ज्यादा कृषि आधारित व्यवसाय मुनाफ़ा कमा रहे हैं, लेकिन इस...शृंखला में किसान ही है। जो घाटे पर चल रहे हैं, जैसा कि मैं कहता रहा हूँ कि अमेरिका व यूरोप में 80 फ़ीसदी से ज्यादा सब्सिडी खेती आधारित व्यवसाय में चल जाती है, किसान एक मरती हुई प्रजाति बनता जा रहा है;...वर्षों से अमेरिका में किसान आम आदमी की तुलना में ज्यादा आत्महत्या कर रहे हैं; ठीक आँकड़ा हासिल करना कठिन है, क्योंकि ज़्यादातर मौतें दर्ज ही नहीं होतीं...एक रिपोर्ट के अनुसार चीन में हर साल मौत को गले लगाने वाले 2,80,000 ग्रामीणों में 80 फ़ीसदी भूमि अधिग्रहण के शिकार बने लोग होते हैं। भारत में 1995 के बाद से लगभग 3 लाख लोग आत्महत्या कर चुके हैं। भारत में भी अमेरिका की तरह ये मामले पूरी तरह दर्ज नहीं होते। (फाँस, पृ. 194-195)। किसानों की आत्महत्याओं को लेकर सम्पूर्ण विश्व में एक तरह का ही स्वरूप है; लेकिन कृषि पर आधारित उद्योग में से 70 प्रतिशत मुनाफ़े पर चल रहे हैं, इसका कारण यह है कि कृषि पर आधारित उद्योग के कच्चे माल की क़ीमत बहुत कम है और इनसे बनने वाले उत्पादों की क़ीमत ज्यादा है, 10 रुपये किलो आलू लिया जाता है, और इससे बनने वाले उत्पाद 500 से अधिक रुपये किलो में बिकते हैं, किसान को इस क़ीमत का कुछ नहीं मिलता।

किसानों के साथ अनेक स्तर पर छल होता है, दादा जी एक नयी धान की खोज करते हैं; एच.एम.टी. और पेटेंट के लिए प्रयास करते हैं, लेकिन कृषि विश्वविद्यालय के वैज्ञानिक उनकी खोज को हड़प लेते हैं; उनका लाभ उन्हें नहीं मिलता, जो कार्य बड़े-बड़े वैज्ञानिक नहीं कर पाते, वह उन्होंने किया है। औपन्यासिकता के रचाव-रसाव में कुछ बहुत ही विरल, संश्लिष्ट और मार्मिक प्रसंग हैं। ऐसा ही एक प्रसंग है जब छोटी अपने दफ़्न किये गये पिता और बैल लालू की जगह फ़सलों का लहलहाना

देखती है मानों दिवंगत पिता और लालू फ़सलों के रूप में लौट आये है। उनके पास—पुनर्जन्म खाद बनकर। दधीचि की अस्थियाँ वृत्रासुर के नाश के लिए। रोती हुई छोटी द्वारा प्रख्यात कवि जीवनानंददास की कविता का पाठ 'आबार आसिबो' ।... उसी आत्महत्याग्रस्त पिता को याद कर रही है, "मैं फिर आऊँगा लौटकर/धान की सीढ़ी नदी के तीर/इसी देश में। हो सकता है/ मनुष्य नहीं, शंख चील या शालिख/ मैना के भेष में।/ या बन जाऊँ भोर का कागा/ कार्तिक के नवान्न के/ उस देश में।/ एक दिन कुहासे के सीने को भेदकर/ बहता हुआ आऊँगा/ इन कटहलों की छाँव में।/ शायद बन जाऊँ पालतू बत्तख़/ किशोरियों के बँधे घुँघरू/ होंगे लाल-पाँव में...।" (फाँस, पृ. 205)

किसानों पर मनुवादी ब्राह्मणवादी समाज व्यवस्था एवं सदियों पुराने जीवन-मूल्यों का बोझ तो है, लेकिन ऐसा लगता है कि जैसे मीडिया वालों ने इनसे दुश्मनी कर ली है किसान आत्महत्या करता है, कुर्की होती है, तो कभी कोई ख़बर नहीं बन पाती है, एक क्रिकेट खिलाड़ी बीमार होता है तो मीडिया हंगामा मचा देता है। किसान औरत को घर में खाना बनाने के लिए बिजली नहीं है, बम्बई या अन्य शहरों में लक्मे या अन्य फैशन वीक में रैम्प पर चल रही महिलाओं के लिए कितने फ्लैश चमकते हैं, किसानों के लिए बिजली नहीं मिलती और आई.पी.एल. भी घोर गर्मी में, जून में होता है; सरकार किसानी उत्पादों पर ब्रांड एम्बेस्डर किसानों को नहीं बनाती है, खोजती है, माधुरी दीक्षित, सचिन और अभिताभ बच्चन को, क्या इन लोगों ने किसी के लिए कोई जान दी है या जनहित का कोई कार्य किया है, ऐसा यह उपन्यास प्रश्न उठाता है। जो आज के जलते प्रश्न हैं, जिनका हल खोजना भी ज़रूरी है, क्या किसान इसका हक़दार नहीं है या फिर उसे सम्मान नहीं दिया जा सकता। भारतरत्न और पद्मभूषण क्या किसानों के लिए नहीं हैं?

वन्दना विजयेन्द्र की सहपाठिनी है, और उससे प्यार भी करती है, परिस्थितिवश उसे स्विट्जरलैंड में रहना है, लेकिन वह विजयेन्द्र को याद करती है, उसके किसान विकास की मुहिम में वह पैसे दान देकर मदद करती है, स्विट्ज़रलैंड, "यह दुनिया का ऐसा देश है जहाँ आत्महत्या की दर सबसे अधिक है। एक ऐसा देश जहाँ क़ानूनी रूप से 'Mercy Killing' मान्य है।" (फाँस, पृ. 252) लेकिन यहाँ किसान आत्महत्या नहीं करते हैं, लोग अकेलेपन के कारण आत्महत्या करते हैं, आत्महत्या कराने के केन्द्र भी हैं, यहाँ, और भारत का कालाधन इसी देश में क़ैद है, भारत की खुशहाली यहीं क़ैद है, कब सरकार इसको भारत ला पायेगी यह बहुत बड़ा प्रश्न? दूसरा बड़ा प्रश्न यह भी है कि प्रेम के देश भारत में, मानवता की भूमि भारत में किसान आत्महत्या क्यों करते हैं?

"मेण्डालेखा, गढ़ चिरोली में देवाजी तोपा ने बिना किसी धर्म, सम्प्रदाय, पण्डित पुलिस के एक समानान्तर समाज व्यवस्था बनायी है, जहाँ वह अपने उत्पादों का

मूल्य स्वयं तय करते हैं, यहाँ कोई व्यक्ति एक निश्चित सीमा के बाद धन एकत्रित नहीं कर सकता है, इस समाज में एक समेकित धन केन्द्र है जो लोगों का ख़याल रखता है, दुख, पीड़ा और सुख के दिनों में, यहाँ लोग वादों, विवादों से परे हैं। मेण्डालेखा में 105 कुटुम्ब और 500 लोग हैं।'' (फाँस, पृ. 235) शायद लेखक ऐसा ही समाज बनाना चाहता है और ऐसा सही भी है, नहीं तो ऐसा ही होता रहेगा कि नेताओं, उद्योगपतियों, अभिनेताओं, क्रिकेटरों, अधिकारियों के घर तो कई मंज़िलों के मिलेंगे लेकिन किसान और मज़दूर के घर ही नहीं होंगे। इनके बच्चे पढ़ेंगे ही नहीं, उनके बच्चे विदेश में पढ़ेंगे।

छोटी ने विजयेन्द्र के घर के एक भाग में किसान सेवा केन्द्र खोल लिया है और किसानों की उन्नति के लिए उन्हें देशी उपाय बताती है, दोनों आपस में प्रेम करते हैं; उसकी बड़ी बहन समय-समय पर उसके पढ़ने और ख़र्च के लिए पाँच सौ रुपये देती है; अशोक ने प्रेम में विक्षिप्त होकर आत्महत्या नहीं की है बल्कि वह उस किसान के अनाथ बच्चे 'जीवन' को अनाथालय से ले आता है, और ऐसे ही अनाथ बच्चों को इकट्ठा कर एक 'कलावती कुंज बनाता है, जहाँ अनेक 'जीवन' पलते हैं।

उपन्यास का दर्शन छोटी के इस कथन में युद्ध-घोष करता लगता है, ''देश को बचाना है तो देशवासी को बचाओ और शेतकरी को बचाना है तो इन परजीवियों, दलालों को उखाड़ फेंको...जाओ पाटिल काका! जाओ इन सेठों-साहूकारों से कह दो, हम किसी के कर्ज़दार नहीं। कोई भी शेतकरी किसी भी महाजन का कर्ज़दार नहीं। तुम भी इस देश के, हम भी इस देश के। हमारा पैसा तुम्हारा पैसा। तुम्हारा पैसा हमारा पैसा...।'' (फाँस, पृ. 225)

जलवायु परिवर्तन जनित महाविनाश की भी टोह लेता हुआ संजीव का नवीतम उपन्यास 'फाँस' विदेशी से स्वदेशी की ओर लौटने की महान कालजयी महागाथा हे, विदर्भ, मध्य प्रदेश, उत्तर प्रदेश और देश के अन्य भागों में हो रही किसानों की आत्महत्याओं का महाकाव्यात्यक विवेचन करते हुए व्यापकता और गहराई से पाठक पर प्रभाव छोड़ देता है कि वह विचार करे कि इस भरे-पूरे समाज में, इस भरे-पूरे देश में, इस भरे पूरे विश्व में आज किसान अकेला क्यों पड़ गया है...आज किसान आत्महत्या करने जा रहा है या राष्ट्रीय अस्मिता। भाषा, शिल्प और विचारबोध की दृष्टि से यह उपन्यास 'गोदान' की परम्परा का उपन्यास है।

फाँस

–डॉ. वीणा शर्मा

हिन्दी-मराठी भाषा के मिश्रण से बुना गया संजीव का यह नया उपन्यास 'फाँस' सम्भवतः अपनी ही शैली का अनूठा उपन्यास है, जो एक बृहत्तर समस्या को लक्षित करता है। यहाँ विदर्भ में आत्महत्या करते किसानों की विस्तृत रपट है। हालाँकि भारत भर में अब तक तीन लाख से अधिक किसान आत्महत्याएँ कर चुके है। और यह सिलसिला आज भी जारी है। राष्ट्रीय अपराध रिकॉर्ड ब्यूरो के अनुसार हर रोज़ दस किसान आत्महत्या करते हैं। महाराष्ट्र, आन्ध्र प्रदेश, छत्तीसगढ़, मध्य प्रदेश, कर्नाटक और पंजाब से किसानों की आत्महत्याओं के प्राप्त होने वाले आँकड़े चौकाने वाले हैं। भारत कृषि प्रधान देश है लेकिन सबसे अधिक उपेक्षा यहाँ किसानों की ही हुई है। यह असम के ज़ोराथांगा क्षेत्र की ज्वाला में परिन्दों की सामूहिक आत्महत्या नहीं है और न हीं स्विट्ज़रलैंड की मर्सी किलिंग जैसा प्रसंग ही है बल्कि यह उस किसान का मर्मभेदी मूक विलाप है जिसे यहाँ अन्नदाता कहा जाता है। प्रेमचन्द का किसान साहूकार के कर्ज़ के बोझ तले दबा-दबा दम तोड़ देता था। तब से अब तक किसान के हालात बद से बदतर हो गये हैं। वैसे भारत में किसान कभी भी सम्पन्न नहीं रहा। उसकी फ़सल कभी ओलावृष्टि और कभी सूखे का शिकार तो सदैव रही है और विपरीत परिस्थितियों में उसका कर्ज़ से नाता भी रहा ही है, लेकिन सन् 2000 के बाद आयी विकास की अन्धी दौड़ में जहाँ हर क्षेत्र में विकास हुआ किसान और खेती उतनी ही उपेक्षित हुई है। यहाँ तक कि किसानी से पैदा उपज से जुड़े मज़दूर और मण्डियों के दलाल तक उचित मज़दूरी और मुनाफ़ा कमाते हैं, लेकिन किसान निरन्तर दुर्दशा को पहुँचा है।

सरकारों द्वारा किसानों की उपेक्षा और किसानों का आत्महत्या की ओर अग्रसर होना पिछले पन्दह वर्षों में इस समरूया में उतरोत्तर वृद्धि हुई है। कपास की चुनाई के लिए मज़दूरी पन्द्रह हज़ार, खाद मँहगी, बीज महँगा और कीटनाशकों का ख़र्चा अलग से लेकिन कपास के मूल्य में कोई बढ़ोतरी नहीं। सरकार जहाँ कई उत्पादकों पर सब्सिडी देती है लेकिन किसानों के लिए यह सुविधा उपलब्ध नहीं। किसान

के परिवार का दारोमदार उसकी फ़सल पर है। बच्चों की पढ़ाई-लिखाई, नौकरी, शादी-ब्याह फ़सल पर ही निर्भर दूसरी आधुनिक सुविधाएँ, जैसे—मोटरसाइकिल, रंगीन टीवी, फ्रिज आदि अलग से भरमाती है। जिन्हें वह हाड़तोड़ मेहनत करने के बावजूद नहीं जुटा पाता। तब वह बी.टी. कॉटन जैसी ट्रांस्जेनिक फ़सलों के तुरत लाभ की ओर अग्रसर होता है लेकिन यह तुरन्त लाभ तुरत हानि के साथ उसे सूदखोर महाजन के पास पहुँचा देता है क्योंकि फ़सल बरबाद तो तुरत ऋण सहकारी बैंकों से नहीं प्राप्त होता। यही वह फाँस है जो हर किसान के गले में पड़ी धीरे-धीरे उसकी साँसों पर अपना शिकंजा कसती जाती है और तुरन्त दुख से छुटकारा पाने के लिए वह शराब का सहारा लेता है लेकिन छुटकारा मिलता है आत्महत्या के बाद। सब दुखों की निजात आत्महत्या।

सर्वेश्वर कहते हैं—इस दुनिया में आदमी की जान से बड़ा कुछ भी नहीं है। न ईश्वर, न ज्ञान और न चुनाव। संजीव बेहद संवेदनशील रचनाकार हैं। इस उपन्यास में उन्होंने ज्वलन्त मुद्दे उठाये हैं। जिसने आज पूरे विदर्भ, तेलंगाना बल्कि देश के अन्य हिस्सों को भी महामारी की तरह चपेट में लिया हुआ है। संजीव बताते नहीं दिखाते है। पाठकों को विदर्भ का एक-एक गाँव, उसमें रहने वाले लोगों का परिचय करवाते है। बल्कि कब वह उन गाँवों—वनगाँव, निर्गुणी, अमला यहाँ रहने वाले लोगों के बीच शामिल होकर स्वयं उनकी भाषा बोलने लगते हैं। वनगाँव के शिबू और शकुन गाँव की ऊँची ढलान वाले हिस्से में कुछ एकड़ ज़मीन पर रहने वाला किसान परिवार एक ओर गाँववालों का भेदभाव झेलते है। और दूसरी ओर वर्षा का पानी भी उनके खेत भीगने से पहले ही निचले भाग में रहने वाले ब्राह्मणों, ठाकुरों की ओर बहुतायत में बह जाता हैं। पूरे परिवार के लोग पेट काट-काटकर बैंक का ऋण तो चुका देते है। लेकिन समाज से हार जाते हैं। परिणाम शिबू की आत्महत्या। निर्गुणी गाँव का मोहन बाघमारे खेतों में सूखे के कारण ज़िन्दा लाश है। वह अपनी स्मृतियों में क़ैद है जिसके पास खेत आन्दोलन के बनने, बिगड़ने और उजड़ने के असंख्य क़िस्से हैं। आन्दोलन बिखरा कि पूरे विदर्भ में आत्महत्याओं की महामारी फैल गयी। वह सोचता है कि मरना एक मुक्ति है और जीना एक बन्धन।

किसान खेत बेचकर प्यून की नौकरी कर रहे हैं। किसान एक मरती हुई प्रजाति है जिसका स्थान मज़दूर ले रहे हैं। यहाँ त्रासदी यह है कि हीरो होंडा के लिए ऋण की सुविधाएँ तो है। लेकिन खेती के लिए नहीं। दूर-दूर तक सूखे खेत हैं, खेती तो दूर की बात बैलों के लिए चारा नहीं। इसीलिए मोहन बाघमारे अपने इकलौते बैल को मरने से बचाने के लिए कसाई को बेचने पर बाध्य हो जाता है, लेकिन उसका प्रायश्चित्त स्वयं बैल बनकर करता है। अमला गाँव की आशा शराबी पति की नाकामी के बावजूद अपनी मेहनत के बलबूते अपने परिवार की गुज़र-बसर करती है। सही समय और उचित मूल्य के अभाव में फ़सल का न बिकना और नतीजा

आत्महत्या, लेकिन किसानों की समस्या केवल सूखे की समस्या नहीं है। सुनील जैसे जागरूक व्यक्ति लोगों को जिजीविषा की ओर प्रेरित करते है। लेकिन वह भी यह सत्य जानते है। कि सरकारी योजनाएँ क़ाग़जी अधिक होती है। और सुनील भी आत्महत्या में ही समाधान पाता है। गाँव के महाजनों से ऋण लेने वाले किसान सरकारी योजनाओं का फ़ायदा नहीं ले पाते क्योंकि उनका नियमन स्थानीय नहीं हो पाता। विडम्बना है विदेशी बीज, विदेशी कर्ज़, विदेशी गाय, विदेशी नीति लेकिन यहाँ का किसान सूखा और यहाँ की ज़मीन भी सूखी। अतः सरकारी योजनाओं की पोल चालू होने से पहले ही खुल जाती है।

उपन्यास का उत्तर भाग काफ़ी सघन है। उपन्यास में कई पात्र है। जो सकारात्मक और आधुनिक सोच वाले है। तथा खेती की समस्याओं से गहराई से जुड़े हैं। दादा जी खोबरागड़े एच.एम.टी. धान की खोज करने वाले, कलावती जो पढ़ी-लिखी नये विचारों की वाहक है। मल्लेश, विजयेन्द्र खेती के अनेक गहन मुद्दों सम्बन्धी शोध से जुड़े हैं, 'केवल आत्महत्या ही मूल समस्या नहीं है बल्कि किसान को इस तबाही तक लाने वाले अनेक अन्य कारण हैं। आत्महत्या इस्केप नहीं है, प्रतिवाद है, अन्तिम अन्याय के विरुद्ध चीख़ है, मौन चीख़। दादा जी खोबरागड़े सरकारी-ग़ैर सरकारी संस्थाओं से चौरासी पुरस्कार प्राप्त कर चुके है। अपने विशेष योगदान के लिए, लेकिन सरकार से उपेक्षा ही मिली। बोंडुरा जैसे कई गाँवों में अर्सेनिक मिश्रित जल है अथवा अत्यधिक कीटनाशकों के कारण जल और फ़सल प्रदूषित हो गये है। कि यहाँ अधिकतम किसान आत्महत्या कर चुके हैं। विजयेन्द्र के मन में क्षोभ है। पूरे उपन्यास में उपेक्षित वर्गों के प्रति एक कुनमुनाहट है। शिबू दो लड़कियों का पिता कहता है यह जाति व्यवस्था न होती तो समाधान इतना मुश्किल न होता। लड़कों को खेत नहीं चाहिए क्योंकि खेती में आत्महत्या है, नौकरी चाहिए। पूरे उपन्यास में कई फाँसें हैं। विजयेन्द्र के मन में पिता की मौत की फाँस है। कलावती के मन में अपने पिता द्वारा की गयी आत्महत्या की फाँस है। गाँववाले जबरन अशोक और छोटी की सहज मित्रता के सम्बन्ध को, जो अभी प्रेम का रूप भी नहीं ले पाता, एक नाजायज़ रिश्ते का नाम दे देते हैं। कर्ज़ लेकर बनाये गये उसी कुएँ में शिबू की लाश प्राप्त होती है। यह फाँस उसे बराबर टीस देती रहती है। ससुराल से वापस आकर वह विजयेन्द्र को बताती है कि, 'तेज़ाब की बूँद-बूँद बनकर गलाती रही मेरे बाप की मौत मुझे। उस फाँस से उबरना था और इस फाँस से भी।

यह ऐसी फाँस है जो सदियों से भारतीय समाज के मस्तिष्क में अटकी है। मोहन बाघमारे अपना बैल कसाई को बेचने से आहत है। इस उपन्यास का प्रबल पक्ष है वह सेमिनार जिसे वह मन्थन का नाम देते हैं। यहाँ विचार-विमर्श के कई मुद्दे हैं, 'खेती के लिए बीज, कीटनाशकों का विरोध, शराबबन्दी का विरोध, ज़ीरो बजट फार्मिंग आदि। मन्थन का एक पहलू है देवाजी तोपाजी का गाँव मेण्डालेखा।

जहाँ कोई जाति नहीं, कोई धर्म नहीं, बस है तो केवल कोया यानि आदमी। उनके खेत अपने और फ़सलों के अपने तय मूल्य। सरकार का कोई हस्तक्षेप नहीं, इसलिए कोई आत्महत्या नहीं। प्रेम जीवन का अनिवार्य तत्त्व है। चारों ओर सुखाते हुए वातावरण में भी संजीव प्रेम के पौधे को पनपते और फिर पल्लवित होते दिखाते हैं, लेकिन यह प्रेम भी वर्तमान समाज के समक्ष एक प्रतिवाद है जहाँ जात-बिरादरी, ऊँच-नीच के कारण प्रेम का अपराध घोषित होता है। अशोक उस प्रेम को प्रतिष्ठित करता है। वह कलावती के अधूरे कार्य को पूरा करता है, जीवन को अपनाकर।

औपन्यासिक शिल्प के स्तर पर पात्रों, कथा की दृष्टि से यह एक सुगठित उपन्यास है। विदर्भ के गाँवों की सोंधी मिट्टी से महमहाता संजीव का यह उपन्यास जहाँ एक ओर बड़े ख़तरे की ओर आगाह करता है, वहीं समाधान की सम्भावनाओं की ओर भी इंगित करता है।

किसान-आत्महत्या की ही नहीं बल्कि इसके विरुद्ध संघर्ष की कहानी

–एम.आर. श्याम

'2005 के सेप्टेम्बर में सरकार का ऑर्डर हुआ है कि पोस्टमार्टम केन्द्र चौबीसों घण्टे खुले रखे जायें।'

यह संवाद है संजीव के नवीनतम उपन्यास 'फाँस' का, जो महाराष्ट्र के विदर्भ अंचल में किसान आत्महत्याओं को लेकर लिखी गया है। उपयुक्त संवाद उसका एक पात्र नाना बापटराव शंकरराव मज़ाक़ में कहता है। पर मज़ाक़ में कही हुई बात ही यह बताती है कि विदर्भ में किसान द्वारा की जाने वाली आत्महत्या कितनी आम बात हो गयी है और यही ख़ासियत है संजीव की अपनी बात को कहने की।

विदर्भ के यवतमाल ज़िले का एक गाँव है वनगाँव। उसमें हँसता-खेलता एक किसान परिवार। पति शिबू, पत्नी शकुन और दो जवान बेटियाँ–छोटी कलावती और बड़ी सरस्वती। ...एक जोड़ी बैल में से एक के मर जाने पर कठिन जीवन-संघर्ष में जग हँसाई के बीच, हल में एक तरफ़ बैल तो दूसरी तरफ़ भैंस बाँधकर जुताई।... ज़मीन के कर्ज़ से छुटकारा पाने के लिए और पैसों की ज़रूरत पड़ने पर बैंक में ही पत्नी के गले से चाँदी की हँसुली निकाल कर्ज़ चुकाने वाला परिवार। ...सारे परिवार का अपने आपको खेती के काम में झोंपना।...पर उनकी यह कर्मठता, परिवार के कर्ता-धर्ता शिबू की आत्महत्या से नहीं बचा पाती है। कर्ज़ चुकने से बुरी तरह अस्त-व्यस्त उनकी आर्थिक अवस्था, एक ही सीजन में तीन बार बोये बीजों के नष्ट हो जाने से आहत और ब्राह्मणवादी व्यवस्था का शिकार शिबू कुएँ में कूदकर आत्महत्या करता है।

यह है आज के भारतीय किसान की दयनीय हालत। वह देश की रीढ़ की हड्डी है। वह अन्नदाता है। पर सबसे बड़ी विडम्बना यह है कि सबका पेट भरने वाला यह किसान स्वयं भूख से तड़पता हुआ आत्महत्या करने पर मजबूर हो रहा है।

यह रोंगटे खड़े कर देने वाली बात है कि आज भारत में अब तक तीन लाख से ज्यादा अन्नदाताओं ने आत्महत्याएँ की हैं। आये दिन आत्महत्याएँ की ख़बरें देश के

विभिन्न हिस्सों से आ रही हैं। अन्नदाताओं को इसी हृदयविदारक, रोंगटे खड़ी कर देने वाली परिस्थिति का सूक्ष्म विश्लेषण किया है संजीव ने अपने इस उपन्यास में।

जैसे कि पहले बताया जा चुका है, उपन्यास की भूमि महाराष्ट्र का विदर्भ अंचल है, जहाँ अब तक भारत में सबसे ज्यादा किसानों ने आत्महत्याएँ की हैं।

उपन्यासकार ने वहाँ की दुर्दशा को बताने के लिए कुछ परिवारों को चुना है।... प्रायः ऐसे परिवार जिसका कोई-न-कोई सदस्य आत्महत्या का शिकार हुआ है। ऐसा ही एक परिवार है नागौर के सुनील का। सुनील यानी शिबू के रिश्ते से भाई यानी छोटी और सरस्वती का काका। पच्चीस एकड़ ज़मीन का मालिक। बहुत ही प्रभावशाली व्यक्तित्व। हमेशा सबको हिदायत देता था, कर्ज़ न लेने के लिए। कहता था किसान ने एक बार कर्ज़ लिया तो वह फिर बाहर नहीं निकल सकता है। यह उसके लिए फाँसी का फन्दा है। परन्तु सबको हिदायत देने वाला वही सुनील अपने बेटे विजयेन्द्र को अमेरिका भेजने के लिए, स्वयं के ट्रैक्टर का मालिक बनने के लिए बहुत ही लाभार्जन के लोभ में कर्ज़ के चक्रव्यूह में फँस जाता है। भयंकर सूखे के कारण, भूजल स्तर से नीचे चले जाने से खेत के बग़ल वाले नाले और पम्प दो-दो कुओं के पूरी तरह सूख जाने के कारण, अपने पच्चीस एकड़ ही नहीं, बल्कि अपने भाई पाटिल के पच्चीस एकड़ खेत यानी पूरे पचास एकड़ खेत में लगाये गये विभिन्न तरह के फलों के बाग और अन्य फ़सलों के सूख जाने से, बी.टी. बीजों के बाँझ बन जाने से असह्य हो आत्महत्या करता है।

इसके द्वारा उपन्यासकार यह भी बताता है कि मध्यमवर्गीय किसानों का आधुनिक लक्ज़री वस्तुओं के प्रति आकर्षण, रातोरात मालामाल बन जाने का सपना उन्हें कर्ज़ की तरफ़ धकेलता है और आज हक़ीक़त यह है कि जितनी बड़ी खेती, उतना ज्यादा नुक़सान और यही उनके गले का फन्दा बनता है। जबकि आदिवासी आत्महत्या नहीं करता है; क्योंकि उनके पास ये सपने नहीं होते हैं। उस पर महानता का बोध नहीं है। किसी भी हालत में छोड़ दो, जी लेता है। मध्य वर्गीय किसानों पर यह बाज़ारवाद का प्रभाव है।

यहाँ किसानों के लिए एक तरफ़ प्राकृतिक विपदा है, तो दूसरी तरफ़ कर्ज़ की अदायगी की समस्या। स्वतन्त्रता-प्राप्ति के बाद से इतने वर्ष बीत गये हैं, परन्तु सरकार अभी तक बराबर पानी की सिंचाई की व्यवस्था नहीं कर पायी है। नदी-नाले सूख चले हैं, ज़मीन में पानी निचली सतह में चला गया है। खड़ी फ़सल बिना पानी के सूख जाती है। फिर से बीज बोने के लिए पैसे चाहिए।... बैंक वाले दो बार लोगों को कर्ज़ देकर हाथ झाड़ लेते हैं। विकल्प बचता है तो वह है स्थानीय सेठ-साहूकार। मजबूरी में फिर से कर्ज़ लेते हैं। दस रुपये सैकड़ा तक ब्याज दर पर। ऊँचे दामों पर बीज ख़रीदते हैं, रासायनिक खाद ख़रीदते हैं, कीटनाशक दवाएँ ख़रीदते हैं। प्राकृतिक विपदा, सूखा, अधिक वर्षा, ओले आदि के कारण फ़सल नष्ट

हो जाती है अगर किसी तरह बचती है तो फिर तरह-तरह के कीटों, टिड्डियों का आक्रमण।... उससे भी पार लगे तो बन्दर, भालू और सुअरों जैसे जंगली जानवरों के चलते बरबाद। इसके बाद भी बचकर फ़सल हाथ में आती है, तो कोई ख़रीददार नहीं। मण्डी लेकर गये तो सेठ-साहूकारों की मिलीभगत। कोई माल नहीं उठाता है। मिट्टी के मोल पर बेचने को मजबूर हो जाते हैं। कर्ज़दार तंग करता है। इसी बात का खुलासा किया है उपन्यासकार ने।

आत्महत्या का शिकार हुआ और एक परिवार।... गाँव अमला, पति सुरेश, पत्नी आशा और बच्चे अजन्ता, एलोरा। तीन-तीन साल तक फ़सल बरबाद होने से गले तक कर्ज़ में डूबा परिवार। बरबादी के बाद हाथ लगा केवल डेढ़ क्विंटल कापूस यानी कपास और आधा क्विंटल सोयाबीन। मण्डी ले जाता है सुरेश। कॉटन फेडरेशन और सी.सी.आई. के कपास केन्द्र खुलते नहीं हैं। चार-चार दिन तक इन्तज़ार। प्राइवेट व्यापारी औने-पौने दाम पर पूछते हैं। इतनी मेहनत से पैदा किये गये उत्पादन को उस क़ीमत पर देने का उसका मन नहीं मानता है। ले आता है गट्ठर गाँव लौटने वाले एक मिनी ट्रक में डलवाकर। पटक देता है घर के सामने। रात में धुआँधार बारिश। सारा कपास भीगकर बरबाद।... और हर तरफ़ से हताश उसकी पत्नी आशा वानखेड़े करती है आत्महत्या। कीटनाशक दवा सल्फास पीकर। यह है महिला शेतकरी की लोमहर्षक आत्महत्या। पर सरकारी अधिकारियों द्वारा यह आत्महत्या भी अपात्र घोषित की जाती है; क्योंकि वे इस निष्कर्ष पर पहुँचते है। कि आत्महत्या का कारण तीन-तीन बरस तक खेती का बरबाद होना नहीं, बल्कि पति का दारू पीकर पत्नी के साथ झगड़ा करना है।

किसानों की आत्महत्या करने पर सरकार मुआवज़े के तौर पर एक लाख रुपये पीड़ित परिवार को देती है। हज़ारों किसान आत्महत्या कर रहे हैं। पर सरकार उन्हीं आत्महत्याओं को ही पात्र मानती है, जिनके ऊपर बैंक का कर्ज़ है। बैंक का कर्ज़ बहुत कम लोगों को मिलता है। अधिकांश लोग तो सेठ-साहूकारों से ऊँचे सूद की दर पर ऋण लेते हैं। आत्महत्या करने वाले ऐसे ही किसान ज्यादा हैं। पर उनकी आत्महत्याओं को अपात्र घोषित किया जाता है। बैंक से कर्ज़ लेने वाले सभी किसानों के परिवार को भी मुआवज़ा नहीं मिलता है। कभी इसे पति-पत्नी का झगड़ा बताया जाता है, कभी किसी बीमारी से ग्रस्त होकर की गयी आत्महत्या बताया जाता है, तो कभी और कुछ।... यही घिनौनापन दर्शाता है शिबू और आशा की आत्महत्या का प्रसंग।

गन्ने की खेती पर आत्महत्या करने वाले किसानों का एक उदाहरण—शक्कर फैक्टरी का मालिक माधव से गन्ने की खेती करने के लिए कहता है। बहुत ही लुभवने सपने दिखलाता है। खुद ही आकर फ़सल ले जाने का वादा करता है। खेती के लिए उसे कर्ज़ देता है। पर फ़सल तैयार होने पर नहीं आता है। पश्चिम महाराष्ट्र और विदर्भ की गन्ना लॉबी में टकराव के कारण उसकी फैक्टरी बन्द हो

जाती है। किसान निःसहाय-सा हो जाता है। आँखों के सामने भी सारे खेत को सूखते हुए देखता रहता है। कर्ज़ के भार से वह लद जाता है। निःसहाय-सा माधव ख़ून-पसीना एक करके पैदा किये गये गन्ने की फ़सल को आग लगा देता है। सारा खेत धू-धू कर जलने लगता है। वह भी जलते खेत में जाकर जलकर मर जाता है। यह है गन्ने की खेती करने वाले किसान का लोमहर्षक अन्त।

फैक्टरी मालिक के लिए फैक्टरी बन्द होने का छियासठ हज़ार करोड़ मुआवज़ा घोषित करती है सरकार। वही पर खेत बरबाद हुए प्राण त्यागने वाले किसान के परिवार को मिलता है मात्र एक लाख रुपये का मुआवज़ा। यह है विडम्बना। यह रोंगटे खड़े कर देने वाली बात है कि विदर्भ में इस तरह गन्ने की खेती करने वाले एक ही सीजन में छह किसान आत्महत्या करते हैं। इस तरह आत्महत्या करने वाले किसानों की लोमहर्षक, दिल को दहला देने वाली घटनाओं से भरा है यह उपन्यास। आत्महत्या करने वाले अलग-अलग परिवार के व्यक्ति, अलग-अलग गाँव के व्यक्ति। पर इन सबको सफलतापूर्वक एकसूत्र में जोड़ा है संजीव ने इस उपन्यास में।

'फाँस' की टिप्पणी में मैनेजर पाण्डे ने लिखा है कि "यह उपन्यास प्रेमचन्द के कथा-साहित्य की प्रगतिशील परम्परा का विकास है।"... यह सच है प्रेमचन्द के गोदान का किसान होरी, अभाव में ब्राह्मण को गोदान न कर पाने की असमर्थता बोध से प्राण त्यागता है, वहीं पर संजीव का किसान शेतकरी आन्दोलन में बाघ की तरह दहाड़ने वाला मोहनदास बाघमारे गले में रस्सी बाँध स्वयं गाय बनकर जीता है। दोनों के किसान ब्राह्मणवादी शोषक व्यवस्था के प्रतीक हैं।

इस तरह उपन्यासकार बताता है कि विदर्भ के गाँव किस तरह श्मशान भूमि में बदलते जा रहे हैं। विदर्भ ही नहीं, विदर्भ को केन्द्र में रखकर उन्होंने तेलंगाना, आन्ध्र प्रदेश, गुजरात, बुन्देलखण्ड सभी जगह के किसानों की दुर्दशाओं को बताने का प्रयास किया है। यही नहीं देश की सीमा लाँघकर वह सात समन्दर पार अमेरिका के किसानों के पास भी पहुँचता है। वह बताता है कि वहाँ के किसानों की भी यही दुर्दशा होती, अगर सरकार से उन्हें अरबों डॉलरों की सब्सिडी नहीं मिलती। यह बात इसलिए भी प्रासंगिक है; क्योंकि एक सर्वेक्षण के अनुसार भारत में सरकार समाज के कमज़ोर वर्ग के लिए 2,51,397 हज़ार करोड़ और कॉरपोरेट सेक्टर के लिए 5,90,000 हज़ार करोड़ की सब्सिडी देती है। इस कमज़ोर तबके में ग्रामीण और शहर के लोग भी हैं। दोनों की इतनी बड़ी आबादी को मिलाकर दी जाने वाली सब्सिडी कॉरपोरेट सेक्टर को दी जाने वाली सब्सिडी से आधे से भी कम है, जबकि कॉरपोरेट सेक्टर जनसंख्या का एक प्रतिशत भी नहीं है। कृषि पर आधारित होकर जीने वालों की संख्या आबादी का 70 प्रतिशत है। अब इसी से अन्दाज़ा लगाया जा सकता है कि इन्हें कितनी सब्सिडी मिल रही है। ऊपर से कृषि द्वारा आयी आमदनी को फिर से औद्योगिक क्षेत्र में झोंका जा रहा है। इसी से पता चलता कि

कृषि प्रधान देश भारत में कृषि का क्षेत्र कितना उपेक्षित है। यही किसानों के संक्षोभ का एक बड़ा कारण है।

पर उपन्यासकार यहीं पर नहीं रुकता है। वह केवल किसानों की दुर्दशा और लोमहर्षक आत्महत्याओं को बताने तक नहीं सीमित रहता है। इस श्मशान भूमि में भी वह आग ढूँढ़ता है और वह आग है छोटी यानी कलावती, जिसका बाप शिबू आत्महत्या कर चुका है, जिसकी शादी एक ऐसे देहात में होती है, जहाँ बिजली तक नहीं है। पर वह बिजली की तरह उतनी ही तेज़-तर्रार है कि पैंसठ वर्ष बाद गाँव में बिजली लाने में सफल होती है। परन्तु जब उसकी यह योग्यता, यह समर्थता, ससुरालवालों को बर्दाश्त नहीं होती है तो वह उनकी मर्ज़ी के अनुसार खूँटे से बँधे रहने के बजाय सब कुछ त्यागकर बाहर आ जाती है, फिर से कभी वापस न लौटने का निर्णय कर। ...अपने मायके आकर किसानों के संघर्ष में शामिल हो, उनकी सहायता के लिए स्वयं कृषि अनुसन्धान केन्द्र की स्थापना करती है।

दूसरी आग है उसकी माँ शकुन, जो पति की आत्महत्या और दोनों बेटियों की शादी के बाद, हताश-निराश होने के बजाय, किसान की आत्महत्या जिसका एक कारण दारू भी है, को रोकने के लिए 'महिला भट्ठी भंजक दल' में शामिल होती है। इस मुहिम में बुरी तरह पिटती है, परन्तु पीछे नहीं हटती है।

एक और आग है सिन्धु ताई, जो पति द्वारा पेट पर लात के प्रहार और बेहोशी में बाहर पटक दिये जाने के बाद बच्चे को जन्म देती है और साहस कर नाभि स्वयं काटती है गन्दे ईंट के टुकड़े से सोलह बार प्रहार कर। मायके की चौखट भी उसके लिए बन्द हो जाती है। बच्चे को अनाथ आश्रम में छोड़कर वह अपने जैसे उपेक्षित माताओं और बच्चों को सम्मान दिलाने के लिए कमर कस खड़ी होती है। स्वभाव से इतनी निडर कि उसे सम्मानित करने आये अनिल और मुकेश अम्बानी की माँ कोकिल बेन तक को नहीं छोड़ती है। डाँटती हुई कहती है, "तुम भूख के बारे में भला क्या जानती हो?"

एक और आग है सत्तर साल का तीसरी पास दलित दादा खोबरागड़े जिसने एच.एम.टी. सोना धान को विकसित किया। घोर दरिद्रता में जीता अग्रणी आविष्कारक, जो लोभा और निराशा को पास तक फटकने तक नहीं देता है। घोर दरिद्रता में भी चेहरे पर शिकन तक नहीं। जिस भारत और जिस विदर्भ में अपने लाभ-लोभ के लिए लोग आत्महत्या करते आ रहे हैं, हताश स्याह अँधेरे में मशाल की तरह जल रहा है वह।

और एक आग है नाटा, कृष्णकाय, बहुत ही मामूली-सा दिखने वाला देवाजी तोप जिसने गड़ चिरोली के मेण्डालेखा गाँव को एक ऐसे आदर्श गाँव में बदल दिया है, जहाँ कोई मन्दिर नहीं है, मस्जिद नहीं है, गिरजाघर नहीं है, धर्म नहीं है, जाति नहीं है, ऊँच-नीच नहीं है, दारू नहीं है, हत्या नहीं है, आत्महत्या नहीं है। वहाँ के बाँस, धान हो या अन्य पैदावार सबका मालिक ग्राम समाज है। जिन्होंने अपनी सड़क खुद बनाई है, खुद अपना बाँध। बाहरी हस्तक्षेप बिल्कुल नहीं।

इस तरह उपन्यास में बताया गया है कि इतनी दुर्दशा के बावजूद, इतनी लोमहर्षक घटनाओं के बावजूद यहाँ के किसानों में, यहाँ की नयी पीढ़ी में इन सबसे उबरने का एक जुनून है। हताश-निराश होकर आत्महत्या करते इस समाज में, इसके प्रतिरोध में उठी छोटी-से-छोटी चिंगारी का भी उपन्यासकार का दर्शाना भले ही इस समस्या का ठोस विकल्प न हो, परन्तु उनके मनोबल को बनाये रखने में अवश्य ही सहायक होगा।

अमेरिका द्वारा मंगल ग्रह मिशन पर भेजे जाने वाले मल्लेश और अमेरिका में ही कैलिफोर्निया में पेपर पढ़ने का आह्वान पाने वाले विजयेन्द्र का भरी सभा में किसानों के पक्ष में खड़ा हो अपने मिशन से सम्बन्धित क़ाग़जों को फाड़कर साम्राज्यवादी ताक़तों की धज्जियाँ उड़ाते हुए हवा में उछालना उपन्यास को अपनी चरम बिन्दु पर पहुँचाता है।

इसके अलावा संवेदनशील मानवीय अन्तःसम्बन्धों और अन्तर्विरोधों का भी बहुत ही बारीकी अध्ययन मिलता है इस कृति में। एक ओर जहाँ विजयेन्द्र और छोटी के प्रेम प्रसंगों द्वारा आधुनिक युग में बदलते स्त्री-पुरुष के अन्तःसम्बन्धों को दर्शाया गया है, वहीं पर दूसरी ओर हिन्दू धर्म और उसके ढकोसलों से मुक्ति के लिए विदर्भ में दलितों द्वारा अपनाये जा रहे बौद्ध धर्म के आपसी अन्तर्विरोधों और बौद्ध धर्म अपनाने के बाद भी उसके अन्तर्विरोधों का भी बखान है।

इस तरह अन्त में कहा जा सकता है कि इतने बोझिल और पेचीदा विषय की एक सरल और प्रभावी प्रस्तुति है यह कृति। रचनाकार ने विदर्भ के किसानों की आत्महत्याओं पर गाँधी अन्तरराष्ट्रीय विश्वविद्यालय वर्धा से दो वर्ष तक शोध किया था। लाज़िमी है कि उन्होंने इससे सम्बन्धित विस्तृत ब्योरे इकट्ठे किये होंगे। इन ब्योरों का डॉक्यूमेंटेशन और बात है तथा उन्हें उपन्यास का रूप देना और बात। उपन्यास में विदर्भ अंचल की संस्कृति का इतना आत्मसात, बडील, मुलगा, मुलगी, बैलबंडी, शेत, कापूस जैसे कितने ही स्थानीय शब्दों का सफल प्रयोग पश्चिम बंगाल के एक लेखक के लिए तब तक सम्भव नहीं हो पाता, जब तक कि वे वहाँ के स्थानीय लोगों के बीच जाकर, उनसे घुल मिलकर, उनमें से एक बनकर उनकी भाषा का, उनकी संस्कृति का, उनके जीवन का विधान और उनकी समस्या का सूक्ष्मता से अध्ययन न करता। इस मामले में कहा जा सकता है कि संजीव का प्रयास सार्थक रहा है। कहीं से भी वे विदर्भ के बाहर के लेखक नहीं लगते हैं। हालाँकि इसमें यदा-कदा कुछ ज्यादा ही विवरणात्मक बातों के आने से इंकार नहीं किया जा सकता है। परन्तु इतनी बड़ी कृति में ऐसा होना लाज़िमी है। इस तरह 'फाँस' विदर्भ की श्मशान भूमि पर लिखी गयी किसानों की दुर्दशा और उनकी आत्महत्याओं की ही कहानी नहीं है, बल्कि इन परिस्थितियों के विरुद्ध संघर्ष की कहानी भी है। आत्महत्याओं को रोकने की कहानी भी है।

रूठा आसमान, मूक चीख़, परिवार के आँसुओं का सैलाब : 'फाँस'

–डॉ. संजय नवले

(1)

इस सत्य को हम नकार नहीं सकते कि आज़ादी के बाद अर्थात् देश की पहली सरकार से भारतीय किसान के बारे में ठोस, बुनियादी कार्यक्रमों की कमी रही है। यह भी सत्य है कि शुरुआती कुछ वर्षों में देश को जो महसूल मिलता था, वह सबसे ज्यादा खेती से मिलता था। जिससे उस समय उद्योग, सड़के, बिजली निर्माण के लिए खेती से मिला महसूल काम आया है। एक तो पर्जन्य अच्छा था और रासायनिक खादों के उपयोग की मात्रा कम थी। बाज़ार सुस्कृंत था। लूट और लुटेरे कम थे। किसान और किसानी एक प्रतिष्ठा का विषय था। धीरे-धीरे व्यवस्था का चरित्र बिगड़ गया। सरकार में और बाहर लुटेरों की संख्या बढ़ गयी। सरकार खेती को उद्योग मानती ही नहीं। मूलतः सरकार का चरित्र बाज़ारू बन गया है। अढ़तियों में और उनमें कोई अन्तर दिखाई नहीं देता। इस देश में 5 लाख 75 हज़ार गाँव है। यह देश गाँवों का है। लेकिन शहरों को संघाय बनाने के सपने देखने वाली सरकारें, गाँवों को कोढ़, रोग मानती है। क्योंकि गाँवों में ग़रीबी होती है। इन्हें ग़रीबी की शरम लगती है। सरकार गेहूँ ख़रीदती है ग़रीबों के लिए। ख़रीदकर गेहूँ खुले आसमान के नीचे रखा जाता है, वह सड़ जाता है, बाद में शराब बनाने के लिए दिया जाता है। ग़रीब ख़ाली पेट ही रह जाता है। क्योंकि शराब की फैक्टरी सरकार में काम करने वालों के ठेकेदारों की होती है। यह सच्चाई सबको मालूम होने के बाद भी चारों और मौन है। सारी दुनिया को अन्न देने वाला किसान स्वयं भूखा रहता है। स्थितियाँ ऐसी बनी हुई है। कि उसके कुछ अरमान बचे ही नहीं। वह सपने कभी देखता ही नहीं। उसकी कोशिश मात्र ज़िन्दा रहने की होती है।

भारतीय भूभाग पर 70 प्रतिशत पानी है। 30 प्रतिशत ज़मीन है। उसमें कुछ प्रतिशत जंगल है। किसानी के लिए तो ज़मीन है, उसी पर अब सरकार उद्योग

बढ़ाना चाहती है। सरकारी हिसाब से ज़मीनें ख़रीदी जाती है। किसान बेवारिस बन जाता है। उसकी ज़मीन पर कारखाने खड़े किये जाते हैं। किसानों को भिखारी बनाने का कार्यक्रम सरकार चला रही है। इस देश में दो पद्धति के लोग रहते हैं। एक देश के नक़्शे के अन्दर और दूसरे नक़्शे के बाहर। नक़्शे के अन्दर रहने वाले लोग तथाकथित वैभवशाली लोग हैं। नक़्शे के बाहर रहने वाले किसान, कामगार, दलित, आदिवासी हैं। हैरानी की बात यह है कि ऐसी जातियाँ, उपजातियाँ, ऐसे कुछ तबके है। कि उनकी आज तक जनगणना भी नहीं हुई है। आगे चलकर घोटालों का देश, आत्महत्याओं का देश ऐसी पहचान इस देश की होगी तो आश्चर्य नहीं होगा। सही बात यह है कि किसान उनके विकास की सूची में है ही नहीं। जो कुछ है, वह दिखावा है। सरकारों की नीतियों का एक उदाहरण देखने लायक़ है। सरकार ने किसान चैलन शुरू किया। दूरदर्शन, लिंटास कम्पनी के सहयोग से। अमिताभ बच्चन को ब्रांड अम्बेसडर बनाया। बजट की 15 प्रतिशत रक़म मात्र अकेले अमिताभ बच्चन को दी गयी है। राशि करोड़ों रुपयों में है। सच्चाई यह है कि पाँच लाख पचहत्तर हज़ार गाँवों में बिजली है क्या? अगर है तो वह कितने समय तक होती है। टी.वी. लेने के लिए उनके पास पैसे हैं क्या? कार्यक्रम किसानों के घर तक पहुँचता नहीं है। मालामाल होते है। ठेकेदार। इधर किसान भूखा, नंगा ही रह जाता है। अब उसके पास जीने के लिए पर्याय नहीं है। पर्याय एक ही होता है दुनिया छोड़कर जाना। इस देश में कितने उद्योगों ने कर्ज़ डुबोया है। रातोरात कम्पनियों को जलाकर बीमा कम्पनियों से दुगने पैसे लेकर लोग कैसे मालामाल होते हैं। इन्हें कभी सज़ा नहीं होती। यह साँड़ खुलेआम व्यवस्था के आसपास घूमते हैं। ग़रीब किसान देश के नक़्शे के और कार्यक्रम के बाहर होता है।

(2)

विदर्भ को नागभूमि भी कहा जाता है। विदर्भ कई कारणों से प्रसिद्ध है। एक तो बुद्ध के विचारों से यह भूमि पवित्र बन चुकी है। वर्धा में गाँधी आश्रम विश्वप्रसिद्ध है। पवनार आश्रम से विनोबा भावे ने भूदान आन्दोलन का नारा लगाया। कार्यक्रम चलाया। अब विदर्भ प्रसिद्ध है किसानों की आत्महत्या के कारण। इन महापुरुषों के विचार इस भूमि में होने के बाद भी यहाँ के लोग पलायनवादी विचार करते हैं। आधे में ही ज़िन्दगी छोड़ने का विचार करते हैं। इन बातों को देख-सुनकर आश्चर्य होता है। अपने और दूसरों के जीवन को समझने का सन्देश इन महापुरुषों ने दिया है। ख़ैर, इसके पीछे अन्य कारण होंगे, उन कारणों की पड़ताल करनी होगी। एक तो पिछले 15-20 वर्षों के पर्जन्य को देखा तो उसकी औसत की मात्रा अन्य प्रान्तों और राज्यों के हिसाब से बहुत कम रही है। आसमान इस प्रान्त पर अधिकतर रुठा ही रहता है, जैसे मराठावाडा पर भी रूठा रहता है। ज़मीन के स्तर के हिसाब से यहाँ

कपास अधिक होती है। रासायनिक खादों के आक्रमण से ज़मीन और बंजर बनती गयी है। मराठवाड़ा में लगभग 71 छोटे-बड़े बाँध अधूरे हैं, तो विदर्भ में संख्या 80 के लगभग है। जब बारिश होती है, तब उसे स्टोर करने की कोई बुनियादी योजनाएँ यहाँ नहीं के बराबर हैं। जब बरखा होती है, थोड़ा-बहुत पानी छोटे-बड़े बाँधों में रुकता है तो यहाँ तापमान महाराष्ट्र में सबसे अधिक होता है। जनवरी से जून तक वह 40 से 47 तक होता है। रुका हुआ पानी भी अधिक तापमान के कारण भाप बनकर चला जाता है। चारों ओर से विदर्भ पर आक्रमण रहते हैं। एक तो आसमान नाराज़, ज़मीन बंजर, तापमान अधिक, राजनीति का गोरखधन्धा, बाज़ार का बदलता चेहरा। सफ़ेद सोने (कपास) के लिए प्रसिद्ध रहा विदर्भ अब दफ़नभूमि बन गयी है। इन बातों के लिए प्राकृतिक प्रकोप जितना कारणीभूत है, उतनी ही व्यवस्था की नीतियाँ भी कारणीभूत हैं। इन सभी सन्दर्भों और कारणों की खोज कथाकार संजीव ने अपने नवीनतम उपन्यास 'फाँस' के माध्यम से की है।

(3)

कथाकार संजीव का आज तक का सारा कथा-शिल्प देखा जाये तो उसके केन्द्र में 'खोज' है। चाहे 'सूत्रधार' हो, 'सर्कस' हो, 'जंगल जहाँ से शुरू है' हो, 'पाँव तले दूब' हो साथ-ही-साथ 'अपराध', 'अरोहन', 'सागर सीमान्त', 'धावक', 'मानपत्र' ये कालजयी रचनाएँ शिल्प खोजी वृत्ति के कारण तो शिखर पर पहुँच चुँकी है। 'फाँस' उपन्यास की निर्मिति के पहले वे विदर्भ के गाँव-गाँव जाकर आये। मात्र गाँव गये ही नहीं वहाँ का प्राकृतिक, आर्थिक, सामाजिक, राजनीतिक अभ्यास उन्होंने किया। ज़मीन, माटी, पानी, उगने की क्षमता, पारम्परिक खेती, मानसिकता, भूभाग का वैशिष्ट्य, बाज़ार सभी सन्दर्भों का उन्होंने अभ्यास किया। बरसों की तपस्या के बाद कलाकृति की निर्मिति हुई—उपन्यास 'फाँस'। यह कहना भी ग़लत नहीं होगा कि 'गोदान' के बाद किसानों के जीवन पर लिखा यह उपन्यास हिन्दी ही नहीं भारतीय उपन्यास क्षेत्र का सर्वश्रेष्ठ उपन्यास माना जायेगा। पहले ही स्पष्ट कर दूँ कि 'फाँस' किसानों के आत्महत्या का इतिहास बतलाने वाला उपन्यास नहीं है। 'फाँस' उपन्यास आत्महत्या न हो इसकी औषधि, रसायन बतलाने वाला उपन्यास है। पूरे उपन्यास में आत्महत्या न हो उसके लिए क्या कर सकते हैं। इसके सन्दर्भ मिलते हैं। प्रेमपाल शर्मा के शब्दों में "उपन्यास में बहुत-से सत्य आपको चौंकाएँगे। सामाजिक सरोकारों से जुड़े संजीव ने स्वयं विदर्भ और अन्यत्र के गाँवों में जा-जाकर इसके कारणों के दर्द को समझा है। औपन्यासिक कला और संरचना के स्तर पर चरित्रों के विकास, माटी की सौंधी महक से महकता यह एक अभूतपूर्व उपन्यास है। कलावती (छोटी), सिन्धु ताई, शकुन, सुनील, अशोक, विजयेन्द्र, देवाजी तोपाजी, दादाजी खोबरागड़े आदि ही नहीं, नाना और सदानंद जैसे पात्र और परिवेश भी अविस्मरणीय हैं।

'फाँस' ख़तरे की घण्टी भी है और आत्महत्या के विरुद्ध दृढ़ आत्मबल प्रदान करने वाली चेतना और ज़मीनी संजीवनी का संकल्प भी।''

उपन्यास की कथावस्तु के अन्तर्गत सवाल बहुत सटीक उठाते है। संजीव, उनका कहना है कि जंगल के फल, फूल, पत्ते, मद, मावा, पशु, पंछी खा सकते हैं, नीचे ज़मीन पर गिरकर नष्ट हो जायेगा पर ग्रामीणों ने खाया तो उसे सरकारी दण्ड किया जाता है। दो-दो साल लगातार सूखा। सारी ज़िन्दगी बंजर। कहीं भी उम्मीद नहीं है। सभी आपदाएँ झेलकर निराश किसान को किसी से भी, कहीं से भी उम्मीद नहीं है। सरकार के चेहरे अलग हैं। निराश किसान आत्महत्या कर रहा है। इस देश में अच्छे सन्दर्भों का इतिहास होता था अब यहाँ फाँस का इतिहास बन रहा है। युद्ध भूमि में लड़ते समय जैसी लाशें होती हैं, वैसी लाशें किसानों की आत्महत्या है। सरकार कहती है जितने किसानों ने आत्महत्या की है, वह नशेड़ी थे। लगातार दस-दस वर्षों से नापिकी से किसान बेहाल है, किसान के साथ-साथ परिवार की मानसिकता कैसी होगी। ख़ाली पेट, ख़ाली जेब, हड्डियों के जीवन्त ढाँचे। साँस चलती है, इस कारण जीवन्त है। उपन्यासकार कहते है। कि इनकी जेब ख़ाली होने के कारण दूसरे गाँव जाने के लिए उनके पास पैसे नहीं होते। यह लोग 20-25 मील पैदल जाते हैं। इनके चेहरे देखें तो लगता है, सूखा फूल, सूखा तालाब है। यहाँ मात्र मजबूरी काम करती है। यही मजबूरी आगे उन्हें समाप्ति की ओर लेकर जाती है। सूखे हुए बरगद के जैसा, सूखी नदियों जैसा किसानों का चेहरा, जीवन, जैसा कि दूर-दूर तक कहीं पेड़ नहीं, पंछियों को बैठने के लिए जगह नहीं, पानी नहीं, नीचे बंजर ज़मीन, उपर आसमान वह भी रूठा हुआ आसमान। रात में अन्धार दिन में अन्धर, पेट में आग, गले में गमछा, बड़ी हुई दाढ़ी-मूँछे, मट-मैला कुर्ता-पायजामा, पसीने से लथपथ, दूर से हड्डियाँ और नसें गिनी जा सकती हैं। बीमार माँ, लड़की की शादी, बेटे की पढ़ाई। हाथ में कुछ नहीं। कर्ज़-ही-कर्ज़। उसे लगता है, हार गया हूँ। स्थितियों के लिए मैं ही ज़िम्मेदार हूँ। लटक लेते हैं, 'फाँस। यहाँ एक कहावत बन चुकी है कि 'किसान यानी मौत'।

यह सारा परिणाम भूमण्डलीकरण का है। बाज़ार, लूट, व्यापार के आगे किसी की ज़िन्दगी का उन्हें लेना-देना नहीं है। बाज़ार के प्रभाव से नयी पीढ़ी आधुनिकता चाहती है। उसे कर्ज़ से लेना-देना नहीं है। नयी पीढ़ी को नये साधनों की आवश्यकता लगती है। दो पीढ़ियों के संघर्ष के कारण ज़मीन, घर गिरवी रखना पड़ता है। पिछले चार-पाँच सालों से बारिश समय पर आती नहीं, आयी तो अगस्त में आती है। प्रमाण अत्यन्त अल्प। कम्पनियों के बीज उगते नहीं। बीज की सभी कम्पनियाँ मालामाल। यह कम्पनियाँ राजनीतिक लोगों की। बोलने के लिए कोई भी तैयार नहीं। दो-दो बार बुवाई करने के बाद भी उगता कुछ नहीं। पहली बार कहीं से जुगाड़ करके बुवाई। दुबारा कर्ज़ लेकर बुवाई की अन्त में हाथ कुछ लगता नहीं। सरकार गुँगी, बहरी। मदद का नाटक। निराशा-ही-निराशा। दिशाहीन ज़िन्दगी। आन्दोलन एक-दो दिन

चलते। लोग थक जाते। पुलिस से पिटाई। रोने के लिए आँखों में आँसू नहीं। महाराष्ट्र और उसमें विदर्भ के किसानों का यातनामय इतिहास इतना दर्दनाक है कि रोंगटे खड़े होते हैं। कभी बारिश हुई तो हल के लिए बैल नहीं है। होता है तो एक बैल। पत्नी, बच्चे, माँ-बाप सब जुड़ जाते बारी-बारी हल को। दुनिया में पहला दृश्य होगा यह लेकिन यह सच्चाई है। आशा है, 'उग जायेगा, मिल जायेगा, पेट भर जायेगा। काले मणियों के सिवाय माँ, पत्नी के गले में गहना नहीं। चिन्ता एक ही है, चूल्हा जले, रोटी मिले। नागार्जुन की कविता 'अकाल और उसके बाद' की याद आती है। उसके पहले चरण में जो उदासी है, वहीं यहाँ के किसानों की उदासी है। रोज़-रोज़ किसानों की नीलामी करने वाली सरकार दुनिया में नहीं मिलेगी। डकैत है सरकार।

संजीव के आज तक के लेखन का वैशिष्ट्य है कि वे अनाम, खुद्दार, हार न मानने वाले, सत्यनिष्ठा के लिए प्रण बनाकर ज़िन्दगी दाँव पर लगाकर जीने वाले लोगों को ढूँढ़कर सामने लाते हैं। दुनिया से दूर सेवावृत मानने वाले पात्र संजीव के कथा संसार के हीरो रहते हैं। संजीव के पात्रों ने कभी हार नहीं मानी। हारने वाले ज़िन्दगी को जीत में बदलने वाले पात्र संजीव के होते हैं। बदसूरत ज़िन्दगी को ख़ूबसूरत बनाने वाले संजीव के पात्र हैं। 'फाँस' उपन्यास में हारे हुए पात्रों का इतिहास और उनको हराने के लिए जिन औज़ारों का उपयोग किया गया है, वह उन्हें लिखना पड़ रहा है। ये औज़ार कभी प्रकृति-निर्मित तो कभी मानव-निर्मित है। दोनों मिलकर किसानों को हरा रहे हैं। यह सत्य है।

कथाकार संजीव का यही तो वैशिष्ट्य है कि ज़िन्दगी की बारीकियों तक वे पहुँचाते हैं। वे ज़िन्दगी के बीच उतरते हैं। वातावरण में जो मूक, क्षीण आवाज़ें होती हैं, उसे पकड़ते हैं। उन आवाज़ों के पास बैठते हैं। उसे सुनते हैं। उसे सामने लाते हैं, जैसे, 'किसानों की मूक चीख़। पूरे उपन्यास में किसान के बजाय उन्होंने 'शेतकरी' शब्द का प्रयोग किया है। मराठी में किसान को 'शेतकरी' कहा जाता है। किसान को अपनी ज़मीन से, बैलों से जो नाता होता है, वह भगवान जैसा होता है। अपने भगवान को वह कभी बेचना नहीं चाहता। आज उसे मजबूरन यह सब करना पड़ रहा है। उपन्यास में इसके अनेक सन्दर्भ आये। उसे विवशतावश अपने भगवान के साथ-साथ अपने जीवन को भी बेचना पड़ रहा है। भिखारी और किसान में काफ़ी अन्तर नहीं रहा है। व्यापार नीतियों ने उसे भिखारी बना दिया है। क्योंकि सरकार व्यापारियों की है और व्यापारी सरकार में हैं। इस कारण मुझे किसान की आत्महत्या नहीं लगती, लगता है कि सरकार ने किसानों की हत्या की है। कर रही है।

मूलतः 'फाँस' उपन्यास अलग-अलग आतंक से आहत क्षत-विक्षत भारतीय किसान की आत्मा की पुकार है। मूक संवेदनाओं का अनसुना, उपेक्षित दर्द है अंचल, जनपद और गाँव की अन्तरात्मा की आहटें है। किसानों के जीवन पर प्रहार करने वाली व्यवस्था की खोज-ख़बर है। अन्तर्वेदनाओं का सैलाब है। भविष्य में यह पल

किसानों के जीवन में न आये इसकी ज़मीनी सच्चाई, अर्थ, ध्वनियों को विस्तारपूर्वक सुनने का यह उपन्यास एक रास्ता है। पराजय के काले ध्वज का सर्वनाश कैसा करना, उसका उपाय है। वेदना और संवेदना का द्वार इस उपन्यास ने खोला है। भूमण्डलीकरण, मीडिया क्रान्ति, बाज़ारवाद, विज्ञापन, विचारधारा का अन्तवाद, अतिवाद आदि से उपजे संकट से जूझने की तड़प उपन्यास में है। यह तड़प मेहनतकश की ज़िन्दगी की विपत्तियों का महाकाव्य है। संजीव मैत्री भरी आवाज़ दे रहे है। व्यवस्था को कि ये खेल रुके। नुक़सान व्यवस्था का नहीं, इतिहास का है। भारतीय इतिहास का है। धूल, माटी का चेहरा ही भाग्यविधाता है। वह आधे में छोड़कर गया तो लोगों का ज़िन्दगी पर का विश्वास उठ जायेगा। कम-से-कम मानवाधिकार के नाते तो किसान को जीने के अधिकार मिलने चाहिए। ज़िन्दगी मिलती है परन्तु अधिकार बिना ज़िन्दगी मिलती है। ज़मीन और गाँव उपन्यास के साथ 'गोदान' से जुड़े हैं। बाज़ारवाद के ख़िलाफ़ ज़बर्दस्त प्रतिरोध के साथ इसमें किसान की बौद्धिक, दैविक और भौतिक यथार्थ की जीवन्त स्थितियाँ यहाँ दर्ज की गयी हैं। दूसरी ओर महाराष्ट्र सरकार कुम्भ मेले को 400 करोड़ अनुदान देती है और तो और पूरा ख़र्च 2,800 करोड़ रुपये कर रही है। रेव पार्टियों में जो नंगा नाच होता है, वैसा बाबाओं का नशा-पानी, नंगा नाच वहाँ चल रहा है। यह है सरकार का चरित्र।

यह विदर्भ के ग्यारह ज़िलों का दर्द नहीं है, समूचे भारत भर का दर्द है। पूरे किसान जमात का दर्द है। किसानों का सरकार से कहना है कि हमें ख़रीद लो। मार डालो या काट डालो। सिर्फ़ पेट भर भोजन और इंसान की ज़िन्दगी दो। कान की बालियाँ बेचकर बीज ख़रीद लिये। अब क्या बेचना बाक़ी है।

उपन्यास की कथावस्तु में बदलता गाँव चिचित्र हुआ है। समय के साथ बदले हुए हर रेशे को कथाकार संजीव ने यहाँ चित्रित किया है। बदलती राजनीति का नक़ाब चीर है। गोदान से लेकर आज तक साहूकार का फाँस किसानों के पीछे से छूटा नहीं है। है। मराठी प्रसिद्ध दलित आत्मकथा 'उठाईगीर' में पेट की आग के क़हर से चोरी करने की परमिशन माँगी थी। यहाँ तंग आकर किसान सरकार से आत्महत्या की परमिशन माँग रहा है। कोई ग़म नहीं, कोई शिकवा नहीं, हास्यास्पद किया है किसान के जीवन को। हर 8 मिनट पर एक आत्महत्या हो रही है।

वातावरण की निर्मिति में संजीव बेजोड़ है। उनके शब्दों में चित्रात्मकता भरी हुई है। संजीव को पढ़ते समय रेणु की याद आती है। बुवाई के समय लोहे के फ़न सूखी ज़मीन को चिरते चलते हैं। उस समय की माटी की सुगन्ध। आसमान में एक-दूसरा बादल, पेड़-पौधों का हवा के साथ नाचना। आकाश में पंछियों के झुण्ड एकदम लपकर ज़मीन पर आते और एकाध दूसरा दाना खाने की उनकी तरस, बैलों के गले की घण्टियों की आवाज़ से भरा वातावरण, यह सब संजीव बड़ी ख़ूबी से शब्दों में भरते हैं। विषय की तीव्रता संजीव सामने लाते हैं। 'फाँस'

उपन्यास में संजीव ने परिवेश का अनुपम चित्रण किया है। महाराष्ट्र के विदर्भ की भूमि और भूमिका। एक-एक घटना का बहुत बारीकी से वर्णन। दो साल संजीव विदर्भ में रहे, लगता है सालों से उसी भूमि के भूमिपुत्र हैं। संजीव का वैशिष्ट्य है कि नज़रों में जितना बैठता है, उसे वे अपने बीच उतारते हैं। उस पर गहरा चिन्तन करते हैं। प्रारम्भिक जानकारी के आधार पर व्यक्त नहीं होते। बीच में घुसकर सारे सन्दर्भों को बाहर लाते हैं। जहाँ तक कोई पहुँचा ही नहीं है। प्रकृति के सभी रूपों का चित्रण, उनका लेखन वैशिष्ट्य है। ऋतु चाहे वसन्त हो, शिशिर हो या अन्य। चाहे भूमि बंजर हो या हर-भरी। जो साक्षात् है, वही रूप शब्दों में भरते हैं। सूक्ष्मता इतनी की कण-कण को उठाते हैं। लगता है चित्र देख रहे हैं। चित्रों के सभी रंग बड़ी ख़ूबी से भरते हैं, 'संजीव। उनका निरीक्षण, परीक्षण ग़ज़ब का होता है। कहीं धाँधली नहीं, कहीं गड़बड़ी नहीं। सारे अनुभवों को अँजुली में भरकर लाते है। और पाठकों के सामने रखते हैं। वैसा-का-वैसा रूप, वह जीवन्तता का ही अनुभव होता है। प्रेमचन्द, रेणु के बाद भूभाग, ज़िन्दगी को उठाकर शब्दों में भरते है। उन सभी का परिणाम उपन्यास 'फाँस' है।

विदर्भ का रेशा-रेशा उघाड़कर रखा है संजीव ने। किसानों के शोषण का हर चेहरा सामने लाया है उपन्यासकार ने। जीव-जन्तु मरने का जैसे मलाल नहीं होता, वैसे मानव का हो चुका है। जूझने वाले मिट्टी का सारतत्त्व अब हार में बदल गया है। संजीव मानवीय जीवन को सुरक्षित रखने के लिए लिखते रहते हैं। मूलतः 'फाँस' उपन्यास मुक्ति का महाकाव्य है। आत्महत्या से मुक्ति का महाकाव्य है। इतना ही हम कहते है। कि सड़क पर क़ायदे से चलते समय रोका नहीं जाता। वैसे ही ज़िन्दगी में भी क़ायदे से जीते समय रोका नहीं जाना चाहिए। अपेक्षा यह है कि रक्षा-सुरक्षा की विचारधारा समाप्त नहीं होनी चाहिए, जो मानवीय गुणधर्म है। विदर्भ की ज़मीन पर यह दिखाई नहीं देता। विदर्भ की ज़मीन पानी से कम अश्क से ज्यादा भीगी हुई है। काव्यशास्त्रीय मानदण्डों के आधार पर उपन्यास के नायक के बारे में संकेत करना महत्त्वपूर्ण होता है। लीक से हटकर मैं इतना ही कहूँगा कि 'फाँस' उपन्यास का नायक विदर्भ का किसान है। आज तक अनेक कथाकारों ने आक्रोश को अर्थबद्ध किया है, लेकिन अकेले संजीव ऐसे कथाकार है। जिन्होंने 'फाँस' को अर्थबद्ध किया है। रंग, रूप, सौन्दर्य को मैं छोड़ रहा हूँ। गला और उसके आकार को, 'फाँस' को केन्द्र में रखा है। उस कृति के पीछे की मानसिकता और उसके कारण। प्रकृति और ज़मीन के प्रति अक्सर हम नतमस्तक होते हैं। विदर्भ की दशा देखकर कैसे नतमस्तक हो सकते हैं। प्रकृति और ज़मीन के प्रति। इतना सच है कि रचना को रचने की दीवानगी संजीव में दिखाई देती है। जैसे 'अपराध', 'अरोहन' कहानियों में है। रूठे आसमान की नाराज़गी, बंजर ज़मीन की कोख उकेरकर लाते है। उपन्यासकार।

उपन्यासकार संजीव ने उपन्यास की कथावस्तु में गीत की एक पंक्ति का उपयोग किया है, "तेरी दुनिया से दूर चले होके मजबूर हमें याद रखना..." काफ़ी कुछ अर्थ देती है यह पंक्ति। भारतीय किसान इस व्यवस्था को शायद यह कहता होगा कि यह दुनिया हमारी कभी हुई ही नहीं। तुम्हीं की है। मजबूरन हमें दूर जाना पड़ रहा है। तेरी दुनिया ने हमारी हालत ऐसी बनायी है कि हमें दुनिया छोड़कर ही जाना पड़ रहा है। किसानों की समस्याओं पर, जीवन पर, आत्महत्या रोकाने की अपील करता यह अनुपम शिल्प भारतीय साहित्य की बेजोड़ कलाकृति है। अन्त में इतना ही कहना होगा कि–

"ज़मीन जल चुकी है, आसमान बाक़ी है,
दरख़्तों तुम्हारा इन्तजार बाक़ी है,
वो जो खेतों के मेंड़ों पर उदास बैठे हैं,
बादलो! अब तो बरस जाओ सूखी ज़मीन पर,
मकान गिरवी है और लगान बाक़ी है।"

फाँस : वर्तमान कृषि और किसानी का दस्तावेज़
(किसान की आत्महत्या : यथार्थ और विकल्प)

–गिरीश काशिद

संजीव हिन्दी साहित्य के एक महत्त्वपूर्ण कथाकार हैं। हिन्दी कथा-साहित्य में प्रेमचन्द और रेणु की परम्परा को आगे बढ़ाने में उनका अहम योगदान है। उन्होंने अपने लेखन के आरम्भिक दौर से निरन्तर नयी ज़मीन की तलाश की है। ज़मीनी रचनात्मकता उनके लेखन का सबसे बड़ा सामर्थ्य है। एक प्रतिबद्ध लेखक अपने परिवेश और समकालीन सन्दर्भों को नज़रअन्दाज़ नहीं कर सकता। संजीव तो एक अत्यन्त प्रतिबद्ध, संवेदनशील और बेचैन कथाकार हैं। लेखन उनका धर्म है। एक स्थान पर उन्हें किये प्रश्न का उत्तर देते हुए उन्होंने कहा था, "मैं क्यों लिखता हूँ, यह ऐसा प्रश्न है कि मैं क्यों ज़िन्दा हूँ।" वे लेखन में गोगोल को प्रेरणा मानते हैं। गोगोल ने यह कहा था कि मैंने वह नहीं लिखा जो मैं लिख सकता था, मैंने वह भी नहीं लिखा जिसकी मेरे देश के लोगों ने मुझसे माँग की बल्कि मैंने वह लिखा जिसकी मेरे देश को ज़रूरत थी। यही बात संजीव के लेखन पर खरी उतरती है। संजीद्धव के उपन्यास और कहानियाँ इसके प्रमाण हैं। उनके 'सर्कस', 'पाँव तले की दूब', 'धार', 'सावधान नीचे आग है', 'जंगल जहाँ शुरू होता है', 'आकाशचम्पा', 'सूत्रधार', 'रह गयी दिशाएँ इसी पार'–ये सभी उपन्यास उल्लेखनीय हैं। वे हर उपन्यास में एक वर्जित क्षेत्र की यात्रा करते है। और उससे जुड़े तमाम सन्दर्भों को तराशते हैं। उन्होंने अपनी उपन्यास-यात्रा में कोयला अंचल, सर्कस, डाकू समस्या, आदिवासी जीवन, भिखारी ठाकुर, संवेदनशून्यता, लोककला जैसे कई सन्दर्भों को उजागर किया है। उनके उपन्यास कल्पनात्मक नहीं तो यथार्थ की भूमि पर खड़े हैं। वे आम आदमी की पुरज़ोर वकालत करते हैं। उनकी दृष्टि समाजशास्त्रीय, रचनात्मक और शोषक के प्रतिरोध की है। उपन्यास लिखना उनके लिए शोध होता है। इसी शृंखला में संजीव का ताजा उपन्यास 'फाँस' एक ज्वलन्त यथार्थ को उजागर करता है। इसमें संजीव ने किसान की आत्महत्या की समस्या को उठाया है।

बढ़ती उम्र, असाध्य बीमारी, हर तरह के अभाव होने के बावजूद संजीव आम

आदमी के दर्द की वकालत करने में चूकते नहीं हैं। उनका ताज़ा 'फाँस' उपन्यास इसका गवाह है। यह उपन्यास अचानक नहीं आया। इसके पीछे कथाकार संजीव की बेचैनी है। पिछले कुछ सालों से रोज़ाना किसानों की आत्महत्या की संख्या के बढ़ने वाले समाचारों से संजीव काफ़ी परेशान रहे। इस उपन्यास को लिखने से पहले सालों तक उन्होंने इस पर चिन्तन किया। किसान आत्महत्या से ग्रस्त इलाक़ों को छान मारा। वहाँ के लोगों से संवाद किया। वहाँ की स्थिति और यथार्थ को समझा। इस उपन्यास की रचना-प्रक्रिया का मैं आदि से अन्त तक गवाह हूँ। संजीव से भेंट के दौरान और फ़ोन पर इस विषय पर चर्चा होती रही। मराठी में इस विषय पर लिखी रचनाओं की उन्हें जानकारी दी। किसान आत्महत्या पर बनी फ़िल्मों के सन्दर्भ बताये। लेकिन यह सब सुनकर संजीव अधिक बेचैन होते रहे और कहते रहे कि मुझे आत्महत्या के विरोध की संस्कृति को प्रस्तुत करना है। उसी का परिणाम यह उपन्यास है। महाराष्ट्र का व्यक्ति महाराष्ट्र के बारे में जितनी बारीकी से समझता नहीं उतनी बारीकी से संजीव ने इस सन्दर्भ को दर्शाया है। उन्होंने केवल किसान आत्महत्या को प्रस्तुत न करते हुए इससे जुड़े तमाम आयामों को परखा है बल्कि इस समस्या को केवल महाराष्ट्र तक सीमित न रखते हुए उसे व्यापक परिप्रेक्ष्य में प्रस्तुत किया है।

भारत एक कृषिप्रधान देश है, ऐसा कहा जाता है। लेकिन आज़ादी के बाद इस कृषि प्रधान देश की कृषि और किसान को बुरी तरह से विस्थापित करने के ही प्रयास हुए। परिणाम यह हुआ कि जो किसान किसी बीमारी का शिकार नहीं होता था, उसे आत्महत्या की बीमारी ने ग्रस लिया। यह अचानक नहीं हुआ। आदमी आत्महत्या तभी करता है, जब उसे मौत ज़िन्दगी से अच्छी लगती है या जीने के सभी रास्ते बन्द हो जाते हैं। यहाँ तो किसानों की आत्महत्या को आत्महत्या कहना भी उचित नहीं। यह तो व्यवस्था द्वारा की हुई हत्या है। यहाँ किसानों को जीने के लिए मदद नहीं दी जाती लेकिन आत्महत्या के बाद उसके परिवारवालों को कुछ मदद दी जाती है। यही है किसान के प्रति व्यवस्था की संवेदना! यहाँ बाज़ार से कोई भी वस्तु लेते समय आँखें मूँदकर प्रिंटेड क़ीमत देखकर ख़रीदी जाती है लेकिन किसानों द्वारा उत्पादित वस्तुओं का मोल-भाव किया जाता है। यही है हमारी किसानों के प्रति संवेदना! दरअसल किसान और कृषि की ओर देखने का हमारा नज़रिया ही सदोष है। इसी कारण आज़ाद देश में कोई युवक अब किसान नहीं बनना नहीं चाहता। आज़ादी की लम्बी अवधि गुज़रने के बाद भी हम किसानों की समस्याओं को दूर नहीं कर पाये, यह यथार्थ है। इसके ख़तरनाक परिणाम अब सामने आ रहे हैं।

बीसवीं सदी का अन्तिम दशक और इक्कीसवीं सदी का आरम्भिक दौर भारतीय समाज में अत्यधिक परिवर्तनकारी साबित हुआ है। भूमण्डलीकरण, उपभोक्तावाद, बाज़ारीकरण और सूचना प्रौद्योगिकी ने जीवन के मायने ही बदल दिये हैं। देश में

जहाँ आज़ादी से चली आ रही समस्याएँ तो दूर नहीं हुईं लेकिन नयी समस्याएँ और उत्पन्न हो गयी हैं। प्रकृति का जो दोहन हो रहा है, उसके भयावह परिणाम सामने आ रहे हैं। व्यक्ति अत्यधिक आत्मकेन्द्रित और अर्थकेन्द्रित बनता जा रहा है। मानवीय सभ्यता के इस दौर में चरित्र, नैतिकता, संस्कार धूमिल होते जा रहे हैं। आम आदमी का जीवन तो एक विचित्र स्थिति से गुज़र रहा है। किसान जीवन की दशा तो अत्यधिक बदतर होती जा रही है। इधर हम महासत्ता बनने की बातें कर रहे है। और उधर हमारी रोटी की पूर्ति करने वाला ही संकट में फँसता जा रहा है। इस विकास के दौर में वहाँ विनाश के पदचिह्न बढ़ते जा रहे हैं।

'फाँस' उपन्यास के केन्द्र में महाराष्ट्र का विदर्भ क्षेत्र है। महाराष्ट्र का यह इलाका सूखाग्रस्त है। इसमें भी विविधता है। उपन्यास के आरम्भ में ही इसका ज़िक्र मिलता है। ''भला कोई कह सकता है कि सुखाड़ के ठनठनाते यवतमाल ज़िले के इस पूरबी छोर पर 'वनगाँव' जैसा कोई गाँव भी होगा जो आधा वन होगा, आधा गाँव आधा गीला होगा, आधा सूखा।'' (पृ. 9) यहाँ की कृषि पूरी तरह बारिश पर निर्भर होने से अक्सर वह घाटे में ही होती है। बनगाँव मराठा, महार, कुनबी, माँग, आदिवासी आदि की मिश्रित आबादी का गाँव है। उर्वर खेत उच्च जाति के तो बंजर खेत नीची जाति के। अधिकतर नीची जाति के लोग मज़दूर ही हैं। कमोबेश हर गाँव में यही स्थिति है। इसी गाँव में शिवशंकर और शकुन्तला अपनी कला और सरस्वती नामक दो बेटियों के साथ रहते हैं। इनकी कथा उपन्यास की एक प्रधान कथा के रूप में सामने आती है। उनकी आजीविका कृषि पर ही निर्भर है। दोनों अपनी बेटियों को पढ़ाते हैं। इसको लेकर उन्हें गाँववालों के ताने सहने पड़ते हैं। छोटी बेटी कला अपने ढंग से ज़िन्दगी जीती है जिसको लेकर पिता शिबू चिन्तित रहता है। इधर अपनी खेती से भी वह लगातार मार खाता है। इसी कारण वह अपने परिवारवालों को कहता है, ''इस बार तो फ़सल की कोई उम्मीद नहीं, दो-चार किलो तुअर, बाक़ी कुछ नहीं। मुझे लगता है, मैं बीच मझधार में फँस गया हूँ। न आगे बढ़ पा रहा हूँ, न लौट पा रहा हूँ। मेरी हालत अपने लालू जैसी होती जा रही है।'' (पृ. 16) वह चाहकर भी गाय और बैल ख़रीद नहीं पाता। एक अपना और एक दूसरे का भैंसा जोतकर जैसे-तैसे खेती करता है। उसकी पत्नी उसकी और किसानों की दशा को भली-भाँति जानती है। वह यहाँ तक निष्कर्ष निकलती है कि इस देश का किसान कर्ज़ में ही जन्म लेता है, कर्ज़ में ही जीता है, कर्ज़ में ही मर जाता है। बैल के मर जाने पर शिबू अन्दर से टूट जाता है। वह खेती छोड़कर शहर जाने की सोचता है लेकिन पत्नी और लड़कियों को छोड़कर जा नहीं पाता। उसकी खेती छोड़ने की बात पर उसकी बेटी छोटी उसे कहती है, ''तुम ही नहीं, इस देश के सौ में से चालीस शेतकरी आज ही खेती छोड़ दें, अगर उनके पास कोई दूसरा चारा हो।, तुम लाख कहो कि तुम खेती छोड़ दोगे, नहीं छोड़ सकते। किसानी तुम्हारे ख़ून में है।'' (पृ. 17-18)

नाना, मोहनदास, सदा आदि सभी किसान इसी अवस्था में जी रहे हैं। यह लोग ऐसे समय में जी रहे हैं, जहाँ किसानी का मतलब मौत है। यही किसान जीवन का यथार्थ है। शिबू कुएँ के लिए सरकारी क़र्ज़ा लेता है जो उसके जीवन की पूरी ख़ुशी सोख लेता है। अब तो खेती की उपज भी कर्ज़ की भेंट चढ़ानी पड़ती है। यह कर्ज़ उसकी आत्मा को बंजर बना देता है। दो बेटियों के विवाह की चिन्ता उसे सताती रहती है। ऊपर से कला जैसी लड़की को गाँव में नाहक बदनाम किया जाता है। इन सबसे परेशान शिबू अन्ततः आत्महत्या कर लेता है। पति की मृत्यु के बाद शकुन टूट जाती है लेकिन हार नहीं मानती। वह दोनों बेटियों के विवाह करती है। वह अपने ही खेत में मज़दूरन बन जाती है। उसे अपने पति की आत्महत्या करना रास नहीं आता। वह दारू की भट्ठियाँ तोड़ने में अगवा बन जाती है। वह अपने समाज की समस्याएँ दूर करने के लिए प्रयास करती है।

खेती के साथ किसान कुछ पूरक काम भी करते हैं। शकुन तथा गाँव की औरतें वन में महुआ चुनती हैं। यहाँ वनाधिकारी उन्हें परेशान करते हैं। शिबू को अक्सर बेटियों की चिन्ता सताती है। अक्सर पड़ने वाले सूखे के कारण उपज कम होने से जंगल और मज़दूरी यह आधार होता है। वनाधिकारी अक्सर उन्हें तंग करते हैं। मका, कपास आदि की फ़सल से उनकी जीविका चलना भी असम्भव है। कापूस का नया बीज आने पर उनमें आस जगती है, लेकिन वह तो सब चौपट ही कर देता है। पहली बार अच्छी फ़सल आती है। लेकिन वह ज़मीन से सब कुछ सोखकर ज़मीन को बंजर और किसानों को ऋणग्रस्त बना देती है। ज्यादा उपज की बास उन्हें बरबादी के कगार पर लाकर खड़ा कर देती है। रही-सही कसर बाज़ार पूरी कर देता है। क़र्ज़ा लेना उनकी मजबूरी बन जाता है और उसे न चुका पाना यथार्थ। खेत से धोखा, नेताओं से धोखा, व्यवस्था से उपेक्षा, बेटों से भ्रमभंग। न कोई नेता और न कोई देवता मदद करता है। नेता आन्दोलन का आधार लेकर पद, प्रतिष्ठा, कुर्सी प्राप्त करते हैं। उपन्यासकार ने जोशी के नेतृत्व में चले आन्दोलन का यथार्थ प्रस्तुत किया है। नेता अपना स्वार्थ पूरा होने पर किसानों को मझधार में छोड़ देते हैं। फिर किसान करें तो क्या करें। न नेता का हाथ, न व्यवस्था का साथ। इन चहुँमुखी संकटों से हारकर वे अन्ततः मज़बूरन आत्महत्या की राह चुनते हैं। इधर यह बीमारी महामारी की तरह फैलती जा रही है। परिस्थिति के चलते नकारात्मक मानसिकता प्रबल बनती जा रही है।

उपन्यासकार ने शिबू के साथ विदर्भ के कई किसानों की ज़िन्दगी का लेखा-जोखा प्रस्तुत किया है। मोहनदास बाघमारे की कथा इसी में से एक है, जिस मोहनदास बाघमारे ने कभी किसान आन्दोलन में सक्रिय सहभाग लिया था जो आज बैल बनने को मजबूर होता है। उसके माध्यम से उपन्यासकार ने आम किसान की वेदना को प्रकट किया है। कभी एक अच्छा किसान होने वाला, अच्छी फ़सल उत्पादित करने

वाला मोहनदास अब बीपीएल के कार्ड के गेहूँ पर ज़िन्दगी जीने को लाचार बनता है। वह अब लोगों से नहीं तो अपने बैल भाई से ही बतियाता है। कभी आन्दोलन में हिस्सा लेने वाला मोहनदास चुप्पी लगा देता है। लोगों की दया का पात्र बन जाता है। वह अपने ही गाँव में अजनबी बन जाता है। मोहनदास बुढ़ापे में नाना को मज़दूरी देखने को कहता है। नाना एक सामान्य आदमी लेकिन बात टके की कहता है। बदलते परिवेश में किसान अपने आपको असहज महसूस करते हैं। उसकी यह बात इसका प्रमाण है, ''आने वाले दिनों में सिर्फ़ बिल्डिंगें होंगी, चमचमाती सड़कें होंगी और चमचमाती गाड़ियाँ। न हमारे-तुम्हारे जैसे लोग होंगे, न शेती, न हमारी-तुम्हारी बैलगाड़ियाँ।'' (पृ. 36) लेकिन फिर भी यह लोग अपनी किसानी से जुड़े रहने की भरसक कोशिश करते हैं। कभी मोहनदास बाघमारे ने किसान आन्दोलन में काम किया था लेकिन बुढ़ापे में पूरी तरह टूट जाता है। क्रमशः सभी मोर्चे पर हारकर अवसाद में डूब जाता है। बैल के साथ मानो बैल बनता जा रहा है। मोहनादास अपने बैल को भाई कहकर उससे बेटे से ज्यादा प्रेम करता है। करेगा भी क्यों नहीं। बेटा पढ़-लिखकर माता-पिता की कोई ख़बर नहीं लेता।

सूखा और ग़रीबी के चलते एक बैल को पालना तक उसके लिए असम्भव बन जाता है। अन्ततः वह बैल को बेचना ही मुनासिब समझता है। वह बैल को शम्सुल को बेच देता है। जब उसे पता चलता है कि शम्सुल कसाई है तो वह स्वयं को बाघमारे नहीं बल्कि भाईमारे मानता है। बैल को बेचने के बाद उसे सब शून्य लगता है। वह घुटनों में सिर गड़ाकर रोता हैं। खेत में स्वयं बैल बनकर खेत जोतता है। बैल को कसाई को बेचने का प्रायश्चित्त करना चाहता है। इसके लिए ब्राह्मण के पास आता है तो वह बैल का फन्दा गले में डालकर भिक्षापात्र लेकर भीख माँगने की बात करता है। और ज़िन्दा पापभीरु इंसान एक साल तक बैल बन जाता है। और धीरे-धीरे मोहन दादा एक किंवदन्ती, कहानी, क़िस्सा बन जाते हैं। ऐसी ही है आम किसानों की दर्दनाक व्यथा। या तो आत्महत्या या जानवर जैसी ज़िन्दगी। शिबू, नाना, मोहनदास बाघमारे, सदा, सुनील आदि कई किसानों के दर्द इसमें शामिल हैं। सभी खेती से तंग आ रहे हैं।

उपन्यासकार ने गाँवों का जीवन, जाति-समस्या, धर्म-परिवर्तन आदि का भी चित्रण किया है। दलित समाज में बाबा साहेब आम्बेडकर के 'शिक्षित हो, संगठित हो, संघर्ष करो' का प्रभाव दिखाई देता है। इसी से प्रेरित होकर शकुन अपनी बेटियों को पढ़ाना चाहती है। बेटी के विवाह और दहेज को लेकर शिबू परेशान रहता है। इसमें उपन्यासकार ने धर्म-परिवर्तन का भी चित्रण किया है। यहाँ यह बात भी द्रष्टव्य है यहाँ के किसान सभी जाति से हैं। सभी का जीवन और समस्याएँ लगभग समान है। यहाँ की न केवल ज़मीन बंजर होती जा रही है बल्कि आदमी के मन में भी बंजरता बढ़ती जा रही है।

यह उपन्यास वर्तमान कृषि संस्कृति की दर्दनाक व्यथा को प्रस्तुत करता है। हिन्दी में किसान जीवन पर जो चन्द महत्त्वपूर्ण उपन्यास मिलते है, उनमें इसे शुमार किया जा सकता है। इधर हिन्दी साहित्य में किसान और कृषि धीरे-धीरे ग़ायब होती जा रही है। बशर्ते आज इस तबके की समस्या विदारक बन गयी है। उसे नज़रअन्दाज़ करना कल के लिए ख़तरनाक साबित हो सकता है। इस दृष्टि से संजीव की यह एक महत्त्वपूर्ण पहल कह सकते हैं। इस उपन्यास में भारतवर्ष के वर्तमान किसान जीवन की आत्महत्या की समरूप के तमाम सन्दर्भों को रेखांकित किया गया है। इसी कारण इस उपन्यास के सन्दर्भ में प्रेमपाल शर्मा कहते हैं, " 'फाँस' ख़तरे की घण्टी भी है और आत्महत्या के विरुद्ध दृढ़ आत्मबल प्रदान करने वाली चेतना और ज़मीनी संजीवनी का संकल्प भी।" किसानों की आत्महत्या के कारण सब तरफ़ एक से हैं। ज़िन्दगी जब उनको बोझ लगती है या असम्भव लगती है तो वे आत्महत्या करते हैं। जिधर देखो, उधर कोई पेड़ की डाल पर लटका पड़ा है, कोई कुएँ में गिरा पड़ा है तो कोई कीटनाशक खाकर मुँह से झाग फेंक रहा है।" (पृ. 43) यह आत्महत्या का पिटारा खुलता है तो खुलता ही जाता है। हर ख़बर सभी को एक खरोंच देकर लहूलुहान कर देती है। एकाध आत्महत्या होने पर पूरे गाँव पर मानो मृत्यु का साया मँडराता है। एक आत्महत्या एक किसान को तो मारती ही है लेकिन औरों के मन में भी एक भयावह मानसिकता भर देती है।

ऋणग्रस्तता यह भारतीय किसान को मिला एक अभिशाप है। प्रेमचन्द के 'गोदान' में भी किसान ऋणग्रस्तता से त्रस्त है। आजाद देश का किसान भी इससे मुक्त नहीं हो पाया है। आज़ादी के आन्दोलन में किसानों ने सक्रिय सहभाग लिया। उनको यह उम्मीद थी कि आज़ादी के बाद अपनी स्थिति में परिवर्तन होगा। देश आजाद हुआ। अंग्रेज़ चले गये, लेकिन आम किसानों की दशा में विशेष परिवर्तन नहीं हुआ। अन्तर आया तो महज़ इतना कि पहले साहूकार क़र्ज़ा देता था, आज बैंक देते हैं। सामान्य किसान तो आज भी गाँव के साहूकारों से ही अधिक सूद पर क़र्ज़ा लेने को मजबूर हैं। पहले किसान संघर्ष करता था। आज तो वह हारकर आत्महत्या कर रहा है। परिस्थिति उसके ज़िन्दा रहने के लायक़ नहीं रही है अर्थात् आज़ादी के बाद कृषि प्रधान देश में हमने किसान और किसानी को क्या दिया, इसका आत्मचिन्तन करने की आवश्यकता है। अक्सर पड़ने वाला सूखा किसानों की ज़िन्दगी दूभर कर देता है। यहाँ के किसानों की दशा और समस्याओं को लेकर कई समितियाँ गठित की जाती हैं। "सभी का कहना था कि विदर्भ कृषि का ज्वालामुखी है। सुप्त ज्वालामुखी। कर्ज़ उतारना तो दूर, किसानों की आमदनी ही इतनी कम है कि खेती में बने रहना मुमकिन नहीं।" (पृ. 66) इसके लिए सरकारी प्रयास मात्र बुनियादी नहीं होते, चुनाव के पहले पैकेज घोषित करके वे इस समस्या को दूर करने का डंका पीटते हैं। किसानों का बैंक क़र्ज़ा माफ किया जाता है। लेकिन आम

किसान तो गाँव के सूदखोरों से क़र्ज़ा लेता है। कभी उन्हें हाईब्रीड गायें दे दी जाती हैं। बी.टी. कॉटन और हाईब्रीड गायों का यहाँ से ज़मीनी रिश्ता न रखने से सब चौपट हो जाता है। गाय उनके लिए बोझ बन जाती है। इसी कारण उपन्यासकार कहता है, ''लेकिन यहाँ तो सब ग़लत-ही-ग़लत है, इसीलिए की कोई भी चीज़ अपनी माटी-पानी की नहीं। विदेशी बीज, विदेशी कर्ज़, विदेशी गाय। विदेशी नीति और यहाँ का सूखा किसान और सूखी धरती।'' (पृ. 69)

दरअसल किसानी चौपट होने के लिए यह नीति ही मूल कारण है। यहाँ कभी यहाँ की ज़रूरतों के मुताबिक़ न नियोजन होता है, न विकास। समस्या उत्पन्न होने पर बुनियादी इलाज की बजाय सतही मरहम-पट्टी मात्र की जाती है। किसान आत्महत्या तक की राजनीति की जाती है। किसानों को मिलने वाली राहत, कृषि पैकेज तक में भ्रष्टाचार होता है। कई बार बेमौसमी और धुआँधार बारिश भी खेती को चौपट कर देती है। कहने को आया धान उसकी चपेट में आता है। ऐसे में किसान क्या करें? वही होता है पाटिल काका के साथ। कितनी मेहनत से फ़सल और फल के बाग लाते है। लेकिन बारिश से सब बरबाद। वे खेत के बीच में सिर ही धरकर बैठते है। तो विजयेन्द्र को किसी प्रेत जैसे लगते हैं। लेकिन फिर भी वे उम्मीद नहीं छोड़ते तो विजयेन्द्र को मन्थन का आयोजन करने को कहते हैं। स्वयं भी उसमें जुट जाते हैं।

संजीव ने किसान-आत्महत्या के कारणों की अत्यन्त गहराई से पड़ताल की है। इसी कारण वे इसके विकल्प को प्रस्तुत करते नज़र आते हैं। नागौर का सुनील काका किसानों में चेतना भरने का कार्य करता है। वह किसानों को ऋण न लेने की सलाह देता है। वह किसानों को आत्मसम्मान से जीने को कहता है। वह किसानों को 'हिम्मते मर्दा मददे ख़ुदा' का फ़िक़रा सुनाता है। गाँवों में कुएँ खुदवाता है। मण्डी में किसानों को ले जाता है। किसानों को क़र्ज़ा न निकालने की और आत्मसम्मान से जीने की सीख देता है। किसान उसकी सुनते भी हैं लेकिन जब आकाश नाराज़ होता है तो सभी संकल्प भरभराते हैं। सुनील किसानों के जर्सी गायों के ज़रिये सम्पन्न कराने में मदद करता है, लेकिन इस भूखे क्षेत्र में ये गायें टिक नहीं पातीं। इससे किसान और भी परेशान होते हैं। इसका सुनील को बड़ा अफ़सोस होता है। अन्ततः वह सच्चाई से वाक़िफ़ होता है। इसी कारण वह सोचता है कि ''दिल्ली में ही बैठकर क्यों बना ली सरकारों ने हमारे गाँवों के कायाकल्प की योजना? क्यों जगाये सपने—बी.टी. बीज की तरह बाँझ सपने? मर गये लोग। हमसे पूछते, हम बताते-बड़े नहीं, छोटे-छोटे सपने चाहिए हमारे गाँव को। हवाई नहीं धरती के। गाय नहीं बकरी। फिर सबसे ऊपर दान नहीं। पानी। दान वापस ले लो। हमें सिर्फ़ सिंचाई के लिए थोड़ा-सा पानी दो।'' (पृ. 72)

व्यवस्थागत विसंगतियाँ और ऊपरी महरहम-पट्टी की नीति से किसानों को कोई

लाभ नहीं होता। इससे किसानों की दशा में कोई परिवर्तन नहीं होता। सुनील किसानों में चेतना जगाने का प्रयास करता है। वह यहाँ तक कहता है कि मेरे रहते एक भी आदमी ने आत्महत्या की तो मेरे जीवन को धिक्कार है। वही सुनील व्यवस्था से मोहभंग और परिस्थिति के आगे परास्त होकर आत्महत्या करता है। सुनील की मृत्यु पर नाना के ज़रिये उपन्यासकार ने रखी बात चिन्तनीय है, "शेत क्यों बंजर हो जाता है और क्यों बंजर हो जाता है आदमी का मन? इस मरण के ख़िलाफ़ उठकर खड़े होने की कोशिश में बार-बार लड़खड़ाकर क्यों गिरता है आदमी?" (पृ. 72) सुनील का बेटा विजयेन्द्र और पाटिल काका सुनील के कार्य को आगे बढ़ाने की कोशिश करते हैं। विजयेन्द्र आत्महत्या की मानसिकता को समझने के कोशिश करता है। उसे यह प्रश्न सताता है कि आख़िर क्यों खत्म कर देना चाहता है एक आदमी ईश्वर द्वारा प्रदत्त अपने अमूल्य जीवन को? वह इस पर गहराई से सोचता है। वह इस निष्कर्ष पर पहुँचता है कि किसान अपने जीवन का मूल्य कम आँकते हैं। सूदख़ोरों द्वारा लिया क़र्ज़ा उनके लिए फाँस बन जाता है। इधर व्यवस्थागत विसंगतियाँ और उपभोक्तावादी संस्कृति ने किसान जीवन को अधिक समस्याग्रस्त बनाया है। इस सन्दर्भ में वह सोचता है, "इब्तदा ही ग़लत थी कि हत्यारे समय में बी.टी. बीज के बीज पड़े हैं। बाज़ार के बाहरी दबाव ने इसकी इस पारम्परिक कुशलता का तो दमन किया ही, साथ ही किसानों को पराश्रित, विकल्पहीन बना दिया। पहले हाथ काटे, फिर पेट काटे। आत्महत्या तो बाद में की किसानों ने।" (पृ. 100)

किसान और खेती को लेकर देश में बुनियादी विकास का मॉडल ही विकसित नहीं हो पाया। देश के लगभग सभी कृषि विश्वविद्यालय, महाविद्यालय नगरों में हैं। दूसरे इसमें पढ़ने वाले चाहे वे किसान के भी बेरे हों तो भी वे खेती नहीं नौकरी करना चाहते हैं। कृषि प्रधान देश में चौबीसों घण्टों मनोरंजन परोसने वाले चैनल पर कृषि पर केन्द्रित चैनल नहीं। गाँवों में कृषि अनुसन्धान कार्य की न कोई जानकारी है, न कार्यालय। क्या बोये, कब बोये, कैसी रहेगी आबोहवा, कैसा रहेगा मण्डी में दाम आदि योजनाओं का अभाव-ही-अभाव है। फ़सल उपजाते समय प्राकृतिक संकट और उपजाने पर बाज़ार में संकट। सरकार मात्र किसान आत्महत्या का कारण भावुकता मानती है। मन्थन में अकोला का एक रिटायर्ड टीचर किसान आत्महत्या का मार्मिक पहलू प्रस्तुत करते हुए कहता है, "आत्महत्या, ख़ुदकुशी, सुइसाइड। सिर्फ़ इस्केप नहीं है, प्रतिवाद भी है। अन्तिम अन्याय के विरुद्ध चीख़ है, मौन चीख़। साइलेंट क्राइ!" (पृ. 195) अर्थात् किसान आत्महत्या का प्रश्न केवल आत्महत्याग्रस्त परिवार को मदद करने से हल नहीं होने वाला है। उसके आत्महत्या के कारणों को खोजकर उसका समाधान ढूँढ़ना आवश्यक है।

महाराष्ट्र के इसी विदर्भ में अनेक महामानव हुए और आज भी हैं। अन्धविश्वास और शराब को दूर करने का कारगर प्रयास इसी क्षेत्र के भूमिपुत्र गाडगे बाबा ने

किया था। संजीव ने उनके कीर्तन, उपदेश को भी विकल्प में रखा है। इसी क्षेत्र में बाबा आमटे ने सेवा का काम किया और आज भी उनका परिवार वह कर रहा है। दादाजी ख़ोबरागड़े, अभय बंग, देवाजी तोपा इसी प्रदेश में काम कर रहे हैं। इनके ज़रिये उपन्यासकार प्रतिरोध की संस्कृति को जाग्रत करना चाहता है।

संजीव ने उपन्यास में मन्थन समारोह के माध्यम से कृषि-समस्या और किसान की आत्महत्या को एक व्यापक सन्दर्भ में प्रस्तुत किया है। किसान की आत्महत्या या कपास की खेती की समस्या केवल महाराष्ट्र की नहीं है। यह समस्या तो गुजरात, पंजाब, कर्नाटक, मध्य प्रदेश, छत्तीसगढ़, बुन्देलखण्ड आदि में भी है, केवल सन्दर्भ अलग है। इसके पीछे के कारण मात्र वही है। विजयेन्द्र, वेंकट, मल्लेश इसी कारण इस निष्कर्ष पर आते है। कि सब ओर समस्याएँ ही समस्याएँ हैं। इरीगेशन, नरेगा में करप्शन, खेती के लिए मज़दूर न मिलजयेना, ख़राब वर्किंग कल्चर, मण्डी में दाम न मिलना, पानी की समस्या आदि के चलते खेती घाटे में जा रही है। इस उपक्रम के ज़रिये उपन्यासकार ने किसान, आम आदमी और किसानी के बारे में बुनियादी चिन्तन कर समाधान प्रस्तुत करने वाले उपक्रमों को प्रस्तुत किया है। मन्थन के गेट पर लगायी गयी विट्ठल बाघ की 'साहेबराव पाटिल' कविता, पी. साईंनाथ द्वारा प्रस्तुत आत्महत्या करने वाले अज्ञात किसान कवि की कविता इसके उद्देश्य को स्पष्ट करती है। इसी प्रकार इसमें छोटी द्वारा बनाया फेस्टुन, "भारतीय किसान कर्ज़ में जन्म लेता है, कर्ज़ में ही बड़ा होता है, कर्ज़ में ही मर जाता है।" यह किसान के जीवन की दर्दनाक दास्तान को प्रस्तुत करता है। इसी प्रकार इसमें पी. साईंनाथ की डाक्यूमेंटरी दिखाई जाती है। इस समारोह में जल, ज़मीन, जंगल, जैविक कृषि, जैविक कीटनाशक के बारे में एक बेहतरीन मन्थन होता है। ज़मीन और किसानी के बंजर होने के कारणों की चर्चा होती है। देशीय सन्दर्भ और बीज, सुभाष पालेकर की ज़ीरो बजट फार्मिंग, पोपट पवार के हिवरे बाज़ार का कार्य, गड़चिरोली में तोपा के मेण्डालेखा का उपक्रम, रालेगणसिद्धि प्रकल्प आदि के बारे में बुनियादी विचार प्रस्तुत किये जाते हैं। इसमें देशी ज़मीन के साथ विदेशी बीज और खाद के रूप में किये गये खिलवाड़ का यथार्थ सामने रखा जाता है। अन्य देशों के सन्दर्भ भी प्रस्तुत किये जाते हैं। किसान-आत्महत्या के बुनियादी कारणों को सामने रखा जाता है। संसद में मात्र उसी दौरान दिल्ली में किसान की आत्महत्या के कारणों को ग़लत रूप में पेश किये जाने का उपन्यास में ज़िक्र किया जाता है।

आत्महत्या का एक सन्दर्भ अतीत का बोझ भी है। आदिवासी या अन्य जाति के लोग आत्महत्या नहीं करते हैं। यदि करते भी हैं तो अपवाद में। आत्महत्या करने वालों में कुनबी मराठा ही बहुसंख्य हैं। सबसे ज्यादा आबादी इसी वर्ग की है। सबसे ज्यादा आगे यही बढ़े है। इस सन्दर्भ में आदिवासी लोगों की टिप्पणी द्रष्टव्य है, "इनका प्राचीन गौरव, महानता का बोझ। दूसरी ओर इन्हीं की जाति के कुछ

नौकरी वालों का मोटारसाइकिल, रंगीन टी.वी., फ्रिज। यह हक़ीक़त—जितनी बड़ी खेती, उतना ज्यादा लॉस। दोनों ठेलकर इन्हें ले जाते है। आत्महत्या तक। रिजर्वेशन की डिमांड भी है।'' (पृ. 91) इससे कुनबी समाज की मानसिकता स्पष्ट होती है। उत्सवधर्मिता भी इन्हें ऋणग्रस्त बना देती है।

इस उपन्यास में उपन्यासकार ने कल्पनात्मक या आदर्शवादी विकल्प नहीं रखे हैं। इसी इलाक़े में सबसे अधिक आत्महत्याएँ की जाती हैं और इसी इलाक़े में दादाजी खोबरागड़े, अभय बंग, देवाजी तोपा, आमटे परिवार आदि लोगों की ज़िन्दगी में परिवर्तन लाने के लिए निष्ठा से सेवा का कार्य करते हैं। इनको भी व्यवस्था द्वारा कम सताया नहीं जाता। ग़रीब, दलित दादाजी मात्र तीसरी कक्षा तक पढ़े हैं। लेकिन खेती की ओर देखने का नज़रिया किसी कृषितज्ञ से भी अधिक गहरा है। वे चावल की एचएमटी जाति की खोज करते है। और विश्वविद्यालय उसे अपने नाम से प्रचारित करता है। चौरासी पुरस्कार पाने वाले दादाजी फटेहाल ज़िन्दगी जीते हैं, लेकिन न शिकवा न शिकायत। उनके कार्य को देखकर विजयेन्द्र चकित होकर सोचता है, ''जिस विदर्भ और जिस भारत में अपने लाभ-लोभ के लिए लोग आत्महत्याएँ करते आ रहे हैं, हताशा के उन स्याह अँधेरों में दादाजी एक मशाल की तरह जल रहे हैं। सरकार इनाम, इकराम क्या देगी? विद्या के केन्द्र इन्हें चिह्नित क्यों करने लगे? उल्टे उन्होंने हड़प लिया इनके अवदान को। न सिर्फ़ हड़पा बल्कि दुगने दाम पर अपना लेबल लगाकर बेच रहे हैं।'' (पृ. 85) इसी प्रकार नक्सलग्रस्त क्षेत्र में भी सामूहिक जीवन जीने वाले लोगों का सन्दर्भ मेण्डालेखा के रूप में प्रस्तुत किया है। मेण्डालेखा गाँव में अब तक एक भी किसान ने आत्महत्या नहीं की बल्कि इस यथार्थ को सामने रखा है। यह एक ऐसा गाँव है, जहाँ सामूहिक कृषि की जाती है। गाँव और जंगल की उपज यहाँ सामूहिक होती है। अपना गाँव अपनी ग्राम सरकार के रूप में देवाजी तोपा के नेतृत्व में इस गाँव ने अपनी पहचान बनायी है। यहाँ हर समस्या का स्त्री-पुरुष मिलकर निर्णय लेते हैं। उपन्यासकार ने इनके ज़रिये आत्महत्या के विकल्प की संस्कृति को प्रस्तुत किया है।

उपन्यास-कला की दृष्टि से भी यह उपन्यास बेहतरीन है। किसान आत्महत्या इसके केन्द्र में है और उसकी परिधि में इससे जुड़े तमाम सन्दर्भ आते हैं। शकुन, आशा, सिन्धु ताई आदि नारी-पात्र भी नगरीय नारी-विमर्श को चेतना सिखा देने में समर्थ हैं। कला का चरित्र तो बेजोड़ बना है। ग्रामीण जीवन में रहकर उसके विचार मुक्ति, स्वतन्त्रता और समता की बात करते हैं। यह सन्दर्भो को अपने नज़रिये से देखती है। स्कूली जीवन से ही उसमें सामाजिक सरोकार है। गाँव का एक किसान आत्महत्या करता है। उसकी पत्नी भी दम तोड़ती है। उनके छोटे बच्चे को वह अपने घर ले आती है। उसका नाम जीवन रखती है। विवाह के बाद पति को पहली भेंट में ही बताती है कि 'मुझे पढ़ने और बढ़ने से रोकोगे नहीं।' पति और ससुरालवाले

उसे प्रताड़ित करते है। तो अन्ततः वह उन्हें छोड़ देती है। उसका और अशोक का प्रेम जाति की भेंट चढ़ता है जिसका दोनों को मलाल है, लेकिन सामाजिक मान्यताओं के आगे दोनों चुप रहते हैं। वह विजयेन्द्र के साथ किसान की आत्महत्या रोकने के अभियान में समर्पित होकर काम करती है। उसकी माँ उसे भली-भाँति जानती है। वह जब पति के घर से आती है तो वह उसे कहती है, ''भाग आयी या भगा दी। मुझे मालूम था, कोई भी आँचल तुझे बाँध नहीं पायेगा। तू आग है आग। जो बाँधने की कोशिश करेगा, जल जायेगा।'' (पृ. 165-166) उसके पास मौलिक समझ भी है। इसी कारण वह हर पौधे पर कीटनाशक छिड़कने का विरोध करती है। वह परम्परागत मूल्य और बोझ का विरोध कर सहजबोध को स्वीकारती है। विजयेन्द्र के साथ वह सम्बन्ध रखती है। अशोक से वह प्रेम करती है। अशोक तो भूमिगत बनकर काम करता है। वह 'कलावती कुंज' के ज़रिये आत्महत्याग्रस्त किसानों के बच्चों की ज़िन्दगी को सँवारता है। इसी कारण छोटी उसे प्रोमेथ्यूज की उपमा देती है। उनके कार्य को ही उपन्यासकार एक सार्थक पहल के रूप में सामने रखता है और ज्ञानेश्वर की बहन मुक्ताई के अभंग द्वारा उपन्यास का समापन करता है–'मूँगी उडाली आकाशी, तिने घेर ले सूर्यासी' अर्थात् चींटी आकाश में उड़ी और उसने सूर्य को निगल लिया। हर छोटे प्रयास ही आगे चलकर व्यापक बनते हैं।

यह उपन्यास एक ओर आंचलिक है तो दूसरी ओर व्यापक सन्दर्भ से भी जुड़ता है। इसमें परम्परागत रुग्ण मूल्य, अन्धश्रद्धा का विरोध करते हुए वैज्ञानिक चेतना को अपनाने का सन्देश है। इसमें मरने-मारने की बजाय रचनात्मक कार्य का अलख जगाया है। उपन्यास का कथ्य और शिल्प दोनों उल्लेखनीय हैं। उपन्यासकार ने परिवेश को कलात्मकता के साथ मूर्त किया है। इसमें किसान जीवन के तमाम सन्दर्भ रूपायित हुए हैं। राजनीति ने ग्रामीण जीवन को बड़ी मात्रा में प्रभावित किया है, जिसका इस उपन्यास में कम चित्रण मिलता है। संजीव ने मराठी के मुलगा, मुलगी, वडील, आई, काकू, सासर, जोआरी हल्या, नवरा, बायको, मावसी, शेतकरी, मका, जुड़ी, कापूस, ज्वारी, खरीप, रब्बी, वासरू, पुई, मावा, पुरण पोली, ऊस, बेलवंडी, कणीक, पोळा, लुगडा, मी, वहिनी, जेवण, पीठ, रणरणती दुपार, माझा, खर्रा, आजोबा, आजी, पडरा, जावई, मुंगभ, सुपीक, घरगुती, ताटी, बटाटा, वांगी जैसे अनेक शब्दों का इसमें प्रयोग किया है। इसमें कथा तो एक क्षेत्र की है लेकिन उसकी अभिव्यक्ति को व्यापक बनाया है। उपन्यास की भाषा-शैली में क्षेत्रीय जीवन को ध्वनित करने की सामर्थ्य है।

संजीव ने इस उपन्यास को पूरा देशी बाना चढ़ाया है। महाराष्ट्र में मानवीयता का अलख जगाने वाले सुधारकों के कार्य को इसमें प्रस्तुत किया है। इसमें दादाजी खोबरागड़े, देवाजी तोपा आदि स्वयं पात्र बनकर उपस्थित हैं। शिवाजी महाराज, बाबा साहेब आम्बेडकर, शाहू महाराज, सन्त गाडगे बाबा, अण्णा हज़ारे, पोपट पवार,

सिन्धु ताई सपकोल आदि के कार्य का भी यथाप्रसंग उल्लेख आया है। संजीव के उपन्यास यथार्थ को प्रस्तुत करते हैं। उनमें कोरी कल्पना को स्थान है। उपन्यास में उनकी दृष्टि समाजशास्त्रीय पायी जाती है। उपन्यास-कला को उन्होंने एक नये ढंग से प्रस्तुत किया है। बशर्ते संजीव के उपन्यास को समझने में हिन्दी समीक्षा चूक गयी है। संजीव की कहानियों पर जितनी चर्चा हुई, उतनी उनके उपन्यासों की नहीं हुई है। दरअसल उनके उपन्यास एक नयी दृष्टि से समीक्षा की माँग करते हैं। संजीव के समकालीन दौर में जो उपन्यास लेखन होता आया है, उससे संजीव का उपन्यास-लेखन अलग है। उनके उपन्यास न रंजन करते है, न कलात्मकता बल्कि पाठकों को उस समस्या पर आत्मचिन्तन करने को प्रवृत्त करते हैं। यही उनके उपन्यासों की सामर्थ्य है। उनके उपन्यास में जो नहीं है उसे खोजने की बजाय जो है, वह उल्लेखनीय है।

किसानों को 'फाँस' से मुक्ति की राह दिखाने वाला संजीव का उपन्यास 'फाँस'

–डॉ. रमा नवले

2015 में वाणी प्रकाशन से प्रकाशित संजीव का 'फाँस' उपन्यास किसानों के 'फाँस' की स्थितियों को पाठकों के सामने रखकर उन्हें 'फाँस' से मुक्ति की राह दिखाने का प्रयास करता है। वैश्वीकरण ने किसानों के मन में जहाँ 'बंजर' बनाने की ठान ली थी, वहाँ संजीव किसानों की मूल प्रकृति के अनुसार उनके मन को 'उर्वर' बनाने का संकल्प कर लेते हैं। समस्याओं से भिड़कर तथा उन्हीं समस्याओं को केन्द्र में रखकर लिखने की आवश्यकता को ध्यान में रखकर किया गया यह प्रयास न केवल हिन्दी कथा-साहित्य के ख़ालीपन को भरता है बल्कि लिखने की एक नयी दिशा की ओर भी संकेत करता है। हिन्दी में प्रेमचन्द के 'गोदान' उपन्यास के बाद किसान जीवन से सम्बन्धित अत्यन्त सशक्त उपन्यास के रूप में इस उपन्यास की ओर देखा जा सकता है। 'गोदान' की मुख्य चेतना का सम्बन्ध किसान-जीवन का तत्कालीन युग के साथ समग्र बिम्ब प्रस्तुत करना है; वहीं 'फाँस' की मुख्य समस्या किसानों की आत्महत्या है। गोदान का होरी कर्मठ है, कर्म करते-करते मृत्यु को गले लगाता है। ज़िन्दगी से वह हारा नहीं है। जीवन से रूबरू होने का साहस उसमें है। किसान से मज़दूर भले ही बन जाये पर ज़िन्दगी से चार-चार हाथ कर लेता है।

संजीव ने देखा कि उनके युग के किसान ज़िन्दगी से हारकर आत्महत्या कर रहे हैं। प्रेमचन्द के युग और वर्तमान समय में आया यह अन्तर लेखक को विचलित करता है। लेखक की पीड़ा भी यही है। यह शायद पहली बार हुआ है कि संजीव जैसा कोई हिन्दी भाषी महाराष्ट्र में विदर्भ के किसानों की आत्महत्याओं से पीड़ित होकर यहाँ आकर बस जाता है। इन लोगों के बीच घुल-मिलकर उनके जीवन का साक्षी बन जाता है। इन किसानों के दुख और इनकी परेशानियों का साझेदार बन जाता है। इन पीड़ाओं को भुगतते समय रात-रात भर रोता है। इन परेशानियों पर मात कर जीने वाले प्रकाश के द्वीपों से भी परिचित कराता है। फाँस से मुक्ति पाने वाले इन द्वीपों से ही प्रकाश ग्रहण कर फाँस से मुक्ति की राहें आलोकित करता

है। यह उपन्यास महाराष्ट्र के विदर्भ, विशेषकर 'बनगाँव' को केन्द्र में रखकर यहाँ का समाज, यहाँ के लोगों की एवं किसानों की मानसिकता, जातीय मानसिकता, यहाँ के लोगों की जीवन-दृष्टि, किसानों के प्रति लोगों की दृष्टि, यहाँ की संस्कृति, कृषि के क्षेत्र में यहाँ किये जाने वाले अनुसन्धान, जिन इंजीनियरों, बुद्धिजीवियों के कार्य, सरकारी नीतियाँ, इन नीतियों के परिणामों की चर्चा करते हुए 'मेण्डालेखा' जैसे छोटे पर 'स्वशासित एवं आत्मनिर्भर' गाँव का रोल मॉडल प्रस्तुत करता है। इस गाँव ने यूरोप-अमेरिका के ज्ञान के गढ़ को तोड़कर और मार्क्सवादी विकल्प छोड़कर एक वैकल्पिक व्यवस्था दी है; जिस व्यवस्था का सम्बन्ध स्थानीयता से है।

'फाँस' यह उपन्यास अपने शीर्षक के अनुसार किसानों के फाँस की बात करता है। लेखक ने कहा है कि 1997 से लेकर 2006 के बीच यहाँ 15,000 किसानों ने आत्महत्या की। समूचे देश में यह संख्या 2,50,000 (ढाई लाख) तक पहुँच गयी थी। केवल विदर्भ के 11 ज़िलों में 30,000 किसानों ने आत्महत्या की। किसानों की गुहार सुनकर तत्कालीन प्रधानमन्त्री मनमोहन सिंह और राजीव गाँधी ने इस विभाग को भेंट दी थी। उसके बाद दिल्ली लौटकर ठीक चुनाव के पहले 72 हज़ार करोड़ रुपये की कर्ज़माफ़ी की घोषणा की गयी। (फाँस, पृ. 66) इस सच्चाई को अधिक विस्तार से समझने के लिए जब अन्तर्जाल का सहारा लिया गया तो पता चला कि स्वामीनाथन की अध्यक्षता में 2005 में किसान आयोग की स्थापना की गयी थी। 2005 में ही आयोग की रिपोर्ट आयी। यह रिपोर्ट शरद पवार को सौंपी गयी थी। इस रिपोर्ट में स्पष्ट रूप से यह बताया गया था कि 1997 से 2006 के बीच 1,66,304 किसानों ने आत्महत्या की है। भारत में किसानों की आत्महत्या का सिलसिला 1990 के बाद शुरू हुआ। ग्लोबलाइजेशन (वैश्वीकरण) की नीतियों ने भारत में परम्परागत खेती के तरीक़े ध्वस्त कर दिये हैं। स्वावलम्बी खेती परावलम्बी हो गयी है। खेती की लागत से समर्थन मूल्य कम होता है। 1925 में सोने की क़ीमत 18 रुपये प्रति दस ग्राम थी और गेहूँ 16 रु. किलो मिलता था। 2005 में सोना 32,000 प्रति दस ग्राम के हिसाब से मिलता है और गेहूँ 30 रुपये किलो से। 1960 में एक अधिकारी के वेतन में छह क्विंटल गेहूँ आता था, वहीं 2005 में 30 क्विंटल आता है। रिपोर्ट में यह भी बताया गया था कि भारत में खेती मानसून पर निर्भर है, किसानों पर ऋण का बोझ है, बैंकों, बिचौलियों, महाजनों के कुचक्र में देश का किसान फँसा हुआ है, इसलिए भारत में आत्महत्याएँ हो रहीं हैं। देश के 40 प्रतिशत किसान खेती छोड़ने के लिए बाध्य हो रहे हैं। सरकार व्यापारियों को नाराज़ नहीं करना चाहती। मनमोहन सिंह ने 110 अरब का अनुदान दिया। किसानों के लिए क्रेडिट कार्ड का प्रारम्भ किया गया। कई योजनाएँ चलायी गयीं।

महराष्ट्र में महात्मा गाँधी अन्तरराष्ट्रीय हिन्दी विश्वविद्यालय वर्धा में संजीव जी 2011-12 के बीच अतिथि लेखक के रूप में कार्यरत थे। उस समय इस सन्दर्भ

में वे किन-किन से मिले, उनकी लगभग 40 लोगों की सूची किताब के प्रारम्भ में आभार व्यक्त करते समय दी गयी है। उपर्युक्त स्थितियों को ध्यान में रखकर उन्होंने विदर्भ के विभिन्न जिलों की भूमि और भूमिपुत्रों की दशा-दिशा और दुर्दशा देखी। विदर्भ के किसानों के बीच रहकर किसानों की पीड़ाओं का अनुभव किया। सरकारी योजनाओं के परिणामों को परखा और उसके बाद 'फाँस' उपन्यास लिखा। उन्होंने खुद संजाल पर बताया है कि उन दिनों वे रात-रात भर सो नहीं पाते थे। इन लोगों की तकलीफ़ों को देखकर आँसू झरते रहते थे।

उपन्यास के केन्द्र में यवतमाळ ज़िले का 'वनगाँव' है। इस गाँव की बस्ती मिश्रित है। ब्राह्मण, राजपूत, मराठा तथा मामूली जोत के दलित और पिछड़े यहाँ रहते हैं। गाँव के लोगों का प्रमुख व्यवसाय खेती है। जंगल की सम्पत्ति भी उनकी उपजीविका का ज़रिया है। यह सभी जानते है। कि भारत कृषि प्रधान देश है। किसान के लिए खेती केवल व्यवसाय नहीं, जीने का तरीक़ा है। खेती के साथ उसका रक्त-सम्बन्ध का रिश्ता है। किसानीपन उसके ख़ून में है। माँ के साथ जो रिश्ता होता है, वही रिश्ता उसका ज़मीन के साथ है। वह खेती को माँ ही कहता है। इसलिए खेती करना वह कभी भी छोड़ नहीं सकता। खेती उसकी जीविका का प्रमुख साधन होने के बावजूद खेती उसके लिए उद्योग नहीं है। उद्योग की प्रेरणा एवं उद्‌देश्य पैसा कमाना होता है। इस औद्योगिक दृष्टि का अभाव भारत के किसानों में है। गोदान का होरी इसका प्रतीक है। युग बदल गया, स्थितियाँ बदल गयीं। उभरते पूँजीवाद के कारण किसानों के जीवन में परिवर्तन शुरू हुए; इसका संकेत प्रेमचन्द ही दे रहे थे। पर 1991 के बाद वैश्वीकरण की प्रक्रिया जब तेज़ हुई, तब कृषि जीवन में आमूल-चूल परिवर्तन आ गये। भारत के संसाधनों, ख़ासकर जल-जंगल-ज़मीन और यहाँ की खनिज सम्पत्ति में रुचि रखने वाली बहुराष्ट्रीय कम्पनियों ने कृषि जीवन को उद्‌ध्वस्त कर दिया। भारत की कृषि नीति को विदेश नीति ने प्रभावित एवं नियन्त्रित किया। अपने देश में किसानों के लिए कई योजनाएँ मुहैया कराने वाले अमेरिका जैसे राष्ट्र ने अपने देश में किसानों के लिए एक नीति और भारत के किसानों के लिए दूसरी नीति चलायी। अपने देश में किसानों के लिए सब्सिडी उपलब्ध कराने वाले अमरीका ने भारत को किसानों पर पाबन्दियाँ लाने के लिए बाध्य किया।

वैश्विक नीति तीसरी दुनिया के देशों के स्थानीय उद्योगों को खत्म कर वहाँ के लोगों को पूरी तरह से परावलम्बी बनाने की थी। यह नीति किसान को खेती छोड़ने के लिए बाध्य करने वाली थी। इसलिए खेती के क्षेत्र में नीति विदेशी, बीज विदेशी, खाद और रासायनिक दवाइयाँ विदेशी। इसका परिणाम किसानों का जीवन उद्‌ध्वस्त होने में हुआ। बीज नपुंसक निकला, रासायनिक खाद एवं दवाइयों की क़ीमतें आसमान छूने लगी। पहले ही कर्ज़ में डूबा और आसमानी संकट में फँसा किसान और बदहाली में जीने लगा। दूसरी ओर किसानों के प्रति देखने का नज़रिया भी बदलने लगा।

प्रेमचन्द ने किसान एवं किसानी के प्रति सम्मान के दृष्टिकोण की अभिव्यक्ति की थी। इसका अर्थ है उस युग में किसान होना एवं खेती करना सम्मानजनक होता था। यह कहावत–"उत्तम खेती, मध्यम व्यापार, अधम चाकरी"–इसी बात की ओर संकेत करती है। वर्तमान समय में इस दृष्टि में परिवर्तन आया। वैश्वीकरण के युग में जहाँ भौतिक चमक-दमक आदमी से अधिक महत्त्वपूर्ण हुई और इन्हीं चीज़ों से आदमी का मूल्य बढ़ने लगा, वहाँ सादगी और भौतिक अभावों में जीने वाले किसान के प्रति लोग उपेक्षा एवं तिरस्कार से देखने लगे। विवाह के समय लड़की पति के रूप में डॉक्टर एवं इंजीनियर को ही चाहने लगी। खेती करने वाले से कोई ब्याह तक करने के लिए तैयार नहीं है। यहाँ तक कि हमारी शिक्षा नीति भी किसानों की उपेक्षा ही करती रही है। इसकी ओर संकेत करते हुए संजीव ने कहा है, "जो पढ़ाई शेती से घृणा करना सिखाये, स्वार्थी बनाये, वैसी पढ़ाई को चूल्हे में न डालूँ।" (फाँस, पृ. 41), पुरानी कहावत पलट गयी। अब उसके बजाय यह कहा जाने लगा कि "उत्तम नौकरी, मध्यम व्यापार और अधम खेती।"

भारत का किसान उपेक्षित एवं तिरस्कृत बन गया, इसकी ओर संकेत करते हुए संजीव लिखते हैं, "एक भारतीय किसान की तरह-उपहास का केन्द्र, अपमानित, लाँछित।" (फाँस, पृ. 113) भारत में आदमी कुछ भी बने पर किसान न बने, यह धारणा पनपने लगी। बुद्धिजीवी इसी प्रकार की सलाह देने लगे, "देयर इज नो सब्स्टिच्यूट ऑफ़ हार्ड वर्क!... कड़ी मेहनत करके तुम्हें डॉक्टर बनना है, इंजीनियर, साइंटिस्ट, इकोनॉमिस्ट, इंडस्ट्रीयलिस्ट बनना है..." (वही, पृ. 114) बावजूद भारत का किसान खेती नहीं छोड़ सकता। यह उपन्यास किसान और उसकी खेती के सम्बन्धों को और अधिक दृढ़ बनाता है। लाख कष्ट सहेगा पर वह बहुराष्ट्रीय कम्पनियों के उद्देश्यों को सफल नहीं होने देगा। किसानों की इस मूल चेतना की ओर संकेत करते हुए कला (छोटी, इस उपन्यास की प्रमुख स्त्री-चरित्र) अपने बाबा से कहती है, "एक विद्वान ने कहा है कि शेती कोई धन्धा नहीं बल्कि एक लाइफ़ स्टाइल है, 'जीने का तरीक़ा, जिसे किसान अन्य किसी भी धन्धे के चलते छोड़ नहीं सकता। सो तुम बाबा...तुम लाख कहो कि तुम शेती छोड़ दोगे, नहीं छोड़ सकते। किसानी तुम्हारे ख़ून में है..." (वही, पृ. 17) इसलिए शिबू खेती नहीं छोड़ता, विजयेन्द्र खेती में करियर बनाना चाहता है, सुनील बाघमारे इतना भावुक है कि मजबूरी में 500 रु. अधिक पाने के लालच में कसाई को अपना बैल बेच देता है और पूरी ज़िन्दगी इसका प्रायश्चित्त करते रहता है, पति की आत्महत्या के बावजूद शकुन खेती से सम्बन्ध तोड़ नहीं पाती, कला अपने ही गाँव में रहकर खेती के क्षेत्र में अनुसन्धान करना चाहती है, रामजी खोबरागड़े के पिता द्वारा आत्महत्या करने के बावजूद खोबरागड़े एच.एम.टी. धान का अनुसन्धान कर राष्ट्रीय पुरस्कार पाते हैं। 1997 से 2006 बीच विदर्भ में सर्वाधिक किसान आत्महत्याएँ होने के बावजूद आत्महत्या के

कारणों का पता कर फिर से खेती के साथ सम्बन्ध स्थापित करने का इस गाँव का प्रयास इसी बात का परिचायक है। यह आस्था का स्वर सम्पूर्ण उपन्यास में व्याप्त है।

किसानों की आत्महत्या पर विचार करते समय संजीव यह बताना चाहते है। कि किसानों की आत्महत्या के बीज यहाँ की सामाजिक संरचना में हैं। इस देश में खेती के साथ अत्यधिक लगाव रखने वाला दलित और आदिवासी किसान है। गोदान में भी होरी का खेती के साथ जितना आत्मीय सम्बन्ध है, उतना दातादीन मातादीन का नहीं। हज़ारीप्रसाद द्विवेदी ने 'अशोक के फूल' इस निबन्ध में अपने शोध द्वारा यह बताने की कोशिश की है कि यहाँ की गन्धर्व, निषाद, किन्नर, नाग आदि उपेक्षित जातियाँ, इसलिए उपेक्षित हो गयीं कि वे ज़मीन के राज़ को जानते थे। उन्नत किसानी से वे परिचित थे। किशन पटनायक विकास के मार्क्सवादी ढाँचे को नकारकर यह बताना चाहते हैं कि, ''मौजूदा किसान आन्दोलन पिछड़ी जातियों के आन्दोलन का ही एक विस्तार है''[1] तथा ''भारत में आर्थिक संघर्ष या तो सामाजिक संघर्ष के साथ-साथ आयेगा या उसके बाद। इस सच्चाई को मार्क्सवादी एवं कम्युनिस्ट समझ नहीं पा रहे हैं। मसलन, हरिजनों और भूमिहीनों के आन्दोलन द्विस्तरीय विद्रोह है : एक तो सामाजिक दमन-उत्पीड़न के ख़िलाफ़, दूसरे आर्थिक शोषण के ख़िलाफ़।''[2] इस तथ्य को हम फाँस उपन्यास में पाते हैं– मेण्डालेखा के आदिवासियों ने सामाजिक और आर्थिक उत्पीड़न का दमन कर अपने एक सामाजिक ढाँचे को विकसित किया है। स्वशासन और स्वावलम्बन से निर्मित यह ढाँचा सम्पूर्ण स्वदेशी है।

इस उपन्यास के माध्यम से संजीव ने एक नये तथ्य की ओर संकेत करने का प्रयास किया है। संजीव वनगाँव तथा समूचे विदर्भ का निरीक्षण करने के बाद कुछ बातों की ओर संकेत कर रहे हैं; जो अत्यन्त महत्त्वपूर्ण है। उनकी पहली स्थापना यह है कि आत्महत्या करने वाले कुनबी मराठा हैं; आदिवासी, दलित या उच्चवर्णीय ब्राह्मण नहीं। चन्द्रेश जब दो ब्राह्मण, एक कुनबी और एक नये लड़के को पंचायत में उपस्थित रहने के बजाय गाँजा पीते हुए खड़े है। और फिर भी आत्महत्या की बात करते हुए देखता है तो कहता है, ''अब तक तो किसी ब्राह्मण को आत्महत्या करते नहीं सुना। अगर वैसा हुआ तो तुम पहले ब्राह्मण शेतकरी होंगे। यहाँ के शेतकरी पहाड़ी की ढलान में पड़ने वाले अपने शेतों को मेंड़ बाँधकर या बाँध से पानी लाकर अपनी शेती बचाने का जतन कर रहे है। और तुम भगवान के पास टेसू बहाने आ गये...दारू भी चलती है या अभी गाँजे तक ही...'' (पृ. 88), हालाँकि चाहे ब्राह्मण हो या मराठा कुनबी दोनों की आत्महत्या का कारण 'महानता का बोझ' है। एक वर्णीय अहंकार में डूबा है, दूसरा सम्पन्नता के बोझ से दबा है। जोशी काका आत्महत्या इसलिए करेंगे कि वे छोटी जाति की तरह जंगल जा नहीं सकते और ना ही मज़दूरी कर सकते हैं; मराठा कुनबी अपने प्राचीन गौरव और महानता में डूबा है इसलिए

मज़दूरी कर नहीं सकता। देखिए पृ. 71 पर उद्धृत कई वाक्य–(1) ''सुसाइड करने वाले ज़्यादातर कुनबी हैं...मराठा हैं'', (2) ''शिवाजी से साहूजी सभी मराठा, सबसे ज्यादा आबादी इन्हीं की, सबसे ज्यादा आगे बढ़े हुए भी यही'', (3) ''इनका प्राचीन गौरव, महानता का बोझ! दूसरी ओर वैश्वीकरण की भौतिक चमक, दमक इनको लुभाती है। इन्हीं की जाति के कुछ नौकरी वालों का मोटर साइकिल, रंगीन टी.वी., फ्रीज। यह हक़ीक़त, जितनी बड़ी खेती, उतना ज्यादा लॉस। दोनों ठेलकर इन्हें ले जाते है। आत्महत्या तक। रिजर्वेशन की डिमांड भी है।''

उपन्यास में ये संवाद आदिवासी द्वारा कहलवाए गये हैं। कोई भी उपन्यासकार जब उपन्यास लिखता है, तब अपने सिद्धान्तों की स्थापना कुछ विशिष्ट चरित्रों के द्वारा करता है। संजीव दलित और आदिवासी चेतना के लेखक हैं। एक बात स्पष्ट है कि इस प्रकार के निष्कर्ष प्रस्तुत करते समय संजीव ने जो कारण दिया है, वह बड़ा वास्तविक है। आदिवासी और दलित किसी भी हालात में जी लेते हैं, काम करना और किसी भी हालात में जीना उनकी आदत है। मराठा कुनबियों को दलित आदिवासियों जितनी मेहनत करने की आदत नहीं है। एक ग़लत धारणा यह भी है कि शारीरिक श्रम को हमेशा दोयम स्थान दिया गया है। अतः महान वह जो ऐशोआराम से जिये और मेहनत से बच जाये। इस महानता के बोझ के कारण वे और उच्चवर्णीय कोई भी काम नहीं कर पाते; इसलिए ज़िन्दगी से बहुत जल्दी निराश हो जाते हैं। फिलहाल पूरे महाराष्ट्र में अभी-अभी मराठा समाज ने आरक्षण की प्रमुख माँग के साथ अन्य माँगों के लिए काफ़ी बड़े पैमाने पर, पर बहुत शान्तिपूर्ण और अनुशासित ढंग से अपने आन्दोलन का परिचय दिया है। क्या ये आन्दोलनकर्ता संजीव की इस बात पर भी विचार कर सकते हैं? सरकार भी इनके लिए नीति निर्धारण करते समय इन स्थितियों पर ग़ौर कर सकती है? सच्चाई की तह तक जाने का प्रयास किया जा सकता है।

एक साहित्यकार की प्रतिबद्धता समाज के सच से वाक़िफ़ कराना है। इन वाक्यों को पढ़ने के बाद यह स्पष्ट होता है कि आत्महत्या करने वाले सभी किसान नहीं हैं। खेती छोड़ने वालों में शिक्षित भी हैं। इसके विपरीत धान में अनुसन्धान कर एच.एम.टी. सोना के आविष्कारक नांदेड के एक दलित रामजी खोबरागड़े हैं। तीसरी इस दलित किसान ने आर्किमीडीज के सिद्धान्त के अनुसार कि–'तुम मुझे जगह दो मैं दुनिया को खिसका दूँगा'–के आधार पर अपना वजूद दिखा ही दिया है। उनके पिता ने भी आत्महत्या की थी; पर स्थितियों पर मात कर वे मज़दूर से किसान बन गये। उनके आविष्कार को नज़रअन्दाज़ किया जाता है। यहाँ अनुसन्धान भी अनुसन्धान नहीं होता बल्कि अनुसन्धान भी जातिय बन जाता है। अनुसन्धान वही, पर जाति के आधारपर अनुसन्धान का मूल्य बदलते रहता है। अनुसन्धान के सन्दर्भ में भेदभाव की यह नीति केवल भारत में ही नहीं है सम्पूर्ण विश्व में है। इस

नीति के आगे मनुष्य अपना तथा अपने देश का हित भी दाँव पर लगाता है। इसकी ओर संकेत करते है। संजीव जी, "काले कार्वर ब्लैक! काले होने के नाते कृषि संयन्त्रों पर अनुसन्धान के बावजूद अमेरिका में उनके साथ भेदभाव किया गया था। वही पहले दलित, बाद में बौद्ध होने के नाते एच.एम.टी. के आविष्कारक को वह सम्मान व पहचान नहीं मिली।" (फाँस, पृ. 86) यही अनुसन्धान कोई उच्चवर्णीय करता तो उसका मूल्य कुछ और होता। रामजी खोबरागड़े को राष्ट्रीय पुरस्कार मिला; पर बहुत देर से। कृषि में अनुसन्धान करने वाले को जो सुविधाएँ उपलब्ध होनी चाहिए, वह उन्हें नहीं मिलीं। वर्ण एवं जाति की दीवारें पहले से त्रस्त किसान को और भी अकेला कर रही हैं। भावनिक और मानसिक आधार न मिलना भी आत्महत्या का कारण बन जाता है। सारे किसान अपनी जातीय पहचान को मिटाकर किसानवाली पहचान बनाये बिना किसान आन्दोलन, जनान्दोलन का रूप ग्रहण नहीं करेगा, और न ही वह दबाव बना पायेगा। किशन पटनायक कहते हैं, "अजित सिंह की सबसे बड़ी परेशानी यह है कि पश्चिम उत्तर प्रदेश के जाटों ने अपनी जातीय पहचान को किसानवाली पहचान के आगे झुका दिया है।"[3] संजीव जब कहते है। कि आत्महत्या के बीज यहाँ की सामाजिक संरचना में हैं, तो शायद वे विदर्भ के किसानों को जातीय पहचान से बाहर निकालकर उन्हें किसानवाली पहचान में तब्दील करना चाहते हैं। मेण्डालेखा के किसानों ने जिस तरह आन्दोलन कर जंगल पर अपना अधिकार प्राप्त किया; ठीक वैसे ही इन किसानों की किसानवाली पहचान बनाकर उन्हें एकजुट बनाना चाहते हैं। सरकार पर दबाव बनाये रखे बिना प्रश्नों की ओर ध्यान नहीं जायेगा।

ऊपर कहा ही जा चुका है कि किसान भी वैश्वीकरण की दौड़ में चमक-दमक के पीछे भाग रहा है। वैश्वीकरण की चमक-दमक ने किसानों की मानसिकता को भी बदला है। इसी चमक-दमक को चाहने वाला ही आत्महत्या कर रहा है, इसकी ओर संकेत करते हुए संजीव कहते हैं, "आत्महत्या कौन करता है, वे जिनकी महत्त्वाकांक्षाएँ हैं, मोस्टली वे कुछ लोग या दूसरे ओबीसी जो पड़ोसी के घर नौकरीपेशा या दूसरे किसी तरह से आयी सम्पन्नता को देखते हैं। कलर टी.वी., फ्रीज, वाशिंग मशीन, कार, आये दिन बदलते मोबाइल, मुलगा-मुलगी पूछते हमारे पास क्यों नहीं? अपमानित महसूस करते हैं। यह महत्त्वाकांक्षा ग़लत है क्या? शेती छोड़कर उनके पास कुछ भी नहीं। इस शेती में उचित-से-उचित अधिक उपार्जन करने के लिए, महँगे उन्नत बीज, महँगी खाद, महँगी सिंचाई, महँगे कीटनाशक...पैसे नहीं हैं। कर्ज़ लो। नहीं मिलता 10 प्रतिशत ब्याज पर लो यानी सम्पन्नों की प्रतिस्पर्धा में खड़े होने की लालच में कर्ज़ के दलदल में डूबते जाते है। और एक दिन मर जाते हैं।" (फाँस पृ. 188)

संजीव जी को मीडिया से शिकायत है। पहली बात किसानों की आत्महत्याओं के बावजूद मीडिया दखल नहीं दे रही है। जब दखल देती है तो मीडिया द्वारा खेती

में किये गये अनुसन्धान पर ध्यान केन्द्रित करने के बजाय यह प्रसार किया जाता है कि शेतकरी आत्महत्या करता है और दारू पीता है। वे कहते हैं, ''ये स्साली गवर्नमेंट और मीडिया ख़ाली झूठा प्रचार करता है कि शेतकरी सिर्फ़ दारू पीता है और सुसाइड करता है। उनको और जो-जो शेतकरी आत्महत्या करने वाले हैं, सबको दादाजी के सामने लाकर खड़ कर दो, 'पूछो कि दादाजी ने सुसाइड किया?'' (पृ. 83) दूसरी बात मीडिया बहुराष्ट्रीय कम्पनियों की ज़ुबानी बोल रहा है। उन्हें तो खेती के व्यवसाय को चौपट ही करना है। इसलिए मीडिया द्वारा इसी के समर्थन वाली ख़बरों को हवा दी जाती है। मीडिया की प्रतिबद्धता समाज के प्रति कम और पैसे के प्रति अधिक दिखाई दे रही है। एक नया शब्द सुनायी दे रहा है—'पेड न्यूज़'। बी.टी. कॉटन के सन्दर्भ में सच्चाई यह है कि इसके बीज ने धरती की उर्वरता को खत्म कर दिया है। इसने अपने साथ मिलीबग नामक कीड़ा लाया। इस कीड़े के कारण फैली बीमारियाँ अलग से। इस फ़सल के कारण मासेंटा कम्पनी को 1,600 करोड़ का फ़ायदा हुआ। बिचौलिये और दलाल मालामाल हुए। दूसरी ओर किसानों की बरबादी हुई। विदर्भ के किसानों की आत्महत्या का एक कारण बी.टी. कॉटन भी है। इसने किसानों को उद्ध्वस्त कर दिया। इसके बावजूद मीडिया ने असलियत बताने के बजाय बी.टी. कपास की सफलता की बात फैलाई। मीडिया समाज का आईना देखने का एक मजबूत खम्भा होता है। पर मीडिया ने यह दायित्व नहीं निभाया। इसके सन्दर्भ में संजीव कहते हैं, ''सफलता एवं लाभ की यह 'पेड न्यूज' माने पैसे देकर छपवाई जाने वाली ख़बरें, गढ़ी गयी पैसों पर बिके पत्रकारों से, पैसे पर बिके फ़िल्मकारों से, पैसों पर बिके नेताओं से और स्वयं कृषिमन्त्री द्वारा फैलायी गयी। हमारे साथ छल हुआ छल—धोखा! सबने किया। फल यह कि 1995 से 2010 तक समूचे देश में आत्महत्या करने वाले कुल किसानों की संख्या हो गयी 2,56,910।'' (फाँस पृ. 190)

इतनी भयावह परिस्थिति के बावजूद किसानों का यह विश्वास नहीं टूटा कि खेती घाटे का सौदा है। यहाँ का किसान इतना विश्वास रखता है कि धरती माँ है तो पेट भरेगी ही। इस सन्दर्भ में किशन पटनायक का यह मत इस बात की पुष्टि करता है, ''भारत के अर्थशास्त्र में अभी तक इस बात को मान्यता नहीं मिली है कि खेती एक घटे का धन्धा है।[4] फाँस में भी यह आस्था का स्वर है। रामजी खोबरागड़े, छोटा-सा किसान, छोटा-सा ज़मीन का टुकड़ा; पर एच.एम.टी. का आविष्कार करने से उनके घर सोना बरस रहा है। मेण्डालेखा के किसान एक-एक बाँस ऊँचे दाम पर बेच रहे हैं। सुभाष पाळेकर ज़ीरो बजट शेती की योजना लाते हैं। ये उदाहरण बता रहे है। कि सिर्फ़ आवश्यकता है खेती की पद्धति बदलने की।

ऊपर कहा जा चुका है कि इन आत्महत्याग्रस्त किसानों एवं उनके परिवारों के लिए सरकार द्वारा राहत पैकेज और कर्ज़माफ़ी की योजनाएँ लायी गयी। इन

योजनाओं का क्या हुआ? संजीव जी इसका भी बड़ा दर्दनाक और पीड़ादायक चित्र हमारे सामने उभरते हैं। सबसे पहली बात तो यह है कि प्रश्न विदर्भ के और योजनाएँ दिल्ली में बैठकर बनायी जाती हैं। ज़मीनी हक़ीक़त से अनभिज्ञ होने के कारण योजनाएँ ग़लत सिद्ध हो जाती हैं। विदर्भ के सन्दर्भ में भी यही हुआ। योजनाएँ आयीं पर विदर्भ और अधिक सूखता और झुलसता रहा। खेती के लिए विकल्प के रूप में उन्हें गायें दी गयीं, जर्सी गायें। जिन्हें 'मनमोहनी गाय' कहकर लेखक ने इस योजना की विद्रूपता में इज़ाफ़ा ही किया है। पहली बात तो यह है कि यह गाय अपने देश की नहीं, दूसरी बात इसके चारे का प्रश्न, तीसरी बात जो दूध देगी उसके वितरण की व्यवस्था नहीं, चौथी बात यहाँ के वातावरण में उसके जिन्दा रहने पर ही प्रश्न। लेखक विदेशी बीज, विदेशी कर्ज़, विदेशी गाय, विदेशी नीति पर प्रहार करते हुए मनमोहन सिंह की गाय कैसे महँगी पड़ी, इसका जीवन्त बिम्ब प्रस्तुत करते हैं। सरकार ने कर्ज़माफ़ी की योजना अमल में लायी। यह योजना भी आत्महत्याग्रस्त किसानों तक पहुँचाने में कामयाब नहीं हुई। कर्ज़माफ़ी उन्हीं को मिल रही थी जिसने सरकारी बैंकों से कर्ज़ लिया था। इसके कारण किसानों के सामने कई प्रश्न-निर्माण हुए। पहली बात तो यह है कि सरकारी बैंकों से क़र्ज़ा लेने वाले कम और साहूकार और महाजनों से कर्ज़ लेने वाले अधिक होते हैं। दूसरी बात जिन्होंने सरकारी बैंकों से क़र्ज़ा लिया, उनके भी आवेदन-पत्र दस्तख़त के निमित्त ग्रामसभा सदस्य और सरपंच के पास अटक गये।

आवेदन-पत्रों पर दस्तखत करने वाले बड़े हो गये; उन बड़े-बड़े लोगों के लिए किसानों की समस्याएँ छोटी-छोटी हो गयीं या ध्यान देने जैसी नहीं। तीसरी बात कर्ज़माफ़ी के लिए किसान ने आत्महत्या की है, यह बात सिद्ध होना अर्थात् पात्र होना ज़रूरी था। अधिकतर किसान पात्र ही नहीं हो पा रहे थे। कई किसानों ने सामूहिक आत्महत्या का निर्णय लेना शुरू किया। पर सरकार पसीजी नहीं। यह जब संजीव जी ने देखा तो उनका मानवीय मन कह उठा, "एक बड़े समूह के लिए ज़िन्दगी मात्र एक दुःस्वप्न बन जाये और मौत एकमात्र विकल्प। मौत, मौत होती है—आत्महत्या में पात्र-अपात्र का फ़र्क़ करना सरकार या अधिकारियों की बेईमानी और बदनीयती बताती है।" (फाँस, पृ. 119) यह विडम्बना ही है कि किसान आत्महत्या करने के पहले आत्महत्या नोट कैसे लिखी जाये, और इस आत्महत्या नोट में किन-किन बातों को नोट करने का ख़याल रखा जाये, इसकी जानकारी सरकार से चाह रहे हैं। मतलब सरकार यह मानकर चल रही है कि किसान आत्महत्या करेंगे ही करेंगे। ठीक स्विट्जरलैंड के लोगों की तरह। वहाँ तो आत्महत्या के तरीक़ों की जानकारी भी सरकार पूछती है। आत्महत्या से परावृत्त करने के बजाय आत्महत्या पर बात करना? कितना अमानवीय? कैसा संवेदनहीन माहौल? कैसी संवेदनहीन सरकार? उपन्यास पढ़ते समय दिमाग़ सुन्न हो जाता है। सोचना बन्द हो जाता है।

और सरकार नयी योजना अमल में लाती है। पोस्टमार्टम के दरवाजे 24 घण्टे खुले रखे जायें।... इन किसानों के जीवन की भयावहता और कैसे चित्रित हो सकती है? फाँस से मृत्यु एक बार मिलती है, यह फाँस रोज़ मरने की यातना देता है।... संजीव ने सरकारी नीतियों की धज्जियाँ उड़ाने में कोई कसर नहीं छोड़ी है।

किसानों की उपरोक्त समस्याओं से निजात पाने के मार्ग संजीव ढूँढ़ रहे हैं। ऐसे समय में बुद्धिजीवियों की भूमिका एवं ऐसे विषयों पर किये गये अनुसन्धान के निष्कर्ष बहुत अहम होते हैं। ये निष्कर्ष ही नये मार्ग के सन्धान का कार्य करते हैं। शिक्षा अपनी ज़मीन से उपजकर अन्तरराष्ट्रीय छोरों को छूती है। अनुसन्धान पहले अपनी जड़-ज़मीन के लिए उपयोगी होता है। वर्तमान समय में अपने क्षेत्र के साथ अनुसन्धान का सम्बन्ध स्थापित करना ज़रूरी है। शिक्षा और कार्यक्षेत्र के गठबन्धन से हमारे प्रश्नों को सुलझाने का मार्ग मिल सकता है। कृषि के क्षेत्र में अनुसन्धान के लिए आवश्यक है कृषि के साथ नाता। कृषि विश्वविद्यालयों, अनुसन्धानकर्ताओं और किसानों का साथ। समय-समय पर निभायी जाने वाली बुद्धिजीवियों की प्रामाणिक भूमिका। संजीव ने इस प्रकार की व्यवस्था को विदर्भ में दिखाने का प्रयास किया है। विजयेन्द्र के साथ कई अनुसन्धनकर्ताओं का परिचय उपन्यास में मिलता है। विजयेन्द्र आत्महत्या करने वाले सुनील का बेटा है; वही सुनील जो अपनी बुलन्द आवाज़ में किसानों का हौसला बढ़ाता रहा, कर्ज़ लेने और आत्महत्या करने से रोकता रहा पर ख़ुद हौसला पस्त हुआ और मृत्यु का मार्ग स्वीकार कर लिया।

विजयेन्द्र अपने पिता की आत्महत्या का बोझ लेकर जी रहा है। ख़ुद आत्महत्याग्रस्त परिवार से सम्बन्धित होने के कारण इसके परिणामों की भयावहता से भी वाक़िफ़ है। किसानों की आत्महत्या उसका आत्मीय विषय है और इसी विषय पर वह अनुसन्धान कर रहा है। किसानी उसकी चाहत है। कृषि में कैरियर बनाने की इच्छा रखता है। वह वास्तव में यहाँ सर्वे कर रिपोर्ट अमेरिका भेजने वाला है। अनुसन्धान में है। वह कोरा बुद्धिजीवी नहीं है; बल्कि सक्रीय कार्यकर्ता है। आत्महत्या के कारणों पर प्रकाश डालता है। उसकी सक्रियता का परिचय तब मिलता है जब साईंपुर के लोग सरकार से सामूहिक आत्महत्या की इजाज़त माँगने लगते हैं। इस स्थिति में मूक दर्शक न रहकर वह गाँव में सभा का आयोजन करता है और सरकार की निर्ममता से परिचित कराता है। इस समय पाठक बुद्धिजीवी के सात्त्विक सन्ताप से परिचित हो जाते हैं।

संजीव अनुसन्धान का सम्बन्ध केवल बुद्धिजीवियों के साथ नहीं जोड़ते। आविष्कार केवल पुस्तकें पढ़ने वाला ही नहीं कर सकता, प्रत्यक्ष कार्यानुभव से भी यह कार्य सम्भव है। दादा रामजी खोबरागड़े केवल तीसरी उत्तीर्ण है। पर उनका कार्य राष्ट्रीय स्तर का है। इस प्रकार के अनुसन्धान को विश्वविद्यालयीन स्वीकृति तथा सरकार द्वारा अनुदान दिलाने की आवश्यकता की ओर भी वे संकेत करते

हैं। एक तीसरा प्रयास 'मन्थन' का है। एक चौथा प्रयास सुभाष पाळेकर का है। संजीवनी एक अन्य और अत्यन्त महत्त्वपूर्ण बात की ओर संकेत करते हैं। हमारी शिक्षा व्यवस्था ज्ञान और तकनीक को एक मानती है। संजीव ज्ञान और तकनीक को अलग कर देते हैं। पश्चिम की शिक्षा नीति यही है। पश्चिम के इस ढाँचे को संजीव ने तोड़ दिया है। ज्ञान महत्त्वपूर्ण होता है। ज्ञान ही तकनीक को आसान कर देता है।

खेती के लिए विकल्प जंगल है। संजीव ने जंगल और ज़मीन के प्रश्नों को सुलझाने के क्षेत्रीय उपाय का रोल मॉडल इस उपन्यास के माध्यम से पाठकों के सामने रखा है। यह इस उपन्यास की उपलब्धि है। इसीलिए कहा जा सकता है कि 'फाँस', किसानों को 'फाँस' से मुक्ति दिलाने वाला उपन्यास है। मेण्डालखा या बाँसोडा गाँव का नारा 'बाँस बचाओ, 'जंगल बचाओ, 'मानुष बचाओ' है। उनकी प्रशासन की पद्धति, ''दिल्ली बम्बई में हमारी सरकार, हमारे गाँव में हम ही सरकार'' वाली है। यह गाँव, ''जहाँ कोई मन्दिर नहीं, जाति नहीं, जंगल पर सबका समान अधिकार। बाँस के वन और वर्षों-वर्षों पुराने पेड़ों से भरा मेण्डालेखा'' (फाँस, पृ. 11)। इस छोटे-से गाँव के लोगों ने लगातार आन्दोलन कर सबसे पहले जंगलों पर अपना अधिकार जमा लिया। 105 कुटुम्ब और 500 लोगों का यह गाँव, कोया (गोंड) आदिवासियों का गाँव है। इस गाँव का कोई धर्म नहीं, किसी प्रकार का कर्मकाण्ड नहीं। विवाह भी कराना है तो सरपंच आकर विवाह कराता है। लड़की ही लड़का लेने जाती है। न कोई सरकार, न एज.जी.ओ. का कार्य या हस्तक्षेप यहाँ है। कोई सरकारी यीजना नहीं; क्योंकि यह गाँव यह मानकर चलता है कि देने वाले का हाथ हमेशा ऊपर रहता है और लेने वाले का हमेशा नीचे। फिर भी किसी भी किसान ने आत्महत्या नहीं की। जंगल उनका आधार है और बाँस उसका मेरुदण्ड। बाँस पर उन्हीं का अधिकार है। डैम, कच्चा रास्ता, भवन सब इन्होंने ही बनाया है। इस गाँव की सबसे बड़ी विशेषता 'इंटरनेट कनेक्टिविटी' है। इनसे बात करनी है तो उन्हीं की भाषा में बात करनी होती है। मज़ेदार बात जो ये है कि जिन आदिवासियों को हम पिछड़ा कहते है, वे आदिवासी दक्षिण अफ्रीका में भाषण देने जाते हैं। इनके आइकॉन तोपाजी, खोबरागड़े, हीरालाल, बाबा आमटे, बहुगुणा, शर्मा हैं। यह सब 'स्वराज' और 'स्वशासन' के कारण सम्भव हुआ। स्थानीय व्यक्ति सन्त गाडगे बाबा तथा तुकडोजी महाराज के विचारों से यह प्रभावित हैं। मालिक ग्राम समाज है, ग्राम समाज के निर्णय के बिना पत्ता भी नहीं हिलता है। मेण्डालेखा के स्थानीय मॉडल को सामने रखकर यूरोपीय ज्ञान-विज्ञान को तथा मार्क्स को भी नकार रहे हैं।

फाँस उपन्यास के केन्द्र में विदर्भ का क्षेत्र और वहाँ का जनजीवन होने की वजह से इस उपन्यास में कोई एक चरित्र प्रमुख नहीं है, लेकिन कई चरित्र प्रभावी बिम्ब के रूप में उभरकर आये हैं। इस उपन्यास में कला (छोटी), शिबू, शकुन,

सुनील काका, विजयेन्द्र, मोहनदास बाघमारे, नाना बापटकर, अशोक, शुभा और रामजी खोबरागड़े आदि चरित्र अपनी पहचान बनाते हैं। यह उपन्यास कला नामक स्त्री-चरित्र के आसपास घूमता है। संजीवनी ने कला का गठन बड़ी बारीकी से किया है। कला को 'हिन्दी कथा-साहित्य की वैचारिक साझेदारी की माँग करने वाली पहली दलित स्त्री' कहा जाये तो अत्युक्ति नहीं होगी। हिन्दी कथा साहित्य में दलित स्त्री की मानसिकता की सूक्ष्म अभिव्यक्ति क़रीब-क़रीब न के बराबर है। कला शिबू और शकुन की बेटी है; वैसे यह पिता की तुलना में माँ की बेटी अधिक है–'टेढ़ी आई की टेढ़ी मुलगी'। मेहतर कन्या। गिलही की तरह चंचल और चहकती। शरारती और शोख़ीबाज़। इतना रूप, इतना लावण्य, इतना तेज, इतनी ताक़त, इतनी निर्भीक, इतनी मैच्योर, इतनी विश्वासी कि उसके निर्णय को डिगा पाना मुश्किल। माँ शकुन जानती है अपनी बेटी को, "मुझे मालूम था कोई भी आँचल तुझे बाँध नहीं पायेगा। तू आग है आग। जो बाँधने की कोशिश करेगा जल जायेगा।" (फाँस, पृ. 173-74) 'एक नगीना' जिसे विजयेन्द्र 'पका फोड़ा' कहता है। डॉ. आम्बेडकर के विचारों से प्रभावित एक तेजोमयी स्त्री। खुलकर और मुक्त रूप में जीना उसका स्वभाव है। पढ़ना तो बहुत चाहती है; पर समाज में लड़की के चाहने से क्या होता है? यह उसका दुर्भाग्य है कि ख़ाली एक दिन युवा कैम्प में शामिल होकर एक रात बाहर क्या रही कि पिता ने उसकी पढ़ाई बन्द कर दी।

बचपन में उसकी दोस्ती अशोक से हो जाती है। दोस्ती का कारण केवल स्त्री-पुरुष आकर्षण नहीं है; बल्कि एक वैचारिक साझेदारी है। मनुष्य को अभिव्यक्ति का शाप मिला है। संवेदनशील व्यक्ति में यह बात और भी तीव्र रूप में दिखाई देती है। मनुष्य केवल अभिव्यक्त ही नहीं होना चाहता; बल्कि समरसता भी चाहता है। बिहारी व्यावहारिक दृष्टि से बड़े कुशल कवि थे। बातों का विलक्षण आनन्द होता है, इस बात को 'बतरस' शब्द के माध्यम से कह गये। कला भी बातूनी है। अभिव्यक्ति होने के लिए उछल-उछल पड़ती है। जहाँ भी मौक़ा मिला अपना ज्ञान बाँटना शुरू करती है। अशोक से दुनियाभर की बातें करना उसे अच्छा लगता है। किसान, किसानी, खेत, राजनीति, पत्रिकाएँ, किताबें और पुरानी हिन्दी फ़िल्मों के गीत उनके चर्चा के विषय होते हैं। अशोक को भी उसके साथ बातें करना बड़ा अच्छा लगता है। शायद कला का संग पाने के लिए वह दो-दो साल फेल होकर उसके बराबर रहना चाहता है। दुनिया में ऐसे अवसर बहुत कम होते है। कि एक साथ दोनों व्यक्तियों को एक ही काम करने में आनन्द आये। कला और अशोक इन अपवादों में से एक हैं।

वास्तविकता बड़ी भयानक होती है। इस बात का पता बहुत जल्द कला और अशोक को चल जाता है। हमारे जीवन की यही विडम्बना है कि जहाँ सुन्दर वैचारिक साझेदारी है, वहाँ साथ जी नहीं सकते और जहाँ साथ है, वहाँ शायद ही

इस प्रकार की साझेदारी हो। ऐसी ही बेमेल जोड़ियों से हम रोज़ मिलते रहते हैं। इस समाज के कठोर नियम हमारी सहजता को छीन लेते हैं। हमारी व्यवस्था में रिश्ता आदमी-आदमी में नहीं होता, बल्कि जाति, धर्म, वर्ण, स्तर रिश्ते बनाते हैं। कला मेहतर कन्या और अशोक मराठा मुलगा। कैसे सम्भव होगा दोनों का रिश्ता? निम्न वर्ग को उच्च वर्णियों से रिश्ता बनाने में कोई गुरेज़ नहीं, पर उच्च वर्णीय निम्न वर्ग से कैसे रिश्ता बनाएगा? उसमें भी कला मेहतर कन्या। शकुन अपनी बेटी को देख रही थी, अशोक और कला के सम्बन्धों को निहार भी रही थी और उस वास्तविकता को भी महसूस कर रही थी; जो इन दोनों को एक साथ कभी जीने नहीं देगी। उसे पता था कि यह रिश्ता बहुत दिन तक नहीं चल पायेगा। हुआ यही। शिबू और शकुन बहुत जल्द उसका विवाह तय कर देते हैं। अशोक और कला का रिश्ता टूट जाता है। लेखक ने अशोक के बारे में कहा कि कला का जाना उसके लिए 'एक आत्मीय दुनिया का ओझल हो जाना' था। 'आत्मीय दुनिया का ओझल हो जाना', 'ये तीन-चार शब्द एक साथ कला और अशोक के सम्बन्धों की गहराई में ले जाते है' साथ ही टूटन की पीड़ा की भी अभिव्यक्ति करते हैं। कला का विवाह बाँसोडा (मेण्डालेखा) के सुभाष से हो जाता है। जहाँ शरीर और मन रमा था, उससे नाता तोड़कर कला अपने अजनबी पति से मन मोड़ नहीं पायी। पति का स्पर्श वह महसूस ही नहीं कर पाती।

जीवन में एक ही जगह पर रुकना कला का स्वभाव नहीं है। स्थितियों पर मात कर निरन्तर कलकल करते हुए बहने वाली निर्झरिणी है। वो। अपने आपको केवल घर-परिवार तक सीमित न रखने का निर्णय तो सुहागरात के दिन ही अपने पति से वचन लेकर कि 'पढ़ने और आगे बढ़ने से उसे कभी न रोका जाये'—लिया था। पढ़ना और आगे बढ़ना उसकी फ़ितरत है। नयी-नवेली दुल्हन सरपंच से बात कर, गाँववालों को अपने कार्य में शामिल कर सदैव अँधेरे में डूबे बाँसोडा में बिजली लाने का साहस करती है। सारा गाँव झूम उठता है। चारों तरफ़ उसकी जय-जयकार होने लगती है। इस उत्साह में अपने पति और घर की भागीदारी चाहती है। पर यह चित्र दिखाई देता है कि पूरा बाँसोडा उसकी जय-जयकार कर रहा है और अपने ही घर में उसकी छी-थू हो रही है। बाहर प्रशंसा, घर में उपेक्षा, यह स्थिति वह बहुत दिनों तक सह नहीं पाती और बाँसोडा छोड़ने का निर्णय ले लेती है या उसे ससुराल छोड़ने के लिए बाध्य किया जाता है?

कला अत्यन्त संवेदनशील है। एक ओर संवेदनशीलता और दूसरी ओर स्वच्छन्दता के ताने-बाने से उसका व्यक्तित्व बना है। बेफाम होकर जीती है और अपने को झोंककर काम करती है। फूल से सुकुमार ओठ और बिल्लौरी आँखें, पहनने के लिए जीन्स उसके व्यक्तित्व की अभिव्यक्ति करते हैं। फाँसी लेकर मरे विट्ठल नाम के किसान के बेटे को पालती है और उसका नाम 'जीवन' रखती है पर समाज इतना

क्रूर है कि कला और अशोक के सम्बन्धों की गहराई जाने बिना अपनी संकुचित, दक़ियानूसी सोच का परिचय देता है और जीवन को अशोक और कला का बेटा करार देता है। इस आरोप को न सहकर शिबू आत्महत्या करता है तो समाज उसे 'पिता की हत्यारिन' की नज़र से देखता है। बार-बार समाज द्वारा दिये गये ताने कला को किस तरह बेचैन करते रहे हैं, उसे हम संजीव के इन शब्दों के माध्यम से बड़ी तीव्रता से महसूस कर सकते हैं, "तेज़ाब की बूँद-बूँद बनकर गिरती और ग़लती रही मेरे बाप की मौत। मुझे उस फाँस से उबरना था और इस फाँस से भी। मैं चली आयी उन लक्ष्मण रेखाओं का अतिक्रमण कर।"(फाँस, पृ. 166)। स्पष्ट है, 'एक फाँस किसानों की है, एक दूसरी फाँस स्त्रियों की इस घुटन की है। दर्द की कई पर्तें; जिसमें एक ओर अशोक के लिए तरसते मन-प्राण, बिना वजह समाज के ताने (पिता, अशोक और जीवन के कारण तथा अच्छे कार्य के कारण भी), ससुराल में ज़लील किया जाना, 'यह सब कला क्यों सहे? एक स्त्री होने के कारण ही? संजीव इस अमूर्त फाँस की भी बात करते हैं। कला इस फाँस से मुक्ति पाती है। अपने को फेंकी हुई चीज़ मानने से इंकार करती है और गिरती-पड़ती भी उठ खड़ी होती है। वह किसानों को आत्महत्या से परावृत्त करने का काम शुरू करती है। वैसे किसानों की आत्महत्या से वह बचपन से ही नफ़रत करती थी। अपना पूरा जीवन इसी कार्य के लिए समर्पित करते हुए वह जिजयेन्द्र से कहती है, "मैं तुमसे बराबर कहती आयी, आज भी कह रही हूँ कि अमेरिका जाओ, इजिप्ट जाओ, चाँद पर जाओ या कही और, 'जहाँ भी संजीवनी मिले, ढूँढ़कर लाओ। मेरा बाप मरा। तुम्हारा बाप मरा। तीन लाख मर चुके। अब आगे एक भी नहीं। फिर वे कीटनाशक! सारी मिट्टी में, सारे पानी में, ज़हर घोल दिया। मैं इस अभियान को समर्पित हूँ।" (फाँस, पृ. 167)

इस उपन्यास में हम जिन प्रकाश के द्वीपों से मिलते हैं, वे है। रामजी खोबरागड़े, विजयेन्द्र और कला। कला से हम परिचित हुए। रामजी खोबरागड़े, नांदेड का नगीना। तीसरी पास पर एच.एम.टी. धान के आविष्कार के कारण 84 पुरस्कारों के विजेता। 'मज़दूर से किसान' बनने का मार्ग इन्हीं से जाता है। ऊपर कहा जा चुका है कि इन पर आर्किमिडीज़ का सिद्धान्त पूरी तरह से लागू होता है, "तुम मुझे खड़े रहने की जगह दो, मैं दुनिया को खिसका दूँगा।" (फाँस, पृ. 84)

दादाजी के पिता ने भी आत्महत्या की थी। दादा के सामने दो मार्ग थे—एक आत्महत्या का और दूसरा आत्महत्या के विरुद्ध जीने का। जाति से दलित। अत्यन्त ऊर्जावान। बहुत सामान्य रहन-सहन। रामजी के 'महल' का वर्णन करते हुए लिखा है संजीव ने, "एक कमरे का अपना और एक कमरे का राजीव गाँधी योजना का—उसी में धान का टाल लगा है, कापूस का भी, कुत्ता भी, बिल्ली भी, चूहा भी, तिलचिट्टे भी और दादाजी भी।" (फाँस, पृ. 83) दादाजी भी औरों की तरह ही है; पर औरों

से अलग करने वाली एक बात उनमें है, और वह है 'विश्वास'। इसी विश्वास के बलबूते वे मज़दूर से किसान बन जाते हैं। खाद, मिट्टी, पानी और हाथ के बदलाव से पौधे की परवरिश में आने वाले परिवर्तनों को देखते-देखते एच.एम.टी. धान का आविष्कार वे करते हैं। इस उपलब्धि के लिए उन्हें सोने का मेडल दिया गया; पर वह नकली निकला। पेटेंट उनको मिला नहीं। दलित होने के कारण इस उपलब्धि के बावजूद भेदभाव सहा। पर आख़िर में उन्हें उनकी मेहनत का फल मिला ही, ''जिस विदर्भ और जिस भारत में अपने लाभ-लोभ के लिए लोग आत्महत्याएँ करते हुए आ रहे हैं, हताशा के उन स्याह अँधेरों में दादाजी एक मशाल की तरह जल रहे हैं। सरकार इनाम, इकराम क्या देगी? विद्या के केन्द्र इन्हें चिह्नित क्यों करने लगे? उलटे उन्होंने हड़प लिया उनके अवदान को। न सिर्फ़ हड़पा बल्कि दुगने दाम पर अपना लेबल लगाकर बेच रहे हैं।'' (फाँस, पृ. 84) महाराष्ट्र में स्कूल पाठ्यक्रम में इनके योगदान का परिचय रखा गया है।

विजयेन्द्र और कला में एक समानता है, 'दोनों भी आत्महत्या करने वाले किसान की सन्तान। दोनों के भी पीछे इस आत्महत्या का साया; जो कभी पीछा नहीं छोड़ता। जब-जब अपने पिता सुनील की आत्महत्या का ज़िक्र होता है' विजयेन्द्र अपने आपको हीन महसूस करता है, ''मैं हीनता की इस क़ब्र से उठना चाहता हूँ दादाजी! कहीं भी जाता हूँ, कहीं भी कुछ करता हूँ, पानी में डूबे हुए मुर्दे की तरह यह अहसास टकराता रहता है मेरी चेतना से।'' (फाँस, पृ. 83) कला की तुलना में भी विजयेन्द्र का यह अहसास और गहरा है; क्योंकि सुनील और अन्य आत्महत्या करने वाले व्यक्ति में एक अन्तर है, 'सुनील आत्महत्या करने वाला वह इंसान है जो पूरी ज़िन्दगी दूसरों को आत्महत्या से परावृत्त करता रहा है; पर हौसला पस्त होने के बाद खुद ही आत्महत्या कर बैठता है।

विजयेन्द्र, एक किसान का बेटा है। डॉक्टर, इंजीनियर बनने के बजाय कृषि में कैरियर बनाना चाहता है। खेती उसकी रुचि का विषय है। पढ़ा-लिखा बुद्धिजीवी है। किसानों की आत्महत्या पर अनुसन्धान कर रहा है। अत्यन्त संवेदनशील, अनुसन्धान में पूरी तरह से डूबकर काम करने वाला। उसके लिए यह विषय आत्मीयतापूर्ण है। किसानों से जुड़कर, किसानों की परेशानियों को समझ लेना चाहता है। विषय के साथ-साथ वह भी बहने लगता है। अन्य कई अनुसन्धानकर्ताओं की तरह सर्वे के नाम पर काम कम और मौज-मजे अधिक; यह उसकी आदत नहीं है। नाना उसका मन रमाने के लिए डांस पार्टी देखने ले जाता है तो इससे उसे घिन होती है। वह विषय एवं प्रश्नों से भिड़ना चाहता है। सक्रीय रहकर मार्ग निकालना चाहता है। साईंपुर गाँव के किसान जब सामूहिक आत्महत्या की इजाज़त माँगने लगते है, तब वह चुप न बैठकर गाँव में सभा का आयोजन करता है। विजयेन्द्र का लेखन सामर्थ्यशाली है। समाचार-पत्रों में प्रकाशित उसके लेखों को पढ़कर अन्य राज्यों के लोग उससे

मिलने आते हैं, चर्चा करते हैं। वह किसानों के प्रश्नों को सम्पूर्णता में देखना चाहता है। समय भारत के किसानों को संगठित करना चाहता है।

भारत में महाराष्ट्र प्रगत राज्य है; परन्तु विदर्भ और मराठवाड़ा उसके पिछड़े हिस्से हैं। उपन्यासकार संजीव विदर्भ को केन्द्र में रखकर जब उपन्यास लिख रहे थे; तब उन्होंने यहाँ के भूगोल, यहाँ की संस्कृति एवं यहाँ के प्रश्नों को निकट से देखा। है। यहाँ के लोगों की जीवन-दृष्टि से वे परिचित हुए हैं। यहाँ एक ही वर्ण और जाती के लोग नहीं रहते। यह इलाक़ा मिश्रित लोगों का इलाक़ा है। अधिकतर घर हिन्दुओं के हैं। हिन्दू रीति-रिवाजों का प्रभाव उन पर है। पर इनमें से अधिकतर बौद्ध हो रहे हैं। परन्तु धर्म बदलना आत्महत्या से कम नहीं माना जाता। यहाँ भी धार्मिक भेदभाव और उच्च-नीचता का भाव प्रबल है। यहाँ भिखमँगे भी जातियों में बँटे हैं। मेहतरों की स्थिति और भी दयनीय है। ब्राह्मणों और शिवाजी महाराज के विचारों में द्वन्द्व है। आज़ाद भारत में समानता का संविधान होने के बावजूद दलितों के प्रति देखने के नज़रिये में बहुत अन्तर नहीं आया है। किसान अभी भी भावुकता में ही जी रहे हैं। कॉरपोरेट युग में कॉरपोरेट दृष्टि का उनमें अभाव है। किसान वर्णीय मानसिकता में जी रहे हैं। किसानों की आत्महत्या का समय कौन-सा है और अधिकतर आत्महत्याएँ अप्रैल और जून के बीच क्यों होती हैं? इसके भी कारणों पर प्रकाश डाला गया है। सरकार इन किसानों को आत्महत्या से बचाने के लिए इस कालावधि में अलग-अलग योजनाओं को अमल में ला सकती है। नीति निर्धारित कर सकती है। संजीव की नज़रों से यह बात भी छूटी नहीं है कि एक ओर किसानों की आत्महत्याएँ और दूसरी ओर डांस-हंगामा? यह विरोधाभास? और वह भी डॉ. बाबा साहेब आम्बेडकर की भूमि में? यह बात उनको अचम्भे में डालती है। चिन्तन के लिए बाध्य करती है। लेखक बौद्ध और आदिवासियों की विवाह पद्धतियों का विस्तार से वर्णन करते हैं।

एक बात वे बार-बार कह रहे है। कि यहाँ औरत को किसान नहीं माना जाता। मुलगियों को अकेले जंगल नहीं भेजा जा सकता। छोटे-छोटे निमित्त बनाकर लड़कियों को पढ़ाई से वंचित रखा जाता है। यहाँ का महात्मा गाँधी अन्तरराष्ट्रीय विश्वविद्यालय अलग-अलग सेमिनारों का आयोजन कर समाज से सम्बन्ध स्थापित करने में प्रयत्नशील है। इस विश्वविद्यालय के निमित्त पूरे विश्व के विद्वान यहाँ आ रहे हैं। इंजीनियरी की विस्तार से चर्चा करते हैं। इसके परिणामस्वरूप पेड़-पौधे और मनुष्य में किस प्रकार के परिवर्तन हो सकते हैं। भविष्य में यह तकनीक किस प्रकार का रूप धारण कर सकती है, इसकी ओर भी संकेत करते हैं। मेण्डालेखा का आदर्श सामने रखकर समस्याओं से मुक्ति के उपाय भी वे बतलाते हैं। विदर्भ के किसानों या भारतीय किसानों के लिए नीति बनाते समय इस रोल मॉडल पर विचार कर नीति निर्धारित की जा सकती है। एक ओर दलित एवं आदिवासी किसानों की

मेहनत, परिश्रम एवं उनके आविष्कार-अनुसन्धान का उपयोग किया जा सकता है और दूसरी ओर उच्चवर्णीय एवं मराठों को महानता के बोझ से मुक्त करने के लिए अलग-अलग प्रशिक्षणों का आयोजन किया जा सकता है।

संजीव सिद्धहस्त कथाकार हैं। हर अमूर्त भाव को मूर्त बनाने में उनकी क़लम रुकती नहीं है। यह उपन्यास किसान जीवन से सम्बन्धित है। भाषा उन्हीं लोगों के जीवन से जुड़ गयी है, जैसे—"वनगाँव पहाड़ी की ढलान पर बसा हुआ है, चढ़ाई चढ़ते-चढ़ते ज़मीन पहाड़ी पर ही पहुँचकर दम लेती है। जहाँ सूरज शाम को पहुँचकर थके किसान की तरह पसीना पोंछते हुए पीछे मुड़कर अपने खेतों को देखता है और पूरी घाटी सुनहरी हो उठती है।" (फाँस, पृ. 9) भाषा की दृष्टि से इस उपन्यास की एक और विशेषता है, इसमें मराठी भाषा के शब्द प्रयोग में लाये गये हैं। मराठी भाषा के मूल शब्द वैसे-के-वैसे रखकर नीचे उसके अर्थ दिये गये हैं। एक भाषा के शब्द दूसरी भाषा में ले जाने का यह तरीक़ा बहुत प्रभावी है। ख़ासकर शेती और रिश्तों से सम्बन्धित शब्द तो वैसे-के-वैसे प्रयोग में लाये गये हैं।

हिन्दी कथा-साहित्य में किसानों की आत्महत्या जैसा विषय लेकर लिखा गया यह पहला उपन्यास है। अकसर लेखकों से शिकायत होती है कि लेखक समकालीन प्रश्नों पर लिखते नहीं हैं। समाज के प्रति अपनी प्रतिबद्धता निभाते नहीं हैं। संजीव का यह उपन्यास इस शिकायत का ज़बरदस्त उत्तर है। लेखक न केवल किसानों की समस्याओं से भिड़ रहे हैं; बल्कि इन समस्याओं से निजात पाने के उपाय भी लेकर आ रहे हैं। महाराष्ट्र में किसानों के लिए नीति-निर्धारण करते समय, ख़ासकर विदर्भ में तथा वहाँ के लोगों की मानसिकता का अध्ययन करते समय, यह उपन्यास निश्चित ही दिशा दर्शक हो सकता है।

सन्दर्भ

1. किसान आन्दोलन दशा और दिशाः किशन पटनायक, राजकमल प्रकाशन, नयी दिल्ली, पहला संस्करण 2006, पहली आवृत्तिः 2009; वही, पृ. 32
2. वही, पृ. 32
3. वही, पृ. 43
4. किसान आन्दोलन दशा और दिशा : किशन पटनायक, राजकमल प्रकाशन, नयी दिल्ली, पहला संस्करण : 2006, पहली आवृत्ति : 2009

फाँस : एक सच्चा बहुजन उपन्यास

–प्रेमपाल शर्मा

बहुजन की एक सहज व्याख्या मेरी समझ से होगी इस देश के अधिकांश नागरिक, मज़दूर, किसान, मोची, रिक्शाचालक, पल्लेदार, मछुआरे, मिस्त्री...यानी कि ये सब जो शारीरिक श्रम पर जीते है। और जिनकी हालत आज़ादी के इतने बरस बाद और ढेर सारी घोषणाओं, सेमीनारों, पत्रिकाओं की वार्षिकी के बावजूद लगातार पतली होती जा रही है। उनका हाशिये पर भी बने रहना धर्मवादी, जातिवादी सत्ताओं को बरदाश्त नहीं। सत्ता की कुटिलता देखिए कि वह नाटक तो धर्म-जाति के विरोध का करती है लेकिन मज़बूत इसी 'वाद' से होती है। ऐसे समय में कोई रचनाकार हम सबका पेट भरने के लिए अन्न उपजाने वाले किसानों की ज़िन्दगी में घुसकर 'फाँस' जैसी नायाब औपन्यासिक कृति हिन्दी साहित्य को दे तो यह बहुजन के लिए किया गया एक महत्त्वपूर्ण योगदान माना जायेगा। कथाकार संजीव विदर्भ में रहे, आत्महत्या करते किसानों के परिवारों के दुख में शामिल हुए और फिर एक रचनाकार की भूमिका अदा की।

संजीव के नये उपन्यास 'फाँस' की पृष्ठभूमि है देशभर में लगभग पिछले दो दशकों से बढ़ रही किसानों की आत्महत्याएँ। उपन्यास में महाराष्ट्र के यवतमाल ज़िले के गाँव के वनगाँव का चित्रण गया है, लेकिन इसमें आन्ध्र प्रदेश व कर्नाटक के किसानों सहित भारत के उन सभी किसानों की कहानियाँ शामिल हैं, जिन्हें पहले जीएम बीजों का इस्तेमाल करने के लिए फुसलाया गया और फिर कर्ज़ दिया गया। लेकिन कुछ सूखे की मार और कुछ प्रकृति के साथ अनाचार के कारण सीधे-सादे किसानों की ज़िन्दगी कर्ज़ और सूखे के बोझ तले इस तबाही में आत्महत्या की तरफ़ बढ़ती गयी। बहुत ज्वलन्त मुद्दा चुना है संजीव ने और शायद हिन्दी में पहली बार प्रेमचन्द के 'गोदान' के बाद किसानों और गाँव की पूरी ज़िन्दगी का दर्द और कसमसाहट सामने आयी है।

सचमुच, समाज का यथार्थ ही साहित्य में बोलता है, बस दृष्टि चाहिए उसे समझने और फिर बयान करने की। उपन्यास की शुरुआत में ही समाज की एक

प्रवृत्ति सामने आ जाती है और वह है लड़कियों पर तरह-तरह के प्रतिबन्ध लगाने की। महाराष्ट्र के यवतमाल ज़िले के वनगाँव में भी लड़कियों के प्रति वही नजरिया है, जो हिन्दी प्रान्तों में। 'छोटी मुलगी' (लड़की) स्कूल के एक सांस्कृतिक कार्यक्रम के बाद अपनी सहेली मंजुला के साथ उसके गाँव क्या चली गयी, तूफ़ान आ गया मानो अनर्थ हो गया। 'और पढ़ाओ इन मुलगियों को, जैसे बैरिस्टर बनेगी।' पिता शिबू ने फ़रमान सुना दिया आगे से स्कूल जाना बन्द।

क्या लड़कों के साथ इस तरह पेश आते है। या आ सकते हैं? फिर लड़के-लड़कियों में भेदभाव क्यों? हमारे प्रधानमन्त्री ने भी लालक़िले से वही सवाल पूछा था, जो संजीव उपन्यास के तीसरे पृष्ठ पर उठा रहे हैं।

शुरू के पृष्ठों में ही वातावरण उभरने लगता है, भारत के गाँवों के जीवन का। संजीव ग्रामीण भारत के कथाकार हैं, इसलिए हर शब्द से प्रामाणिक तस्वीर बनती चलती है। किसान के लिए गाय, बैल, बकरी सब परिवार के हिस्से होते हैं। माकड़ू बैलघर का वासरू है। मकरी गाय की निशानी। 'उसके बाद गाय नहीं ले पाये हम। उसे मत बेचना।' गोदान के दृश्यों की याद दिलाता और हीरा-मोती (दो बैलों की कथा की भी)। कीचड़ में फँसे लालू बैल की मर्मांतक मौत का चित्र वही खींच सकता है जो उस कीचड़ में सना हो।

विकास के नाम पर आदिवासियों से उनका सब कुछ छीन लिया गया। जंगल में रहते है। लेकिन पेड़ की एक पत्ती तक नहीं छू सकते बिना सरकार की इजाज़त के। सरकार की मिलीभगत से तरह-तरह के अत्याचार सहते हैं। सरकारी कारिन्दे को उसकी बदतमीज़ियों के लिए गाँव की औरतों ने पीट डाला तो पूरे गाँव पर ही तबाही आ गयी। सबकी पेशी होती है। पूछा जाता है, "आप लोगों को मालूम नहीं कि बिना परमिशन के आप जंगल के किसी पेड़ को छू भी नहीं सकते न बाँस, न बल्ली।"

भीड़ से जवाब आता है, 'और जो सुअर, भालू, बन्दर खाते है, परमिशन लेते हैं?'

"बहस मत करो," सरकारी कर्मचारी गुर्राया।

"और हम आपके सिपाही को अपनी मुलगियों के साथ मनमर्ज़ी करने देते वो ठीक था? मुलगी ने मुँह नोच लिया तो ग़लत हो गया?"

शिबू का एक हाथ शिवाजी ने पकड़ रखा था, दूसरा राणा प्रताप ने, शिबू करे तो क्या करे? शिजाजी और राणा प्रताप...। आप पूछेंगे इक्कीसवीं सदी में ये कहाँ से आये। तो ऐसा है कि ऐसे समझना होगा। शकुन का पति शिबू आपको बताएगा कि अपने सुनील काका में थोड़ा-थोड़ा दोनों हैं। एक हुँकारती हुई आवाज़ का नाम है सुनील, "ख़बरदार जो किसी ने क़र्ज़ लिया, ख़बरदार जो किसी ने आत्महत्या की तरफ़ क़दम बढ़ाये। कोई भी ख़ुद-ब-खुद यमराज के पास नहीं जायेगा...।" काश। ज़िन्दगी सुनील काका की हुंकार की तरह सीधी और सपाट होती।

जब से वनरक्षी ख़ुदाबख़्श ने उसकी छोटी बेटी कलावती की बाँह पकड़ी, उसके

संकल्प हिल गये हैं। लड़की की जात। आज खुदाबख़्श है, कल कोई और होगा, परसों कोई ओर! इसका जल्दी शादी-ब्याह करना पड़ेगा। सुनील ने कहा, "कर्ज़ मत लो।" चलो, नहीं लेते कर्ज़। लेकिन पहले के लिए हुए कर्ज़ का क्या होगा?

ज़िन्दगी एक—दूसरे को कैसे प्रभावित करती है। बस शादी की चिन्ता हो गयी पिता शिबू को। आज खुदाबख़्श, तो कल कोई और, स्कूल जाने से तो पहले ही रोक लिया था।

किसान मोहन बाघमारे कर्ज़ लेने जाता है किसी अधिकारी के पास। उपन्यास का एक-एक शब्द पाठक के आर-पार होता जाता है। किसानों के नाम पर वोट लेने वाली सरकारें कैसी क्रूरता से किसानों से पेश आती हैं मानो अंग्रेज़ी सरकार अभी भी क़ायम हो। खेती के लिए कर्ज़ न देने के हज़ार बहाने। पचास कानूनों की दुहाई लेकिन मोटर साइकिल के लिए तुरन्त तैयार। जैसे-तैसे कर्ज़ लेकर ज़िन्दगी खींच रहा था मोहन बाघमारे का परिवार कि सूखे की चपेट में पूरा क्षेत्र आ गया। सूखे की चपेट में बैल (भाई) का सौदा करना पड़ा। एक को साँप ने काट खाया, दूसरे को मजबूरी में कसाई को बेचना पड़ा और फिर खुद ही मोहन बैल की जगह खेत जोत रहे हैं। सिन्धु ताई ने हल की मूठ पकड़ रखी है। लेकिन धर्म का फन्दा ऐसे सस्ते में थोड़े छोड़ेगा। "कसाई को बैल बेचा। महापाप। बहुत भयंकर पाप है गोवध। प्रायश्चित्त का एक ही उपाय है कि बैल के गले का फन्दा गले में डालकर भिक्षापात्र लेकर भीख माँगनी पड़ेगी। शुद्धि तक न घर में घुस सकते हैं, न मनुष्य की बोली बोल सकते हैं।" स्वामी निरंजन देव गिरी जैसे पण्डित सुझाते है। ये प्रायश्चित्त। काशी के जो हैं। पूरी दुनिया में काशी के पण्डितों का कोई सानी नहीं। शिवाजी महाराज को भी उन्होंने ही क्षत्रिय बनाया।" (पृ. 57)

और सीधे-सादे किसान को धर्म और विकास की चक्की के दो पाटों ने किसका किंवदन्ती बना दिया। कोई कहता वर्धा बस स्टैंड पर उन्हें देखा, कोई सेवा ग्राम में बताता, कोई फलाने मन्दिर में। बा...बा...करके भीख माँगते।

जाति की जकड़न, भूख की तड़पन और बराबरी की आकांक्षा ले गयी इन्हें बौद्ध धर्म की शरण में। संजीव ने सचमुच घटना की बुनियाद को पकड़ा है। आख़िर बाबा साहेब आम्बेडकर और दूसरे लोग पचास के दशक में बौद्ध धर्म की तरफ़ क्यों गये? पहले आज़ादी का इन्तज़ार किया और हारकर धर्म छोड़ना पड़ा।

फूल-पत्ती का ऐसा चित्रण और विवरण उसी के बस का है, जो उसमें रमा हो। संजीव के लिए गाँव पिकनिक नहीं है और न ही शहर में सेमीनार का विषय। वे उसकी रग-रग समझते हैं।

विकास का अविवेकपूर्ण मॉडल सारे देश के किसानों को तबाही के रास्ते पर धकेल रहा है। विदेशी गाय तो आ गयी। तीस-तीस किलो दूध भी देती है, लेकिन इस बार तो समस्या और विकराल थी। आख़िर इतना दूध देने वाली गायों को

खिलाये क्या? जब अपने पेट के लाले पड़ रहे हों तो इन गायों का साना पानी कैसे हो? दूध बेचने बाज़ार निकले तो उसके ख़रीददार नहीं। बस सरकारी दलालों की बन आयी। जब ये गाय दी गयी थीं तो उन्हें कमीशन मिला और मजबूरी में किसानों को बेचनी पड़ रही है तो इन साहूकारों और दलालों के फिर वारे-न्यारे। प्रसिद्ध पत्रकार पी. साईंनाथ ने अपने मशहूर रिपोर्ताज में बार-बार इन समस्याओं पर लिखा है। ये विदेशी नस्ल की गाय खुद तो खत्म हुई ही देसी नस्ल की गाय और बछड़े भी क्षेत्र से ग़ायब हो गये। यानी विकास की अन्धी दौड़ में खेत भी बंजर और जानवर भी। और अब आत्महत्या के बाद मनुष्य भी।

उपन्यास की एक ख़ूबी या सीमा है अपने समय के सभी मौजूदा जीवित चरित्रों की छागाएँ। लेकिन मराठा पृष्ठभूमि के नायक, उनके जीवन में डूबे है। संजीव। पाठकों के लिए भी नये शब्द लुगड़ा यानी साड़ी की लाँग, नयरा-पति, मुलगा-मुलगी यानी लड़का-लड़की। एक खटकने वाली बात है अंग्रेज़ी के शब्दों की तरफ़ झुकाव मानो बोलचाल की भाषा में इनका प्रचलन हो। एक हिन्दी कथाकार के पास जब ग्रामीण बोली-भाषा के इतने शब्द है। तो क्यों न उनका प्रयोग किया जाये।

सही अर्थों में बहुजनवादी साहित्य का उम्दा उदाहरण है, संजीव का नया उपन्यास 'फाँस'।

संघर्षरत मानवी की गाथा : 'फाँस'

—भारती गोरे

'फाँस' वर्तमान समय का महाकाव्यात्मक उपन्यास है। इस बहुचर्चित उपन्यास को प्रेमचन्द के 'गोदान' की अगली कड़ी माना जा रहा है। इसे 'अगली कड़ी' कहने के कई कारण है। जिनमें से सम्भवतः सर्वाधिक महत्त्वपूर्ण कारण समय, परिस्थितियाँ आदि निकषों के साथ ही कृषि संस्कृति में दृष्टिगोचर होते बदलाव हैं। गोदानकालीन किसानों को जिन विपरीत स्थितियों का सामना करना पड़ता था, वे विपरीत स्थितियाँ अब कई गुना अधिक विकरालता के साथ वर्तमान किसानों के सम्मुख उपस्थित हैं। वैसे तुलसीकालीन 'खेती न किसान को' से लेकर 'गोदान' के होरी तक किसानी हमेशा घाटे का सौदा साबित हुई है, लेकिन वर्तमान किसानी तो साक्षात् मृत्यु की फाँस ही बन चुकी है। प्रातिनिधिक रूप में 'फाँस' यवतमाल के वनगाँव और आसपास के किसानों की दुर्दशा भले ही स्पष्ट करता हो, लेखक का मन्तव्य समस्त भारतीय किसानों से है, इसमें कोई दोराय नहीं।

'फाँस' में एक ओर शिबू, सुनील काका जैसे जुझारू किसान आत्महन्ता बनने पर मजबूर है। तो दूसरी ओर मोहन, नाना, सुरेश जैसे किसान मौत से बदतर ज़िन्दगी गुज़ारने के लिए बाध्य हैं। बी.टी. कॉटन जैसे ज़मीन को बाँझ बनाने वाले बीज, महँगे कीटनाशक, सिंचाई व्यवस्था, कर्ज़ के जाल में फाँसते साहूकार-सेठ या बैंक और सबसे भयंकर—प्रकृति और पर्यावरण की कुपित दृष्टि आदि का समग्र दुष्परिणाम है—किसान आत्महत्याएँ! 'फाँस' में इन सभी बातों का दिल दहला देने वाला चित्र खींचा गया है। उपरोक्त समस्याओं की जड़मूल समेत गहरी पड़ताल करते 'फाँस' में निःसन्देह किसान और किसानी के प्रश्नों पर सार्थक बहस छेड़ी गयी है। इसी कारण 'फाँस' में समस्या का कोई पक्ष अछूता नहीं रहता। बावजूद इसके आलोचकगण तथा समस्त सारस्वत समाज में 'फाँस' की चर्चाओं में एक मुद्दा थोड़ा उपेक्षित और बहस के केन्द्र में आने की प्रतीक्षा करता नज़र आता है। यह मुद्दा है—'फाँस' में अभिव्यक्त स्त्री-संघर्ष। 'गोदान' में धनिया, झुनिया से लेकर मालती तक सभी, शारीरिक-मानसिक संघर्ष करती स्त्रियों की यथोचित चर्चा हुई

है लेकिन 'फाँस' में शकुन, छोटी, सिन्धु ताई, आशा, अजन्ता, एलोरा के अनवरत संघर्ष पर उतनी चर्चा नहीं हुई जितनी कि होनी चाहिए थी। यदि स्त्री-चित्रण के निकष पर 'फाँस' को परखा जाये तो निःसन्देह 'फाँस' एक ऐसा उपन्यास ठहरता है जिसमें आदि से लेकर अन्त तक स्त्री की जिजीविषा छायी हुई है। इस जिजीविषा का एक वास्तविक प्रमाण संजीव देते भी है। कि जहाँ तीन लाख पुरुष किसानों ने आत्महत्या की, वहीं आत्महत्या करने वाली महिला किसान अस्सी हैं। तीन लाख और अस्सी—इन दो संख्याओं में स्थित अनुपातिक अन्तर स्त्री और पुरुष की जिजीविषा को स्पष्ट करने के लिए पर्याप्त है। मूलतः जीवटपन स्त्रियों को प्रकृति की ओर से मिली हुई देन है। 'फाँस' की शकुन, छोटी, सिन्धु ताई, आशा जैसी स्त्रियाँ इसी जीवटपन से भरपूर हैं। इन स्त्रियों में विद्रोह है लेकिन वे कर्कशा नहीं हैं। उनमें विवेक भी है और विवेक से व्युत्पन्न सन्तुलन भी। विद्रोह और विवेक के कारण सामान्यतः जो पथरायापन आ जाता है, वह 'फाँस' के स्त्री-चरित्रों में नहीं। अपने परिवर्तनकामी विद्रोह और विवेक के साथ-साथ वे अत्यन्त संवेदनशील भी हैं। उपरोक्त सारे गुणविशेषों के साथ ही साथ 'फाँस' के स्त्री-चरित्रों का सर्वाधिक महत्त्वपूर्ण गुणधर्म यह है कि वे न देवी बनने की आकांक्षी हैं, न ही दानवी विचारों से युक्त हैं। वे खाँटी मानवी है। और अपनी सम्पूर्ण मानवता के साथ विपरीतताओं का सामना करती हैं। उनके घर-परिवार के पुरुष या तो आत्महत्या करते है। या स्थितियों से पलायन करते है। लेकिन स्त्रियाँ अपने लक्ष्य से टस-से-मस हुए बिना मार्गक्रमण जारी रखती हैं। इस क्रम में पूरे 'फाँस' में आदि से लेकर अन्त तक छाये हुए दो स्त्री-चरित्रों—शकुन और कलावती अर्थात् 'आई और मुलगी' में नायकत्व कूट-कूटकर भरा है।

शकुन वनगाँव के एक किसान शिबू की पत्नी है। बड़ी और छोटी अर्थात् सरस्वती और कलावती की माँ है। शकुन के व्यक्तित्व में ही संजीव ने पुरुषार्थ भर दिया है। बैंक के कर्ज़ तले दबा हुआ शिबू वैसे भी एक दब्बू क़िस्म का इंसान है, जबकि शकुन जुझारूपन से भरपूर है। बात चाहे जातिप्रथा की हो, बेटा-बेटी में अन्तर करने वाली सामाजिक मानसिकता की हो या कृषि संस्कृति को खस्ताहाल बनाने वाली सामाजिक-राजनीतिक-प्रशासनिक और आर्थिक व्यवस्था की हो, शकुन सभी मुद्दों पर अपनी बेबाक टिप्पणी देती है। उसका विद्रोह मात्र टिप्पणी भर तक सीमित नहीं बल्कि अवांछनीय स्थितियों में परिवर्तन लाने हेतु वह ठोस क़दम भी उठाती है। जो शकुन कभी अपने गाँव के मन्दिर की साफ़-सफ़ाई को अपनी दिनचर्या में शामिल कर चुकी थी, वहीं गाँव के पुजारी की कामनालोलुपता का धिक्कार करती है और मन्दिर की सफ़ाई का काम ठोक बजाकर छोड़ देती है। शकुन का धर्म-विद्रोह मात्र यहीं तक सीमित नहीं। वह लाखों की भगवत्भीड़ का अनुगमन करती स्त्री नहीं। वह बड़ी बारीकी से अपनी धर्मव्यवस्था, सामाजिक दृष्टिकोण और

अपनी-अपनी जाति की स्थिति का निरीक्षण-परीक्षण करती है और एक दिन बेटियों समेत बौद्ध धर्म की दीक्षा ले लेती है। उसकी बेटी कलावती के साथ वनरक्षक ख़ुदाबख़्श बदतमीज़ी करता है तो छोटी उसका मुँह नोच लेती है। जब बात ग़लत रूप में पुलिस तक पहुँचती है तो शकुन सीधे डी.वाई.एस.पी. से पूछती है, ''हमारी जगह आप होते तो क्या करते?''

लोगों द्वारा बेटी को बदचलन कहने के उपरान्त जहाँ शिबू के सारे संकल्प ढह जाते है। और वह बेटी की पढ़ाई छुड़वा देता है, वहीं शकुन बेटियों को पढ़ाने का संकल्प करती है, ''कोई बापू-वापू नहीं। पढ़ना है तो पढ़ना है। बाबा साहेब ने क्या कहा है?'' जब छोटी बाबा साहब की वाणी—'शिक्षित हो! संघटित हो! संघर्ष करो' की तख़्ती घर में सजाती है तो शकुन बेटी को शाबाशी देती है, ''शाबाश! तू मेरी असल मुलगी है।'' वह धर्मान्धता की हर निशानी मिटाने के इरादे से सारे देवी-देवताओं के चित्र घर से बाहर फेंक देती है और जब अशोक फेंके हुए देवताओं के चित्र उठाने लगता है तो अशोक को दो टूक जवाब देती है—''तेरे ये देवता और तुम क्या कर रहे थे जब पुलिस हमसे जानवर से भी बदतर ज़ुल्म कर रही थी?'' अद्‌भुत बात यह कि शकुन का पति शिबू हिन्दू से बौद्ध होने में झिझक रहा है। इस बात पर उसे बड़ी कोफ़्त है लेकिन शिबू कभी कर्ज़ उतर जाने के बाद बौद्ध बनने का आश्वासन देता है तो कभी 'मुलगियों' का ब्याह होने के बाद। इस पर शकुन के यह विद्रोही तेवर उसके व्यक्तित्व के असल परिचायक हैं, ''लाख समझाया बौद्ध हो जाओ, बौद्ध हो जाओ...तुम इन हिन्दुओं के पास जाते ही क्यों हो?... हिन्दू ठहरे न! जाति-मोह तो तुम्हें खींचेगा ही। तुम कैसे भूल जाते हो कि हमारे पुरखे कभी पीछे झाड़ू बाँधकर और हाथ में डिब्बा लेकर चलते ताकि पीछे की अपनी छुई ज़मीन अपवित्र न हो जाये। बाबा साहेब के लाख बुलाने पर भी जो न आ पाये, उन्हें तुम आदमी कहते हो? केंचुए है। केंचुए।''

किसी धर्म या जातिप्रथा पर इतनी बेबाक टिप्पणी करने का बल शकुन को उसकी नैतिकता ने प्रदान किया है। वह जानती है कि धर्म का स्वाँग भरने वाले, जाति के नाम पर आडम्बर फैलाने वाले तथाकथित पुण्यात्माओं की वास्तविकता क्या है, ''आज भी उसी मन्दिर में मत्था टेकने जाते हो, जिसका पुजारी पहले बाग के सन्तरों का लालच दे-देकर मुझे पटाने की कोशिश करता था। और अब बगुला भगत की तरह मन्दिर के ऊँचे चबूतरे पर बैठकर नहाती औरतों और स्कूल जाती मुलगियों को घूरता है...तुम अभी भी...उस पुजारी को प्रणाम करते हो, जो तुम्हारी मुलगियों को...'' धर्म के आवरण में बड़े-बड़े पाप और कुकर्म सहज ही छिपा लिये जाते हैं। धर्म के बुरक़े को खींचकर किसी धर्मात्मा में छिपे पापी की पोल-खोल करना मामूली साहस का काम नहीं। शकुन अपने अदम्य नैतिक अधिष्ठान के चलते यह कठिन काम भी सहज ही कर लेती है। उसूलों को निभाने के लिए आवश्यक

अडिगपन शकुन के पास है। बेटियों के लिए वर खोजने निकला शिबू आजकल लड़कों के चल रहे 'रेट'—एक हीरो होंडा, एक लाख कैश', 'जानकर भौंचक रह जाता है। किन्तु शकुन जातिव्यवस्था, धर्मव्यवस्था, रीति-रिवाज, परम्पराओं से भरी समाजव्यवस्था की साँठ-गाँठ ख़ूब समझती है। धर्माधारित कुप्रथाओं का षड्यन्त्र पति को समझाने की कोशिश करती है, "बड़ी जात के हिन्दुओं की संक्रामक दहेज की बीमारी से बीमार...अपनी बग़ल के गाँव में लीलू और चन्दा के बाप को किसने मारा, फ़सल की बीमारी ने...नहीं? ...इन्हीं हिन्दुओं की इसी संक्रामक बीमारी ने।"

शकुन जितनी आक्रामक है, उतनी ही विवेकसम्पन्न भी। सम्भवतः इसीलिए वह कृषिव्यवस्था और किसान-आत्महत्याओं का परस्पर सम्बन्ध अधोरेखित करती हे, "इस देश का किसान कर्ज़ में ही जन्म लेता है, कर्ज़ में ही जीता है, कर्ज़ में ही मर जाता है।" इस कर्ज़ की दहशत से भरी शकुन का एक ही जुनून है, 'कर्ज़ से मुक्ति। वह गुढ़ी पाडवा जैसे त्योहार पर भी पूड़ी-पकवान नहीं पकाती, न ही रूखी-सूखी खाने का सोग मनाती है। कर्ज़ उतारने की धुन में अपनी माँ की एकमात्र निशानी हँसुली को बेचकर रुपयों की पूर्ति करती है और बैंक का सारा कर्ज़ उतारकर ही दम लेती है। शकुन की पाप-पुण्य, धर्म-अधर्म, नीति-अनीति की संकल्पनाएँ इतनी सुस्पष्ट है। कि अपनी बेटी को समाज द्वारा बदचलन करार देने पर भी वह टूटती नहीं है। आत्महत्याग्रस्त किसान के अनाथ बच्चे को जब छोटी और अशोक का बेटा करार दिया जाता है, तब शिबू आत्महत्या कर लेता है। लेकिन शकुन ज़िन्दा रहती है, साहस के साथ आत्मसम्मान भरी ज़िन्दगी जीना स्वीकारती है। जब पति का अन्तिम संस्कार किस धर्म के विधिनुसार करे, यह प्रश्न उठता है तो वह दो टूक कहती है, "जो होना था, हो गया। न हिन्दू, न बौद्ध। उसे अपने बनजारी वाले शेत में गाड़ा दो। जहाँ लालू को गाढ़ा था, उसकी बग़ल में।" पति के मरने के बाद उसके व्यक्तित्व का विश्लेषण करती शकुन अपने आपमें साहस और संयम के नये मानक स्थापित करती है, "मेरा आदमी ईमानदार था, धर्मनिष्ठ था, पुरुषार्थी था... सब कुछ था मगर कापुरुष था, भगेड़ू था।" इसका तात्पर्य यह कतई नहीं कि वह संवेदनहीन है। पति और पति के प्रिय बैल को जहाँ गाड़ा है, उतनी चार डिस्मिल जगह यादगार के तौर पर रखकर वह सारे खेत बेच देती है लेकिन अपनी हार्दिक संवेदनाओं को खत्म नहीं कर पाती। इसीलिए खेत में घुसे बाघ को भी वह 'बाघ के भेस में आया छोटी का वडील' ही कहती है।

शकुन का यह चरित्र तब अद्‌भुत ऊँचाई पा लेता है जब वह किसानों की दुर्दशा का एक बहुत बड़ा कारण शराबख़ोरी को मान भट्‌ठीभांजेका के रूप में उभरती है। जिस काम को करने की हिम्मत न सरकार में है, न पुलिस या प्रशासन में, उस दारू-विरोध के कार्य को शकुन अंजाम देने लगती है। वह अपना एक दल गठित करती है। आशा जैसी कई किसान स्त्रियाँ मात्र इसलिए बरबाद हुई है। क्योंकि उन्हें

सुरेश जैसा पियक्कड़ पति मिला। ऐसी कई बरबादियों को शकुन भट्ठी भंजक दल की प्रेरणा बनाकर काम करती है। पूँजीपति, राजनीतिक, पुलिस सभी की ओर से आये दोगले और कड़वे अनुभवों के घूँट पीकर, शराब को बनाने वाले व्यापारियों-कुनबों की मार सहकर अपने कार्य में दत्तचित्त होकर आगे बढ़ती है।

'फाँस' की दूसरी नायिका कलावती उर्फ़ छोटी हर मायने में 'आई की मुलगी' है। वह स्वभाव, शिक्षा-दीक्षा, जुझारूपन हर मायने में माँ की बेटी सिद्ध होती है। उपन्यास के आरम्भ में ही उसकी जिज्ञासु वृत्ति का परिचय मिलता है। उसके पास सवाल-ही-सवाल हैं। कई ऐसी बातें है। जिनके विषय में वह जानना चाहती है जो उसकी ज्ञान की भूख को मिटा सके ऐसा हर शख़्स उसे प्यारा है, चाहे वह अशोक हो या विजयेन्द्र। उसके लिए लोग कभी बदचलन शब्द का प्रयोग करते है। तो कभी अचम्भित होकर उसे 'शिवाजी या ताराबाई की पलटन में होना चाहिए' कहते हैं। उसके किसी सांस्कृतिक कार्यक्रम के सिलसिले में बाहर गाँव जाने को लेकर उसकी पढ़ाई बन्द करवा दी जाती है, तब उसमें जो छटपटाहट दिखाई देती है, वह उसकी गहरी आम्बेडकरवादी शिक्षा नीति की अनुचर होना सिद्ध करती है। उसे जीवन में उन्मुक्तता पसन्द है। लेकिन उसकी उन्मुक्तता आत्मा की उन्मुक्तता है। वह जो भी करती है, हृदय से करती है। इसीलिए सांस्कृतिक कार्यक्रम से लौटने के बाद वह वहाँ के अपने अनुभव साझा करने के लिए बेताब है। वह मंजुला सखी को कूर्माघर से बाहर निकालने का सपना देखती है लेकिन उसके विपरीत जब वह पाती है कि आनन-फानन उसकी पढ़ाई बन्द कर दी गयी है, वह समझ नहीं पाती कि उसके जाते ही ऐसा क्या अपशकुन हो गया कि उसकी पढ़ाई ही बंद हुई। छोटी के चाल-चलन पर शक करते हुए पिताजी जब जानना चाहते है। कि वह किस-किससे बातें करती है तो उत्तर मिलता है, 'छोटी तो हर किसी से, हवा से, पानी से, पेड़ से, फूल से, अशोक से...सबसे बातें करती है।

मावा खाकर जीते हुए भी छोटी को रोटी की भूख से अधिक ज्ञान की भूख है। यही भूख सताती उसे अशोक के क़रीब ले आती है। इस पर भी जब बवाल उठता है तो छोटी पूछ बैठती है, ''मुलगियों के सिर पर ही इज़्ज़त का सारा बोझ क्यों आया'' समाज का यह चलन छोटी के पल्ले नहीं पड़ता। किसी नितान्त आत्मीय द्वारा भी व्यक्तिगत जीवन में हुआ हस्तक्षेप उसे सहनीय नहीं। जब अशोक धर्मान्तरण को लेकर सवाल पूछता है तो वह दो टूक जवाब दे देती है, ''मैं बौद्ध हो जाऊँ या क्रिश्चियन, तेरे को क्या फरक पड़ने का?'' अपनी अस्मिता को चोट पहुँचाने का प्रयास करते वनरक्षी खुदाबख़्श का वह मुँह नोच लेती है। जंगल को 'छूने' का आरोप लगाकर जब उसी पर आक्षेप उठाया जाता है तो वह पुलिस से यह कहने का साहस रखती है, ''पेट में भूख हो और खेत में दाना तो क्या करना चाहिए?''

छोटी में एक अल्हड़ मासूमियत है। इसी कारण जब शिबू खेत में दोबारा बुवाई

के बाद क़िस्मत के आगे गिड़गिड़ाता है तो छोटी सीधे बीजों को ही धौंस जमाती है, ''दो-दो बार धोखा हो चुका है। इस बार बहाना नहीं, बिलाना नहीं, सड़ना नहीं, सूखना नहीं, दगा मत देना। बरोबर जमशील। समजलं?'' इस अल्हड़पन के बावजूद छोटी में शिक्षा से व्युत्पन्न ज्ञान भी है। किसानों की स्थिति, किसान की आत्महत्या आदि के परिप्रेक्ष्य में वह खेती को कोई रोज़गारपरक धन्धा नहीं बल्कि लाइफ़ स्टाइल मानती है। किसानी को ख़ून में बसा हुआ तत्त्व बताती है। वह कॉरपोरेट-सोशल रिस्पांसिबिलिटी पर चर्चा करने लायक़ परिपक्व भी है।

ऐसी मनमस्तमगन लड़की आत्महत्याग्रस्त किसान के अनाथ बच्चे को अपने घर लाती है और उसे 'जीवन' नाम देती है। उस बच्चे को हर सम्भव सुविधा और लाड़-प्यार देने वाली छोटी का हृदय इतना विशाल है कि उसमें सभी बच्चों के लिए ढेर सारा प्यार भरा है, ''अपना बच्चा होगा तब होगा, तब तक मैं क्या बिन बच्चे की रहती? ये सा ऽऽऽ रे बच्चे मेरे ही हैं।'' किन्तु समाज के पास ऐसा विशाल हृदय कहाँ? लोग बाग इस बच्चे को छोटी और अशोक का बच्चा मानकर उस पर इतने लांछन लगा देते है। कि छोटी के पिता शिबू को आत्महत्या करनी पड़ती है। तितली बनकर उड़ने की आकांक्षी छोटी को पिता की हत्यारन कहा जाता है। जीवन को उससे छीन लिया जाता है। अशोक से उसका रिश्ता तोड़ दिया जाता है। इतने सा ऽऽऽ रे आघात वह पी लेती है लेकिन उसमें ज़िन्दगी के प्रति कटुता नहीं आती। उसका ब्याह सुभाष के साथ कर दिया जाता है। उस सुभाष के साथ ससुराल जाते समय रास्ते में पड़े मंजुला के गाँव को देखकर पुनः उसका मन मंजुला को कूर्माघर से मुक्ति दिलाने का ख्वाब देखने लगता है। पति के प्रति समर्पित छोटी की एक ही माँग है, ''मेरा एडमिशन किसी कॉलेज में करा दो'' लेकिन ससुराल में उसकी सुनेगा कौन? बावजूद इसके, छोटी का परिवर्तनकामी जिज्ञासु व्यक्तित्व लचर जीवन जीना स्वीकारता नहीं। जुझारूपन उसे अपनी माँ से ख़ून में मिला है। अँधेरे में सिसकते अपने ससुराल बाँसोड़ा में वह बिजली लाने के लिए प्रयास करने लगती है। घर से लेकर प्रशासन तक सभी से टक्कर लेती हुई छोटी वह काम कर लेती है जिसे बाँसोड़ा के वासी पैंसठ साल तक नहीं कर पाये थे। पूरे पैंसठ साल जो गाँव अँधेरे में रहा, उसमें छोटी प्रकाश भर देती है लेकिन बिजली आने की खुशी में नाचने की ग़लती को ससुरालवाले क्षमा नहीं कर पाते और छोटी को हिदायत देते हैं, ''नवरी हो, नवरी की तरह रहो। तुम तो लोकलाज को ही एक़दम से धोकर पिये जा रही हो।'' और छोटी पूछ बैठती है, ''मेरी समझ में नहीं आया कि मैंने लोकलाज कहाँ गवाँ दी?'' लेकिन उसे तो उसकी अपनी बहन भी यही सलाह देती है, ''अगर घर-परिवार-रिश्ते में शान्ति चाहती हो तो उनकी बात मान लो छोटी।'' लेकिन बिना पचे बात मानना छोटी का स्वभाव नहीं था, सो वह ससुराल छोड़कर सुनील काका के घर आती है। उसे आश्रय चाहिए। वहाँ उसे आश्रय मिलता है और दिशा भी।

वहाँ वह अपनी संवेदनाओं को कुछ इस प्रकार व्यक्त करती है, ''तेज़ाब की बूँद-बूँद बनकर गिरती और गलाती रही मेरे बाप की मौत मुझे। उस फाँस से उबरना था और इस फाँस से भी। मैं चली आयी उन लक्ष्मण रेखाओं का अतिक्रमण कर।''

उसी क्षण विजयेन्द्र को उसमें अपनी जीवनसंगिनी दिखाई देती है और वह सोचता है, ''शी मे बी माई पार्टनर।'' अमरीका जाने का प्रयास करते विजयेन्द्र को छोटी अत्यन्त विवेकपूर्ण तरीक़े से समझाती है। विजयेन्द्र के सामने वह अपनी मंशा और भविष्य की योजना रखती है, ''मैं तुमसे बराबर कहती आयी हूँ, आज भी कह रही हूँ। अमेरिका जाओ, इजिप्ट जाओ, चाँद पर जाओ या कहीं और जहाँ भी संजीवनी मिले, ढूँढ़कर लाओ। मेरा बाप मरा। तुम्हारा बाप मरा। तीन लाख मर चुके। अब आगे एक भी नहीं...मैं इस अभियान को समर्पित हूँ।'' उपरोक्त कथन छोटी के सुलझे हुए विचारों को दर्शाता है।

हर मायने में छोटी के लिए अपना वजूद अधिक महत्त्वपूर्ण रहा है। विवाह के बिना विजयेन्द्र से सम्बन्ध स्थापित हो जाने पर छोटी उसे कहती है, ''वो जनम-जनम के साथ वाला कॉन्सेप्ट या मन-प्राण-वचन वाली एकनिष्ठता की बात तो झूठ है, सरासर झूठ...हम सदियों से इस झूठ को ढोये जा रहे है। रिचुअल्स-सा हो गया है जैसे 'सॉरी' कहना, जैसे कोर्ट या राजघाट जाकर झूठी क़सम खाना। यह कैसे सम्भव है कि हम एक को छोड़कर दूसरे को चाहें ही नहीं। मिले न मिले, अलग बात है।'' विदेश में जाने की तैयारी करने वाले विद्वान विजयेन्द्र को भी छोटी की यह बातें विद्रोही लगती हैं। उसका अचरज कुछ यूँ व्यक्त होता है, ''क्या तुम उसी बाप की बेटी हो जो तुम्हारी वर्जिनिटी, तुम्हारी आबरू के प्रति इतना सेंसिटिव रहा कि आत्महत्या ही कर बैठा।''

छोटी के विद्रोही तेवर को विजयेन्द्र के 'मन्थन' के द्वारा सकारात्मक दिशा मिलती है। 'मन्थन' के मंच से छोटी किसान, किसानों की आत्महत्याओं के लिए कारणभूत तत्त्व आदि कई बातों की गहरी पड़ताल करती है। उसके इस रूप को देखकर उसकी माँ शकुन सोचती है, ''मुझे मालूम था, कोई भी आँचल तुझे बाँध नहीं पायेगा। तू आग है आग। जो बाँधने की कोशिश करेगा, जल जायेगा।'' शायद इसीलिए विजयेन्द्र उसे बाँधने की बजाय उसके संस्पर्श से किसान-मुक्ति की मशाल जलाने की आकांक्षी है। अब छोटी साक्षात् एक दीपशिखा है, ''इन सेठ-साहूकारों से कह दो, हम किसी के कर्ज़दार नहीं। कोई भी शेतकरी किसी भी महाजन का कर्ज़दार नहीं। तुम भी इस देश के, हम भी इस देश के। हमारा पैसा तुम्हारा पैसा। तुम्हारा पैसा हमारा पैसा। अपने दिये पैसे का तुम हिसाब माँगते हो! सोचो क्या होगा उस दिन, जिस दिन इस देश का एक-एक शेतकरी अपने पैसे का हिसाब माँगने लगेगा।''

छोटी के इसी दामिनी-रूप से प्रेरणा ग्रहण कर अशोक 'कलावती-कुंज' की स्थापना करता है और उसकी बागडोर छोटी को सौंपता है।

शकुन और कलावती 'फाँस' के मुख्य स्त्री-चरित्र है, इसमें कोई दोराय नहीं। शकुन और छोटी दोनों ही स्थितियों का सामना करती हैं, संघर्ष करती है। लेकिन ये वायवी चरित्र नहीं। संजीव ने इन्हें यथार्थ की ठोस ज़मीन पर खड़ा किया है। अतः सामान्य मानव की भाँति इनसे भी ग़लतियाँ होती हैं, इन्हें भी विपरीतताएँ तोड़ती है। लेकिन यह उनके चरित्रों की जीत है कि वे टूटकर बिखरने की बजाय पुनः उठकर खड़ी हो जाती है। इन दो चरित्रों के अलावा सिन्धु ताई, आशा, अजन्ता, एलोरा, मंजुला जैसे स्त्री-चरित्र भी 'फाँस' में अपनी उपस्थिति दर्ज कराते हैं। मोहन बाघमारे की पत्नी सिन्धु ताई में विद्रोह की चिंगारी बराबर दिखती है, "जो पढ़ाई शेती से घृणा करना सिखाये, स्वार्थी बनाये, वैसी पढ़ाई को चूल्हे में न डालूँ?" इस जुझारू औरत को पति का दर्द-दुख कातर बनाता है। सदैव भयातंकित रहती सिन्धु ताई किसान-पत्नी के दुख को व्यक्त करती है, "बस एक ही डर है कि वह आत्महत्या न कर ले। कुएँ पर जाता तो पीछे-पीछे चुपके-चुपके मैं भी जाती हूँ...यहीं से बैठी-बैठी देखती रहती हूँ कि वह पुलिया पर है या नहीं।" मोहन की 'बाघमारे' से 'भाईमारे' बन जाने की प्रचन्ड यन्त्रणा का जितना दर्द मोहन स्वयं सहता है, उतना ही सिन्धु ताई भी सहती है।

आशा अमला गाँव की किसान स्त्री है। वह एक साथ कई सारी समस्याओं से जूझ रही है। पियक्कड़ पति, दो बेटियों की परवरिश, बीज, खाद, सिंचाई की दिक़्क़तें, हाट-बाज़ार से लेकर परिवार तक सब कुछ सँभालती आशा किसान स्त्री का प्रातिनिधिक चरित्र है। तभी उसे देखकर उपन्यास में यह भावना व्यक्त की जाती है, "महिलाएँ क्या नहीं कर सकतीं, बल्कि महिला किसान तो शेती के साथ-ही-साथ बाक़ी ज़िम्मेदारियाँ भी सँभालती हैं। परिवार रसोई, बच्चों की भी और मर्द की सारी ज़िम्मेदारियाँ भी। आज रसोई में क्या बनेगा से लेकर किस खेत में बीया पड़ेगा, सब्ज़ी में कौन-सा मसाला पड़ेगा से लेकर किस फ़सल में कौन-सी खाद पड़ेगी, बच्चे पैदा करने से लेकर सन्तानों तक के लिए सारे ख़र्चे जुटाने तक... ।" इसीलिए तो विजयेन्द्र जैसों का सिर महिला किसानों की बात सोचते हुए श्रद्धा से झुक जाता है। आशा ने तीन-तीन जगह से क़र्ज़ उठाकर तीन एकड़ की खेती जोड़ी थी, लेकिन बड़ी मशक़्क़त के बाद पैदा किये गये कपास को बारिश में भीगते कपास को देखकर उसका धैर्य जवाब दे जाता है। वह ताराबाई की तरह लड़ती तो है पर जीत नहीं पाती। शराब, कृषि बाज़ार सम्बन्धी सरकार का रवैया, निकम्मा पति, निरन्तर पानी में डूबी रहने वाली ज़मीन और बेदाम बिकते कपास का भीगकर कचरा हो जाना देखकर वह अपनी जीवन-यात्रा समाप्त कर देती है। विपरीतताओं में उसका जुझारूपन टूट जाता है। पति को स्वीकारना पड़ता है कि वह 'मर्द थी मर्द' और बेटियाँ—अजन्ता और एलोरा भी भीगे कपास को ही माँ का कफ़न बनाकर उसका अन्तिम संस्कार करने तक विद्रोही व संघर्षशील हैं।

'फाँस' में पारम्परिक लीक पर चलते शुभा, सरस्वती जैसे चरित्र भी है। लेकिन संजीव ने उन्हें विशेष महत्त्व देना ज़रूरी नहीं समझा। 'फाँस' में चित्रित स्त्रियाँ अपनी तमाम अच्छाइयों-बुराइयों, सकारात्मक-नकारात्मक पक्षों, विद्रोह तथा विवेक की सन्तुलित मूर्ति बनकर, देवत्व और दानवत्व से परे नितान्त मानवी के रूप में अपनी छाप छोड़ती हैं। विशुद्ध रूप से मानवी बनकर जीने वाली स्त्रियों की संघर्षगाथा के रूप में 'फाँस' की पड़ताल करें तो निःसन्देह 'फाँस' रचनात्मकता की नयी ऊँचाइयों के साथ उभरता है।

'फाँस' कर्ज के फन्दे पर लटके हुए किसान की त्रासदी

–डॉ. संजय राठोड

संजीव उम्दा कथाकार हैं। आज तक उन्होंने कई उपन्यासों एवं कहानियों का निर्माण किया है। आज के दौर के वे सबसे अधिक चर्चित एवं सफल कथाकार माने जाते हैं। इस दृष्टि से उनका 'फाँस' उपन्यास ग्रामीण किसानों की वास्तविक स्थितियों को दर्शाता है। आज के दौर में महाराष्ट्र के साथ अन्य कई राज्यों में किसानों की दुर्बल स्थितियाँ सामने आ रही हैं। प्रतिदिन समाचार-पत्र के किसी-न-किसी पन्ने पर किसानों की आत्महत्या की ख़बर पढ़ने में आती है। ऐसे वास्तविक प्रश्नों पर संजीव गहराई से लिखते हैं। वे ऐसे कथाकार हैं जो निरीक्षण के आधार पर साहित्य लिखते हैं। जैसा समाज वैसा साहित्य लेखन उनका विशेष गुण माना जायेगा। 'फाँस' उपन्यास लेखन के पूर्व उन्होंने कई वर्षों तक यवतमाल के परिवेश के लोगों के जीवन का अभ्यास किया। वहाँ के लोगों के साथ कई दिनों तक रहे। उनकी संस्कृति, भाषा एवं बढ़ते अत्याचार से सम्बन्धित बातों को संगृहीत किया। परिणामस्वरूप जीती-जागती तस्वीरों के रूप में सन् 2015 में 'फाँस' उपन्यास सामने आया।

आज भारत को स्वतन्त्र हुए 70 साल पूरे हो गये। कई पंचवर्षीय योजनाएँ आयीं और गयीं लेकिन धरती पर धन उपजाने वाला किसान आज भी अपनी बुनियादी समस्याओं से लड़ रहा है। कभी प्रकृति के कोप से तो कभी सरकार की नीति से। वह चकाचौंध के बाजार में खड़ा नहीं हो पाता। खड़ा न होना उसकी आर्थिक मज़बूरी है। आज विस्थापन के नाम पर उपजाऊ ज़मीन के साथ जंगलों का भी ह्रास बढ़ने लगा है। इसका असर गाँवों के किसानों एवं सामान्य लोगों पर दिखाई दे रहा है। कपास जैसी फ़सल जब उनके हाथों से निकल जाती है तो उस समय उन्हें आत्महत्या जैसे मार्ग को अपनाना पड़ता है। कुछ सुविधाभोगी लोग किसानों को ही बदनाम करते हैं। उनकी दृष्टि से किसान खेत में उतना श्रम नहीं करते हैं। किसान अपना नसीब नहीं बदलना चाहता है। इन निरर्थक सवालों को 'फाँस' में शकुन हँसकर उड़ा देती है। वह अपनी वाक्पटुता का प्रदर्शन करती हुई कहती है, "किसान पत्तलों में नहीं खा रहे? या कि ज़मीन पर नहीं सो रहे हैं?

लेकिन कोई भी तपस्या आज तक फलवती हुई क्या? कहने को दो एकड़ की खेती। मिला क्या? कपास तो एकदम से दगा दे गया, अब सिर्फ जो थोड़ी-बहुत उम्मीद है, वह धान से। वह भी कितनी! दो साल से तो सुखा है। यह तो कहो पास ही जंगल है जिससे बहेड़ा, शाल के बीज, मावा, बाँस, लकड़ी आदि से कुछ-न-कुछ मिल ही जाता है, वरना तो ज़िन्दगी ब्राह्मणों की टहलुअई करते बीतती। वर्षों पहले कपास का नया बीज आया तो एक आस जगी थी। वो भी सपना नपुंसक निकला। अब चारों तरफ़ निराश किसानों का एकमात्र अवलम्बन बचा जंगल। उस पर भी वन विभाग का नया फ़रमान—छूना मत? गडचिरोली में तो जंगल पर ग्राम समाज का अधिकार, फिर यहाँ क्यों नहीं? जरूर कोई-न-कोई घपला है।''[1] यह सच है कि महाराष्ट्र से कई बार अकाल के कारण किसानों को निराश होना पड़ा है। कभी सूखा तो कभी ओले की मार से कपास को भारी मात्रा में नुकसान पहुँचा है। इससे किसान निराश होकर जंगलों की ओर जाने लगे हैं। लेकिन यहाँ भी शासन के वन-विभाग के नियमों का शिकंजा है। यहाँ बिना परमिशन लिए जंगल की किसी भी चीज़ को वे छू नहीं सकते, न वृक्षों के फल को न फूल या पत्ती को, भले ही वे फल पड़े-पड़े सूख जायें। इन फलों को बाघ, भालू, सियार, वानर जैसे प्राणी खा सकते हैं, लेकिन तुम नहीं। इस प्रकार किसान हमेशा विषम परिस्थितियों से जूझता रहा है।

आज के किसानों की वस्तुस्थिति का सत्य प्रमाण 'फाँस' में है। विदर्भ के यवतमाल जिलों के आसपास के लोगों की त्रासदी की सच्चाई को यह उपन्यास व्यक्त करता है। समय की वस्तुस्थिति का सत्य प्रमाण इसमें झलकता है। खासकर किसान के जीवन को यह उपन्यास चित्रित करता है। 'गोदान' का अगला पड़ाव 'फाँस' को कहा जाये तो भी यह अतिशयोक्ति नहीं होगी। लेकिन 'गोदान' का होरी गाँव के ज़मींदारों एवं साहूकारों से शोषित होकर भी अन्त तक आत्महत्या नहीं कर पाता लेकिन व्यवस्था की गहरी चोट से अपना दम तोड़ देता है। एक किसान का अपने आँगन के खूँटे पर बँधी हुई गाय को देखना ही उसके नसीब में नहीं होता। मानव जीवन में इससे अधिक जीवन की व्याख्या और क्या हो सकती है? लेकिन 'फाँस' उपन्यास हत्या और आत्महत्या के बीच की रिक्तता को पूर्ण करता है। यह उपन्यास रिक्तता की व्यवस्था की आड़ में छिपी साजिशों को व्यक्त करता है। गाँव के शोषण में केवल ज़मींदार या साहूकार ही नहीं बल्कि शासन की अनियमितता भी सामने आती है। चाहे फिर वह शोषण वन अधिकारी द्वारा गाँव की दुर्बल महिलाओं का क्यों न हो। 'फाँस' की कलावती इस बात का शिकार है वन अधिकारी ख़ुदाबख़्श, भेड़िये की तरह कलावती के पीछे-पीछे आता है। वह उसे बुरी नज़र से देखता है। उसी समय कलावती अपने अधिकारों के प्रति सचेत हो जाती है। ''कलावती को कहाँ पता था कि उसे जंगल में अकेला जाते देख एक भेड़िया उसके पीछे लग गया

था—वन विभाग का सिपाही ख़ुदाबख़्श! "आई ऽऽऽ!" वह जोरों से चीखी। फिर तो जैसे जंगल में भूचाल आ गया।"[2]

'फाँस' उपन्यास में महाराष्ट्र के यवतमाल के 'बनगाँव' के कई नागरिक मज़दूर, मोची, रिक्शाचालक, मछुआरे, मिस्त्री, किसान आदि आये हैं। ख़ासकर शारीरिक श्रम करने वाला वर्ग सामने आता है। संजीव की दृष्टि से यह बहुजनवादी वर्ग हमेशा स्थापित व्यवस्था की छाँह में खड़ा है। 'बनगाँव' गाँव पहाड़ी की ढलान पर बसा हुआ है। गाँव के पूरब में जंगल और पश्चिम की ओर पठार है। इस गाँव में दलित, पिछड़े, ब्राह्मण, राजपूत और मराठा हैं। सभी जातियों के लोग यहाँ रहते हैं। मराठा, महारा, चमारा, कुनबी, माँग, मछुआरे और आदिवासी भी देखने में आते हैं। जातिगत भेद यहाँ भी है। आज भी गाँवों में व्यक्ति की परीक्षा जाति के आधार पर होती है। सभी क्षेत्रों में गाँव की विषमता खुलकर सामने आती है, "किसी-किसी के जुए में एक बैल, एक भैंसा होता है—आधा पक्का आधा कच्चा। आधा शूद्र आधा ब्राह्मण। अलबत्ता मराठों और पिछड़ी जातियों को क्या कहेंगे? सवर्ण या शूद्र? यह पहेली और ऐसी ढेरों पहेलियाँ अभी हल होनी बाक़ी हैं।"[3] हाशिये पर पड़े लोग मुख्य व्यवस्था से दूर है। 'फाँस' में आये पात्रों पर डॉ. बाबासाहब आम्बेडकर की विचारधारा का प्रभाव भी सामने आया है। शकुन ने धर्म परिवर्तन के द्वारा इस विचारधारा को अपनाया। शकुन का परिवार आंबेडकरवादी विचारों को अपनाकर धर्म परिवर्तन तक कर लेता है। वे हिन्दुओं या खोखली मान्यताओं के अत्याचार के साये में नहीं जीना चाहते हैं। इसी कारण 'फाँस' उपन्यास में कई जगह पर आंबेडकर छत्रपति साहू महाराज, सावित्रीबाई फुले आदि के संकेत आये हैं। इसी कारण उपन्यास में बाबासाहब की वाणी, "शिक्षित हो। संघटित हो। संघर्ष करो।" का नारा भी गूँजता हुआ सामने आया है।

ग्रामीण जीवन में लड़कियों की जीवन पद्धति महत्त्वपूर्ण मानी जाती है। लड़कों की तुलना में लड़कियों को दोयम का दर्जा दिया जाता है। लड़कियाँ स्वच्छन्द जीवन नहीं जी पाती। 'फाँस' में शिबू अपनी छोटी मुलगी (लड़की) कलावती को स्वच्छन्द जीवन जीने पर तरह-तरह के प्रतिबन्ध लगा देता है। क्योंकि उसे चिन्ता अपनी बेटी की बदनामी की है। एक दिन कलावती स्कूल से समय पर घर नहीं लौटती तो गाँव में लोगों द्वारा चर्चा होने लगती है। कानाफूसी यह भी सुनने में आयी, एक ने दूसरे से कहा, दूसरे ने तीसरे से, तीसरे ने चौथे से कहा कि "कलावती, शिबू की छोटी मुलगी स्कूल से घर नहीं लौटी। सारी उँगलियाँ छोटी के बाप को छेदती हुई।"[4] वैसे तो समय पर कलावती का घर न लौटना दोष नहीं है। वह स्कूल के सांस्कृतिक कार्यक्रम के बाद अपनी सहेली मंजुला के साथ उसके गाँव चली जाती है। एक दिन घर न आने पर गाँव में शिबू की लड़की कलावती चर्चा का विषय बन जाती है। इसमें गाँव के पुरोहित एवं पण्डित भी पीछे नहीं हैं। मन्दिर के पुजारी भी

कहने लगते हैं कि, "हाय देवा अनरथ हो गया।" और खुद कहने लगे हमें पता था कि वह लड़की किसी लड़के के साथ भाग कर जायेगी। शुभा के साथ कलावती का जाना शिबू के लिए शंका की बात थी। शिबू ने अपनी दोनों बेटियों का स्कूल जाना बन्द कर दिया। यह मानसिकता आज भी गाँवों में दिखायी देती है। भाव और भाषा दोनों दृष्टि से 'फाँस' महत्त्वपूर्ण है। खासकर ग्रामीण देहाती बोली के रूप में मराठी के आई, वडिल, छोटी मुलगी, मुलगा आदि शब्दों के प्रयोग अपने आप महाराष्ट्रियन भाषा का परिचय देते हैं।

सन्दर्भ

1. संजीव, 'फाँस', पृ. 25-26
2. वही, पृ. 19
3. वही, 10
4. वही, 10

'फाँस' उपन्यास में अभिव्यक्त का संघर्ष

–डॉ. गोविन्द बुरसे

इक्कीसवीं सदी के दूसरे दशक में हिन्दी साहित्य में सबसे अधिक चर्चित और सार्थक उपन्यास है 'फाँस'। यह उपन्यास वर्तमान समय की सबसे बड़ी समस्या 'किसान आत्महत्या' को व्यक्त करने वाला उपन्यास है। कितनी विडम्बना है हमारे देश और समाज में कि एक ओर तो किसान को 'राजा' कहा जाता है, 'अन्नदाता' कहा जाता है और वहीं दूसरी ओर वह बद-से-बदतर जीवन जी रहा है, नीति-निर्धारकों के द्वार पर भिखारियों जैसा खड़ा है। भिखारियों पर भी दया हो शायद, लेकिन किसान पर कोई दया नहीं करता। शायद वह शरीर से हट्टा-कट्टा है और उसके बल और श्रम को हर कोई आसानी से और सस्ते में लूटना चाहता है। बाज़ार में तो किसान को ऐसे घेर लिया जाता है मानो जंगल में कोई शिकार हिंस्र जानवरों ने घेर लिया हो, जंगल में अपने शिकार को हथियाने के लिए विरोधी नस्ल के हिंस्र जानवर लड़ते-झगड़ते हों, यहाँ इससे उल्टा होता है, क़ाफ़ी समझदारी और सूझ-बूझ से बाज़ार में कृषि उत्पाद का मूल्य गिराकर किसान का शिकार किया जाता है, और लुटा-पिटा व परास्त किसान जीवन के कई मोर्चे पर हारते हुए निराश हताश हो जाता है। एक संघर्षपूर्ण जीवन जीने पर मजबूर हो जाता है। इस रुग्णता को सह न सका तो आत्महत्या कर लेता है। कृषक जीवन के इस दुखद पक्ष का चित्रण प्रेमचन्द ने 'गोदान' से शुरू किया था, गोदान में भयावह शोषण था लेकिन उस समय कोई आत्महत्या नहीं करता था वह चित्रण फणीश्वरनाथ रेणु, नागार्जुन, रामदरश मिश्र, शिवमूर्ति से होते हुए संजीव तक आया है।

पिछली अस्सी साल की इस यात्रा में किसान अब जर्जर हो चुका है और समस्या, शोषण से कभी न हारने वाला किसान अब अपनी हार मान रहा है। होरी की संघर्ष-यात्रा, जिजीविषा टूट चुकी है और वह शिवनाथ, सुलील और आशा की आत्महत्या का रूप धारण कर चुकी है। उपन्यासकार संजीव ने किसानों के इस दुर्दशा भरी यात्रा का एक अत्यन्त महत्त्वपूर्ण पड़ाव फाँस इस उपन्यास में व्यक्त किया है। किसानों को अपने अस्तित्व के लिए जो संघर्ष करना पड़ रहा है और

जिसमें किसानों को हारना पड़ रहा है, उस संघर्ष के विभिन्न रूप उपन्यासकार ने अपने उपन्यास में अभिव्यक्त किये हैं। उपन्यासकार द्वारा व्यक्त उक्त संघर्ष के विभिन्न रूप निम्नानुसार देखे जा सकते हैं।

कृषक जीवन संस्कृति का सांस्कृतिक संघर्ष

कृषि क्या है? क्या यह व्यवसाय है, उद्यम है या एक जीवन संस्कृति है, इस पर निरन्तर मत-मतान्तर होते रहते हैं। वर्तमान समय में औद्योगिक विकास के चलते कृषि का व्यवसाय हो या संस्कृति हो, सबको ओछी दृष्टि से देखा जाता है। चर्चा तो चलती है कि कृषि एक व्यवसाय या उद्योग नहीं बल्कि एक संस्कृति है या जीवन जीने की शैली है। अंग्रेज़ी में उसके लिए ॲग्री शब्द के साथ कल्चर शब्द जोड़कर ॲग्रीकल्चर शब्द बना है। दुनिया के किसी भी देश में देखें तो कृषि जीवन के अपने ख़ास उत्सव त्योहार हैं। वे कृषकों के द्वारा निर्मित हैं। उन्हें पुजारी, पादरियों या मौलवियों के द्वारा नहीं बनाया गया है या इन धर्मगुरुओं की मान्यता भी उन्हें नहीं है। फिर भी वे उत्सव बने हुए है। क्योंकि कृषि जीवन की अपनी एक संस्कृति है और वह अपने बल से प्रस्फुटित हुई है। यही कारण है कि कोई भी किसान अपनी किसानी आसानी से नहीं छोड़ता, वह उससे जुड़ा रहता है, उससे भावनिक रिश्ता जोड़कर अपने सुख-दुख को खेती, प्रकृति और प्राणियों के साथ जोड़कर वह जीवन जीता है। आधुनिक समाज में इस संस्कृति को हीन-दीन समझकर नज़रअन्दाज़ किया जा रहा है। अब कॉरपोरेट कल्चर, भोगवादी संस्कृति आदि संस्कृतियाँ हैं, जो कृषि संस्कृति के साथ संघर्ष कर रही है और उस भिड़न्त ने कृषि संस्कति को लहूलुहान कर दिया है। उपन्यासकार संजीव ने इस ज़बरदस्त भिड़न्त को पहली बार औपन्यासिक विधा में बड़ी गम्भीरता से व्यक्त किया है। वे बड़ी दृढ़ता से यह बताते है। कि खेती किसानों के ख़ून में है और वह उनकी जीवन-शैली है, कलावती अपने पिता से कहती है, ‘‘नहीं! एक विद्वान ने कहा है कि शेती कोई धन्धा नहीं, बल्कि एक लाइफ़ स्टाइल है, ‘जीने का तरीक़ा, जिसे किसान अन्य किसी भी धन्धे के चलते नहीं छोड़ सकता। सो तुम बाबा...तुम लाख कहो कि तुम शेती छोड़ दोगे, नहीं छोड़ सकते। किसानी तुम्हारे ख़ून में है।’’[1] उपन्यासकार संजीव का यह मत ज़मीनी वास्तविकता से आया है। यही कारण है कि शिवनाथ, सुनील, दादाजी खोबरागड़े, पाटिल काका, देवाजी तोपाजी आदि पात्र और ऐसे कई लोग हैं, जो कृषि का व्यवसाय नहीं छोड़ते। वे जीवन जीने के लिए विभिन्न इकाइयों से विभिन्न रूपों में संघर्ष करते हैं। उनमें से ही एक संघर्ष है बाज़ार से संघर्ष।

बाज़ार से संघर्ष

किसानों को बाज़ार से संघर्ष करना पड़ता है। किसानों का बाज़ार से होने वाला

यह ज़बरदस्त संघर्ष संजीव ने उपन्यास में अभिव्यक्त किया है। किसानों के बाज़ार के साथ होने वाले संघर्ष के दो रूप हैं। पहला है जब वह बाज़ार में अपने परिवार के लिए या कृषि के लिए आवश्यक कोई चीज़ ख़रीदने के लिए जाता है, तब वह दोनों बार लूटा जाता है। जब वह बाज़ार में कृषि उत्पाद बेचने जाता है, तब उसका माल बेहद कम मूल्य में बेचने पर उसे मजबूर किया जाता है। बाज़ार में व्यापारियों की इस साठ-गाँठ को मराठी के उपन्यासकार विश्वास पाटिल ने 'पांगिरा' में प्रभावी तरीक़े से व्यक्त किया है। 'फाँस' उपन्यास में आशा का पति सुरेश वानखेडे डेढ़ क्विंटल कपास और आधा क्विंटल सोयाबीन बेचने के लिए मण्डी जाता है, तब माल की आवक देखकर व्यापारी भाव गिरा देते हैं। सम्भवतः सन् 2014 के आँकड़े उपन्यासकार देते है। कि 2 लाख हेक्टेयर क्षेत्र में कपास और ढाई लाख हेक्टयर में सोयाबीन है। 10 से 20 हज़ार क्विंटल सोयाबीन मार्केट में प्रतिदिन आ रही है, इसलिए व्यापारियों ने भाव गिरा दिये तो फिर माल बेचना मुश्किल हो जाता है। फिर मण्डी में दो तीन-दिन अपने माल की रक्षा करना, खाना, पीना, सोना यह सब मुसीबतें हैं। इन सारी समस्याओं को व्यक्त करते हुए एक किसान कहता है, "मैं तो यार घर से ओढ़ने के लिए भी नहीं लाया कुछ। रात कुकड़ाता रहा ठण्ड से। बारह के बाद ठण्ड सही नहीं जाती। धोती खोलकर ओढ़ी मगर कहाँ? ऐसा ही रहा तो मैं तो बनियों को बेचकर चला जाऊँगा। जब देश का हर फ़ैसला देशी-विदेशी बनियों को ही करना है तो सरकार क्यों हमें चूतिया बना रही है।"[2] भारतीय किसानों के जीवन का यह ज़बरदस्त संघर्ष वास्तव में बहुत कम साहित्यिक कृतियों में या सभा-सम्मेलनों में व्यक्त हुआ है। ज़मीनी सच्चाई तो यह है कि कृषि के लिए बीज और खाद ख़रीदने वाले किसानों पर पुलिस ने इसलिए लाठियाँ चलाई हैं कि वे बीज और खाद सही दामों पर माँग रहे थे, सस्ते में नहीं, जबकि व्यापारी उसे दुगने-तिगुने दामों में बेच रहे थे।

देशी बनिये तो किसानों को लूटने में लगे ही हैं, विदेशी कम्पनियाँ भी इस काम में लगी है। और दुर्भाग्य से हमारे राजनेता और नीति-निर्माता किसानों की इस खुली लूट में विदेशी कम्पनियों की सहायता कर रहे हैं। इस उपन्यास में मोंसेंटो कम्पनी के बी.टी. कॉटन के उत्पाद को लेकर ग़लत प्रचार झूठे वादे, पेड न्यूज़ आदि का भण्डाफोड़ किया गया है। मोंसेंटो कम्पनी ने दावा तो यह किया था कि जेनेटिकली मोडिफाइड बीज अर्थात् बी.टी. कॉटन को कीटनाशक नहीं खाएँगे, लेकिन ऐसा नहीं हुआ। कीटक बचे रहे और कपास को बचाने के लिए भारी क्षमता वाले कीटनाशक प्रयोग करना पड़ा। इससे पर्यावरण में असन्तुलन स्थापित होने का संकट उत्पन्न हो गया। मोंसेंटो ने बी.टी. का बीज 930 रुपये प्रति किलो बेचा जबकि देशी बीज 7 रुपये किलो था। इस तरह से किसान के कृषि उत्पाद का मूल्य बहुत बढ़ गया। अकेली मोंसेंटो कम्पनी को 1,600 करोड़ रुपये मिल गये। मोंसेंटो के साथ अन्य

भारतीय कम्पनियों द्वारा यह भ्रम फैलाया गया कि भारतीय किसानों को 40,000 करोड़ का लाभ हो रहा है। उपन्यासकार संजीव बड़ी स्पष्टता से लिखते हैं, "सफलता व लाभ की यह 'पेड न्यूज़' माने पैसे देकर छपवायी जाने वाली ख़बरें, गढ़ी गयी पैसों पर बिके पत्रकारों से, पैसों पर बिके फ़िल्मकारों से, पैसों पर बिके नेताओं से और स्वयं कृषिमन्त्री द्वारा फैलायी गयी। हमारे साथ छल हुआ छल—धोखा। सबने किया। फल यह कि 1995 से 2010 तक समूचे देश में आत्महत्या करने वाले कुल किसानों की संख्या हो गयी 2 लाख 56 हज़ार 910।"[3]

बहुराष्ट्रीय कम्पनियों द्वारा इस ग़लत प्रचार के बाद बाज़ार की वास्तविकता यह है कि कपास बाज़ार में बेचने के लिए किसानों को मुश्किलों का सामना करना पड़ता है। भाव गिरा दिये जाते हैं। व्यापारी और नेता, अधिकारी मिलकर लूट का षड्यन्त्र रचते हैं, नतीजा यही कि किसी भी कृषि उत्पाद का भाव इतना भी नहीं मिलता कि जिससे उसका उत्पाद ख़र्च निकलकर बचे हुए में वह अपना ठीक-ठीक गुज़र-बसर कर सकें।

समाचार-पत्रों में पिछले कुछ सालों में गोदामों या रेलवे डिपो में अनाज के सड़ने की ख़बरें छपती रही हैं। एक ओर देश में ग़रीबी, भुखमरी जैसी समस्याएँ हैं, तो दूसरी ओर अनाज सड़ रहा है। यह क्यों होता है? उसका कारण यही कि यह जानबूझकर किया जाता है। यह और ऐसी कई समस्याएँ है। जो राजनीति, सरकार में बैठे नीति-निर्धारक और अधिकारी मिल-जुलकर निर्माण कर रहे हैं, जिससे किसानों को संघर्ष करना पड़ रहा है।

सरकारी नीतियों से संघर्ष

भारतीय किसानों के सामने यह सबसे बड़ी समस्या है। किसान इस देश का नागरिक है। इस देश के नीति-निर्माण में देश के बजट में, इस देश के लिए बनने वाली योजनाओं में कृषि और कृषक को या तो नज़रअन्दाज़ किया जाता है या बहुत कम ध्यान दिया जाता है। किसानों के साथ यह व्यवहार देखकर यही लगता है कि नीति-निर्माण करने वाले लोग किसानों को इस देश के नागरिक मानते है। या गुलाम। पिछले 68 सालों से देश में जो योजनाएँ बनीं, इससे तो यही लगता है कि किसानों को बस बँधुआ मज़दूर घोषित करना बाक़ी है। बाक़ी तो कुछ कसर नहीं छोड़ी गयी।

कीटनाशक आदि बिक रही है। यह अचानक नहीं होता। सरकारी नीति-निर्माण में असर डालकर यह कम्पनियाँ अपना स्वार्थ साधन करती हैं। उसके लिए 'कॉरपोरेट लॉबिंग' यह अच्छा शब्द प्रयुक्त किया जाता है। मीरा राडिया टेप केस में यह तथ्य सामने भी आये थे। उस सच्चाई को उपन्यासकार ने प्रस्तुत उपन्यास में व्यक्त किया है। उपन्यासकार ने यह सवाल भी पूछा है कि अगर व्यापरी फ़ैसले करने वाले है। तो सरकार जनता को मूर्ख क्यों बनाती है?

सन् 2002 में भारत में बी.टी. कॉटन आया। सरकार ने उसकी हर सम्भव सहायता की। शायद करनी भी चाहिए थी। लेकिन जो झूठे दावे किये गये, उस पर सरकारी नियन्त्रण आवश्यक था, जो नहीं रहा। कम्पनी ने भ्रामक प्रचार किया। किसानों की आय में कई गुना वृद्धि हुई है, यह प्रचारित किया गया, लेकिन यह नहीं बताया गया कि उत्पादन मूल्य में वृद्धि हुई है। भारतीय किसानों की आय पहले से ज़रूर बढ़ी थी, लेकिन वे अब 1,200 से ऊपर वाला बीज ख़रीद रहे है। और 8 से 10 रुपये किलो कपास चुनने के दे रहे हैं। भ्रामक प्रचार के इस अर्थशास्त्र ने बात गड़बड़ा दी है। अमेरिका में 1994 से कपास के भाव में कोई वृद्धि नहीं यह प्रचारित किया गया, लेकिन यह बात छुपाई गयी कि अमेरिका में सरकार कपास उपजाने वाले किसानों को 22 हज़ार करोड़ रुपयों की सब्सिडी देती है। हमारे देश में इसके उल्टा हुआ। कपास उत्पादन पर किसानों को सब्सिडी तो नहीं दी गयी, उसके विरुद्ध बीज महँगा किया गया है, खाद पर सब्सिडी हटाई गयी है। कीटनाशक कई गुना ज्यादा दामों पर बेचा जाता है। यह सरकारी नीति है, जिससे किसानों को संघर्ष करना पड़ रहा है।

महाराष्ट्र में एकमात्र ऐसा व्यवसाय है, जहाँ सरकार ने कुछ धनराशि की सहायता की है, वह है चीनी मिलें। इसमें भ्रम तो यह फैलाया गया कि यह सहायता किसानों के लिए है, लेकिन वास्तव में वह चीनी मिलों के लिए थी। उस धनराशि में से एक रुपया भी किसानों के बैंक खाते में नहीं गया। चीनी मिलों में भी पश्चिम महाराष्ट्र की लॉबिंग चलती है, जिसका ज़िक्र इस उपन्यास में किया गया है।

सरकार किसानों के लिए सहायता करने का भोंडा प्रयास करती रही है। राहुल गाँधी का कलावती नामक एक विधवा से मिलना सारे भारत में एक ख़बर बन गयी थी। फिर किसानों का ऋण माफ करने की भी योजना घोषित हुई। ऐसा होने के बावजूद किसान, आत्महत्याएँ नहीं रुकी। सरकार ने किसानों को गायें देने की भी योजना चलायी। योजना अच्छी थी, लेकिन ग़लत साबित हुई। 10-15 हज़ार रुपये क़ीमत की गाय पच्चीस हज़ार में दिखाई। फिर वही चक्र। बिचौलियों का लाभ और किसानों का नुक़सान। जैसे-तैसे गायें गाँव में पहुँच भी गयीं, और दूध भी होने लगा, लेकिन वह दूध ग्राहकों तक पहुँचाने की योजना नहीं थी। योजना अच्छी होने के बावजूद बेकार हुई। उपन्यासकार उसे मनमोहनी गाय कहते है। और उस योजना की असफलता के कारण व्यक्त करते हुए, किसानों के लिए छोटी-छोटी योजनाएँ बनाने की सलाह देते हैं।

कृषि के लिए सिंचाई मूलभूत आवश्यकता है, लेकिन महाराष्ट्र में सिंचाई के नाम पर किसानों को फँसाया गया। अपनी बात बड़े सटीक शब्दों में व्यक्त करते हुए संजीव लिखते हैं, "जल हमारी प्राथमिक ज़रूरत है। सिंचाई के नाम पर हमें पानी नहीं, घोटाले मिले हैं।"[4] स्वतन्त्रता के बाद काले अंग्रेज़ों ने जो किया, वह विकास के नाम पर किया गया भ्रष्ट आचरण है।

सरकारी नीतियों की बहुत बड़ी विडम्बना यह भी है कि किसान अगर आत्महत्या करता है तो वह आत्महत्या पात्र है या अपात्र इन शब्दों में उलझायी जाती है। मुम्बई में शराब पीकर मरने वाले सभी लोग या यू.पी. के गैंगवार में मरे लोग सरकारी सहायता के लिए पात्र हैं, बस पात्र नहीं है तो किसान। मरने के बाद भी उसे संघर्ष करना पड़ता है, अपनी आत्महत्या को सरकारी सहायता के लिए पात्र सिद्ध करने के लिए। किसान के जीवन की यही विडम्बना है। यहाँ सरकार बेईमान है, समाज बेईमान है, व्यापारी, अधिकारी तो हैं ही। यह सब बेईमान हो रहे हैं, क्योंकि किसान की जीवन संस्कृति और व्यवसाय मुसीबत में है। प्रकृति से ही वह मुसीबत में है।

प्रकृति से संघर्ष

प्रकृति के साथ संघर्ष मानव समाज का आदिम और सनातन संघर्ष है। मानव अपने आपको प्रकृति से बचते-बचाते आया है। वह आज बड़ा विकसित होने का दावा करता है, लेकिन भूचाल, बाढ़, अतिवृष्टि, सूनामी, आग, तूफान आदि से आज भी मनुष्य की जीवित हानि होती है। कृषि के साथ तो यह संघर्ष बड़ा ही सनातन है।

भारतीय मौसम ऐसा है कि यहाँ अतिवृष्टि और अनावृष्टि हमेशा की बात है। बारिश नहीं होती तो अकाल होता है। पानी की कमी के कारण फ़सल न होना, और पीने के पानी की किल्लत भी देश में आम बात है। ख़ासकर महाराष्ट्र की जिस भूमि को आधार बनाकर संजीव ने यह उपन्यास लिखा है, वह विदर्भ तो निरन्तर इस तरह की समस्याओं का सामना करता है। ऐसी स्थिति में अगर अतिवृष्टि या अनावृष्टि से फ़सल हाथ से गयी तो सालभर गुज़ारा करना मुश्किल होता है। यही कारण है कि महाराष्ट्र के विदर्भ, मराठवाड़ा और आन्ध प्रदेश के तेलंगाना में किसानों की आत्महत्याएँ सबसे ज्यादा हैं यही कारण है कि अपने खेत में जमने वाले पानी से आशा त्रस्त है। उसकी फ़सल सड़ने लगती है।

सन् 2012 से महाराष्ट्र के कुछ हिस्से में ज़बरदस्त बर्फ़बारी हुई। ओले पड़ने से फ़सल नष्ट हुई। कई पंछी मर गये। महाराष्ट्र जैसे राज्य के लिए यह मौसमी बदलाव नया है, इस कारण नुक़सानदेह है। उपन्यास में पाटिल काका की फ़सल ओले पड़ने से नष्ट होती है। लाखों रुपयों की फ़सल एक दिन में नष्ट हो जाती देख पाटिल काका निराश होते हैं, लेकिन फिर वे ही विजयेन्द्र और बाक़ी लोगों को समझा-बुझाकर उनसे मायूसी हटाते हैं। इन सारे बदलावों से किसान ध्वस्त होता है और उपन्यासकार मौसम विभाग के वैज्ञानिकों को सीधा ही प्रश्न पूछते है कि 'अगर वे अन्दाजा नहीं लगा सकते तो मुफ़्त का वेतन क्यों लेते हैं?'

किसानों का प्रकृति से यह संघर्ष सदियों से चल रहा है। इस आसमानी मुसीबत से किसानों को बचाने के लिए नीति-निधारिकों करने का हर सम्भव प्रयास करना चाहिए, लेकिन दुर्भाग्य यहीं पर है। जनतन्त्र में कल्याणकारी राज्य का दावा करने

वाले लोग सत्ता में बैठने के बाद, चाहे वे किसी भी दल के हों, सुलतान बन जाते हैं, और आसमानी और सुलतानी के पाटों में पिसते जाने वाला किसान आत्महत्या के लिए मजबूर हो जाता है।

किसानों का आत्मसंघर्ष और आत्महत्या

वर्तमान भारतीय कृषक समाज में सबसे बड़ी समस्या है किसानों की आत्महत्याएँ। फाँस उपन्यास किसानों की आत्महत्याओं को केन्द्र में रखकर ही लिखा गया उपन्यास है। उपन्यासकार संजीव किसी भी समस्या को उस स्थान पर जाकर, (पत्रकारिता में जिसे ग्राउंड ज़ीरो कहते हैं) वह समस्या पूरी तरह से जानकर लिखने वाले उपन्यासकार हैं। उपन्यास के आरम्भ में प्रस्तुत उपन्यास-लेखन कार्य में जिन लोगों का सहयोग मिला, उन चालीस लोगों के नामों की सूची दर्शाती है कि संजीव ने इस समस्या को अच्छी तरह से जान लिया है। उनमें से विदर्भ के कुछ ऐसे भी नाम हैं, जिनके घर पर संजीव जाकर रहे है। और समस्या की गम्भीरता को जानने का प्रयास किया है। इस कारण विदर्भ, मराठवाड़ा और तेलंगाना की कृषि समस्या, किसानों का आत्मसंघर्ष और आत्महत्याओं को अच्छी तरह जानते हैं। इसी अनुभव और अध्ययन के कारण संजीव ने उपन्यास में जो आत्महत्याएँ चित्रित की हैं, उनका ज़बरदस्त आत्मसंघर्ष उतने ही प्रभावी ढंग से चित्रित किया है। किसानों की आत्महत्याओं पर खिल्ली उड़ाते हुए कई सारे विद्वान, पत्रकार, राजनेता, अधिकारी यही कहते आये है। कि यह ऐय्याशियों और शराबियों की आत्महत्याएँ हैं। ऐसे लोग यह कहते आये है। क्योंकि वे किसानों के आत्महत्या के पूर्व होने वाला उनका आत्मसंघर्ष नहीं जानते। उपन्यासकार संजीव का यह बहुत बड़ा योगदान है कि वे बुद्धिजीवियों के सामने किसानों का ज़बरदस्त आत्मसंघर्ष व्यक्त करते हैं।

संजीव के 'फाँस' उपन्यास में आत्महत्याएँ तो कई हैं, लेकिन ऐसी चार आत्महत्याएँ हैं, जिनका आत्मसंघर्ष उन्होंने चित्रित किया है। पहली आत्महत्या है वनगाँव के शिबू अर्थात् शिवनाथ की। वे छोटी के पिता हैं, कुएँ में कूदकर आत्महत्या कर चुके हैं। शिबू की आत्महत्या का कारण ऋण नहीं है। वह तो ऋण से मुक्त हो चुका था। शिबू न शराब पीता था, न किसी नाचने-गाने वाली के पास जाता था। ऐय्याशी करने वाले आदमी के पास जो अहंकार और अकड़ होती है, वह शिबू के पास नहीं है, उल्टे वह एक डरपोक ढुल-मुल आदमी है। उसकी बेटियाँ भी उसे 'टच मी नॉट' वाला पौधा कहती हैं। फिर भी उसने आत्महत्या की, कारण था लोकलज्जा से होने वाला अपमान सहन न कर पाना। कारण था छोटी का उदात्त मानवी वर्तन। पड़ोस के गाँव के एक किसान परिवार ने आत्महत्या की थी तो उसका नवजात शिशु मानवीय दृष्टि से छोटी, बड़ी और अशोक ने लाया, तो गाँव के पुजारी ने यह अफ़वाह फैलायी कि वह छोटी और अशोक का बेटा है और

दुर्भाग्य यह कि सारे गाँव को सच्चाई मालूम होने के बावजूद गाँव के उस झूठ को अपने रंजन और चर्चा का विषय बनाया। गाँव के लोग यह भी जानते थे कि पुजारी गाँव की औरतों पर बुरी नज़र रखता है, इसलिए अफ़वाहें फैलाता है, फिर भी वह चर्चा चली और अन्त में बेचैन होकर, शिबू ने अपनी बेटी की चरित्र पर उठाये जाने वाले सवालों और उछाले जाने वाले कीचड़ से बचने के लिए आत्महत्या की। शिबू के यह आत्महत्या गाँव के सामाजिक और मनोवैज्ञानिक संगठन पर प्रश्नचिह्न खड़ा करती है। जिस मानवी सहजीवन अर्थात् मॉरिस्टॉटल के सोशल ॲनिमल की थ्योरी पर मानव जीवन खड़ा है, उस सोशियलिटी में कहीं कुछ समस्याएँ निर्माण हुई है। क्या? यह सवाल खड़ा करती है।

नागौरा गाँव के सुनील की आत्महत्या पश्चात्ताप दग्ध किसान की आत्महत्या है। वह किसानों के आदर्श व्यक्ति और किसानों का प्रेरणास्रोत है। किसानों की आर्थिक उन्नति के लिए वह उन्हें मनमोहन सिंह सरकार द्वारा चलायी गयी गाय की सब्सिडी वाली स्कीम की गायें लेने को कहता है। वह अपने बेटे को पढ़ाई के लिए विदेश भेजना चाहता है और उसके लिए पैसे जुटाने हेतु वह एक बार ऋण लेता है, वही मोह? दूध का व्यवसाय घाटे में चलता है और फिर उसकी यही धारणा बन जाती है कि उसके कारण लोग ऋण में फँसे और वह भी। सुनील न पियक्कड़ है, ना जुआरी और ना ऐय्याश, फिर भी आत्महत्या!

अमला गाँव की आशा और अमरावती के माधव नारलीकर की आत्महत्याएँ कृषि के कारण हुए ऋण से होती है। ये दोनों भी ऐय्याशी या शराब पीने के लिए ऋण नहीं लेते, अपनी आर्थिक स्थिति सुधारने के लिए, कृषि में लगने वाले लागत मूल्य के लिए यह ऋण लेते है। और हाड़तोड़ मेहनत करके फ़सल भी उगाते हैं, लेकिन कभी अकाल ने और कभी बाज़ार ने इन लोगों को तोड़ दिया है। मोहन बाघमारे के सन्दर्भ को समूचे किसान जीवन को लेकर टिप्पणी करते हुए उपन्यासकार लिखते हैं, "क्रम-क्रम से सभी मोर्चो पर हारते हुए कहीं वह अवसाद में तो नहीं डूबने लगा? अक्सर बीते दिनों की स्मृतियों को चुभलाता रहता है दिन-रात। उधर उसका भाई पागुर कर रहा होता है और इधर वह स्वयं। बैल के साथ बैल होता जा रहा है मोहन।"[5] किसान की यह स्थिति है। कभी किसान आन्दोलन में शेर की तरह दहाड़ने वाले व्यक्ति की यह स्थिति है। कभी वह पूर्ण किसान था, अब उसे एक बैल के साथ हल खींचना पड़ता है। ऐसी निराश-हताश ज़िन्दगी जीने वाले समाज के आत्महत्या का वास्तविक कारण तो सरकार और समाज की बुरी नीति है। संजीव स्पष्ट कहते हैं, "पहले हाथ काटे, पेट काटे। आत्महत्या तो बाद में की किसानों ने।"[6]

समाज में जब भी कोई आत्महत्या होती है तो वह क्यों हुई, इस पर समाजशास्त्री विचार करते हैं। टेलीविज़न वाले और समाचार-पत्र भी बड़ी लम्बी जगह किसी

विख्यात व्यक्ति की आत्महत्या को देते हैं। हमारे मीडिया के सन्दर्भ में एक और दुर्भाग्य है कि जितना समय टेलीविज़न चैनल्स ने किसी एकाध फ़िल्मी हस्ती की आत्महत्या को लेकर दिया होगा, उतना समय पूरे किसानों की आत्महत्या को नहीं दिया गया होगा। फिर भारतीय समाज में किसानों की आत्महत्या को बड़ी हिकारत की नज़र से देखा जाता रहा है। यही कारण है कि आत्महत्या की इस घटना को सुनकर जो सामान्य संवेदना सामाजिकों के हृदय में निर्माण होती है, उतनी भी संवेदना किसान की आत्महत्या को सुनकर निर्माण नहीं होती। क्यों निर्माण होता है ऐसा समाज? ऐसी असंवेदनशीलता के क्या कारण हैं? शायद यही कि आत्महत्या करने वालों की कोई आवाज़ नहीं है। समाज की उन संस्थाओं या इकाइयों ने समाज में इस सन्दर्भ में संवेदना के निर्माण करने की कोशिश नहीं की। ऐसी स्थिति में संजीव जैसे उपन्यासकार साहित्यकला के माध्यम से यह संवेदना निर्माण कर रहे है। यह महान कार्य है।

संजीव ने इस उपन्यास में किसानों की आत्महत्या के सन्दर्भ में कुछ प्रश्न उठाये हैं, वे स्वयं ही स्वयं से, पाठक से, समाज से प्रश्न पूछते हैं, "शेत क्यों बंजर हो जाता है और क्यों बंजर हो जाता है आदमी का मन? इस मरण के ख़िलाफ़ उठकर खड़े होने की कोशिश में बार-बार लड़खड़ाकर क्यों गिरता है आदमी?" इस कारण को खोजते हुए संजीव ने विख्यात समाजशास्त्री एमिल दुर्खिम की 'आत्महत्या' पुस्तक का भी आधार लिया है। दुर्खिम के मतानुसार आत्महत्या के मूलतत्त्व समाज में कहीं मौजूद रहते हैं, ख़ासकर उस समाज में जहाँ व्यक्ति समाज के अधीन होता है। कुछ समाजशास्त्री आत्महत्या के कारणों को वैयक्तिकरण के कारण होने वाली घटना मानते हैं। इन सारे विचारों के बीच यह भी महत्त्वपूर्ण है कि किसान अकेला क्यों पड़ रहा है। वह जीवन को नकार क्यों रहा है? क्या किसानों की आत्महत्या पलायन है, कायरता है, भाव-प्रवणता है, टूटना है या पागलपन है? इन सारे सवालों के बीच संजीव आत्महत्या, ख़ासकर किसानों की आत्महत्या को लेकर 'मन्थन' के शिविर में एक रिटायर्ड टीचर के माध्यम से यह कहते हैं, "आत्महत्या, ख़ुदकुशी, सुइसाइड। सिर्फ़ इस्केप नहीं है, प्रतिवाद भी है, अन्तिम अन्याय के विरुद्ध चीख़ है, मौन चीख़! साइलेंट क्राई!... आत्महत्या महज़ कायरता नहीं, भाव-प्रवणता का एक उदात्त मुहूर्त है, 'पश्चात्ताप और निर्वेद की आग में मानवता का झुलसता हुआ परचम।"[8] किसानों की आत्महत्या के सन्दर्भ में संजीव का यह विचार अत्यन्त महत्त्वपूर्ण है। किसानों की आत्महत्याएँ वास्तव में समाज से प्रतिवाद है। उस समाज से जो किसान को उसके जीवन के सामान्य हक़ भी देना नहीं चाहता, उस समाज से प्रतिवाद है, जो किसानों की मजबूरी का लाभ उठाकर उसका मात्र शोषण करता है, उस सरकार से प्रतिवाद है, जो किसानों के मतों की बहुतायत से चुनाव तो जीतता है, लेकिन अपनी नीति में योजनाएँ बनाते हुए खोट रखता है, उन राजनेताओं और

मीडिया से भी प्रतिवाद है जो संख्या में अधिक होने के बावजूद संघटन न होने के कारण मनोवैज्ञानिक अनुसन्धान का विषय है।

प्रतिवाद के साथ-साथ संजीव इसे भाव प्रवणता का उदात्त मुहूर्त भी कहते हैं। संजीव के इस मत की वास्तविकता या आधार परखना हो तो हम घरों में होने वाली छोटी-छोटी घटनाओं का उदाहरण ले सकते हैं। कभी-कभी छोटे बच्चे अपनी बात मनवाने के लिए हद से ज्यादा रो लेते हैं या अपने ही शरीर को अपने ही हाथों से पीटते हैं या सर पटकते हैं। महिलाएँ भी हद से ज्यादा होने वाले अत्याचार के विरोध में ऐसा करते हुए दिखाई देती हैं। इन घटनाओं का मनोवैज्ञानिक विश्लेषण किया जाये तो यह स्पष्ट हो जाता है, प्रतिवाद या भाव-प्रवणता का यह भी एक पक्ष है। शिबू का कुएँ में कूदकर आत्महत्या करना, सुनील का एंडो सल्फान पीना, आशा का सल्फास पीना या माधव का जलते गन्ने के खेत में जाना उस समाज से यही भाव-प्रवणता का उदात्त मुहूर्त और प्रतिवाद है। कुछ यह सोचकर कि चलो हम मर जाते है। क्योंकि आप लोग एक समाज के रूप में हम किसानों को जीवन जीने का हक़ नहीं दे रहे हो।

सुनील अपने बेटे को पढ़ाई के लिए विदेश भेजना चाहता था, आशा और शिबू अपनी बेटियों के ब्याह करना चाहते थे और यही कहानियाँ विदर्भ, मराठवाड़ा और तेलांगना की है। जीवन भर मेहनत-मज़दूरी करने के बावजूद पेट भरने और तन ढकने की समस्याएँ हैं, जबकि बाक़ी लोग तरक़्क़ी कर रहे हैं। हीनताबोध किस तरह काम करता है, यह भी उपन्यासकार ने लिखा है, "राव के पास पक्का घर, टी.वी. है, मोटरसाइकिल है, कार भी आ गयी है। खुद भी प्रोफ़ेसर, बीवी भी, छठे पे कमीशन से हालत सुधरी हुई है। बग़ल के पड़ोसी ललचाई और ईर्ष्या भरी नज़र से देखते हैं, तब जब देखते है। एक हीनता का बोध हावी हो जाता है। सो क्विक लाभ के लिए बी.टी. है, क्विक फलन के लिए ऑक्सीटोसिन...क्विक मनी के लिए गाँव का सूदख़ोर महाजन...क्विक मुक्ति के लिए आत्महत्या!"[9] परिणाम यह कि विदर्भ, पंजाब, गुजरात, आन्ध्र प्रदेश, छत्तीसगढ़, मध्य प्रदेश, बुन्देलखण्ड आदि सभी प्रदेशों में आत्महत्याएँ हो रही हैं। किसानी के कारण आयी निराशा और समाज से प्रतिवाद करते-करते अब तक तीन लाख किसानों ने आत्महत्या कर ली है।

किसानों की आत्महत्याओं को रोकने के लिए सरकार के पास कौन-सी योजना है? दुर्भाग्य है कि आज के समय जहाँ वैज्ञानिक दुनिया का दावा सरकार भी करती है, तो सरकार की ओर से ही अध्यात्म थैरेपी अपनाई गयी। यह चीज़ मात्र हास्यास्पद थी लेकिन सरकार की ओर से विदर्भ में जगह-जगह बाबाओं को बिठाया गया, कीर्तन-भजन के साधन भी बाँटे गये। कार्ल मार्क्स ने जिसे अफ़ीम की गोली कहा, वह अफ़ीम की गोली देने की कोशिश सरकार ने की। वैसे तो हर सत्ता की ओर से आध्यात्मिक अफ़ीम की गोलियाँ जनता को दी जाती रही है, लेकिन प्रबोधन

और वैज्ञानिक समाज में कल्याणकारी राज्य द्वारा यह हो रहा है, यह दुर्भाग्य है।

किसानों की आत्महत्या पर सहायता देने के लिए निर्दयी प्रशासन द्वारा पात्र और अपात्र आत्महत्या यह शब्द प्रयुक्त किया जाता है। वैसे प्रश्न तो आसानी से निर्माण होता ही है कि क्या आत्महत्या भी पात्र या अपात्र हो सकती है? आत्महत्या आख़िर आत्महत्या है, लेकिन सरकारी सहायता देने के लिए कुछ नियम और निकष उन्हीं नियमों के अनुसार हुई आत्महत्या सहायता के लिए पात्र है। शिवनाथ की आत्महत्या पात्र नहीं है क्योंकि ज़मीन उसके नाम नहीं थी और परिवार के पास जो ज़मीन थी, उस पर कर्ज़ नहीं था। कितनी असंवेदनशीलता और हद की बेशर्मी से सरकार इन आत्महत्याओं की ओर देखती है। कितनी विडम्बना है कि एक ओर पात्र-अपात्र का खेल चलता है और दूसरी और गैंगवार में हुई मौत के लिए या मुम्बई में हुई ज़हरीली शराब दुर्घटना में सरकार बग़ैर किसी विलम्ब के सरकारी सहायता की घोषणा करती है। सरकारी बेईमानी पर टिप्पणी करते हुए संजीव लिखते हैं, "सरकार ने मान लिया है कि शेतकरी तो मरेंगे ही मरेंगे, इन्हें पात्र से अपात्र बनाने के लिए प्रमाण देने वाले तो हों। पोस्टमार्टम में क्या मिलेगा—ज़हर! न लाचारी निकलेगी, न टेंशन, न कर्ज़!"[10] आत्महत्या का वास्तविक कारण ज़हर नहीं होता या रस्सी नहीं होती। आत्महत्या का वास्तविक कारण लाचारी होती है, टेंशन होता है और होता है कर्ज़ जो मजबूरन लेना पड़ता है।

भारतीय किसान के इतिहास को देखा जाये तो वह कभी ऋण से मुक्त नहीं रहा और न ही किसान ने कभी ऋण लेना छोड़ दिया है। जब कभी पुरानी फ़िल्म या कहानी या उपन्यास में किसी साहूकार या ज़मींदार के किसानों को ऋण देते हुए क्रूरता का वर्णन किया जाता है तो तब दर्शकों या पाठकों की सहानुभूति किसानों की ओर जाती है, लेकिन वर्तमान समय में कोई आत्महत्या करता है तो वह किसान एक मज़ाक़ का पात्र बन जाता है। इस दृष्टि के विरुद्ध यह उपन्यास एक करारा तमाचा है।

सामाजिक संघर्ष : जातिगत, स्त्रीवादी और धार्मिक

संजीव ने फाँस उपन्यास में प्रातिनिधिक रूप में भारतीय कृषक समाज के और गाँव के आर्थिक वनगाँव में छोटी अर्थात् कलावती का परिवार दलित परिवार है और अशोक का परिवार मराठा अर्थात् उच्चवर्णीय परिवार है। इन दो परिवारों के रिश्तों के कई रंग हैं। पहला तो यह कि ये दोनों परिवार भावनिक दृष्टि से जुड़े हुए हैं। कलावती की माँ शकुन्तला और अशोक की माँ शुभा अच्छी सखियाँ हैं। यहाँ तक वे एक-दूसरे के सुख-दुख में एक-दूसरे की सहायता करती है। महाराष्ट्र में गुडी पडवा के दिन कुछ मीठा भोजन बनाने की परम्परा है। आर्थिक परेशानी से शकुन्तला के घर कुछ मीठा नहीं बन पाता तो शुभा मानो कर्तव्य और हक समझकर कम-से-कम

बेटियों के लिए तो पूरण पोली देती है। वही शुभा अपने बेटे अशोक और कलावती की नज़दीकी सहन नहीं कर पाती। इसके पीछे शुभा के जातिगत विचार ही काम करते है। और शकुन भी अपनी बेटियों को यही समझाने की कोशिश करती है कि ऊँची जातियों और दलितों के बीच वैवाहिक सम्बन्ध स्थापित नहीं होते। इस समस्या के सामने झुककर बग़ावती छोटी अपना विवाह होने तो देती है, लेकिन वहाँ रह नहीं सकती। पति और ससुरालवालों के दक़ियानूसी विचार उसे वहाँ से वासिस आने के लिए मजबूर करते हैं। अब सवाल पैदा होता है कि किसने कितना त्याग किया। उपन्यास के अन्त में संजीव यह चित्रित करते है। कि अशोक ने विवाह नहीं किया और जीवन नामक उस बच्चे को सँभाल रहा है, जो छोटी ने इसलिए लाया था, क्योंकि उसके माता-पिता ने आत्महत्या की थी और उस कारण वह अनाथ था। अशोक का यह प्रेम जातिगत हीनता को चीरता हुआ एक उदात्त प्रेम बन जाता है। छोटी को अशोक पर एक अलग ही गर्व महसूस होता है।

छोटी और अशोक के जीवन में जो समस्याएँ उत्पन्न हुईं, जिस कारण शिवनाथ को आत्महत्या करनी पड़ी, उसका भी मूल कारण जातिगत ही है। मन्दिर का पुजारी ब्राह्मण है और वह निम्न जातियों की स्त्रियों का शारीरिक शोषण करना चाहता है। पहले तो वह शकुन्तला को ही हथियाना चाहता था, जब ऐसा सम्भव नहीं हुआ तो उसकी बेटी कलावती को भोगना चाहता है, जब वह भी सम्भव नहीं होता तो कलावती और अशोक के चरित्र के सन्दर्भ में भ्रान्ति फैलाकर उनका जीवन बरबाद कर देता है।

उपर्युक्त घटना को संजीव धार्मिक दृष्टि से भी प्रस्तुत करते हैं। मन्दिर के पुजारी सदाशिव भागवत महाराज हर दिन आने-जाने वाली लड़कियों को वासना भरी नज़रों से देखते हैं। धर्म कभी मानवों को शान्ति, सुरक्षा और एकता का पाठ पढ़ाता था, अब सदाशिव पुजारी जैसे लोग हैं जो धर्म का यह कार्य भूल गये हैं। वे धर्म का उद्‌देश्य लोगों में फूट डालना, उनका आर्थिक शोषण करना यही मानते हैं। यह किसान जीवन की बहुत बड़ी समस्या है। एक तो किसान अनपढ़ होता है और दूसरा निरन्तर श्रम में लगे रहने के कारण उसमें धर्म के विषय पर चिन्तन करने के लिए समय नहीं होता। ऐसी स्थिति का लाभ उठाकर धर्म के माध्यम से, ईश्वर और आधिभौतिक शक्ति का डर दिखाकर किसानों के भोलेपन का लाभ उठाया जाता है। यहाँ तक कि किसानों का शारीरिक और लैंगिक शोषण भी होते रहता है। सदाशिव भगत की पूरी ज़िन्दगी दमित कामवासनाओं से निर्मित कुण्ठाओं में बीत रही है। जब गाँव की महिलाएँ उसकी कामवासना का शिकार नहीं होतीं तो उसकी कुण्ठित कामवासना विकृत होती है और गाँव में भ्रान्तियाँ और अफ़वाहें फैलाने लगती है, नतीजा निकलता है शिवनाथ की आत्महत्या।

जाति व्यवस्था के ऊँच-नीच के भेदभाव ने इतना विकृत रूप धारण किया कि

एक समय छत्रपति शिवाजी महाराज को ब्राह्मणों ने क्षत्रीय मानने से ही इंकार किया था। उस विचार का भी शायद पूर्व इतिहास था, जिसने भारत देश की आक्रामकता या युद्ध क्षमता को नष्ट किया। नतीजा भारत देश गुलाम हुआ। छत्रपति शिवाजी महाराज के इस सन्दर्भ को भी संजीव ने अभिव्यक्त किया है।

धार्मिक संघर्ष की एक और महत्त्वपूर्ण उपकथा संजीव ने मोहन बाघमारे की कथा के माध्यम से व्यक्त ही है। आर्थिक विवशता से बैल बेचने के बाद उलझन में फँसे मोहन बाघमारे को उबारने के बजाय पण्डित निरंजन देव गिरी पूरा बैल ही बना देते हैं। पूरे एक साल तक बैल की तरह रहने का प्रायश्चित्त मोहन बाघमारे को निरंजन गिरी देते हैं। मोहन बाघमारे बैल की तरह बाँ-बाँ करते जीवन बिताते हैं। शायद निरंजन गिरि मोहन बाघमारे को उबारते अगर उनके पास पैसे होते, लेकिन दस रुपये में क्या हो सकता है? अपनी करतूत पर पछताने वाले मोहन बाघमारे धर्म के साथ भीषण मुठभेड़ में निरे पशु बन जाते है। और धर्म का उल्टा चक्र घूमता हुआ दिखाई देता है, क्योंकि धर्म की ज़िम्मेवारी मनुष्य को प्राणी से मनुष्य बनाना है, मनुष्य से प्राणी नहीं। निरंजन गिरी जैसे लोग अपने उदरभरण के लिए मानव को मनुष्य से प्राणी बनाने में लगे हुए हैं। धर्म के साथ होने वाले संघर्ष में भी इस तरह से किसानों को भीषण पराजय का सामना करना पड़ रहा है।

'फाँस' उपन्यास के संघर्ष को देखते हुए यह देखना भी बड़ा रोचक है कि संजीव ने इस उपन्यास में स्त्रीवादी दृष्टि से भी संघर्ष का चित्रण किया है। उपन्यास में चित्रित मुख्य परिवार अर्थात् शिवनाथ का परिवार इसका प्रतीक है। छोटी माँ पर है, और वह बग़ावती है यानी उसकी माँ शकुन्तला भी उसके जैसे ही हिम्मतवान और समझदार है। यही कायरता उसे ले डूबती है। महुए के फूल चुनती कलावती पर शारीरिक अत्याचार करने के लिए वन विभाग का सिपाही ख़ुदाबख़्श उसका हाथ पकड़ता है। ख़ुदाबख़्श का अपना न्याय है, जो स्त्री शरीर का भोग करने देगी, उसे वन विभाग के कानून से छूट और जो न करने देगी वह गुनाहगार।

देहातों में लड़कियों के शील के सन्दर्भ में मा-बाप अधिक सजग होते हैं। जब शिवनाथ बेटी को लेकर होने वाली बदनामी सहन नहीं कर पाता तो वह धीरे-धीरे उदास और निराश हो जाता है। संजीव निराश बनते जा रहे शिबू की समाज के झूठ के विरुद्ध हारते संघर्ष को व्यक्त करते हुए उसकी आत्महत्या प्रभावित मनोवस्था को व्यक्त करते हैं। शिवनाथ सोच रहा है, "वह अकेले किस-किस से लड़ता फिरे? अफ़सोस, इस लड़ाई में न पत्नी साथ है, न बेटियाँ, न यार-दोस्त। लड़की का बाप होना दुनिया का सबसे बड़ा अभिशाप है।"[11] इस तरह बड़ी असहायता से शिवनाथ बेटियों के चरित्र पर उठाये जाने वाले झूठे सवालों से त्रस्त होकर आत्महत्या करता है। समाज का लड़कियों के प्रति यह नज़रिया वास्तव में समाज को ही पंगु बनाता है।

अमला गाँव की आशा की लड़ाई भी एक स्त्री की अपने अस्तित्व के लिए

लड़ाई है। आशा जैसी कई महिलाएँ है। जो पुरुषी वर्चस्व सत्ता को नकारात्मक दृष्टि से भोगते हुए अर्थात् शराबी और कमज़ोर पति को झेलते हुए, अपने और परिवार के जीवन के लिए श्रम कर रही हैं। बड़ी-बड़ी सफलता की कहानियाँ लिखने वाले लेखक या पत्रकार अकसर ऐसे संघर्ष को नज़रअन्दाज़ करते हैं। आशा का संघर्ष भी दुर्भाग्य से आत्महत्या में परिवर्तित होता है।

स्त्रीवादी दृष्टिकोण से लिखने वाले संजीव ने महाराष्ट्र के ग्रामीण क्षेत्र की स्त्रियों की एक अनोखी लड़ाई का ज़िक्र भी किया है। वह संघर्ष है शराबबन्दी का। महाराष्ट्र में महिलाएँ शराबबन्दी पर मतदान की माँग कर सकती हैं। बहुमत से वे शराबबन्दी कर सकती है, लेकिन क़ानून होने के बावजूद शराबबन्दी नहीं होती। फिर महिलाओं को शराबबन्दी के लिए झगड़ा करना पड़ता है। मारपीट-हाथापाई होती है। शकुन्तला का भट्टी भंजक दल की सदस्या बनना इसी का प्रमाण है।

संजीव का वैचारिक एवं शैलिगत संघर्ष

संजीव ने 'फाँस' उपन्यास लिखकर हिन्दी उपन्यास-साहित्य में बहुत बड़ा योगदान दिया है। किसानों की होने वाली आत्महत्याएँ और समाचार-पत्रों में छपने वाली छोटी-सी ख़बर कहीं कोई छोटी-सी कविता और कहीं किसानों का होने वाला छोटा-मोटा आन्दोलन। कोई भी सामाजिक समस्या जब साहित्य में स्थान पा लेती है तो उसकी आवाज़ कहीं मुद्रित हो जाती है और उसके लिए लड़ने वालों को मनोबल भी मिलता है। संजीव का इस दृष्टि से बहुत बड़ा योगदान है, फिर भी कुछ प्रश्न बाक़ी रहते ही है। जो उपन्यासकार के वैचारिक संघर्ष को अभिव्यक्त करते हैं। किसानों के सन्दर्भ में जब भी कोई आन्दोलनकर्ता या साहित्यकार बोलता है, तो अकसर सरकार द्वारा चलायी गयी योजनाओं पर बोलता है, वह भविष्य की योजनाओं के संकेत नहीं देता। यह संघर्ष इस उपन्यास में भी है। यद्यपि उपन्यासकार ने कोई स्पष्ट संकेत नहीं दिये, फिर भी मन्थन के द्वारा विज्ञान और उससे निर्मित योजनाओं की ओर वे संकेत करते हैं।

किसानों की आत्महत्या का जातिगत विश्लेषण भी उपन्यासकार ने किया है। आदिवासी जनजातियों में आत्महत्या बिल्कुल भी नहीं है, यह कहते हुए मराठा जाति में आत्महत्या ज्यादा है, यह निरीक्षण भी उपन्यासकार करते है। और उसका कारण छत्रपति शिवाजी महाराज के वंशज और उनकी महानता का बोझ मानते हैं। प्रत्यक्ष स्थल, काल और व्यक्तियों, घटनाओं के अध्ययन पर आधारित साहित्य-निर्माण में जो वास्तविकता और जीवन्तता आती है और वह प्रभावी बनने की सम्भावना बढ़ती है, उसी तरह उसमें दूसरों के मत आकर, दूसरों के विचार या अनुभव आकर वह दूषित होने का ख़तरा भी बढ़ता है। मराठा आत्महत्या के कारणों की जो चर्चा उपयुक्त पद्धति से हुई है, वह इसी तरह से लगती है। संजीव जैसे उपन्यासकार अगर

महानता के विश्लेषण में न घुसते तो यह निष्कर्ष न निकालते, क्योंकि आत्महत्या करने वाला मराठा, या कोई भी, महानता के उस बोझ से परिचित ही नहीं है। वह शिवाजी का आदर करता है, लेकिन अपने आपको उसके कारण महानता से जोड़ने की क्षमता, आत्महत्या करने वाले वर्ग के पास नहीं है।

उपन्यास का कथातत्त्व अत्यन्त समकालीन और ज्वलनशील है। कथानक महत्त्वपूर्ण है लेकिन कथानक में थोड़ा-सा ढीलापन ज़रूर है। कथानक की बुनावट में कसाव नहीं है। मुख्यतः यह दो गाँवों की कथा है। एक है वनगाँव जहाँ से शिवनाथ, शकुन्तला, कलावती और सरस्वती से यह कथानक शुरू होता है और दूसरा गाँव है नागौरा जहाँ सुनील और उसकी आत्महत्या के बाद विजयेन्द्र से यह कथा जुड़ती है। इन दो गाँवों की कथा के साथ अमला गाँव की आशा, अमरावती का माधव नारलीकर, नांउदके दादाजी खोबरागडे, मेण्डालेखा के देवाजी तोपाजी, मोहन बाघमारे आदि उपकथानक मुख्य कथानक में जुड़ते हैं। कथानक के यह जोड़ जुड़ते तो हैं, लेकिन जोड़ों में कसावट नहीं है।

संवाद

उपन्यासकार ने अंग्रेज़ी शब्दों और वाक्यों का अच्छी मात्रा में प्रयोग किया है। अंग्रेज़ी शब्द और कुछ वाक्य तो अब भारतीय लोगों में बड़े सहज होकर बस गये हैं, इसलिए किसी भी कथानक में उनके प्रयोग को लेकर पाठकों और समीक्षकों को कोई आपत्ति नहीं होती, उल्टे इस तरह के प्रयोग अब कथानक और संवाद की प्रभावोत्पादकता बढ़ाने के लिए प्रयुक्त हो रहे हैं। 'फासं' इस उपन्यास में कइ जगह ऐसे शब्द और वाक्य प्रयुक्त हुए है। और वे प्रभावी भी निर्माण करते हैं, लेकिन कुछ जगह वे बिल्कुल भी ठीक नहीं लगते, जैसे स्कूल में आठवीं-नौवीं कक्षा में मराठी माध्यम से पढ़ने वाली कलावती के मुँह से ''कॉरपोरेट सोशल रेसपांसिबिलीटी इन देशी-विदेशी सेठों की ज़िम्मेवारी है या आपूर्ति उतनी ही होती है, जितने में इसका ग्राहक बचा रहे।''[12] कला के द्वारा अपने पिता के लिए 'टच मी नॉट' यह संकल्पना, और बैलबंडी होने वाले नाना द्वारा 'पानी की क्राइसिस है' या 'तुम्हें डिस्टर्ब नहीं किया' यह संवाद उन पात्रों की शैक्षिक और व्यावसायिक योग्यता देखते हुए ठीक नहीं लगते।

उपन्यासकार ने बड़ी उदारता से और शायद कथानक की वास्तविकता को अधिक प्रभाव बनाने के लिए मराठी शब्दों के अच्छी मात्रा में प्रयोग उपन्यास में किये हैं। शेतकरी, नवरा बायको, मुलगियाँ, वासरू, ऊस, बैलबंडी, लुगडं, गुढी पाडवा, पोळा, आजोबा, जावई, माझा, रणरणती आदि शब्दों के बड़े सुन्दर प्रयोग उपन्यासकार ने किये है। यह मराठी भाषा के लिए बहुत ही अच्छी बात है। यह करते हुए कुछ दोष भी आ चुके हैं, जैसे तुअर का अर्थ मक्का बताया गया है जो

अरहर है, आहेस की जगह ऊहेस, आऔर समजल की जगह समझाला, हरण की जगह हरड़ लिखा गया है। मुलगियों की जगह भी मुगलिया लिखा गया है जो शायद उत्तर भारत में अधिक चलताऊ शब्द होने से टाइप सेटर्स द्वारा हुआ होगा। एक जगह पर स्थान दोष भी आ चुका है। नासिक को मराठवाड़ा में दिखाया गया है, जो पश्चिम महाराष्ट्र में आता है।

एक सशक्त कथानक, समकालीन ज्वलनशील समस्या, उस समस्या से त्रस्त लोगों के बीच रहकर जाना गया उनका जीवन, ज़बरदस्त प्रभावी संवाद और सुन्दर पात्रानुकूल भाषा एवं प्रभावी वर्णन-शैली से यह उपन्यास एक प्रभावी उपन्यास बना है। किसानों का जीवन तो वैसे सदियों से त्रस्त जीवन रहा है। और उन्हें वाणी देने का काम बहुत कम लोगों ने किया है। आज भी किसान शैक्षिक एवं साहित्यिक दृष्टि से इतना कमज़ोर है कि वह अपनी समस्या किसी मंच पर प्रभाव भाषा और शैली या कथानक में नहीं कह सकता। हमारे देश में जाति, धर्म या लिंग पर आन्दोलन या साहित्यिक विमर्श तो बनते हैं, लेकिन कृषि जैसे व्यवसाय पर कोई साहित्यिक विमर्श नहीं बन पाता। किसानों की आवाज़ आज भी आधी रात में सुनी किसी भयानक चीख़ को नज़रअन्दाज़ करने जैसी या जानबूझकर जल्द-से-जल्द भूलने की कोशिश जैसी भूली जाती है, नज़रअन्दाज़ की जाती है, अनसुनी की जाती है। ऐसी स्थिति में उपन्यासकार संजीव द्वारा उस चीख़ की दिशा ढूँढ़कर उस ओर जाकर, उस समस्या का कारण ढूँढ़ने का प्रयास निश्चित ही महान है।

सन्दर्भ

1. फाँस, संजीव, पृ. 17
2. फाँस, संजीव, पृ. 141
3. फाँस, संजीव, पृ. 190
4. फाँस, संजीव, पृ. 250
5. फाँस, संजीव, पृ. 37
6. फाँस, संजीव, पृ. 111
7. फाँस, संजीव, पृ. 73
8. फाँस, संजीव, पृ. 197
9. फाँस, संजीव, पृ. 160
10. फाँस, संजीव, पृ. 54
11. फाँस, संजीव, पृ. 105
12. फाँस, संजीव, पृ. 15

'फाँस' से उठता सवाल : खेती से किसान मन क्यों लगाये?

–डॉ. विजय शिन्दे

(1)

संजीव ने खोजी लेखन के तहत किसानों की ज़िन्दगी पर केन्द्रित उपन्यास लिखा है 'फाँस'। संजीव का केवल यही एक उपन्यास खोजी लेखन नहीं है, इसके पहले के इनके 'किसनगढ़ के अहेरी', 'सावधान! नीचे आग है', 'सर्कस', 'जंगल जहाँ शुरू होता है', 'सूत्रधार', 'रह गयी दिशाएँ इस पार' आदि उपन्यास भी इसका परिचय देते हैं। संजीव के लेखन की यह भी एक ताक़त है कि इन्होंने हर विचार, चिन्तन और विषय को अलग से लिखा है, मतलब लेखन के भीतर पुनरावृत्ति नहीं है। जिस भी विषय पर लिखना शुरू किया उसको एक ही साथ और एक ही जगह पर पूर्णतः से लिखने की कोशिश की है। विषय का वैविध्य रहा है। समाज के भीतर की वास्तविकताओं को सबके सामने रखने का ज़रिया उपन्यास को बनाया है। संजीव के उपन्यास इसी कारण काल्पनिक कम और वास्तववादी अधिक हैं। 'फाँस' पर लिखने से पहले संजीव के लेखन पर चन्द पंक्तियों के साथ यह आरम्भ है। मन और अन्तराआत्मा 'फाँस' पढ़ते वक़्त हमारे दम को घोटने लगती है। व्यवस्था, वर्तमान सामाजिक जीवन, दलाल संस्कृति, बिचौलिये, बाज़ार, विकास, कैशलेस संस्कृति, कालाधन, सरकार, राजनीति, कुर्सी, आदर्श, सशक्त भारत, समृद्ध भारत, महाशक्तिशाली भारत...आदि-आदि बातें, विचार हमारे आसपास घूमने लगते हैं। हमारा देश तेजी से आगे बढ़ रहा है, सुनकर बहुत ख़ुशी होती है।

जिस मिट्टी में हम लोग पले-बढ़े उससे गद्दारी कर अपने ही भोगों में लिप्त नवीन भारत के हम जैसे नागरिक उस मिट्टी के ऋण को भूल चुके हैं। 'फाँस' को पढ़ते हुए हर जगह पर, हर समय लगता है कि हम अपराधी हैं। कानों में कर्कश आवाज़ें परदों को चीरती हुई कलेजे तक दर्दों का निर्माण करती है कि भाई तुम भी इस व्यवस्था के टुकड़ों पर पलने वाले एक परजीवी जीव हो जो किसान का ख़ून

चूसने का भागीदार है। कुछ सालों पहले कहा जाता था कि भारत में अस्सी फ़ीसदी किसान हैं और खेती पर निर्भरता है। परन्तु वर्तमान में कहा जा रहा है कि भारत में साठ फ़ीसदी किसान है। और खेती पर निर्भरता है। सवाल यह उठता है कि अस्सी से साठ तक पहुँचना प्रगति की निशानी है या किसानी से हारकर किसानों ने खेती करना छोड़कर अपनी निर्भरता के लिए कोई दूसरा मार्ग ढूँढ़ लिया है। चिन्तक ए.सी. में बैठे पॉलिसी मेकर और किसानों को अन्नदाता कहकर उसके दुखों पर मरहम-पट्टी कर मरने के लिए पृष्ठभूमि तैयार करने वाला हर शख़्स कुछ भी कहे या स्पष्टीकरण दे कुछ फ़र्क़ नहीं पड़ता; वास्तविकता यहीं है और एक वाक्य में ही बताया जा सकता है, अब किसानों का खेती से जी भर चुका है, पेट भरने के लिए दूसरा मार्ग नहीं, अतः वे मजबूरन खेती कर रहे हैं। जिस दिन उनके लिए जीने का दूसरा रास्ता मिलेगा, आर्थिक निर्भरता का दूसरा स्रोत निर्माण होगा और पेट भरने का खेती के अलावा दूसरा विकल्प खुलेगा, उस दिन किसान खेती छोड़ देगा। अस्सी से साठ फ़ीसदी तक आना मतलब बीस फ़ीसदी की कटौती यही बयाँ करती है कि इन बीस फ़ीसदी लोगों के लिए ज़िन्दगी जीने के दूसरे मार्ग मिल गये हैं, खेती को छोड़ दिया, बेच दिया। किसानों के लिए खेती केवल ज़िन्दगी जीने का मार्ग नहीं है, यह उसकी आदत है और यह आदत अचानक छूट जाये तो पीड़ा होती है, तकलीफ़ देती है। इन बीस फ़ीसदी किसानों ने उसे सहा है और पचाया भी है। उन्हें मलाल भी है, पर दूसरी तरफ़ वे सुख और शान्ति से यह भी कहते है। कि भाई! मैंने और मेरे पुरखों ने हज़ारों बरसों से गुलामी सही, अब कम-से-कम हमारी अगली पीढ़ी इस गुलामी से मुक्त हो गयी।

खेती से गुलामी है, ज़िन्दगी का मिट्टी बनना है, क़र्ज़े में मौत मिलनी है, साहूकारों के पास ज़मीनों के साथ अपनी आत्मा गिरवी रखनी है, आत्मा के पानी से सींचे हरे-भरे पौधे अकाल के कारण खेती में सूख जाने हैं, बेमौसमी बारिश और तूफ़ान से खेती के भीतर फूली-फली फ़सल बह जानी है, तबाह होनी है, हाड़तोड़ मेहनत के बावजूद भी दो वक़्त की रोटी के लिए तरसना है, दो-दो और चार-चार किलोमीटर पानी के एक घड़े के लिए भटकना है, अपने घर में गाय-भैंस-बकरी होकर भी दूध के लिए तरसना है...तो हमेशा के लिए सवाल यह उठता है कि भाई! खेती में किसान मन क्यों लगाये? संजीव के 'फाँस' को समझने के लिए किसान होना ज़रूरी है या किसानी से वास्ता पड़ना भी ज़रूरी है। हालाँकि संजीव के उपन्यास का केन्द्र महाराष्ट्र है; विशेषकर विदर्भ, मराठवाड़ा और खांदेश का वह हिस्सा है, जहाँ पर सिंचाई कम है और किसानों की आत्महत्याएँ ज्यादा हो चुकी हैं। लगातार किसान आत्महत्याएँ कर रहे हैं और महाराष्ट्र तथा देश के तमाम चिन्तक यह तय करने में लगे है। कि हमारे प्रदेश की अपेक्षा दूसरे प्रदेशों में और राज्यों में आबादी और प्रदेश विस्तार में आँका जाये तो आत्महत्याएँ ज्यादा हो रही हैं। मतलब नम्बर

एक पर कोई और है, हमारा नम्बर उसके बाद का है। महाराष्ट्र में भी नरेन्द्र जाधव की रिपोर्ट यही बताती है। आत्महत्या के कारणों में यह भी बताया गया कि खेती के लिए उठाये गये कर्ज़ की अपेक्षा कई अन्य कारणों से किसान अधिक आत्महत्या करता है, जैसे—बेटी-बेटे की शादी का ख़र्चा, शराबी होना, मौज-मस्ती, बीमारी... आदि कारणों का लम्बा लेखा-जोखा इन विद्वानों (?) की रिपोर्टों में है। जैसे कोई पोस्टमार्टम करने वाला डॉक्टर घूस लेकर रिपोर्ट बदल देता है, वैसी ही यह रिपोर्ट। कोई विश्वसनीयता नहीं और कोई मानवीयता नहीं। इन रिपोर्ट लेखकों को पूछना चाहिए कि भाई आपने कभी शराब पी नहीं, कोई नौकरी-पेशा व्यक्ति को शराब की आदत नहीं, आपने धूमधाम से अपने बच्चों की शादी नहीं की, क़र्ज़ा लेकर घर-गाड़ी नहीं ख़रीदी, छोटी-सी बीमारी के बदले सरकारी ऑफ़िस से खर्चा वसूल नहीं किया, टी.ए., डी.ए. के झूठे बिल बनाकर कई बार सरकारी ख़ज़ाने को लूटकर डाका नहीं डाला। सौ बहाने और सौ झूठ के बाद अपने सुखों को तलाशता नौकरशाह व्यक्ति और सौ फ़ीसदी ईमानदारी से सेल्फ फायनांस करता भारतीय किसान स्पर्धा में कैसे टिक पायेगा? ऊपर से नौकरशाहों-पूँजीपतियों को लूटने के लिए कोई है नहीं, अगर कभी लूटा भी जाये तो ऐसी कुर्सी पर बैठे है। कि जितनी लूट हो चुकी है, उससे दस गुना बहुत जल्दी वसूल कर लेते हैं। और सौ चूहे खाकर बिल्ली हज को चली वाली इनकी सूरतें किसानों की आत्महत्याओं पर रिपोर्टों को लिख रही है। अगर इन कुर्सीवालों, अफ़सरों, नौकरशाहों, रिपोर्ट लेखकों का बस चले तो मरे हुए किसानों के शवों को आत्महत्या के अपराध में दुबारा सज़ा-ए-मौत दे सकते हैं। आख़िरकार भारत का किसान कितने सालों से कितनी बार मरता रहेगा और आगे कितनी बार मरना है?

'भारत कृषि प्रधान देश है' यह वाक्य बचपन से कितनी बार पढ़ा और कितनी बार सुना। यह कोई गर्व की बात नहीं है, बचपन में इसे सुनना अच्छा लगता था परन्तु अब ऐसे लगता है मानो कोई इस वाक्य के साथ भद्दी-गन्दी गाली दे रहा है। किसानों के लिए शोषण लूट ही तो है। इनकी आत्महत्याओं को झूठा मानकर और सच्चाई को छिपाने वाली रिपोर्ट आयेगी और छापी जायेगी। आत्महत्या इनकी क़लमों से वैध्य और अवैध्य ठहराई जायेगी। पात्र और अपात्र के बीच फँसा किसान यह जान चुका है कि अपने गले में पड़े फाँसी के फन्दे की चिन्ता को छोड़कर अगली पीढ़ी को सुरक्षित करना है; अतः जैसे भी हो हमारे बच्चे किसानी नहीं करेंगे, इस निष्कर्ष तक वह आ चुका है। नतीजन अस्सी से साठ फ़ीसदी तक आना हुआ है अर्थात् भारत के बीस फ़ीसदी किसानों ने खेती करना छोड़ दिया है और बचे हुए बार-बार यह सवाल कर हैं कि आख़िरकार खेती से किसान मन क्यों लगाये?

संजीव के 'फाँस' उपन्यास को पढ़ते हुए यह सवाल से मेरे मन और अन्तरात्मा में बैठा किसान, जिसे मैंने सालों पहले मार दिया है, वह बार-बार पूछ रहा है। मुझे

पता नहीं कि मेरे पुरखों ने कितने सालों तक इस प्रकार की ग़ुलामी को ढोया है। हमें मौक़ा मिला और किसानी छोड़ दी। मेरे पिता तक यह एक लम्बा दौर रहा, अब खेती है परन्तु परिवार को चलाने का मुख्य आर्थिक स्रोत वह नहीं है या यों कहें कि खेती मनोरंजन का साधन है, मिट्‌टी से जुड़े रहने का बहाना है। उससे होने वाला नुक़सान, हाँ नुक़सान क्योंकि किसानों के लिए खेती कभी मुनाफ़े की हुई ही नहीं; मेरी आर्थिक तबाही करती नहीं है। खेती से होने वाला डैमेज सहन करने की क्षमता मुझे मेरी नौकरी बहाल करती है। बीस फ़ीसदी जो खेती से पलायन कर चुके या छोड़ चुके लोगों की यही प्रतिक्रयाएँ हैं। गाँव सूख रहे है। प्राकृतिक आपदाओं से, सरकारी नीतियों से, कर्ज़ तले दबकर। चारों तरफ़ एक बंजरता फैलती जा रही है। पूँजीपति, सम्पन्न परिवार, उद्योगपति, राजनेता, सरकारी अफ़सर अब गाँवों में कई एकड़ ज़मीनें धड़ाधड़ ख़रीदते जा रहा है। कुर्सियों पर बैठकर अपने अनुकूल सरकारी नीतियों को बना रहे है। और सरकारी ख़ज़ाने को लेटकर सिंचाई योजनाओं का लाभ उठा रहे हैं। विभिन्न स्कीमों के तहत अनुदान राशि की लूट की जा रही है और सालों से ग़ुलामी कर चुके, शोषित किसानों को त्यौरियाँ चढ़ाकर कह रहे है। कि खेती ऐसे की जाती है; आपको रोने की आदत लगी है, खेती नुक़सान का नहीं फ़ायदे का सौदा है। बिल्कुल खेती फ़ायदे का सौदा है। कब? तब, जब उसके पीछे निश्चित आर्थिक ताक़त हो। आप अपनी नौकरी को छोड़ किसानी करें तो पता चलेगा नफ़ा और नुक़सान क्या होता है। अब बड़े-बड़े कॉरपोरेटर, बिजनेसमैन, बैंकर, राजनेता...खेत पर उतर आ चुके हैं। उनके लिए खेती किसानी नहीं एक बिजनेस बन चुकी है। ऐशोआराम और मौज-मस्ती का साधन बन चुकी है। बिजनेस और राजनीति से फ़ुरसत निकालकर फार्महाउस पर पार्टी और ऐयाशी करने की जगह है अर्थात् चिन्तकों की भाषा में नव-निर्मित, आधुनिक, उत्तर-आधुनिक, ग्लोबलाइज्ड... किसानों के लिए खेती ऐयाशी का साधन है। नफ़ा हुआ तो ठीक, नहीं तो साल में दो-चार बार वहाँ जाकर घूम-फिरकर आये तो ख़ुशियाँ, प्राकृतिक हवा और सौन्दर्य पाने के लिए किया गया मात्र खर्चा है। प्रत्येक आर्थिक वर्ष के अन्त में यह खर्चा बिजनेस अकाउंट या सरकारी टी.ए., डी.ए. में भी जोड़ा जा सकता है। या दो नम्बरवाला कालाधन कमाने का मौक़ा है तो वहाँ भी इसकी सेटलमेंट हो सकती है। इस सेटलमेंट के तहत इनका मन लग सकता है। परन्तु हमारे परम्परागत किसान के पास ऐसी सेटलमेंट का कोई मौका नहीं, अतः सवाल यह उठता है कि खेती से किसान क्यों मन लगाये?

(2)

भारतीय किसानों के पास अपनी ज़मीन से उपज निकालने के लिए दिमाग़ है, उनकी हाड़तोड़ मेहनत करने की तैयारी है। आज जितने भी किसान मेहनत कर रहे है।

या परिस्थितियों से लड़ रहे हैं, उनकी तारीफ़ करनी पड़ेगी, उसका कारण यह है कि उनकी यह सम्पूर्णता लड़ाई विपरीत परिस्थितियों के साथ है। खेती करने लायक़ न प्राकृतिक माहौल है, न सरकारी नीतियाँ है। और न ही मुश्किल तथा ज़रूरी क्षणों में पैसों का आधार है। हर समय किसानों को खेती करने के लिए आवश्यक पैसों हेतु दूसरों के सामने हाथ फैलाने पड़ता है। आप कहेंगे कि भाई! इतने सालों में किसान खेती के लिए आवश्यक पैसा क्यों इकठ्ठा कर नहीं पाया है। उसका कारण यह है कि जिस परम्परागत ढर्रे पर खेती की जा रही है, वहाँ बहुत अधिक लाभ कमाने के मौक़े नहीं हैं। आपको उदाहरण के तौर पर बता दें तो कई उदाहरण सामने आ जाते हैं। वैसे किसान अगर लागत और नफ़े का तालमेल बिठा दे तो कब का खेती छोड़ चुका होता। खेती हमेशा घाटे का सौदा है। ज्वार, गेहूँ, अरहर, सोयाबीन, कपास, चना, टमाटर, प्याज, विविध सब्ज़ियाँ...आदि उत्पादों का विचार करें तो इस प्रकार की खेती में किसानों का सालों से नुक़सान हो रहा है। अगर लाभ मिला तो केवल घर का खर्चा चलाने लायक़। अतः अगले साल की खेती के लिए पैसे इकट्ठा करना कभी बनता नहीं है। खेती से उपज और उत्पादन करना किसान के हाथ में है, उनका बाज़ार मूल्य दुनिया तय करती है। चारों तरफ़ किसानों के माल की लूट शुरू है, इससे किसान के पास कुछ बचता नहीं। अगले साल के आवश्यक पैसों का इन्तजाम वह कैसे करेगा? मिल रहे नाममात्र के मुनाफ़े में किसान अपना और अपने पारिवारिक सदस्यों का चौबीस घण्टों का पारिश्रमिक जोड़ने लगा तो यह खेती किसी भी हालत में लाभकारी नहीं है।

कम्पनी और बिजनेस में यह मौक़ा है, अपने ही उद्योग और अपने ही बिजनेस में कैशबुकों, पेमेंट सिटों और बैलेंस सीटों में अपना मानधन-वेतन जोड़ा जाता है, टैक्स से बचने के लिए। वैसे किसान करने लगा तो उसके हाथों में केवल शून्य बचता है। मोटे तौर पर संक्षेप में यहाँ उल्लेख करें तो खेती से किसानों के लाभ की रक़म वहीं है जो अपना पारिश्रमिक छोड़ा जा चुका है। जवार वर्गीय खेती से लाभ केवल चारे का मूल्य है। मवेशियों (गाय, भैंस) को पालकर दूध बेचे तो लाभ केवल उनके गोबर का है। मुर्गियाँ पाले तो लाभ कभी मेहमान आये तो चिकन खाने का है। बकरी पाले तो लाभ उनके बछड़ों के साथ खेलने का है...कुल मिलाकर किसानों के लिए हमेशा हानि और नुक़सान ही है। अगर लाभ किसी का हो रहा है तो वह दलाल, दुकानदार, व्यापारी, ट्रांसपोर्ट कम्पनियों का और साथ ही ग्राहकों का भी। केवल नुक़सान किसानों का। ऐसे में वह अगले साल की खेती के लिए दूसरों के सामने हाथ फैलाये नहीं तो करे क्या? "इस देश का किसान कर्ज़ में ही जन्म लेता है, कर्ज़ में ही जीता है, कर्ज़ में ही मर जाता है।" (फाँस, पृ. 15) अपने बाप का क़र्ज़ा उतारते-उतारते किसानों की ज़िन्दगियाँ खत्म हो चुकी हैं। एक किसान बाप का क़र्ज़ा भर रहा है, उसकी मौत हो गयी कि यह उधारी का खाता बेटे के नाम

चढ़ जाता है। बेटा अपने बाप के कर्ज़खाते को आगे बढ़ाता है और यही खाता फिर उसके बेटे के नाम से चलता है। मतलब बेटा-बाप-दादा-परदादा...यह बहुत दिनों से पुरखों से चले आ रहा है। चिन्तक, अर्थशास्त्री, राजनेता...हमेशा कहते है। कि किसान बैंकों से क़र्ज़ा उठाये, कम ब्याज के साथ मिल जायेगा। परन्तु हमारे देश का अनाड़ी, अशिक्षित, अनपढ़ किसान बैंकों की भाषा और फार्मों से अनभिज्ञ है। उसकी फाँस उससे खुलती नहीं और नियमों के तहत जो रक़म मिलती है, उससे उसकी ज़रूरतें पूरी नहीं होती हैं। मजबूरन साहूकारों के पास जाना पड़ता है।

साहूकार ज़मीन और ज़िन्दगियाँ गिरवी रखकर जितनी माँग है, उतना क़र्ज़ा देता है। ऐसी स्थिति में किसान ब्याज का सोचता नहीं, बस आज का दिन दिखता है। उस आज को जीना है, इसीलिए फल और अगली पीढ़ी को साहूकारों के दरवाज़े में, खतियानों में गिरवी रख देता है। साहूकारी ब्याज मीठे बोलों और बड़ी आत्मीयता के साथ 10 फ़ीसदी होता है, परन्तु हमारे देश के अर्थशास्त्री इससे कभी अचम्भित नहीं होते...। यह दस फ़ीसदी महीने का होता है। अर्थात् अर्थशास्त्रीय भाषा में इसका आकलन करें तो साल भर के लिए इसका हिसाब 120 फ़ीसदी होता है। साहूकारों के लिए दुनिया का ऐसा कोई बैंक नहीं कि जो एक साल में अपनी रक़म को दुगने से भी ज्यादा करे। अर्थात् कोई साहूकार किसी किसान को एक लाख देता है तो वह केवल ब्याज स्वरूप में एक लाख बीस हज़ार वसूल कर लेता है। मुद्दल वैसे-के-वैसे बकाया रहती है। यही बात अगर बैंकों की करें तो 12 फ़ीसदी पर्सनल लोन के लिए ब्याज लिया जाता है। यह 12 फ़ीसदी सालभर के लिए होता है। एक लाख लोन का साल भर का ब्याज चौदह हज़ार चार सौ। मेरे देश के तमाम चिन्तकों, अर्थशास्त्रियों, राजनेताओं, पॉलिसी मेकरों, तत्त्वज्ञानियों... चौदह हज़ार चार सौ कहाँ और एक लाख बीस हज़ार कहाँ? इन आँकड़ों को देखें तो सबको आश्चर्य होता कि ऐसी स्थिति में, इतनी लूट में किसान ज़िन्दा है। तो कैसे? किसान की आत्महत्याओं पर रिपोर्ट बनाने वाले महान मसीहाओं को यह वास्तविकता पता है। इसे इन्होंने जानबूझकर नज़रअन्दाज़ किया है। इन बातों को रिपोर्टों में जोड़ना ज़रूरी था ताकि इधर-उधर बग़ले झाँकने का उनको कोई कारण नहीं पड़ता था...। कारण ब्याज स्वरूपों में वसूल किये जाने वाले इन आँकड़ों से यही पता चलता है कि हमारे देश के सारे किसानों को आत्महत्याएँ करनी चाहिए थीं, वैसे हुआ नहीं मतलब रिपोर्ट लेखकों के कैल्कुलेशन से हालात तो बहुत अच्छे हैं...। नम्बरों का गेम करने की भी ज़रूरत नहीं पड़ती। किसान ज़िन्दा है मतलब बाज़ार अच्छा है...। सरकार अच्छा काम कर रही है...। और रिपोर्ट लेखकों का रिपोर्ट कार्ड भी अच्छा है...। सभी अपनी-अपनी पीठ ठोके और एक-दूसरे की भी ठोंके...। और इन सारी स्थितियों के बावजूद भी किसान ज़िन्दा है तो दुबारा लूट करने के लिए तैयार हो जाये...।

उपर्युक्त स्थितियों को संजीव ने 'फाँस' के भीतर विस्तार से लिखा है। ''महँगे बीजों, खादों और कीटनाशकों की वजह से ज़्यादातर किसानों को कर्ज़ लेना पड़ता है। सरकारी बैंकों में खसरा-खतौनी, नक़ल दुरुस्ति समेत कई लफड़े, कर्ज़ की राशि भी कम। फलतः ज़्यादातर किसान वहाँ जाने से ही घबराते है। और उन्हें ऋण एजेंसियों और गाँव के साहूकारों से कर्ज़ लेना ही आसान लगता है। जो होता तो 10 प्रतिशत प्रतिमाह या उससे भी ज्यादा, पर वे यह नहीं पूछते थे कि किसलिए ले रहे हो, उनसे रिश्ता अन्त तक आत्मीय बना रहता है। एक किसान को सिर्फ़ ख़ेती, बीज, खाद, कीटनाशक, सिंचाई नहीं, जीवन और परिवार की अन्य ज़रूरतें भी होती हैं, जैसे बच्चे की शिक्षा, स्वास्थ्य, बेटी की शादी, ख़ुशी, ग़मी जैसे चीज़ों के कर्ज़ सरकार से नहीं मिलते। ऐसे हालात तक ले ही आये है। क्यों हमारे हुक्मरान हमें यहाँ? सारे राजनेता, सारी पार्टियों के राजनेता लगता है, दलाल है उन्हीं के।'' (फाँस, पृ. 110-111) लेखक द्वारा प्रस्तुत वास्तविकता कितनी भयानक है। ऐसा नहीं कि राजनेता और कृषि अर्थशास्त्री इन वास्तविकतओं से परिचित नहीं है, वे इन स्थितियों को भली-भाँति जानते है। पर उन्हें कभी लगता नहीं कि किसान हमारे देश का और घर का हिस्सा है। किसान किसी दूसरे देश और दूसरे घर के प्राणी लगते हैं। मर रहे है। मरने दो...! की मानसिकता से सारे देश के परजीवी जी रहे हैं। इसी के चलते सूखे से ख़ाली पड़ चुके डैमों में अजीत पवार जैसे ज़िम्मेदार राजनेता 'मूतने' की बात करते है। या रावसाहेब दानवे जैसे राजनेता किसानों के लिए 'रोते है। साले' जैसी गाली आसानी से दते हैं। स्लिप ऑफ़ टंग हो या जो भी हो इस प्रकार के वाक्य किसानों के प्रति राजनेता, नौकरशाह, अफ़सर, अधिकारी, बिजनेसमैन...के नज़रिये को बयाँ करते हैं।

मीडिया ज़िन्दा है इसलिए ये बातें पता चल रही है। मीडिया की अनुपस्थिति में अकेले, रात की पार्टियों में, गोपनीय चर्चाओं में, आपसी चर्चाओं में, अन्दरूनी बैठकों में किसानों के प्रति इनके मन में कोई सम्मान नहीं है। स्लिप ऑफ टंग भी उसी को बयाँ करती है। पार्टियों का खुमार सभाओं में अपने आप आ जाता है। दिल की बात जाने-अनजाने ज़ुबाँ पर आ जाती है। इन लोगों को दिल की भड़ास निकालने का मौक़ा दिया जाये या इनको बेहोश कर पॉलिग्राफ़िक टेस्ट किया जाये तो सबसे ज्यादा गालियाँ किसान, ग़रीब, मतदाताओं, लाचारों के लिए निकलेंगी। इनमें देश से भाग चुके या भगाये गये विजय माल्या जैसे चोरों से पैसे वसूलने की हिम्मत नहीं है और न ही पकड़ने की ताक़त है। क्योंकि इसके पहले चुनावों के दौरान ऐसे लोगों से पहले ही चुम्माचाटी कर चुके होते हैं। इनके सामने यह पहले से नंगे होते हैं, भिखारी होते हैं। इन पर ऐक्शन के दौरान हाथ थरथारने लगते हैं, कारण की यह अपनी पोल खोल न दें। बेचारा किसान ही है जो किसी की पोल नहीं खोल सकता; अतः गाली देने, अपमानित करने और अपना फरस्टेशन निकालने की आसान जगह तो वहीं है।

महाराष्ट्र के पाँच प्राकृतिक हिस्से हैं। कोंकण, पश्चिम महाराष्ट्र, खांदेश, मराठवाड़ा और विदर्भ। कोंकण और पश्चिम महाराष्ट्र में आत्महत्याओं का प्रमाण बहुत कम है या न के बराबर है। उसके कई कारण हैं। किसानों के पास खेती क़म है, अतः जो भी है उसमें वह परम्परागत खेती की अपेक्षा फल, गन्ना जैसे उत्पादन लेते हैं, ताकि लाभ हो। दूसरा पानी की उपलब्धता के कारण सिंचाई की जा चुकी है। तीसरा राजनेता, कुछ राजनेताओं की दूरदृष्टि इस प्रदेश को विकसित कर चुकी है जिसमें शाहू महाराज, यशवन्तराव चव्हाण, वसन्तदादा पाटिल, शरद पवार, आर.आर. पाटिल जैसे नेताओं का नामोल्लेख किया जा सकता है। चौथा किसानों की मानसिकता, पढ़ाई, मेहनत, परवर्तनीय दृष्किोण, प्रगतिशीलता आ जाती है। परम्पराओं को छोड़कर रास्ते बदलने का निर्णय इन किसानों ने जल्दी लिया, नतीजे लाभ में आ चुके। अपनी चादर देखकर पैर फैलाना इन्होंने चाहा। अपनी ताक़त से बाहर के निर्णय इन्होंने लिये नहीं। अस्पताल किसी से छूट नहीं सकता परन्तु शादी-ब्याह-त्योहारों की अनावश्यक प्रदर्शनीयता पर रोक लगायी। उन पैसों को खेती और बच्चों की पढ़ाई में लगाया। परिवार के भीतर के किसी-न-किसी सदस्य की आर्थिक निर्भरता खेती से खत्म की और उसे नौकरी करने के लिए पोषक माहौल बनाया। इन दो प्रदेशों में मुम्बई और पूना जैसे दो शहर हैं, जहाँ पर इन गाँवों के शिक्षित युवकों के लिए नौकरी या धन्धा करने के मौक़े आसानी से मिल जाते हैं। कोंकण और पश्चिम महाराष्ट्र के गाँवों का सर्वे किया जाये तो लगभग चालीस फ़ीसदी लोगों की आबादी नौकरी और व्यवसायों में इन दो शहरों या अन्य शहरों में काम कर रही है, यह पता चलेगा। मतलब खेती से कभी नुक़सान हो भी जाये या प्राकृतिक आपदा आ भी जाये तो इन परिवारों के लिए एक दूसरा बैकअप प्लान मौजूद है। इन दो प्रदेशों में उर्वर ज़मीन की कमी है, और जो भी है उसमें ऊबड़खाबड़ता है, इसके बावजूद भी दूरदृष्टि और बैकअप प्लान के कारण आर्थिक सम्पन्नता आ चुकी है। इन किसानों में या यहाँ की जनता की यह सम्पन्नता राजनेताओं को सवाल पूछने का साहस भी रखती है। नौकरशाहों और अफ़सरों को ग़लत कामों से रोक भी सकती है। सरकारी योजनाओं का बिना घूस दिये लाभ भी पा सकती है।

कोंकण और पश्चिम महाराष्ट्र की तुलना में खांदेश, मराठवाड़ा और विदर्भ की ज़मीन उर्वर है, सपाट है। इस भूमि से कपास बहुत अधिक निकलती है, अतः इसे सफ़ेद सोना उगाने वाली भूमि भी कहा जा सकता है। सपाट प्रदेश, काली मिट्टी, विस्तृत और लम्बे फैले खेतों के बावजूद भी केवल सिंचाई के अभाव में इन प्रदेशों की उर्वर भूमि आत्महत्याओं का कलंक माथे पर ढोती जा रही है। नासिक, औरंगाबाद और नागपुर जैसे बड़े शहर हैं, वह किसानों के लिए कोई मददगार नहीं हैं। इनमें औद्योगिक प्रगति के लिए नासिक और नागपुर आगे है। नासिक के लिए पूना और मुम्बई की नज़दीकियाँ उभर रही है। भविष्य में यह अपने प्रदेश के लोगों

और क़िसानों को ताक़त देने के लिए सक्षम है। परन्तु नागपुर औद्योगिक प्रगति के बावजूद किसानों को अपने भीतर समाने नहीं दे रहा है और औरंगाबाद के हालात तो अत्यन्त भयावह है। औरंगाबाद, महाराष्ट्र का प्रमुख शहर, महाराष्ट्र की पर्यटन राजधानी, फिर भी राजनीतिक इच्छाशक्ति के अभाव में तथा आपसी रंजिशों के कारण प्रगति मानो रुक-सी गयी है। बताया जाता है कि एशिया खण्ड में सबसे अधिक बहुत जल्दी प्रगतिपथ पर अग्रसर कोई शहर है, तो वह औरंगाबाद है। परन्तु यह सरकार की देन हो सकती है, चाहे वह राज्य सरकार की हो या केन्द्र सरकार की। लोकल राजनेताओं और स्थानीय लोगों का जिस प्रकार का सपोर्ट होना चाहिए, वह यहाँ पर नहीं है। धर्म और जातिगत राजनीति से यह शहर खोखला बनता जा रहा है। मुम्बई-दिल्ली कॉरिडोर के भीतर आने वाला यह शहर उद्योगपतियों के आकर्षण का केन्द्र है, परन्तु राजनेता और राजनीतिक मंशाओं के अभाव में यहाँ आने के लिए वे कतरा रहे हैं। केवल धर्म और जाति के आधार पर पिछले चालीस सालों से एक ही पार्टी यहाँ पर कुर्सी पर बैठी है, अतः स्थानीय सपोर्ट के साथ भविष्यकालीन विकास की सारी योजनाएँ ठप्प हैं। जो भी हो रहा है, वह अपने आप हो रहा है, दुनिया और देश की गति के साथ। उसमें यहाँ के नेताओं की दूरदर्शिता की कोई हिस्सेदारी नहीं है। शंकरराव चव्हाण, विलासराव देशमुख ने नांदेड़ और लातूर का विकास किया। विलासराव जी के अकाल जाने से मराठवाड़े का बहुत बड़ा नुक़सान हुआ और इनके पश्चात् गोपिनाथ राव मुंडे जी की दिल्ली में दुर्घटनावश मौत मराठवाड़े को अनाथ कर चुकी हैं। विकास का विज़न इस नेता के पास था। आप कहें कि दादा के लगाये हुए आम को पोते ने खाने का मौक़ा था कि पोते की मौत हो गयी। कहने का तात्पर्य है इन प्रदेशों में विज़नवाले नेताओं का अभाव है।

आज शरद पवार से महाराष्ट्र को बहुत अधिक अपेक्षाएँ हैं, जो किसानों के लिए कुछ ठोस निर्णय लेकर पूरे महाराष्ट्र में सिंचाई के काम को अंजाम तक लेकर जायें। शरद पवार केवल महाराष्ट्र में ही नहीं भारत में एक ऐसे नेता है, जो सत्ता में हों या न हों बहुत कुछ करने की क्षमता रखते हैं। महाराष्ट्र और विदर्भ के प्रमुख नेता के नाते किसानों को नितिन गड़करी जी से भी यह अपेक्षाएँ है। कि वे सिंचाई को अंजाम तक लेकर जाये। किसानों को कर्ज़ से मुक्ति नहीं चाहिए, उन्हें सिंचाई के ठोस उपाय चाहिए ताकि वे अपना क़र्ज़ा खुद उतार सकें। खेती का विकास करना है तो तीन चीज़ों की ज़रूरत है—एक विज़नवाले नेता, दूसरा सफल कारगर सिंचाई और तीसरा सारी परम्पराओं-रूढ़ियों-अन्धविश्वासों को छोड़कर किसानों का आत्मनिर्भर होना। यहाँ केवल पश्चिम महाराष्ट्र या कोंकण की बात नहीं है, यह तीन बातें अगर हो जायें तो मराठवाड़ा और विदर्भ रिकार्डतोड फ़सल उगा सकता है। पंजाब की हरितक्रान्ति का बखान जो किया जाता है, उसको कई गुना पीछे छोड़ने की क्षमता इन दो प्रदेशों की उर्वर भूमि में है। किसानों को कभी किसी के सामने

हाथ फैलाने की ज़रूरत नहीं पड़ेगी। न बैंकों के सामने, न साहूकारों के सामने और न ही सरकार के सामने। एक ही बार आर-पार विकास की लड़ाई हो जाये तो यह किसान भी आँखें तरेर सकता है। फ़िलहाल तो कर्ज़ तले दबकर फाँसी के फन्दे पर लटक रहा है और जाने से पहले हमारे सामने जलता हुआ सवाल छोड़े जा रहा है कि किसान खेती से मन क्यों लगाये?

आज अगर कोई भी अख़बार उठाये तो प्रत्येक प्रदेश के स्थानीय वृत्तपत्रों में एकाध किसान की आत्महत्या की ख़बर छपती है। 1985-1990 से शुरू यह सिलसिला पिछले 25-30 सालों से लगातार शुरू है। शुरू-शुरू में ख़बरों को पढ़कर बहुत दुख और पीड़ा होती थी। आज हम इतने अमानवीय, असंवेदनशील हो चुके है। कि यह ख़बरें रोज़ पढ़ते है। लेकिन किसी का मन आन्दोलित नहीं हो रहा है; न सरकार का, न देशवासियों का, न हुक्मरानों का। यहाँ तक कि किसान भी अपने जीवन की दयनीय ख़बरों से कोई पाठ पढ़ता नहीं है। ऐसे मर रहा है मानो किसी बीमारी के तहत मुर्गियाँ मर रही हों। किसी जानवर से भी बदतर हालात किसान के हैं। वह भी कहता है कि हमारी ज़िन्दगी ऐसी है 'रोज़ मरे त्याला कोण रडे' (जिसकी मौत रोज़ हो रही है, उसके लिए रोज़-रोज़ कौन आँखें बहाये)। 'फाँस' उपन्यास में किसानों की लाखों आत्महत्याओं का ज़िक्र है। उपन्यास के भीतर के सुनील, विट्ठल, शिबू और आशा यह पात्र विभिन्न दबावों के तहत आत्महत्या कर चुके हैं। प्रेमचन्द के 'गोदान' उपन्यास में होरी की असमय और अकाल मौत के कारण पूरे भारतभर का दिल दहल उठा था और आज हम इतने अमानवीय हो चुके है। कि केवल 'फाँस' के किसान ही नहीं बल्कि मराठवाड़ा, विदर्भ और खांदेश से किसान रोज़ मौत को गले लगा रहे हैं। देश के कोने-कोने में किसान रोज़ मर रहा है। फाँसी का 'फाँस' मानो छूत की बीमारी हो गया है और देखा-देखी, सुनी-सुनाई ख़बरों की तहत एक से दूसरे तक पहुँच रही है। क्या किसान की ज़िन्दगी इतनी सस्ती हो गयी है कि उसे यों मरता हुआ देखें?

किसानों की उपेक्षा से वह दुखी तो है ही, उसका परिवार भी दुखी है। गाँव के गाँव दुखी है। अब उनका मन उचट चुका है खेती से, ज़मीनों से। उसका मन नहीं करता कि कन्धे पर हल उठाकर बैलों के साथ खेती में जाये। पहले कहा जाता था कि खेती कोई धन्धा नहीं ज़िन्दगी जीने का तरीक़ा है, लाइफ स्टाइल है जिसे किसान कितना भी चाहे वह छोड़ नहीं सकता। किसानी किसानों के ख़ून में बसी है। परन्तु अब यह कोरी आदर्शवादी बातें हैं। इन आदर्शवादी बातों से किसानों को झाँसा देकर मूर्ख भी बनाया गया है। आप तो अन्नदाता हैं, देवता हैं...। हमारे पेट की भूख मिटाने का पवित्र कार्य आप कर रहे हैं। पूरे देश और दुनिया की भूख मिटाने का ज़रिया आप, आपकी खेती और आपकी किसानी है। आदि-आदि बातों से किसानों को कई सालों से मूर्ख बनाया है। परन्तु अब वह इस निष्कर्ष तक

पहुँचा है कि हमारी कई पीढ़ियाँ दूसरों की गुलामी करने में बीत चुकी हैं, दूसरों की चिकनी-चुपड़ी बातों में फँस-लिखकर बड़े बने। शहरों में जायें। अच्छा वेतन पायें और वेतन के बदले में सारे सुख पायें जिसके लिए हमारी सारी पीढ़ियाँ ताक़त लगाती रहीं, मिलीं नहीं। वह सुख इसे इस जिन्दगी में मिले। उसका भी घर हो, उसके बच्चे भी अच्छे स्कूलों में पढ़ें। उसके घर के सामने भी बड़ी नहीं तो कम-से-कम छोटी गाड़ी हो। जिन सपनों को किसानों के कन्धे पर बैठकर नौकरशाही, अफ़सरशाही देखती रही, वही किसान आज अपने लिए देख रहा है। उसको उसकी ज़मीन और खेती का वास्ता दिया जायेगा। यहाँ पूछना चाहते है। कि सबके पेट भरने का ठेका और भूख मिटाने का ठेका केवल किसान ही क्यों लें? यह ज़िम्मेदारी भारत के प्रत्येक नागरिक की क्यों न हो? किसानों के घर जलते रहें, उनके घरों में रोज़ मौत हो, हर समय वह ग़मी का सामना करता रहे और बाक़ी देशवासी सुख में जीवन बितायें तो यह कहाँ का न्याय है?

अब किसानों के बच्चों ने खेती से मुँह मोड़ लिया है। इनकी देखा-देखी और भी इस झुण्ड में शामिल हो रहे हैं। हमें अब दूसरों की भूख की चिन्ता करने की ज़रूरत नहीं है। अब हम अपनी भूख और सुख का सोचेंगे, इस निष्कर्ष तक आ चुके हैं। जब देश घोर अन्नधान्य की कमी से गुज़रेगा तो देखा जायेगा। हमारे ख़ून में खेती पहले से बसी है, जिसका ज़िक्र विद्वान..., चिन्तक..., आदर्शवादी...हमेशा करता है; तो उस समय हम हमारी रोटी के लिए हाथों में हल उठायेंगे। दुनिया कहेगी कि किसान और किसानों के बच्चे स्वार्थी बने हैं, अमानवीयता पर उतर चुके हैं। भाई। हम स्वार्थी हैं, अमानवीय हैं। आपके कहने की ज़रूरत नहीं, हम ख़ुद ही कह रहे हैं, कोई बात नहीं। फ़िलहाल तो किसानों के बच्चे आक्रोश के साथ नकार पर उतर चुके हैं। इन्हें अब रोका नहीं जा सकता। जिन किसानों के पास मौक़े नहीं हैं, वे मजबूरी में खेती कर रहे हैं, उन्हें अगर मौक़ा मिले तो वे यूँ खेती छोड़ने की स्थिति में पहुँचे हैं। रोज़ मारा जा रहा किसान, रोज़ मरता किसान और रोज़ आत्महत्या करता किसान, किसान-परिवारों में खेती के प्रति घिन्न पैदा कर रहा है। "इस देश के सौ में से चालीस शेतकरी आज खेती छोड़ दें, अगर उनके पास कोई दूसरा चारा हो। 80 लाख ने तो किसानी छोड़ भी दी।" (फाँस, पृ. 17) जब सारा देश किसानों के प्रति अमानवीय व्यवहार कर रहा है तो केवल वही मानवीयता पर क्यों अड़ा रहे। देश की बंजरता पर संजीव सवाल उठाते है। कि "शेत क्यों बंजर हो जाता है और क्यों बंजर हो जाता है आदमी का मन? इस मरण के ख़िलाफ़ उठकर खड़े होने की कोशिश में बार-बार लड़खड़ाकर क्यों गिरता है आदमी?" (फाँस, पृ. 73)

अब सवाल यह उठता है कि किसान आत्महत्या क्यों कर रहा है? इससे वह कौन-सी प्राप्ति कर रहा है? दुनियाभर के मनोवैज्ञानिक आत्महत्या करने वाले व्यक्ति की मानसिकता का आकलन करने में लग चुके हैं। वैसे किसानों की मानसिकता और

मनोविज्ञान का आकलन भी शुरू है। सैद्धान्तिक, मनोवैज्ञानिक, शास्त्रीय, किताबी, प्रयोगशाला में विविध उपकरणों के साथ किया गया आकलन... किस काम का? खोखला अध्ययन और आकलन...। आख़िरकार अपने मरण से किसान क्या पाता है? पहले ही मुश्किलों की 'फाँस' परिवार के आसपास गूँथी जा चुकी है और उसमें परिवार के प्रमुख की मौत, आत्महत्या उसको और कस देती है। उस प्रमुख को लगता है कि अपनी मौत के पश्चात् शायद इनको रिलीफ़ फंडों में से कुछ मिलेगा। खुली आँखों से मैं पारिवारिक दयनीयता को देख नहीं सकता हूँ। मेरे ज़िन्दा रहने से परिवार को कोई सुख मिला नहीं, शायद मौत से मिले। यह एक कोशिश है और साथ ही अमानवीय, राक्षस बने साहूकार, बैंक अधिकारी, सरकार, राजनेताओं, नौकरशाह और अफ़सरों के मुँह पर करारा थप्पड़ मारने का मौक़ा भी है, मार दें। पर इस बात से भी किसानों को वाक़िफ़ होना ज़रूरी है, ग़ैरतभरी दुनिया बहुत निर्दयी है, जैसे आपके ज़िन्दा रहने से उन्हें कोई फ़र्क़ पड़ता नहीं, आपकी दयनीयता, ग़रीबी, अभावों और पीड़ाओं से जैसे उन्हें कोई फ़र्क़ नहीं पड़ता, वैसे ही आपकी मौत से भी फ़र्क़ नहीं पड़ता। निष्कर्ष दुनिया बहुत निर्दयी बन चुकी है।

संजीव ने 'फाँस' के भीतर वर्धा में चल रहे एक सेमिनार की लम्बी चर्चा की है जिसमें किसानों की मुश्किलों, आत्महत्याओं, सिंचाई पर चर्चा की गयी है। उसमें एक टीचर ने कुछ निष्कर्षों को सामने रखा है। "आत्महत्या, ख़ुदकुशी, सुसाइड! सिर्फ़ इस्केप नहीं है प्रतिवाद भी है, अन्तिम अन्याय के विरुद्ध चीख़ है, मौन चीख़। साइलेंट क्राइ! साने गुरु जी कभी बालों में तेल-कंघी न करते। महात्मा गाँधी की हत्या के बाद जब उन्हें पता चला कि गाँधी जी को गोली मारने वाला व्यक्ति एक मराठी है तो उन्होंने बालों में तेल लगाया, कन्घी की और आत्महत्या की। मैं प्रायश्चित्त कर रहा हूँ उन पापों के लिए जो हमने भले न किये हों, मगर हत्यारे से कहीं न कहीं जुड़ता है हमारा मन।... आत्महत्या महज़ कायरता नहीं, भाव-प्रवणता का उदात्त मुहूर्त है, पश्चात्ताप और निर्वेद की आग में मानवता का झुलसता हुआ परचम।" (फाँस, पृ. 197) वैसे यह एक टीचर का सेमिनार के भीतर का वाक्य है। बहुत अच्छा, तालियाँ पाने के लिए। आजकल सेमिनार..., चर्चाओं..., संगोष्ठियों... गोष्ठियों..., बैठकों...में केवल थूक निकलती है। तालियाँ पायी जाती हैं। इससे यूजीसी और मानव संसाधन मन्त्रालय, ख़ुद आलेख वाचक और भाषणबाज़ भी भली-भाँति जानते हैं। साने गुरुजी का दौर गुज़र चुका है और उनकी न किये अपराध के प्रति की आत्मग्लानि भी गुज़र चुकी है। सवाल यह उठता है कि साने गुरुजी की आत्महत्या के बाद समाज और देश में हत्याएँ होना क्या बन्द हो गया है? गाँधी जी को तो रोज़ मारा जा रहा है। क्या हत्यारों की मानसिकता में कोई फ़र्क़ पड़ा है? उन्हें ग़लती काअएहसास हो चुका है? या वे अपराध भाव से भर युके हैं? नरेन्द्र दाभोळकर जी की हत्या, गोविन्द पानसरे की हत्या, कलबुर्गी की

हत्या किसका परिचायक है? रोज़ गाँधी जी को मारा जा रहा है का एहसास देती है। दिन-ब-दिन समाज क्रूरता की हदों को पार कर रहा है। गाँधी जी को रोज़ मारा जा रहा है। अतः सेमिनार के भीतर के टीचर का किसानों की आत्महत्या के लिए 'अन्तिम अन्याय के विरुद्ध चिख है, मौन चीख़। सइयलेंट क्राइ! कहना किसानों को आत्महत्या के लिए उकसाने जैसा है। इस कृति को आदर्श मानने जैसा है। उसकी पुष्टि में दिया साने गुरुजी का उदाहरण तो सारी हदों को पार करने वाला है। इससे इन सेमिनारों का थोथापन भी प्रकट होता है।

किसानों की आत्महत्या को कोई भी उदात्तता का जामा पहनाने की कोशिश करे, बर्दाश्त से बाहर है। मौत उपाय नहीं, पलायन है। असल जीत लड़ाई में है। अब किसानों को ध्यान रखना ज़रूरी है, सावधान रहना भी ज़रूरी है कि अपनी मेहनत पर कोई आकर झपट्टा मारे तो ग़लती ख़ुद की है। आसपास के पाखण्ड, झूठ-फ़रेबों से समय पर सचेत होकर अपना रुख बदले, नीति तय करे तो इस मतलबी देश में वह, उसका परिवार और अगली पीढ़ी टिक पायेगी। आत्महत्या कर अपना जीवन खत्म करने की अपेक्षा ख़ुद की ज़िन्दगी दाँव पर लगाकर, आग पर तपाकर अपनी अगले पीढ़ी का भविष्य सुरक्षित बनाने में लगा दे। जिस किसानी के चलते उसके जीवन की दुर्गत हो रही है, उसी का सहारा लेकर इस बोझ से वह अपने बच्चों को मुक्त करे तो मौत पाने पर गर्व होगा। आत्महत्या से ख़ुद को छुटकारा तो मिलेगा पर अपने पश्चात सारे परिवार को दूसरों के दरवाज़े पर भीख माँगने के लिए छोड़े जाना कहाँ की अक्लमन्दी है। किसी दूसरे को बताने की क्या ज़रूरत है, भारत देश में किसान सौत का बेटा है। वह ख़ुद ही समझ ले कि भाई मैं सौत का बेटा हूँ, परन्तु अपने लिए न सही लेकिन अगली पीढ़ी के लिए वह ध्रुव जैसी पक्की जगह का निर्माण करे, जिससे उसे कोई धक्का देने का साहस ही न कर पाये। किसान और बच्चे भी याद रखें कि ऐसी पढ़ाई हम पाये जिसका बाज़ार मूल्य होगा, ऐसे स्कूलों में हम महारत हासिल करें जिसके चलते हमारे ज़िन्दगी का रुख बदल जाये। यहाँ भी मिसगाइड करने वालों की संख्या कम नहीं है; भाषा, संस्कृति, देशभक्ति, आदर्शवाद, देवता...और न जाने कौन-कौन-सी दुहाई दी जायेगी। अतः इस मैदान में तय करके ही उतरो कि झाँसा देने वालों को पटखनी देनी है। अपनी जगह पर ईमानदार रहकर वह स्थान हमें पाना है, जिसे कोई चैलेंज ही न करे। हमारे देश में किसान ध्रुव जैसे सौत का बैटा है, जिसे अपने बाप की गोद में से उतारकर फर्श पर पटक दिया गया है। अतः ध्रुव ने 'तपस्या' कर जो स्थान पाने में सफलता पायी, वह स्थान किसान का बेटा भी पाने में सफल हो जाये। यह भी याद रखें कि वह स्थान 'तपस्या' के फलस्वरूप ही मिलता है। ग़रीबी, अर्थाभाव, पीड़ाएँ, मुश्किलें, खाना, रहना, भाषा...हज़ारों बाधाएँ होंगी पर बाधाओं के बिना 'तपस्या' अपने मुकाम तक पहुँचती नहीं, अतः उससे लड़ने की मानसिकता बनानी चाहिए।

(4)

गाँवों के नगर बने, नगरों के शहर बने और शहरों के महानगर बने। आज भी यह सिलसिला जारी है। भारत के लिए एक उक्ति अब इतिहास के पन्नों में खोती जा रही है।—गाँवों का देश भारत। अब वह समय दूर नहीं जहाँ भारत की यह पहचान मिट जायेगी। बाज़ारीकरण के चलते गाँवों के लिए मिला हुआ यह शाप कह सकते है। कि अब गाँव, गाँव नहीं, शहर बन चुके हैं। आकार से छोटे हैं, परन्तु अपने आपमें किसी शहर से कम नहीं। शहरों के आसपास मीलों लम्बी सड़कें, उन सड़कों के आसपास के गाँव और ज़मीनों की क़ीमतें इतनी बढ़ चुकी हैं कि परम्परा से चलती सारी अर्थव्यवस्था चरमरा गयी है। सालों से खेती से लड़ाई करते थक चुके किसानों की ज़मीनों के भाव अचानक बढ़ गये और उन्हें लगने लगा कि इससे कोई उपज तो मिलती नहीं, क्यों न बेचा जाये? थोड़ी-थोड़ी करके ज़मीनें बेची जा रही है और ख़रीदी भी जा रही है। शहर इतने तेजी से फैल रहे है। कि उनका फैलाव गाँवों को खाते जा रहा है। दूसरी बात खेती में मेहनत कर जिन्हें जो मिलता नहीं था, उन्हें मज़दूरी कर मिल रहा है। हाथों को मज़दूरी मिलने वाला खुश है और किसान खेती बेचकर खुश है। अचानक आये पैसों को कैसे ख़र्च करना है, इसका निश्चित नियोजन नहीं और भविष्य के लिए कोई ठोस इन्तजाम नहीं, अतः किसान अब शहरों में मालगुज़ारी और मज़दूरी पर उतर चुके हैं। शहर और सड़कों ने सारी अर्थनीतियाँ ही बदल दी हैं। ''सड़कों के किनारे सारी खेती वाली ज़मीनें बिक चुकी हैं। मकान बन रहे हैं। आने वाले दिनों में सिर्फ़ बिल्डिंग होंगी, न शेती, न हमारी-तुम्हारी बैलगाड़ियाँ।'' (फाँस, पृ. 36) उपन्यास के भीतर नाना के मुख से निकला यह वाक्य इस बात को अभिव्यक्त करता है कि किसानों ने किसानी करने की अपेक्षा ज़मीनों को बेचना पसन्द किया है। शहरों में और शहरों के आसपास ऐसे कितने किसान है। कि जो ज़मीनों को बेचकर अपने लिए ज़िन्दगी जीने का दूसरा मार्ग अपना चुके हैं। कुछ ने विकास की गति के साथ क़दम मिलाये और कुछ के क़दम न मिलने के कारण उखड़ भी चुके हैं। कुल मिलाकर विकास और बदलती अर्थनीतियों के तहत निष्कर्ष यह निकलता है कि किसानों ने किसानी करने की अपेक्षा खेती को बेचना पसन्द किया।

(5)

संजीव ने 'फाँस' उपन्यास के भीतर किसान आन्दोलन और किसानों के नेताओं पर भी प्रकाश डाला है। किसान ही क्यों किसी भी सामान्य व्यक्ति की और कार्यकर्ता की राजनीतिक मंशाएँ कभी छिपी नहीं हैं। जहाँ भी और जैसे भी हो हर एक छोटे-बड़े नेता को कुर्सी पर बैठने का मौक़ा चाहिए। आकर्षण कुर्सी, पद, सत्ता

और पैसे का है। कुर्सी पर बैठकर पद को भोगा जाता है, सत्ता का उपभोग किया जाता है और साथ ही इन सबसे ऊपर कई लाभों के साथ पैसे भी कमाये जाते हैं। भारतीय राजनीति के लिए यह शाप है कि वहाँ राजनीति में प्रवेश कर चुका प्रत्येक शख़्स बेईमानी को ही ईमानदारी मानता है। राजनीति का पर्यायी अर्थ बन चुका है, 'कुटिलता, षड्यन्त्र, भ्रष्टाचार, बेईमानी। विकास, ईमानदारी, सेवा आदि बातें भारतीय राजनीति में बहुत कम नज़र आती है। महाराष्ट्र और भारत के किसान आन्दोलन और उनके नेताओं का भी वैसे ही हुआ है।

देश और राज्यों में किसानों की संख्या ज्यादा है, अतः राजनेताओं के लिए यह बहुत बड़ा वोट बैंक है। सारे किसानों को अपनी ओर करना है तो राजनीतिक पार्टियों की यह कोशिश रहती है कि जाति, धर्म के ट्रम्पकार्ड का इस्तेमाल कर किसानों के नेताओं को अपनी ओर करें। कई लाभ और लालच की थालियाँ इन नेताओं के सामने परोसी जाती हैं। नाज़ुक क्षणों में यह नेता इन पार्टियों के शिकार भी बनते हैं। वैसे इन नेताओं का छिपा अंजड़ा भी यहीं होता है कि किसानों के दुखों को कमर्शियली इस्तेमाल कर उसके कन्धे पर, छाती पर पैर रखा जाये और मौक़ा मिलते ही किसी राजनीतिक पार्टी में प्रवेश करें। इन नेताओं ने हमेशा किसानों को छला है। उपन्यास के भीतर संजीव ने किसान नेता शरद जोशी का उल्लेख किया है। अब जोशी ज़िन्दा नहीं है। हालाँकि इन्होंने राजनीतिक पार्टियों से फ़ासला रखने की भरसक कोशिश की लेकिन यह भी कभी छिपा नहीं था कि इनका मूलतः भाजपा की ओर झुकाव रहा। 2003 में किसानों के मुआवज़े के लिए बनाये गये टास्क फोर्स का अध्यक्ष सरकार ने शरद जोशी को बनाया, जोशी जी ने इसे स्वीकारा और किसानों के दिलो-दिमाग़ तथा नज़रों में बनी अपनी विश्वसनीयता को खो दिया। 2004 में शेतकरी संगठन के टूटन के बीज इसी घटना से बोये गये। आगे राजू शेट्टी ने महाराष्ट्र के भीतर स्वाभिमानी शेतकरी संगठन बनाया। फ़िलहाल महाराष्ट्र और पूरे भारत में किसानों को प्रतिनिधित्व करने वाला और केवल प्रतिनिधित्व ही नहीं ईमानदार प्रतिनिधित्व करने वाला कद्दावार नेता है। इनकी विशेषता यह है कि राजनीति में और फ़िलहाल सत्ता के साथ होकर भी सरकार की नीतियों की आलोचना करने का ईमानदार प्रयास इनका है। किसानों के लिए किसी भी पद और कुर्सी से दूर रहने वाला यह नेता किसानों के हक़ों के लिए लड़ रहा है।

राजू शेट्टी कभी शरद जोशी के अनुयायी भी रहे है। और उन्हें वे अपना गुरु भी मानते हैं। शरद जोशी को गुरु मानकर भी विरोध करने की और किसानों के पक्ष में खड़ा रहने की क्षमता इस नेता में रही है। पश्चिम महाराष्ट्र, सांगली, कोल्हापुर, सातारा, पूना, सोलापुर इनका क़िला है। गन्ने की खेती करने वाला किसान इनका मुरीद है। केवल महाराष्ट्र ही नहीं बल्कि पूरे भारत में इन्होंने गन्ने को जो क़ीमत मिलनी चाहिए, उसे सरकार और शुगर मिलों के मालिकों की छाती पर अंगद का

पैर रखकर वसूल किया है। इस नेता के कारण गन्ने का किसान सुखी है। परन्तु इनके एक साथी-संगी सदाभाऊ खोत महाराष्ट्र में मन्त्री क्या बने किसानों के हित को भूल गये। हमेशा ऐसे ही हुआ है, किसानों के नेता अपनी प्राथमिकता भूल जाते हैं, सत्ता और कुर्सी के लालच में। यह काम दिल्ली की राजनीति में भी हुआ। अण्णा हज़ारे के आन्दोलन का लाभ उठाकर अरविन्द केजरीवाल एण्ड पार्टी कुर्सी पर जाकर क्या बैठी भ्रष्टाचार विरोधी आन्दोलन ही भूल गयी। किरण बेदी ने तो अपनी हदों को पार करते हुए भाजपा में प्रवेश कर एक राज्य की राज्यपाल होना पसन्द किया अर्थात् इन उदाहरणों से यही स्पष्ट होता है कि आम जनता और किसान हमेशा नेताओं से छला गया है।

अपने नेता की गद्दारी और लालच किसानों को अन्दर-बाहर से तोड़ देता है। उन्हें आशा होती है परिवर्तन की, वह पूरी तरह से तबाह होती है। पहले से हारा, पराजित हो चुका किसान इनके जाते ही निराशा, उदासीनता, दुख और पीड़ा सारे प्रदेशों में घिर जाती है। पहले प्राकतिक अत्याचारों से पीड़ित किसान अपने नेताओं की गद्दारी से मानो अपाहिज हो जाता है। गहरी निराशा और उदासीनता उसकी ज़िन्दगी में घने-काले अन्धकार को और गाढ़ा बना देती है। कहीं कोई आशावादी किरण दीखती नहीं। निराशा और उदासीनता से घिरा किसान फिर सबके सामने एक सवाल खड़ा देता है कि खेती से किसान क्यों मन लगाये?

(6)

'फाँस' उपन्यास में मोहन बाघमारे और उसकी पत्नी की दर्दनाक कहानी का भी वर्णन है। किसी समय यह आदमी नाम की तरह ही किसान आन्दोलनों में शेर जैसी दहाड़ लगा चुका था। जेल भी जा चुका और पुलिस टॉर्चर के बाद अपाहिज होकर फिर अपने पैरों पर खड़ा भी हुआ। पत्नी के अलावा दो बैटे और एक बेटी। पाँच जनों के परिवार का भार अकेले मोहन बाघमारे के कन्धे पर। तीनों बच्चों को पढ़ाया। बेटी को पढ़ाकर शादी की। भारतीय समाज में बेटी को बड़ा करना और फिर बच्चे पैदा करने के लिए उसकी शादी करना, यह एकमात्र परम्परागत मार्ग है। शहरों में न सही, परन्तु गाँवों की तो ऐसी ही स्थितियाँ हैं। बड़ा लड़का एम.ए., पीएच.डी. हो चुका है और छोटा ज़रूरी पढ़ाई कर मुम्बई जाकर फ़िल्मी दुनिया में अपना नसीब आज़माना चाहता है। बेटी की शादी एक मज़दूर से, बड़ा बेटा पढ़ाई के बाद सरकारी नौकरी का इन्तजार कर थक चुका है और छोटे को भी कहीं कोई मौक़ा नहीं। एक व्यक्ति कितने दिनों तक परिवार को खींचेगा? खींचा भी जा सकता है अगर भविष्य की कोई आशा हो तो। दोनों बेटों की माँग है कि हमें दो-दो लाख दे ताकि कहीं नौकरी के लिए घूस देकर कुछ बात बने। मोहन बाघमारे जैसा किसान इतने पैसे कहाँ से लगाएगा? बच्चों की शिकायत है कि 'हमें काहे को पैदा किया?'

बच्चे जब अपने माँ-बाप को पैदा करने का कारण पूछते है। तो क्या बताये और कौन-सा उत्तर दें? सिर झुक जाता है। बच्चे कहते है। कि "दूसरे लड़कों के बापों ने हाथ-पाँव जोड़कर दे-दिलाकर जैसे-तैसे हासिल कर ली नौकरी और एक हमारा बाप है, ज़िन्दाबाद-मुर्दाबाद कहते मुर्दा हो गया है।" (फाँस, पृ. 39) आज गाँवों के सामान्य परिवार और किसान परिवार की यही दर्दनाक वास्तविकता है। किसी भी पढ़े-लिखे युवक को पूछा जाये तो उत्तर आता है, 'एम.पी.एस.सी., पीसच.डी., नेट, सेट...कर रहा हूँ। सरकारी नौकरी की इन्तज़ार में हूँ। इंटरव्यू दे रहा हूँ। नौकरी के लिए पैसों का जुगाड़ कर रहा हूँ।'

सरकारी नौकरी का बाज़ार बहुत गर्म है। लाखों में बेची और ख़रीदी जा रही है। 'फाँस' में लेखक ने दो लाख का उल्लेख किया है परन्तु अब इन परिवारों के लिए नौकरी पाने की फाँस 25 से 50 लाखों में गूँथ चुकी है। महाराष्ट्र की किसी भी यूनिवर्सिटी में जाकर आप रीडिंग रूम, डिपार्टमेंट, हॉस्टल या कैम्पस का एक दिन का चक्कर लगा देंगे तो इस वास्तविकता का परिचय होता है। क़दम-क़दम पर आप पीएच.डी. धारक और नेट-सेट परीक्षा पास कर चुके युवकों से अकरा जाएँगे। कभी फ़ुर्सत मिले तो उससे बात करें, तो प्राध्यापकी कितने में बेची जाती है, इसका भी पता चलेगा। मोहन बाघमारे का बेटा भी इसी दौर का शिकार हो चुका है। इस क्षेत्र में पैसे तो चलते है। ही, साथ ही सम्पर्क, मैंनेज करना और नौकरी की स्पर्धा में दौड़कर कुर्सी पर बैठने वाले के लिए जगह है। यह एक संगीत कुर्सी का खेल है, नौकरी उसे ही मिलती है, जिसने मौक़ा देख चौका मारा हो। इतना स्मार्ट आप अगर नहीं हैं तो इस क्षेत्र में आपके लिए ज़लील होकर मौत के अलावा दूसरा रास्ता नहीं है। ऐसी पढ़ाई किस काम की जो हमें दूसरे के दरवाज़े पर हाथ फैलाने के लिए मजबूर करें, ज़लील करे? पिता, जो किसान है, जिसे सारे देश ने ज़लील किया है और बेटा जो नौकरी की तलाश में ज़लील हो रहा है, दोनों की ज़िन्दगी में क्या फ़र्क़ है? पढ़े-लिखे बच्चों की बाप के प्रति शिकायतें किसानों को आत्महत्या की ओर धकेल रही है।

शिक्षा पाकर भी जीने की असमर्थता हमारे देश की शिक्षा नीति की कमी को दर्शाती है। अतः प्रत्येक बच्चा, चाहे वह किसान परिवार का हो या और किसी परिवार का, वहीं पढ़े जो रोटी दे सकता है, अपने परिवार का पेट भर सकता है। स्पर्धा में सबसे आगे रहे, कौशल और स्किलों वाली पढ़ाई ज़रूरी है। ज़िन्दगी में एक के लिए दूसरे विकल्प की नितान्त आवश्यकता है। किसी भी क्षेत्र में परम्परागत ढर्रे पर भेढ़-बकरियों जैसे चलना मौत दे सकता है। अतः आँखें खुली रखकर चलना ज़रूरी है। स्मार्ट इतना हो जैसे बिल्ली होती है, जिसे कैसे भी ऊपर फेंके वह ज़मीन पर अपने पैरों पर ही गिरेगी। बिल्कुल वैसे ही किसानों के बच्चों को होना चाहिए। किसी भी परिस्थिति का सामना करने की तत्परता, ताक़त, क्षमता, आत्मविश्वास और भरोसा उसमें हो। सरकारी नौकरी प्राप्त न भी हो तो बाक़ी विकल्प के साथ अपने

आपको आज़माकर अपना और परविार का पेट पालने का भरोसा होना चाहिए। यह भरोसा किसान परिवार के प्रमुख को भी उभार सकता है। बच्चों की आँखों की निराशा, उदासीनता और शिकायत उसे कुरेदती है। हज़ार बार मरवाती है। किसानों ने खेती से बच्चों को दूर रखा, इस सवाल के साथ कि खेती से किसान क्यों मन लगाये? ओके, परन्तु अपने बच्चों को ऐसी पढ़ाई भी देना ज़रूरी है, जिससे वह स्वाभिमान के साथ अपने भविष्य को बनाने में सक्षम हो और परिवार को ढर्रे पर लगा सके। शिक्षा पाकर भी रोटी पाने की असमर्थता, दयनीयता, उदासीनता किसी भी रूप में सम्मानजनक नहीं है।

(7)

किसान ज़िन्दा रहे या मरे किसी को कोई फ़र्क़ नहीं पड़ता। अगर फ़र्क़ पड़ता है तो केवल किसान के परिवार को। आये दिन एक-दो किसानों की आत्महत्याएँ हो रही है। और निर्दयी समाज उसका उपहास कर रहा है। किसान आन्दोलन, किसानों की हड़ताल और किसानों की मौतों का मज़ाक़ उड़ाया जा रहा है। अर्थात् किसानों की आत्महत्याएँ, उसके प्रति समाज को न ज़िम्मेदार बनाती है और न ही सोचने के लिए मजबूर करती है। उल्टा इन ख़बरों को पढ़कर, सुनकर, देखकर जो किसान नहीं है, वह उपहास, व्यंग्य और कुटिलता से हँस रहा है। राजनेताओं के लिए चुनकर आने के लिए एजेंडा है। सरकार के लिए हमदर्दी दिखाने की जगह है और विरोधी पार्टियों के लिए अगली बार सत्ता में आने का मौक़ा है। बस इससे ज्यादा कुछ नहीं। किसान मरते रहे मुर्गी और बिल्ली की तरह...। यहीं प्रतिक्रियाएँ बेदर्द दुनिया की और देशवासियों की है।

'फाँस' के भीतर के चुनिन्दा वाक्यों को यहाँ पर कोट कर रहा हूँ जो इन स्थितियों का वास्तववादी दर्शन कराते हैं। ऐसे वाक्यों और घटनाओं का हम भी कभी सामना कर चुके होते हैं। अपने आसपास साथी-संगी जिसका कभी किसानों से वास्ता पड़ा नहीं, वे बड़ी बेदर्दी और ग़ैर-ज़िम्मेदाराना वृत्ति से मज़ाक़ उड़ाते हम देखेते हैं, दर्द होता है। इनकी अमानवीयता और अहसानफ़रामोशी के बदले ज़ोरदार तमाचा लगाने का भी मन भी करता है।

"आये दिन तो आत्महत्या की ख़बरें सुनते रहते हैं। जिधर देखो, उधर कोई पेड़ की डाल पर लटका पड़ा है, कोई कुएँ में गिर पड़ा है तो कोई कीटनाशक खाकर मुँह से झाग फेंक रहा है।" (फाँस, पृ. 43)

"सरकार ने मान लिया है कि शेतकरी तो मरेंगे ही मरेंगे, इन्हें पात्र से अपात्र बनाने के लिए कोई प्रमाण देने वाला तो हो। पोस्टमार्टम में क्या मिलेगा—ज़हर! न लाचारी निकलेगी, न टेंशन, न कर्ज़।" (फाँस, पृ. 54)

महिला शेतकरी आशा वानखेड़ी की मौत 'अपात्र' करार दे दी गयी—लिखा

गया, "शराबी पति, आये दिन के घरगुली के झगड़े से आजिज़ आकर उसने ज़हर पी लिया।" (फाँस, पृ. 147)

यह किसानों की मौतों के पश्चात् की वास्तवविकता है। भाई क्यों अपने आपको जलील कर रहे हो? दुनिया राक्षस है, बड़ी बेदर्द है। तुम्हारे दुखों के साथ उसे कुछ लेना-देना नहीं है और तुम्हारे आँसुओं को पोछने की दरियादिली भी उसके पास नहीं है। अतः पलायन कर मरने की अपेक्षा या आक्रोश और नकार के साथ मौत पाने की अपेक्षा लड़कर मरे। अपनी अगली पीढ़ी के दर्दों को मिटाने के लिए लड़ने का जज़्बा रखें। कैसे भी करें और अगली पीढ़ी को किसानी से मुक्ति देने का भरसक प्रयास करें। दुनिया की नज़र में अपनी आत्महत्या और मौत केवल एक मज़ाक़ है, इसे ध्यान में रखें इस बेदर्द दुनिया को हँसी उड़ाने का, व्यंग्य करने का, मज़ाक़ उड़ाने का मौक़ा न दें तो बेहतर होगा।

(8)

भारतीय किसानों के गले में फाँसी का फन्दा लटक चुका है, भारतीय किसान ज़हर खाकर मौत को गले लगा रहे हैं, भारतीय किसान आग में जलकर दर्दनाक मौत पा रह हैं। कुल मिलाकर भारतीय किसान मौत की ओर धकेला जा रहा है, क्यों? इसके कारणों को संजीव ने 'फाँस' उपन्यास के भीतर खँगालने की कोशिश की है। उन्होंने उपन्यास के भीतर सरकार, प्रशासन, नेता, सेवक, बैंक कर्मचारी और किसानों पर भी कई सवाल उठाये हैं। प्रकृति के साथ हमें समझौता करना है, वह हमारे हिसाब से चलेगी नहीं। अतः उसके अनुकूल खेती से जुड़े निर्णय भारतीय किसान, प्रशासन और सरकार को लेने हैं, लेना ज़रूरी है, परन्तु हमारे देश में इस पर कभी गम्भीरता से सोचा नहीं गया। किसी भी काम की सफलता के लिए उचित निर्णय, योजना और नीतियों की ज़रूरत होती है, इसकी कमी के कारण बने-बनाये कार्य भी बिगड़ जाते हैं। खेती, उद्योग, व्यवसाय, शिक्षा, खेल...और तमाम क्षेत्रों के निर्णय, योजना और नीतियों से आसमान छूते अनेक उदाहरण हमारे आसपास उपलब्ध हैं। परम्परागत ढर्रे और आम-साधारण दृष्टिकोण को त्यागकर किसानी को गम्भीरता से देखना पड़ेगा। तभी खेती प्रगति-पथ पर आयेगी और किसान को आत्महत्या करने से रोका जायेगा। संजीव ने 'फाँस' में नीतिगत ग़लतियों पर सीधे उँगली रखी है और यह ग़लतियाँ किसानों को कैसे तबाह कर रही है, इसका लम्बा ब्यौरा भी दिया है।

"यहाँ तो सब ग़लत-ही-ग़लत है, इसलिए कि कोई भी चीज़ अपनी माटी-पानी की नहीं। विदेशी बीज, विदेशी कर्ज़, विदेशी गाय, विदेशी नीति और यहाँ का सूखा किसान और सूखी धरती।" (फाँस, पृ. 69) इस वाक्य से संजीव ने नीतिगत फाँस पर उँगली रखी है। किसान अज्ञानी है और सरकार बेपरवाह, यही इससे प्रकट होता है। हमारे देश के खेती विषयक विद्वानों का अपनी मिट्टी से कम जुड़ाव रहा है।

विदेशी पढ़ाई, विदेशी ज्ञान और उसके आधार पर अपने देशी किसानों पर प्रयोग, देशी मिट्टी पर बलात्कार। यह कैसे प्रगति का रास्ता तय करेगा। अतः ज़रूरी है कि अपनी मिट्टी और देशी लोगों के अनुकूल विकास नीतियाँ बनानी ज़रूरी है। सिंचाई, मिट्टी की उर्वरता, उसके गुणधर्म, अच्छे बीज और सिंचाई के अनुकूल टिकने वाले बीजों का चुनाव आदि बातों का ध्यान रखने की ज़रूरत है। इसका एक उदाहरण के साथ स्पष्टीकरण दिया जा सकता है। महाराष्ट्र के पाँच भौगोलिक हिस्सों में पश्चिम महाराष्ट्र और खांदेश भी एक है। इन दो भौगोलिक इलाक़े के सांगली ज़िले के ज़्यादातर तहसीलों में और मुख्यतः तासगाँव। और सोलापुर और सातारा के कई तहसीलों में तथा नासिक और उसके आसपास भी अंगूर की खेती ज्यादा होती है। यहाँ सबको इकट्ठा कर देखा जाये तो एवरेज एक एकड़ के लिए कम-से-कम पाँच लाख का उत्पादन लिया जाता है। हालाँकि अंगूर की खेती साल में एक ही बार होने वाली है, परन्तु किसान अपने बच्चों को थोड़ी देर के लिए आँखों से ओझल होना बर्दाश्त करेंगे परन्तु खेतों को नहीं। मतलब इनके लिए खेत बच्चों से ज्यादा प्रिय हैं।

15-20 साल पहले अंगूर की ज़मीन से ऊपर उठने वाली बेल स्वरूप वाला जो पौधा था, वह गर्मी के दिनों में धूप से झुलसता था, ज्यादा पानी की माँग करता था और इसमें कमी पड़ जाये तो अंगूर के उत्पादन पर असर पड़ता था। किसानों की इस समस्या पर अनुसन्धान हुआ और अपनी ही मिट्टी से मूल पौधे को ढूँढ़ा गया जिसका शास्त्रीय नाम है 'रूटस्टाक' और इन प्रदेशों में इसके प्रचलित नाम 'डोंगरी' (पहाड़ी) और 'जंगली' भी हैं यह एक ऐसा पौधा है, जिसकी जड़ें ज़मीन के अन्दर तक जाती हैं, अपने लिए और ऊपरी बेल और फलों के लिए आवश्यक खाद-पानी ढूँढ़ लेती है। मतलब यह एक ऐसा पौधा है, जिसने किसानों के पानी और खाद की बचत की। इससे पूरे प्रदेश में फ़ायदा हुआ। पहले जितने खाद और पानी की उपलब्धता में खेती की जाती थी, उतने में लगभग दुगनी खेती की जानी लगी। अंगूर का क्षेत्र बढ़ा, उत्पादन बढ़ चुका और फलस्वरूप किसानों का आर्थिक लाभ और प्रगति हो गयी। यहाँ कई चीज़ों का ज़िक्र किया जा सकता है, परन्तु केवल सैम्पलिंग होगा जैसे एक एकड़ अंगूर की खेती के लिए एवरेज खर्चा जिसमें पानी, खाद, बिजली, दवाइयाँ, मज़दूरी...आदि के साथ सब कुछ दो लाख के आसपास होता है और उत्पादन पाँच लाख। लगभग तीन लाख का मुनाफ़ा। एक और बात कही जा सकती है, अंगूर की खेती करने वाले किसानों की खेती में जहाँ आवश्यक है, वहीं पर मज़दूरों की मदद ली जाती है, लेकिन उस खेती का मालिक घर के सारे सदस्य के साथ दिन-रात मेहनत करता है। घर का प्रमुख स्वयं चड्डी और टी शर्ट पहनकर खेती में मिट्टी में लोट-पोट हो जाता है, उसकी देखा-देखी उसकी पत्नी, पिताजी, लड़की, लड़का और छोटे बच्चे भी जब समय मिलता कन्धे-से-कन्धा मिलाकर खेती के काम करते हैं। इनकी खेती केवल मज़दूरों के भरोसे पर नहीं है।

लगभग साठ फ़ीसदी काम यहाँ किसान घर के भीतर ही निपटाता है। मतलब इस प्रकार की खेती ने अन्यों के लिए रोज़गार तो निर्मित किये हैं परन्तु घर के सदस्यों को भी काम दिया है। घर के सदस्य खेती में हमेशा उपलब्ध रहते है। तो उत्पादन के ख़र्चे में कमी होती है और मुनाफ़े का प्रमाण भी बढ़ जाता है।

हर एक गाँव के भीतर अंगूर की खेती करने वाले प्रगत किसान भी हैं, जिन्हें इसका परिपूर्ण ज्ञान है। इनके मार्गदर्शन में पास-पड़ोस वालों की खेती भी फलती-फूलती है। फ़ोन पर चर्चाएँ होती हैं। अन्यों के खेतों में जाकर मदद और मार्गदर्शन होता है। रासायनिक खादों का कम इस्तेमाल और सेंद्रिय खादों की ज़रूरी मात्रा पर इनका भरोसा है। बारिश के दिनों में पानी की बूँद-बूँद को बचाने की कोशिश होती है। उसको सुरक्षित किया जाता है, बाँधों में, तालाबों में, छोटे-छोटे नालों में, बावड़ियों में...अर्थात् प्रत्येक बूँद ज़मीन के भीतर लेकर जाने की कोशिश होती है। सौ फ़ीसदी खेती ड्रिप सिंचाई के साथ। खेती के आसपास पेड़ों की हरियाली। ऐसे पेड़ लगाये जाते है। जो अंगूर को मदद करेंगे और अन्य फलों का उत्पादन भी दे देंगे, जैसे—आम, चीकू, नारियल, अमरूद...आदि फलों के पेड़ फल तो देते है। ही साथ ही अंगूर के आसपास ठंडाई रखते हैं, जिससे पानी का वाष्पीकरण भी कम होता है और पानी की बचत होती है।... कुल मिलाकर यह एक लम्बे लेखन का विषय है, बस हमें यहाँ केवल इतना बताना है कि हर बात सरकारी नीतियों के साथ चलेगी, इसका भरोसा रखना ग़लत है। मौत की ओर क़दम बढ़ाना है अतः अपनी खेती का मालिक, अनुसन्धानकर्ता, निर्माणकर्ता, निर्णयकर्ता, नीतिकर्ता हमें खुद बनना है। पिश्चिम महाराष्ट्र के किसान आत्महत्या नहीं करते हैं, उसका अकेला कारण है, उनका प्रगत होना, वैज्ञानिक होना, मेहनती होना, प्रकृति-प्रेमी होना।

मराठवाड़ा और विदर्भ में चुनिन्दा किसानों को छोड़ दें तो इसका अभाव-ही-अभाव दिखता है। प्रकृति और पानी के प्रति ग़ैर-ज़िम्मेदाराना व्यवहार है। यहाँ खेती के बाँध और किनारे छोड़ दो घर के आसपास वाला इलाक़ा भी उजड़ा हुआ है। पेड़-पौधों के प्रति प्रेम नहीं। अतः गर्मी, धूप, उजड़ापन, धूल है। बारिश का पानी नालों, नदी में बह जाता है। घर का पानी नालों और गटरों में बह जाता है। उसके भरोसे घरों के आसपास के पौधे हरे-भरे करने की मानसिकता नहीं। परम्परागत खेती छोड़ने का मन नहीं। घर के सदस्य खेती में काम करें इसकी जागरूकता नहीं। मज़दूरों के भरोसे खेती। सिंचाई का अभाव। ड्रिप सिंचाई (Drip Irrigation) की जागरूकता नहीं। पानी जब उपलब्ध है तब उसका ग़ैर-ज़िम्मेदाराना इस्तेमाल, अर्थात् हर चीज़ सरकार करे, इसका इन्तज़ार करने से अपनी ज़िन्दगी का रास्ता बनेगा नहीं और न ही घर-गाड़ी पटरी पर आयेगी। पीछे लिखा है कि मराठवाड़ा और विदर्भ की मिट्टी उर्वर है, एक़दम काली और सपाट है, नीति और नियोजन हो तो इसमें आधे से भी कम खेती में यह प्रदेश स्वाभिमानी और स्वयंपूर्ण बन सकता है। हर बार दूसरे

प्रदेश और सरकार पर उँगली उठाने से काम होगा नहीं। आपसी रंजिशों, ईर्ष्या, द्वेषों से बाहर आकर खेती को नया आयाम देना पड़ेगा। तभी कुछ बन सकता है। ज़हर की बोतलें, फाँसी के फन्दे सरकार आकर हमारे हाथों से छीन नहीं सकती है और न ही इसे छिपा सकती है। अपने ही निर्णय, नीतियों और नियोजन के तहत ज़हर की बोतलों, गन्दी आदतों, परम्पराओं, रूढ़ियों और फाँसी के फन्दों को उतार फेंकना होगा। तभी ज़िन्दगी सँवर सकती है।

संजीव के 'फाँस' के बहाने यह सारी चीज़ें अपने आप उतरी हैं। यहाँ और एक उदाहरण देना ज़रूरी है, जो सबके लिए मार्गदर्शक होगा जिसका वास्तविक असर भी होगा। केवल हवाई बातें और सेमिनारों वाले खोखले वैचारिक मन्थन से परहेज़ करना है। पीछे पश्चिम महाराष्ट्र के सांगली ज़िले का उल्लेख किया है, जो खेती के नज़रिये से प्रगत है, आधुनिक है। इसी ज़िले की तासगाँव तहसील का भी ज़िक्र आया है जो अंगूर की उपज करता है। इस आलेख के आरम्भ में माननीय आर.आर. पाटिल (आबा) का ज़िक्र भी है। जो महाराष्ट्र के उपमुख्यमन्त्री और गृहमन्त्री रह चुके हैं। ज़मीन से जुड़ा नेता और किसानों के लिए, अपने प्रदेश और राज्य के लिए कई विकासात्मक निर्णय लिये। अचानक मौत हो गयी। अब इनकी पत्नी सुमन ताई पाटिल विधानसभा में पार्षद (आमदार) है। परन्तु जब पति थे तब एक मन्त्री की बीवी होने के नाते कोई गर्व नहीं, कोई घमण्ड नहीं–खेती के काम, गायें-भैसें और मिट्टी से परहेज़ नहीं। यह बात केवल इनकी नहीं, पूरे परिवार की है। आर.आर. पाटिल (आबा) की माँ, पत्नी, उनके बच्चे, भाई, भाई का पूरा परिवार, असल में एक किसान को जैसी खेती करनी चाहिए, वैसे खेती करता है। पाटिल को ही छोड़कर। यह असली किसान का गुण है।

आज भी तासगाँव के अंजणी गाँव में जाकर इस वास्तविकता को देखा जा सकता है। दूसरा उदाहरण दोस्त रवि पाटिल का है। अंजणी से नजदीक तीन किलोमीटर वड़गाँव है। पानी की किल्लत, जो मराठवाड़ा और विदर्भ में है, वहीं तासगाँव, अंजणी और वड़गाँव में है, लेकिन जैसे ऊपर लिखा है वैसे यहाँ का किसान नियोजन, नीति के साथ खेती कर रहा है, परम्पराओं को रूढ़ियों के परदों को हटाकर। रवि पाटिल उसी में से एक है। ज़मीन केवल पाँच एकड़ दस गुण्ठा। उसमें चार एकड़ अंगूर के बाग हैं। इस साल और एक एकड़ बढ़ा दिया है। ख़ाली ज़मीन केवल दस गुण्ठा है। पुराने चार एकड़ में इस साल का अंगूर की इनकम अट्ठाईस लाख है। उत्पादन खर्चा दस लाख। कुल मुनाफा अठारह लाख। खेतों में अन्य मज़दूर तो है। ही परन्तु वह स्वयं बीवी, माँ और बच्चों के साथ दिन-रात मेहनत कर रहा है। इसे उसकी खेती में जाकर देखेंगे तो उसके हाथों में कभी एसटीपी का होगा, कभी छोटे ट्रैक्टर का स्टेयरिंग होगा, कभी घूमने के लिए महिन्द्रा कॉण्टों का स्टेयरिंग होगा तो कभी भैंस का दूध दुहाते हाथ भी होंगे और कभी भैंसों का गोबर साफ करते फावड़ा भी होगा। मतलब मेहनत, परिश्रम,

लगन के साथ एक उदाहरण देने लायक़ आदर्श किसान। इसकी खेती में उपजे अंगूर दुबई और अन्य अरबी देशों में जाते हैं। पूरी खेती ड्रिप सिंचाई के तहत 'रूटस्टाक' के साथ। अंगूर की तासगणीस, थॉमसन, सोनाक्का, कृष्णा सिडलेस, सुपर सोनाक्का की जातियाँ हैं। ऐसे रवि पाटिल गाँव-गाँव में देखे जा सकते हैं। इन सबके साथ पढ़ाई को यहाँ के बच्चे नज़रअन्दाज नहीं करते हैं। बड़ी गम्भीरता और ज़िम्मेदारी के साथ पढ़ाई और मौक़ा मिले तो नौकरी भी। खेती को नगद पैसों के लिए किसी बैंक और साहूकार के पास जाने की ज़रूरत क्यों पड़े, अगर कोई घर का सरकारी या प्राइवेट सेक्टर में नौकरी पर हो तो। घर का हो, पड़ोसी हो, आत्मीय हो, दोस्त हो। मराठवाड़ा और विदर्भ में। साहूकार है लूटने के लिए। जिन प्रदेशों का ज़िक्र कर रहा हूँ, वहाँ साहूकार नाम की जाति का आज़ादी के कुछ वर्षों उपरान्त नामोनिशान मिट चुका है। संजीव के 'फाँस' उपन्यास में और प्रत्यक्ष मराठवाड़ा और विदर्भ में साहूकारों के कर्ज़ तले दबकर आत्महत्या करने वाले किसानों का प्रमाण अधिक है। आत्महत्या के इन कारणों में नीतिगत फाँस है, इसे अपने हाथों से खोलना पड़ेगा।

संजीव 'फाँस' में सरकारी नीतियों की आलोचना करते हैं। वे लिखते हैं, "दिल्ली में ही बैठा क्यों बना ली सरकारों ने हमारे गाँवों के कायाकल्प की योजना? क्यों जगाये सपने, बी.टी. बीज की तरह बाँझ सपने? मर गये लोग? हमसे पूछते, हम बताते, बड़े नहीं, छोटे-छोटे सपने चाहिए हमारे गाँव को। हवाई नहीं धरती के। गाय नहीं बकरी। फिर सबसे ऊपर दान नहीं पानी। दान वापस ले लो। हमें सिर्फ़ सिंचाई के लिए थोड़ा-सा पानी दे दो।" (फाँस, पृ. 72) संजीव का यह लेखन नीतिगत ग़लतियों की ओर इशारा करता है। सरकार, पॉलिसी मेकर, कृषि विद्वान, कृषि अर्थशास्त्रज्ञ की ग़लतियाँ किसानों के गले में फाँस बनकर अटक जाती हैं। किसान की अपेक्षा भीख की नहीं है, उसे केवल पानी और ठोस सिंचाई व्यवस्था की ज़रूरत है। पानी की माँग भी मुफ़्त नहीं पैसे देकर। अतः सिंचाई को लेकर एक बार सरकार ने बेसिक इन्फ्रास्ट्रक्चर खड़ा किया तो यह रोज़-रोज़ की मौतें बन्द हो सकती हैं। विदेशी गाय, विदेशी बीज, विदेशी पौधे, विदेशी नीतियाँ, विदेशी दवाइयाँ, विदेशी खाद और विदेश में पढ़े सो कॉल्ड विद्वान (?), कृषिशास्त्री (?) और अर्थशास्त्री (?) भारतीय कृषि व्यवस्था की वाट लगा रहे है। और किसानों को आत्महत्या करने के लिए मजबूर कर रहे हैं। ऐसे में किसान किसानी क्यों करेगा? उसका दिल खेती में क्यों लगेगा?

संजीव ने विदेशी बीजों से हुए नुक़सान को स्पष्टता से लिखा है कि "मिलीबग नामक कीड़ा बी.टी. के आने के पहले भारत में नहीं देखा गया था। बी.टी. मिलीबग को लेकर आया...वैसे ही जैसे पीएल 480 नाम के अमेरिकन गेहूँ के साथ आया था ज़हरीला पौधा पथेनियम जो अब भारतीय हो गया है, नाम, 'गाजर घास।" (फाँस, पृ. 189-190) इस कीड़े और गाजर-घास से हरी-भरी खेती बरबाद हो रही हैं। यह नीतिगत फाँस नहीं तो और क्या है? इससे न केवल गेहूँ और कपास की फ़सल

प्रभावित हो चुकी है, इससे अन्य फ़सलों की बरबादी भी हो गयी है। इसके नियन्त्रण की ज़हरीली दवाइयों को ज्यादा छिड़का जा रहा है, इससे वह बीमारी दुरुस्त होने की अपेक्षा खेती के लिए पोषक कृमि-कीटक मर रहे है। और सारा पर्यावरणीय सन्तुलन बिगड़ता जा रहा है। बी.टी. कॉटन के एक किलो बीज की फ़िलहाल क़ीमत 900 से 1200 रुपये तक है और हमारा देशी कपास का बीज जो अब नष्ट हो चुका है जिसे गाँवठी (गाँव का, देशी) कहा जाता है, वह मिलता था 7 से 10 रुपये किलो। कितना अन्तर! हाँ बी.टी. से उत्पादन बढ़ चुका है, परन्तु किस क़ीमत को चुकाने के बाद। क्या हम अपने देशी बीजों को विकसित कर उत्पादन बढ़ा नहीं सकते थे? आज भी कई प्रदेशों में किसान धान, गेहूँ, ज्वार जैसी फ़सल के लिए देशी बीजों का इस्तेमाल करते हैं? हमारे खेती विषयक प्रयोग और नीतियाँ प्रकृति को गम्भीर रूप से हानि पहुँचा रही है। आज किसानों के दरवाज़े पर ग़मी है। दुख है। यह-ग़ैरजिम्मेराना हरकत वाली आग धीरे-धीरे सारे देश को तबाह कर देगी। जिस-जिस दिन भारत का किसान मरेगा, उस-उस दिन भारत के कृषि और कृषिप्रधानता होने की भी मौत है।

(9)

हमारे देश में किसान मर रहा है, किसान आत्महत्या कर रहा है। हम वह नैतिक अधिकार खो चुके है। कि कहे 'भारत कृषिप्रधान देश है', 'भारत सुजलाम्-सुफलाम् है।' ऐसे कहने और यह विरुदावली वहन करने का हमें कोई अधिकार नहीं है। जिस देश में किसान खेती से पराजित होकर कर्ज़ तले मौत को गले लगा रहा है, तो वह दर्दनाक है। मौत पर मौतें। क्या बता देती हैं? आत्महत्यारों का देश...। हत्यारों का देश...। बी.बी.सी. ने दिल्ली की निर्भया दुर्घटना पर 'इंडियाज डॉटर' यह डॉक्यूमेंट्री बनायी जिसे हमारे देश में देखना और दिखाना बैन किया है। कितना बड़ा उपहास है, हम कह रहे है। कि इसे देखने की क्या ज़रूरत है...। इसे तो हम कर चुके हैं...। अंजाम दे चुके हैं...। ऐसे कृत्यों को करना हमारे बायें हाथ का खेल है...। नया क्या है इसमें...। देखे नहीं बैन कर दे...।" सवाल यह उठता है कि क्या हमारा देश बलात्कारियों का देश है...? क्या हमारा देश किसानों की हत्या करने वाला हत्यारा देश है...? क्या हमारा देश उत्तर प्रदेश के रामपुर (या रावणपुर...?) जैसे है...? जहाँ दो लड़कियों के साथ ग्यारह लड़के मिलकर शिकारी खेल, भद्दी गालियों के साथ, गन्दा मज़ाक़ कर रहे हैं...? हम सभी हाथ-पर-हाथ धरे बैठे हैं, 'निर्लज्जता की हदों को पार कर।

किसानों की आत्महत्या अब आत्महत्याएँ नहीं है, यह सारी हत्याएँ हैं। इसका कोई-न-कोई अपराधी है, किसी-न-किसी को इसकी सज़ा का पात्र मानना ज़रूरी है। दलाल, दुकानदार, ट्रांसपोर्टर, ख़रीददार, उद्योगी, नौकरीपेशा, प्रशासक, अधिकारी अफ़सर, बैंकर, साहूकार, राजनेता, बिजनेसमैन, सरकारें...बहुत लम्बी फ़ेहरिस्त है, इन्हें किसानों का हत्यारा ठहराया जा सकता है। क्या देश के किसी कोर्ट में, न्यायालय में

और न्यायमूर्ति में यह शक्ति है कि इन अपराधियों को हत्याओं का अपराधी मान सजा दे...? न्यायालय और न्यायमूर्ति भी सरकारी मुलाज़िम हैं, किसानों का पक्षधर नहीं है अर्थात् चारों तरफ़ मिलीभगत और अन्धा क़ानून है, किसानों को सूली पर चढ़ाने के लिए। अतः किसान का मन खेती से भर चुका है कि भाई खेती करना हमारा अपराध है तो इस जन्म में हमें माफ़ कर दें, ग़लती हो गयी, अगले जन्म में खेती से हम वास्ता नहीं रखेंगे और हमारी अगली पीढ़ी भी खेती से तलाक लेना चाहती है। तलाक...तलाक...तलाक...। यह अत्यन्त निराशा और हार की स्थिति में किसानों से लिया गया निर्णय है। इस दर्दनाक स्थिति में किसान खेती करे तो क्यों करे? उस किसान का एक बच्चा होने के नाते मेरे और मेरे पिता के मन में पुरखों से उठे यह सवाल है। हमारे भी खेती से दयनीय हालात थे, पिता ने इसी धन्धे को आगे बढ़ाने के लिए हम पर कभी ज़ोर नहीं दिया और हमारा मन भी दयनीयता से विद्रोह कर उठा कि खेती हमारा आर्थिक स्रोत नहीं रहेगा। दुनिया के पेट का दुनिया सोचेगी...। हमारे पेट-पानी का उसने कभी सोचा नहीं तो उनके पेट-पानी का हमें सोचने की ज़रूरत नहीं। अगले जन्म का भरोसा और उसके लिए पुण्य कमाना बेमानी है, स्वार्थी दुनिया का छल और पाखण्ड है। अतः इस जन्म में हमसे खेती नहीं होगी और अगली पीढ़ी भी खेती नहीं करेगी का विद्रोहात्मक परचम किसानों की पीढ़ी गाड़ चुकी है, इस सवाल के साथ कि खेती से किसान मन क्यों लगाये?

संजीव ने 'फाँस' उपन्यास के माध्यम से बिल्कुल इस प्रकार के कई सवाल हमारे सामने रखे हैं। संजीव ने पी. साईनाथ द्वारा बनायी डाक्यूमेंट्री 'नीरोज़ गेस्ट' का ज़िक्र किया है, जिसमें किसानों की आत्महत्या केन्द्र में है। पी. साईनाथ और संजीव ने भी यह सवाल उठाया है कि किसी फैशन शो में मॉडलों के फोटो खींचने के लिए हज़ारों कैमरे दौड़ते हैं, परन्तु किसान की आत्महत्याओं (हत्याओं) पर मीडिया और कैमरे चुप हैं। पी. साईनाथ जी आप ख़ुशनसीब हैं कि आपकी डाक्यूमेंट्री हमारी न्याय-व्यवस्था की नज़रों में नहीं आयी, नहीं तो वह भी 'इंडियाज़ डॉटर' जैसे बैन हो सकती थी। शायद न्याय-व्यवस्था 'नीरोज़ गेस्ट' के अर्थ को विधि कोशों में ढूँढ़ने में नाकाम रही। हाँ अगर आप 'इंडियाज़ फार्मर', 'बल्डी आयज' या 'मुर्दा देश' जैसा शीर्षक दे देते तो बैन होने के चांसेस ज्यादा थे।

ख़बरें छपती हैं, रिपोर्टें बनती है। तो उसे कोई पढ़ता नहीं, गम्भीरता से सोचना तो दूर की बात है। पी. साईनाथ की डाक्यूमेंट्री का आलेख लिखने से पहले देखा कि अत्यन्त भयानक वास्तविकता है। इसी डाक्यूमेंट्री के भीतर एक दृश्य है, पी. साईनाथ को संसद में सुना जा रहा है। संसद में बैठी उस समय की सत्ताधारी कांग्रेस-मिलीभगत पार्टियाँ और विरोधी पार्टियाँ बड़ी शान्ति के साथ सुन रही है। देश की सम्पूर्ण संसद सफेदपोश कपड़ों में मानो किसी की मौत पर शोक मनाने के लिए आयी हो...। क्या इस रिपोर्ट को सुनने के बाद कुछ ठोस क़दम उठाये गये?

एक ही शब्द में उत्तर है...नहीं। हाँ अगर कुछ हलचल मची होगी तो यह कि राहुल गाँधी किसानों की मौत के पश्चात् अमरावती ज़िले के दस गाँवों की पदयात्रा कर चुके। किसानों के खेतों में फुल ए.सी. की हवा के साथ वीआईपी गाड़ियाँ, मीडिया धूल उड़ाती रही। क्या यह मीडिया के अटेंशन के लिए किसान-आत्महत्याओं के पश्चात् वाला पिण्ड़दान था?

विस्वास पाटिल द्वारा लिखित उपन्यास 'पांगीरा' और सदानन्द देशमुख द्वारा लिखित उपन्यास 'बारोमासा' किसानों की दयनीयता को वर्णित करता है। 'पांगीरा' पर 2011 में मराठी भाषा में और 'बारोमासा' पर 2016 में हिन्दी भाषा में फ़िल्म बनी है। संजीव ने जैसे 'नीरोज़ गेस्ट' का ज़िक्र किया है, वैसे ही 'बारोमासा' का भी। इसके अलावा मराठी भाषा में बनी 'गाभ्रीचा पाऊस' (2008) किसानों की आत्महत्या पर प्रकाश डालने वाली और वास्तविक चित्रण करने वाली फ़िल्म है। व्यंकटेश माइगुळकर द्वारा लिखित 'बनगरवाड़ी' उपन्यास और इसी नाम से 1995 में बनी निर्देशक अमोल पालेकर की मराठी फ़िल्म भी सूखे और अकाल से पीड़ित किसानों की वास्तविकता पर प्रकाश डालती है। इन उपन्यासों के बेसिक अन्तर पर एक टिप्पणी करना अत्यन्त ज़रूरी है। 'पांगीरा' की पृष्ठभूमि कोल्हापुर है और 'बनगरवाड़ी' की पृष्ठभूमि सांगली ज़िले की आटपाड़ी तहसील है। यह दोनों ज़िले पश्चिम महाराष्ट्र के हैं, इन उपन्यासों में और साथ-ही-साथ फ़िल्म में किसानों की ज़िन्दगी के साथ ज़बरदस्त लड़ाई है। किसी भी किसान की आत्महत्या नहीं परन्तु 'बारोमासा' और 'फाँस' की पृष्ठभूमि विदर्भ, 'नीरोज़ गेस्ट' पूर्णतः वास्तववादी मराठवाड़ा और विदर्भ तथा 'गाभ्रीचा पाऊस' फ़िल्म की पृष्ठभूमि खांदेश-विदर्भ है। जिससे खेती के साथ लड़ाई है, परन्तु लड़ाई के बाद घोर निराशा, उपेक्षा से आत्महत्या है। पश्चिम महाराष्ट्र, विदर्भ, खांदेश और मराठवाड़ा पर लिखा यह साहित्य और बनी फ़िल्मों में समय और वर्षों का अन्तर है। सूखे और अकाल से हुई हानि में भी अन्तर हं परन्तु महाराष्ट्र और देश के नागरिक होने के नाते इन हालात को हम देख चुके हैं, उस प्रदेश और इस प्रदेश को भी। मानसिकता बदलनी पड़ेगी; सरकार, पॉलिसी मेकरों को और किसानों को भी। राहत पैकेज की माँग किसान भी न करे और सरकार भी उसे देकर हाथ झटक न दे। ज़रूरी है निश्चित, दूरगामी ठोस सिंचाई व्यवस्था को अंजाम तक लेकर जाने की। कोई ठोस इन्तज़ाम अगर नहीं होंगे तो मौतों का सिलसिला न रुकेगा और किसानों के सवाल 'खेती से किसान मन क्यों लगाये?' का उत्तर भी नहीं मिलेगा। किसान नेताओं का निर्माण, उनकी नीतियाँ किसानुकूल, विज्ञानवादी और आधुनिक होना भी ज़रूरी है। खेती को रूढ़ि और परम्परागत ढर्रे से बाहर निकालकर सिंचाई के साथ प्रगति के रास्तों पर लेकर जाना मौतों, हत्याओं और आत्महत्याओं को रोक सकता है।

फाँस : भूमण्डलीकरण का भँवर और किसान के जीवन का सच

–सुभद्राकुमारी सिन्हा

संजीव का ताज़ा उपन्यास 'फाँस' और अर्थशास्त्री कमलनयन चौबे की नयी पुस्तक 'जंगल की हक़दारी' को एक साथ पढ़ने के बाद जनता को लूटने के कॉरपोरेट और राजसत्ता के षड्यन्त्रकारी दुरभिसन्धियों को समझना आसान हो जाता है। संजीव और कमलनयन गहरे सामाजिक सरोकार के लेखक हैं। 'फाँस' सिर्फ़ किसानों के गले की फाँस नहीं है बल्कि यह 'धूल भरा मैला-सा आँचल' की गले में लगी फाँस है। जिस राष्ट्र के सच्चे धरती पुत्र (किसान) गले में फाँस लगाने के लिए अभिशप्त हों, उस राष्ट्र की माँ की पीड़ा और कराह को बहुत क़रीब से देखने और सुनने की कोशिश संजीव ने की है। सन् 2015 के लिए नोबेल पुरस्कार जीतने वाली बेलारूस की स्वेतलाना एलेक्सीबिच ने अपने नोबेल वक़्तव्य में कहा था–"फ्लाबर्ट ने ख़ुद को आदम जाति की क़लम कहा था," मैं कहना चाहूँगी कि मैं आदम जाति की कान हूँ। जब मैं गलियों से होकर गुज़र रही होती हूँ और शब्दों, पदों और विस्मयों को पकड़ती हूँ तो यह विचार अनेकों बार मेरे भीतर कौंधता है कि इतने सारे उपन्यास वग़ैर कोई निशान छोड़े हुए ग़ायब हो जाते हैं। संजीव सिर्फ़ विदर्भ की ही नहीं बल्कि पूरे देश के किसानों की चीख़, पुकार, कराह, वेदना के साथ-साथ किसानों की फुसफुसाहट तक को सुन लेते हैं। किसानों की इसी करुण गाथाओं की डॉक्यूमेंट्री की औपन्यासिक अभिव्यक्ति का नाम है 'फाँस'।

संजीव एक यथार्थवादी लेखक हैं। उनका मानना है कि ड्राइंगरूम में बैठकर ज़मीनी स्तर के अनुभव नहीं अर्जित किये जा सकते। इसलिए उनके सभी उपन्यासों में यथार्थ की ही अभिव्यक्ति होती है। चाहे उनका उपन्यास 'किशनगढ़ के अहेरी' (1981) से लेकर अब तक के अन्तिम उपन्यास 'फाँस' (2015) हो। कल्पनाशीलता का वे बहुत कम सहारा लेते हैं। यथार्थ से भी परे सच, आँखों देखा सच को ही वे अपने उपन्यास की विषय-वस्तु बनाते हैं। ख़ुद संजीव के शब्दों में, "महात्मा गाँधी अन्तरर्राष्ट्रीय विश्वविद्यालय, वर्धा में अतिथि लेखक के रूप में विदर्भ के 11 ज़िलों

के किसानों की स्थिति को बहुत क़रीब से देखने, जानने और समझने का अवसर मिला जिससे मैं इतना विचलित हुआ कि मुझे लगा तीन लाख से अधिक किसानों की आत्महत्या से बड़ा मेरे लिए कोई लेखकीय सरोकार नहीं हो सकता।'' उन्होंने कहा उपन्यास में लिखी सारी बातें सच है। और उपन्यास ने लिखते वक़्त मुझे बहुत रुलाया है। उन्होंने कहा कि किसान की आत्महत्या देश की आत्महत्या है।

किसानों की आत्महत्या को केन्द्र में रखकर लिखा गया उपन्यास 'फाँस' भारत के कृषि नीति के साथ-साथ पूरे सामाजिक, राजनीतिक, आर्थिक व्यवस्था पर प्रश्नचिह्न खड़ा करता है। इतना ही नहीं संजीव ने किसानों की दुर्गति के लिए ज़िम्मेवार उदारीकरण की नीतियों, कॉरपोरेट सेक्टरों की चालाकियों को भी बेपर्दा किया है। हम यह भी देखते है। कि प्रेमचन्द के गोदान में किसानों को जहाँ सिर्फ़ सामाजिक शक्तियाँ ही नष्ट करती है, वहीं संजीव के 'फाँस' में किसानों को सामाजिक शक्तियों के साथ-साथ प्राकृतिक विपदाओं का भी क़हर ढोना पड़ता है। साथ-ही-साथ भूमण्डलीकरण के आक्रामक दौर में कृषि विरोधी नीति किसानों की आत्महत्या की दहलीज पर पहुँचाकर ही दम लेती है।

भारत सरकार की कृषि नीति के प्रारम्भिक पैरे को यदि पढ़ा जाये तो यह किसानों के हित में मालूम होता है। नीति की शुरुआत इस प्रकार से है, ''कृषि ऐसी जीवन पद्धति और परम्परा है जिसने भारत के लोगों के विचार, दृष्टिकोण, संस्कृति और आर्थिक जीवन को सदियों से सँवारा है। अतः कृषि देश के नियोजित सामाजिक-आर्थिक विकास की सभी कार्यनीतियों का मूल है।'' लेकिन वास्तविकता इसके विपरीत है। कृषि नीति किसानों के बजाय बड़े घरानों या अमेरिकी कम्पनियों के हितों का पोषण करती है। विश्व बैंक द्वारा संचालित भारत सरकार की यही नीति रही है कि किसी-न-किसी सामग्री के कर्ज़ में किसानों को फँसाना। कर्ज़ लेना किसान की नियति बन चुकी है। उपन्यास के पहले अध्याय में ही इस नक़ाब को उठाया गया है कि किसान कर्ज़ में ही जन्म लेता है, कर्ज़ में ही जीता है, कर्ज़ में ही मर जाता है। क्षण-क्षण एक के बाद एक आत्महत्याएँ किसी प्रेतछाया की भाँति हमारे वर्तमान, अतीत तथा भविष्य पर सवालिया निशान खड़ा करती है। कॉरपोरेट सेक्टर की वास्तविकता को उपन्यास की पात्र छोटी (कलावती) उजागर करती है, ''कॉरपोरेट सोशल रेस्पांसिबिलिटी इन देसी-विदेशी सेठों की ज़िम्मेवारी। आपूर्ति उतनी ही होती है, जितने में इसका ग्राहक बचा रहे। किसी को भी किसानों की आत्महत्या की फ़िकर नहीं, किसी को भी नहीं।'' (पृ. 15)

सन् 1991 में लागू उदारीकरण की नीतियों ने किसानों को तबाही, बरबादी के कगार पर खड़ा किया है। दुष्परिणाम आज हमारे सामने है। पेटेंट क़ानून का लाभ उठाकर बहुराष्ट्रीय कम्पनियाँ बीजों पर एकाधिकार जमा रही हैं। स्थानीय प्रशासन से मिलीभगत कर इन्होंने वर्षों से किसानों द्वारा अपने श्रम तथा अनुभवों से विकसित

फ़सलों का पेटेंट करा लिया है। कृषक के आविष्कारों को तव्ज्जो नहीं दी जाती क्योंकि वे दलित, ग़रीब एवं अनपढ़ होते हैं। उपन्यास में दादाजी ने एच.एम.टी. धान का अविष्कार किया लेकिन उन्हें इसका श्रेय मिलना तो दूर पेटेंट तक नहीं किया गया। उसे ठीक-ठाक मालूम भी नहीं कि पेटेंट किस चिड़िया का नाम है। दादाजी के एच.एम.टी. को पेटेंट करना तो दूर उनके श्रेय को भी कृषि विश्वविद्यालय ने हड़पकर उसी में सुधार कर अपना नाम दे दिया।'' (फाँस, पृ. 207)

बहुराष्ट्रीय कम्पनियों की अतृप्त आकांक्षाएँ कभी तृप्त नहीं होतीं। इन कम्पनियों के द्वारा ऐसे बीज उत्पादित किये जाते हैं जिनका दुबारा उपयोग नहीं किया जा सकता। लक्ष्य साफ़ है कि हर बार किसान को नये बीज ख़रीदने के लिए बाज़ार में आने पर बाध्य करना तथा बीजों के बाज़ार पर एकाधिकार स्थापित करना। उपन्यास भूमण्डलीकरण की रेशमी चादर को केंचुल की भाँति उधेड़ता हुआ इसकी विद्रूपता को बेपर्दा करके गम्भीर बेचैनी से भरे सरोकार एवं प्रश्न सामने लाता है। पूँजी की सर्वग्रासी सत्ता ने जीवन के विविध पक्षों को व्यापार में बदला है। भूमण्डलीकृत व्यवस्था में पालित-पोषित विकास के अविवेकपूर्ण मॉडल ने सारे देश के किसानों को दलदल में फँसा दिया है। संजीव सिर्फ़ विदर्भ के किसानों की समस्या को ही उजागर नहीं करते वरन् उस समस्या से पूरे देश का किसान जूझ रहा है। जब अपने ही पेट पर लाले पड़े हों तो अधिक दूध देने वाली विदेशी गाय को क्या खिलाये-पिलाये। किसानों को तो इस विदेशी गाय का लाभ नहीं मिला लेकिन बिचौलिये, साहूकारों, दलालों के वारे-न्यारे अवश्य हो गये। भूमण्डलीकरण की देन ही यह है कि अपना नहीं दूसरे का अपनाओ। विदेशी बी.टी. कॉटन से परम्परागत देसी बीज नष्ट हो गये, विदेशी गाय आने से देसी नस्ल की गाय और बछड़े भी धीरे-धीरे ग़ायब हो गये। यहाँ सब कुछ विदेशी है। ''विदेशी बीज, विदेशी कर्ज़, विदेशी गाय, विदेशी नीति और यहाँ का सूखा किसान और सूखी धरती।'' (फाँस, पृ. 69)

संजीव भूमण्डलीकरण से उपजी त्रासदी के हर पहलू को रेखांकित करते हैं। हर कोने पर उसकी पैनी दृष्टि पहुँच पायी है। उनके पात्र भूमण्डलीकरण की चुनौतियों से टकराते है, उसका सामना करते हैं। कुछ पात्र पस्त एवं परास्त होकर आत्महत्या को गले लगाते हैं तो कुछ पात्रों में अदम्य जिजीविषा होती है जो प्रतिकूल परिस्थितियों में भी अपने वजूद का अहसास कराते हैं। इस दृष्टिकोण से शकुन, शिबू और शकुन की बेटी कलावती (छोटी) और सरस्वती, विजयेन्द्र, सिन्धु ताई, अशोक, मल्लेश, दादाजी खोबरागड़े और खिलदन्ड नाना को भुलाया नहीं जा सकता जो बदलाव की आकांक्षा लिये संघर्ष जारी रखते हैं। शकुन अपने पति शिबू से चिढ़ती है क्योंकि वह का पुरुष है ज़िम्मेदारियों को छोड़कर आत्महत्या करने वाला का पुरुष ही होता है। जीवन के तमाम दुख, संकट और असुविधाओं को झेलते हुए वह अपना जीवन शराब उन्मूलन में झोक देती है। पात्र छोटी उपन्यास में शुरू से लेकर अन्त तक

अपनी उपस्थिति दर्ज कराती है। किसी बन्धन में बँधकर अपने वजूद को खोना छोटी को भाता नहीं है। घरवालों के ना चाहते हुए भी वह अशोक से मिलना-जुलना जारी रखती है तथा शादी होने के बाद ससुराल की पाबन्दियों को आत्मसात न कर पाने के कारण वहाँ से कूच कर जाती है। अपने अधिकारों के प्रति जाग्रत वह आधुनिक समय की स्वाभिमानी और शिक्षित लड़की है, तभी तो उसके प्रयासों से सिर्फ़ सात दिनों में बांसोड़ा ग्राम में बिजली आ जाती है जो आज़ादी के 65 सालों बाद तक नहीं आ पायी थी।

भले ही उपन्यास की शुरुआत विदर्भ के यवतमाल ज़िले के वनगाँव नामक गाँव से हुई हो लेकिन यह उपन्यास देश के विभिन्न हिस्सों के किसानों की व्यथा को व्यंजित करती है। देश के अधिकांश ग़रीब किसानों की यही दुर्गति बनी हुई है। पहले इन किसानों को बी.टी. कॉटन का इस्तेमाल करने के लिए फुसलाया गया और फिर कर्ज़ दिया गया। सूखे की मार तथा सामाजिक, आर्थिक, राजनीतिक अनाचार के कारण सीधे-सादे किसानों की ज़िन्दगी इस तबाही में आत्महत्या की तरफ़ बढ़ती गयी। आज पूरी व्यवस्था और कृषि नीति किसानों के विरुद्ध षड्यन्त्र रच रही है। आज़ादी के पहले से लेकर आज़ादी के बाद तक कुछ नहीं बदला है। कलकत्ता के राष्ट्रीय संगोष्ठी में मैनेजर पाण्डेय ने यह बातें कही थीं कि "औपनिवेशिक भारत में किसानों का शोषण-दमन कम नहीं था, कई बार उनकी हत्याएँ भी हुई हैं लेकिन किसानों को आत्महत्या की नौबत कभी नहीं आयी। यह तो स्वाधीन भारत की उपलब्धि रही है कि स्वदेशी सरकारों द्वारा किसानों की हत्याओं की बात तो छोड़ ही दीजिये, सिर्फ़ पिछले बीस सालों में पाँच लाख किसानों को आत्महत्या करनी पड़ी है और सभी सरकारें ख़ामोश हैं। इन सभी सरकारों पर जनसंहार का मुक़दमा चलाया जाना चाहिए।" यह है हमारे स्वाधीन भारत के किसानों का सच।

बहुराष्ट्रियों कम्पनियों के कृषि में बढ़ते हस्तक्षेप से किसान तबाह हो रहे हैं। ब्रेटनवुड्स समझौते (1944 में स्थापित। इसका मक़सद था अन्तरराष्ट्रीय सहयोग बढ़ाना तथा खुली बाज़ार व्यवस्था को बढ़ावा देना) के तहत इन्होंने कृषि उत्पादों से लेकर खाद, बीज, कीटनाशकों और उत्पादन के तरीक़ों पर क़ब्ज़ा कर लिया है। सरकार भी समर्थन-मूल्य उस अनुपात में नहीं बढ़ाती है, जिस अनुपात में बढ़ाया जाना चाहिए। कभी-कभी तो समर्थन मूल्य हमारे देश के समर्थन-मूल्य से कई गुणा ज्यादा है। "विजयेन्द्र बताता है कि अमरीका में कापूस के भाव 1994 के भाव से भी कम हैं पर वहाँ कोई किसान आत्महत्या नहीं करता। कारण वहाँ कापूस उपजाने वाले शेतकरी लोगों को सरकार 22,000 करोड़ रुपये की सब्सिडी देती है।" (फाँस, पृ. 128) संजीव की अन्वेषण प्रवृत्ति अद्भुत है। उन्होंने हर बिन्दू पर अपनी खोजी दृष्टि डाली है। अन्नदाता आज आत्महन्ता बन रहा है और शासक वर्ग बेख़ौफ मनमाने ढंग से इन नीतियों को लागू करते जा रहा है।

संजीव का यह उपन्यास वास्तव में एक विशद पड़ताल है, एक गहन खोज है जो किसान जीवन की हर तह को खोलने में सक्षम है। साधारण किसान परिवार में सिर्फ़ मानवीय रिश्ते ही नहीं वरन् उस परिवार के पशु-पक्षी भी गहरे बन्धन से जुड़े होते हैं। पशु को भी अपने मालिक की हर वस्तुस्थिति का भान होता है। अलगाव की पीड़ा लालू में भी दिखती है। "आँखों से आँसू बहे जा रहे थे। परिवार का वह सदस्य अपनी असहायता पर आँसू बहाते-बहाते, भूल-चूक के लिए क्षमा माँगते सदा के लिए विदा ले रहा था, 'माफ करना, मुझसे जितना बन पड़ा, किया। अब नहीं...।" (फाँस, पृ. 17) मूक प्राणी की पीड़ा को भी उपन्यासकार ने जीवन्त बना दिया है।

भारत की 70 फ़ीसदी आबादी कृषि पर निर्भर है। उद्योगों का आधार भी भारतीय कृषि है। उद्योगों के लिए कच्चा माल तैयार करने से लेकर शहरों के लिए भेजा जाने वाला खाद्य पदार्थ सब कृषि पर निर्भर है। बावजूद इसके खेती करने वाले किसान फ़ाक़ाकशी का शिकार है। आज कोई स्वेच्छा से खेती नहीं करना चाहता। विकल्पहीनता की स्थिति में ही वह इस मार्ग को चुनता है। तभी तो अभी तक लगभग 80 लाख किसानों ने खेती छोड़ दी है। विकल्पहीन किसानों की अब भी कोई कमी नहीं है जिनके पास खेती के सिवाय दूसरा कोई चारा नहीं है। बहुत ऐसे किसान है। जिनके लिए किसानी मात्र जीविका का साधन न होकर एक लाइफ़-स्टाईल है। छोटी अपने पिता शिबू से कहती है, "शेती कोई, धन्धा नहीं, बल्कि एक लाइफ स्टाइल है, 'जीने का तरीक़ा, जिसे किसान अन्य किसी भी धन्धे के चलते नहीं छोड़ सकता। सो तुम बाबा...तुम लाख कहो कि तुम शेती छोड़ दोगे, नहीं छोड़ सकते। किसानी तुम्हारे ख़ून में है।" (फाँस, पृ. 18)

शिबू और उसका परिवार राणा प्रताप की ज़िद को अपना आदर्श मानकर बैंक का कर्ज़ चुकाने की जद्दोजहद में परिवार में न कोई उत्सव, न ढंग का खाना, पहनना बस कर्ज़ चुकाने की ज़िद पर अड़ा रहता है। कर्ज़ गले की 'फाँस' बन गया है। कर्ज़ ने मन की इच्छा, आकांक्षा, सपने सबको चुरा लिया है। अपने सीमित साधनों में लड़ता, पिसता, व्यवस्था से लोहा लेता शिबू पत्नी शकुन और दो बेटियों को छोड़ गले में फन्दा लगा लेता है। यहाँ पर बरबस ही उमाशंकर चौधरी की कविता याद आ जाती है, '

"वह बूढ़ा किसान
जिसके खेत में पड़ चुका है सूखा
जिसके जवान बेटे ने अपने पीछे
पत्नी और दो बेटियों को छोड़ लगा दिया है
गले से फन्दा।"

शकुन को पति की बातें याद आ रही हैं, "रानी, ये कर्ज़ गले की 'फाँस' है। निकाल फेंकों और जिस दिन मैंने निकाल फेंका, वह जैसे निहाल हो गया, गाँव में

लड्डू बँटे, गीत गाते हुए बरसात में भीगते हुए नाचता रहा।'' (फाँस, पृष्ठ सं. 105) यह कहानी सिर्फ़ शिबू के परिवार की नहीं है। किसान ऐसी ज़िन्दगी रोज़ जीते हैं, रोज़ मरते हैं। चुपके, दबे पाँव समस्याएँ भी सिर्फ़ ग़रीब किसानों के घर में ही पनाह पाती है। कभी बेटियों के विवाह के लिए दहेज के नाम पर तो कभी बच्चों की शिक्षा के नाम पर तो कभी नौकरी के लिए घूस के नाम पर और भी न जाने कितने रूपों में। किसानों की मौत के अनगिनत क़िस्सों से सिर्फ़ उसकी मदद के लिए योजनाएँ ही बनती हैं, उस पर अमल नहीं किया जाता। किसानों के मरने के बाद भी पात्रता सिद्ध करनी पड़ती है। मुआवज़े के लिए वे पात्र थे या अपात्र। संजीव प्रश्न उठाते हैं, 'जो रोज़ तिल-तिल मरता है, क्या वह पात्र नहीं? बाप के नाम पर ज़मीन, बेटा मरता है क्या वह पात्र नहीं? आत्महत्या में पात्र-अपात्र का फ़र्क़ करना सरकार या अधिकारियों की बेईमानी और बदनीयती बताती है। भारतीय कृषक को तबाह करने वालों की लालसाएँ अनन्त हैं। उसकी अतृप्त भूख की पूर्ति दूसरों को मारने के बाद ही सम्भव हो पाती है।

विश्व बैंक के निर्देशन में भारत सरकार की यह नीति रही है कि किसी-न-किसी सामग्री के कर्ज़ में किसान को फँसाना है। परिणामतः किसान और किसानी तो संकटग्रस्त हुए ही लेकिन नये महाजनों का गिरोह तेजी से विकसित हुआ। ये गिरोह ऊँचे दामों पर उधार में किसानों को बीज, खाद और पेस्टीसाइड मुहैया कराने लगे। ख़राब बीज और मिलावटी पेस्टीसाइड की शिकायतें सरकार के पास पहुँचने लगीं लेकिन सरकार के कानों पर जूँ तक नहीं रेंगी। ''हमारे बिके हुए नेता, सरकार कहाँ से रोकती, कहाँ उलटे इसके प्रचार के लिए कमर कस ली।'' (फाँस, पृ. 199)

सन् 1998 में विश्व बैंक ने भारत को बाध्य किया कि बहुराष्ट्रीय निगमों (कारगिल, मोसेंटो, साइजेंटा) को भारत के बीज-क्षेत्र में घुसने दिया जाये। इसका परिणाम यह हुआ कि किसानों के पास जो परम्परागत बीज मौजूद थे, उनका स्थान इन निगमों के बीजों ने ले लिया। इन बीजों के लिए खाद तथा कीटनाशक आवश्यक थे तथा उन बीजों को भविष्य के लिए भी बचाया नहीं जा सकता था। इस तरह जो संसाधन किसानों के पास मौजूद थे, उनसे वे वंचित हो गये तथा नये खर्चों ने उन्हें कर्ज़ के दलदल में फँसा दिया। संजीव ने उपन्यास में इन कम्पनियों की चालाकियों को उजागर किया है, ''सन् 2002 में आया था कापूस का महाबीज...बी.टी. कॉटन बीज, क्या, तो विलायत से कि अमेरिका से। विलायती बीज है, नाज़ुक बीज, खाद चाहिए, लो? कीटनाशक भी चाहिए लो? पैसे नहीं हैं, सरकार कर्ज़ दे रही है न। लो और पानी। ऊपर वाला देगा न। उस साल ऊपर वाले ने दिया भी। उफ़्...क्या रेशे थे। क्या फलन! बी.टी. कॉटन का महाबीज दूसरी बार फुस्स हो गया। अब फिर से बीज ख़रीदो। फिर से खाद, कीटनाशक, फिर से मज़दूरी, फिर से कर्ज़।'' (फाँस, पृ. 38) संजीव ने किसानों के दुख दर्द को पहली बार इतने सशक्त एवं

धारदार तरीक़े से सामने रखा है तथा यह उपन्यास हमें किसान के जीवन की हर धूप-छाँव को गहरे अन्तस तक अनुभूत कराता है।

विडम्बना है कि जहाँ अमेरिका अपने देश के किसानों को भारी सब्सिडी देता है, वहीं भारत की सरकार पर वह दबाव बनाये रखती है कि वह किसानों को दी जाने वाली सुविधाओं को खत्म करे। कृषि-क्षेत्र सहजता से आज बहुराष्ट्रीय निगमों की भेंट चढ़ता जा रहा है। कबीर ने आज से छह सौ वर्ष पहले किसानों की दुर्दशा को भाँप लिया था, तभी तो वे कहते हैं, ''सब मिली मोकौं मारे हो राम।' किसानों के हाथों से सामान निकलते ही उसके दामों में बेतहाशा वृद्धि हो जाती है। सारी मन्दी किसानों के लिए ही। जब खेतों पर देशी-विदेशी गिद्ध मँडरा रहे हों, तब यह कहना मुश्किल है कि कब और कैसे इन किसानों की आत्महत्या का दौर थमेगा? यदि यही सिलसिला चलता रहा तो एक दिन सिर्फ़ उपभोक्ता वर्ग ही बचा रह पायेगा। कृषि उत्पाद उगाने वाले किसानों का नामोनिशान मिट जायेगा या हो सकता है कॉरपोरेट जगत ही आधुनिक खेती प्रारम्भ कर दे। उसके भी कई दुष्परिणाम हमारे सामने आएँगे। ''आने वाले दिनों में खेती भी कॉरपोरेट घरानों वाले करेंगे, किसान का नाम मिट जायेगा। ओले शायद हमें बख़्श दे मगर ये टिड्डडियों से भी ख़तरनाक हैं। ये लोग कुछ नहीं छोड़ते।'' (फाँस, पृ. 203) किसानों के ज्वलन्त समस्या को लेकर एक ऐसे हृदयविदारक उपन्यास से हमारा साबिक़ा पड़ता है जो देर तक हमारे भीतर बनी रहती है और दूर तक देखने की इच्छा पैदा करती है।

कॉरपोरेट कल्चर बड़ी पूँजी के साथ बाज़ार में लाभ कमाने के उद्देश्य से आती है। उपभोक्ता ही उसकी पहली प्राथमिकता होती है। उसे ज़मीन की गुणवत्ता, सिंचाई की प्रवृत्ति और पैदावार से कोई मतलब नहीं होता। इतना ही नहीं, चूँकि लालसाएँ अनन्त है। इसलिए इनके पास परियोजनाओं की भी कोई कमी नहीं होती है। सरकार एवं कॉरपोरेट घरानों द्वारा नित नये-नयी परियोजनाओं तथा बाँध बनाने के नाम पर किसानों को अपने ज़मीन से विस्थापित होने का दंश भोगना पड़ता है। विस्थापन के बाद पुनर्वासन के लिए माँगे गये नौकरियों एवं पैसे के नाम पर पुलिसिया डंडे सहन करने पड़ते हैं और मुआवज़े के नाम पर वही ढाक के तीन पात। साम, दाम, दण्ड, भेद सभी लागू कर देश के किसानों की ज़मीन पर ये बहुराष्ट्रीय कम्पनियाँ अपना मालिकाना हक़ समझती हैं। उपन्यास का अंश है, ''देश के कुछ राज्यों में किसानों से छल कर उनकी ज़मीन पूँजीपतियों, कारख़ानेदारों और कॉरपोरेट घरानों को बेची जा रही है, 'छलात्कार। क्या यहाँ भी 'मिहान' या 'सेज' का कोई प्रोजेक्ट है?'' (फाँस, पृ. 215)

सामन्तवादी और पूँजीवादी संस्कृतियों की टकराहट से किसान संस्कृति पिस रही है। वैश्विक अर्थव्यवस्था में किसान को हाशिये पर धकेला जा रहा है। जिस देश में 'अन्न' को 'ब्रह्म' माना जाता है, उस अन्न के जन्मदाता की ऐसी दुर्गति

वाकयी हमारे समाज के लिए शर्मनाक है। पूँजीवादी-साम्राज्यवादी शक्तियों ने अपने फ़ायदे के लिए नकदी फ़सल को बढ़ावा दिया।'' कपास सबसे बड़ी नक़दी फ़सल है। सो देश में सुनामी, गुजरात के दंगे, उत्तरांचल के सन् 2013 के ताण्डव, सबको जोड़ दें तो जितने मरे, उससे भी ज्यादा अकेले सन् 2012 तक 2,84,649 जिसमें 68 प्रतिशत कपास की खेती में।'' संजीव की ख़ासियत है कि जो भी कहते हैं, पूरी प्रामाणिकता के साथ कहते हैं। उपन्यास में मुख्य रूप से कपास उत्पादक किसानों की समस्याओं को रेखांकित किया गया है, साथ-ही-साथ गन्ना उत्पादक किसानों की समस्याओं को भी उजागर किया गया है कि किस प्रकार गन्ना लॉबी के आपसी टकराव में बेचारे किसान कुचले जाते हैं। विदर्भ के किसानों की सबसे बड़ी समस्या है पानी की। किसानों द्वारा कुआँ खोदने के लिए कर्ज़ लिया जाता है और जब कुएँ से पानी नहीं निकलता तो किसान आत्महत्या कर लेता है। असहाय किसान कितनी बार और किस-किस चीज़ के लिए कर्ज़ लेगा। खेती, पारिवारिक ज़िम्मेदारियों का निर्वाह, उत्सव, शादी-ब्याह, शिक्षा, सब चीज़ के लिए कर्ज। सर से पाँव तक कर्ज़ में डूबा हुआ। कर्ज लेना किसान की विवशता है।

प्राकृतिक आपदाएँ भी किसानों को बरबाद कर देती है। जो कुछ फ़सल बचती है उसे नील गाय या अन्य जानवर या कीड़े अपना ग्रास बना लेते हैं। ख़ौफ़ का साया किसानों के मुख पर पसरा रहता है। किसानों के बेबस बच्चे माता-पिता का चेहरा देख डर जाते हैं। यहाँ ज्वलन्त प्रश्न यह है कि यदि प्राकृतिक आपदाओं के कारण फ़सल नष्ट होती है तो सरकारों की कोई भूमिका होती है या नहीं? उपन्यास के पात्र आशा और सुरेश (पति-पत्नी) को तीन बार से प्राकृतिक आपदाओं का सामना करना पड़ता है। सुरेश द्वारा अनशन भी किया जाता है लेकिन मुआवज़ा? न मिलना था, न मिला। इतना ही नहीं, किसान अपनी उपज का दाम भी नहीं तय कर पाता है। सुरेश कौड़ी के भाव कपास नहीं बेच सका। अतीत से हारकर आवेग में आशा कीटनाशक सल्फास को मुँह में उड़ेल लेती है। सब मिलकर किसानों को लूटने पर तुले हुए हैं। यह पूरी व्यवस्था ही किसानों के हत्यारे हैं। ''सुरेश की आँखों के आगे घूम गये सारे चेहरे एक-एक कर, कलक्टर से लेकर चपरासी तक उसके मुँह से एक गहरी सिसकी के साथ निकला—हत्यारा!'' (फाँस, पृ. 184) किसानों की ऋणग्रसता ने भारत के कई प्रदेशों में किसानों द्वारा आत्महत्या करने का जो दौर शुरू कराया है, वह उनकी परेशानियों की पराकाष्ठा बताता है। कापूस की जगह कफ़न का शोक पसरा हुआ है। ''यही कापूस कफन बन गया हमारे लिए।'' (फाँस, पृ. 143)

शिवाजी और राणा प्रताप जैसे व्यक्तित्व वाले सुनील गाँववालों के लिए आदर्श हैं। कर्ज़ को वे आत्मा का बोझ मानते हैं। एक हुँकारती हुई आवाज़ का नाम है सुनील़ ''ख़बरदार जो किसी ने कर्ज़ लिया, ख़बरदार जो किसी ने आत्महत्या के लिए क़दम बढ़ाये। कोई भी ख़ुद-ब-ख़ुद यमराज के पास नहीं जायेगा... ।'' (फाँस, पृ. 72)

लेकिन समय की भयावहता को सुनील भी भाँप चुका है। चारों ओर तबाही का मंज़र, हर क़दम पर निराशा। आशा की क्षीण किरण न देख कठिन समय के भँवर में सुनील भी फँस जाता है। गाँववालों की दुर्गति का कारण वह स्वयं को मानता है। अन्ततोगत्वा सबको हिम्मत बाँधने वाला तथा व्यवस्था के ख़िलाफ़ लड़ने वाला सुनील कीटनाशक पीकर जीवन की जंग हार जाता है। व्यवस्था ने किसान को कीड़ों में तब्दील कर दिया है। जहाँ कीड़ों को मारने के लिए कीटनाशक का प्रयोग किया जाता है, वहीं किसान भी अपना जीवन नष्ट करने के लिए कीटनाशक का प्रयोग करता है। अपने ही हाथों लायी गयी दवा अपना जीवन छीन लेती है। अजीब बात है कि शिबू, सुनील, आशा और भी जितनी आत्महत्याएँ होती हैं, उन किसानों को आत्महत्या के लिए मजबूर करने वाले, उन्हें लूटने वाले, नोचकर खाने वाले गिद्ध कहीं दिखाई नहीं देते। न बहुराष्ट्रीय कम्पनियाँ, न कॉरपोरेट सेक्टर, न बैंक और न ही वहाँ की सरकारें।

किसानों की यही मेंटलिटी होती है कि भले ही उसका खेत बिक जाये, तब भी वह उसे अपना ही खेत समझता है। शकुन का खेत बिक गया है लेकिन फिर भी वह उसकी रखवाली करती है और उसे अपना खेत समझती है। विजयेन्द्र कहता है, "अपने खेत अभी तक तू उन्हें भूली नहीं न! सच पक्की शेतकरी ठहरी। बेच देने के बाद भी पराया नहीं मान पाते है। शेतकरी खेती को, 'टिपिकल किसान मेंटलिटी।'" (फाँस, पृ. 130) यहाँ पर मुझे तेलुगु कथाकार केशव रेड्डी का उपन्यास भू-देवता का स्मरण हो आता है जहाँ उपन्यास के नायक बक्की रेड्डी अपने नीलाम हुए खेत को अपना समझकर खेत में ही जान दे देता है।

किसानों के जीवन में घटित होने वाला कोई भी कोना संजीव की नज़रों से छूटने नहीं पाया है। मनुष्य की स्वाभाविक वृत्ति के वे कुशल चितेरे हैं। पड़ोसी जब दिन दूनी रात चौगुनी तरक़्क़ी करें, तब पड़ोसी किसान उसे ललचाई और ईर्ष्या भरी नज़र से देखता है। उसे अपने ऊपर हीनता का बोध हावी होने लगता है। "सो क्विक लाभ के लिए बी.टी. है, क्विक फलन के लिए ऑक्सीटोसिन/हार्मोन हैं। विदेशी खादी है, क्विक मनी के लिए गाँव का सूदख़ोर महाजन है, देसी दलाल है, मण्डी है, घूस है, क्विक आनन्द के लिए दारू है, डाँस-हंगामा है...'फाँस' कसती जाती है, कसती जाती है तो क्विक मुक्ति के लिए आत्महत्या।" (फाँस, पृ. 148) समाज की सारी विद्रूपताओं को उड़ेलकर रख दिया है संजीव ने। इस कटु सत्य के इतर भी संजीव के पात्र निराशा और टूटन के बीच आशा की किरण खोजते हैं। वे मन्थन जैसा मंच खड़ा कर जीरो बजट फार्मिंग, रेन वाटर हार्वेस्टिंग, पारम्परिक खेती की विभिन्न विधियों, कीटनाशकों के प्रयोग आदि विचारों से फ़सलों के अच्छे परिणाम प्राप्त करने के वैकल्पिक रास्ते सुझाते हैं। जान देना ही समस्या का समाधान नहीं है। अपने जीवन में बदलाव लाने के लिए उन्हें ख़ुद आगे आना होगा। "न कोई

सरकार, न कोई एन.जी.ओ.। हमें अपना विकास स्वयं करना है—अहिंसा, अध्ययन और स्वराज से...।" (फाँस, पृ. 240) संजीव का यह उपन्यास अपने देशकाल पर एक ख़ूनी प्रश्नचिह्न छोड़ता है। साथ ही साथ वे सिर्फ़ समस्याओं और विडम्बनाओं को ही उजागर नहीं करते बल्कि यथार्थ के धरातल पर आकर उसका समुचित समाधान भी प्रस्तुत करते हैं।

'फाँस' कॉरपोरेट समय की वह कथा है जो जितनी गहराई से उसके छल, छद्मों और उसके विद्रूपों पर रोशनी डालती है, उतनी ही मार्मिकता से उन छोटे-छोटे सवालों पर भी जिन्हें भूमण्डलीकरण का चक्का कुचल रहा है। विकास के तमाम दावों को झुठलाता यह उपन्यास भूमण्डलीकरण से उत्पन्न उदारीकरण की आर्थिक नीति किस प्रकार किसानों का अहित कर रही है, इसका पर्दाफ़ाश करती है। उपन्यास में किसानों की छटपटाहट, उसकी बेचैनी, बदहाल होती ज़िन्दगी को देखकर मन करुणा से भर उठता है। कर्मठ, कर्मण्य होते हुए भी किसान आज आत्महत्या जैसे पाप करने के लिए अभिशप्त है। उसके आँखों की नींद उड़ गयी है। जबकि किसान की बदौलत ही अकर्मण्य लोग चैन की नींद सो रहे हैं। किसानों की आत्महत्या पर सरकार, संसद सब मौन है। मीडिया जगत के पास ख़बरों की कोई कमी नहीं लेकिन किसानों की दुर्दशा पर सब चुप्पी साधे हुए है। क्योंकि किसानों से किसी का हित सधता नहीं है। इतना ही नहीं। किसान के आत्महत्या के सही आँकड़े भी उपलब्ध नहीं हो पाते है। किसानों की आये दिन होने वाली आत्महत्या की ख़बरें आज के समाज और राजनीति पर गम्भीर चिन्तन और विमर्श के लिए हमें बाध्य करतीं है। क्या भारतीय समाज और राजनीति में संवेदन और विवेक का ह्रास नहीं हो रहा है? ऐसे विषम समय और विपरीत माहौल में उपन्यास 'फाँस' में संजीव की दृष्टि-सम्पनता, मानवीय सरोकार तथा विषय की गहरी पकड़ साफ़-साफ़ परिलक्षित होती है। उनकी भाषा में सम्प्रेषणीयता एवं पठनीयता के गुण हैं जो उनकी रचना को आद्योपान्त बाँधे रखने में सक्षम हैं। भाषा की क्लिष्टता से वे सदा बचते आये हैं। इनका उपन्यास समकालीन समय में किसानों की स्थिति-परिस्थिति, उसकी चुनौतियों और संकटों को उजागर करने में मददगार साबित होता है जो मनुष्य की सुप्त अन्तरात्मा को झकझोरकर रख देती है।

संजीव कृत 'फाँस' उपन्यास के संघर्षशील किसान और स्त्री-चरित्र

—करिश्मा पठाण

कृषि प्रधान कहे जाने वाले भारत देश में किसान और कृषि संस्कृति की स्थिति प्राचीनकाल से ही दयनीय रही है। हिन्दू धर्म के प्राचीन ग्रन्थों में भी किसानों के प्रति हीन भावना के दर्शन होते हैं। समय के साथ-साथ अनेक विदेशी आक्रमणों के चलते किसान का जीवन सामाजिक और आर्थिक रूप से पिछड़ा रहा है। मुख्य प्रवाह में उद्योग, व्यवसाय, नौकरी और मुनाफ़ाख़ोरी ने प्रमुख स्थान लिया है। लेकिन दुर्भाग्य की बात यह है कि दुनिया का अन्न और वस्त्रदाता किसान अछूत और हाशिये की ज़िन्दगी जीने के लिए मजबूर है।

धार्मिक अन्धविश्वास, राजनीतिक नकारात्मक दृष्टिकोण और व्यसनाधीनता के कारण वह अपनी जीवनयात्रा आत्महत्या करके समाप्त कर रहा है। वैश्विक जैव विविधता के आँकड़ों के अनुसार किसान नाम की सजीव प्रजाति नामशेष होने के कगार पर आ पहुँची है। वर्तमान राजनीति में किसान की कोई अहमियत नहीं है। इस सन्दर्भ में 'फाँस' उपन्यास के पात्र नाना का वक़्तव्य है कि, "गंजे को कंघी से क्या काम? पहले ही लिए गये ऋण को अदा न कर सका, फिर दूसरा ऋण कहाँ से मिलेगा? ये संजय गाँधी, राजीव गाँधी, सोनिया गाँधी, ये गाँधी, वो गाँधी वाली हलकट योजनाएँ। कुआँ पहले खोदो, ऋण बाद में देगी सरकार। कुएँ के निर्माण के लिए सब बेच डालो, 'घर-द्वार चूल्हा-चक्की, गाय-बैल, औरतों के गहने और औरतों को भी...आख़िर-आख़िर तक उसी कुएँ में कूदकर ख़ुद भी जान दे दो।"[1] इसीलिए तो भारत में अब तक सुलतानी और आसमानी प्रकोप के कारण तीन लाख से भी ज्यादा किसानों ने आत्महत्याएँ कर ली हैं।

राहत-कार्य के अभाव में आख़िर भय, भूख और तंगहाली से बेहाल होकर किसान आत्महत्याएँ करते हैं। जाँच कमीशन के सामने पात्र-अपात्र का प्रश्न उपस्थित होता है। इनक्वायरी महज़ एक खानापूर्ति बन जाती है। जीवन की सच्चाई और सरकार द्वारा किसानों की हुई उपेक्षा इस सन्दर्भ में 'फाँस' उपन्यास की कुछ महत्त्वपूर्ण

पंक्तियाँ द्रष्टव्य हैं, "सरकार ने मान लिया है कि शेतकरी तो मरेंगे ही मरेंगे, इन्हें पात्र से अपात्र बनाने के लिए कोई प्रमाण देने वाला तो हो। पोस्टमार्टम में क्या मिलेगा, 'ज़हर। न लाचारी निकलेगी, न टेंशन, न कर्ज़।'"[2] ऊपर से कोढ़ में खाज यह कि ज़मींदारों को कर्ज़ मुक्ति मिलती है और अल्प-भूधारक किसान तहसील और ज़िला कार्यालयों की चौखट पर दम तोड़ देते हैं। उन्हें किसी प्रकार का मुआवज़ा नहीं दिया जाता।

हिन्दी कथा साहित्य में संजीव एकमात्र ऐसे रचनाकार हैं। जिन्होंने दलित, आदिवासी, सर्वहारा मज़दूर वर्ग और किसान विमर्श को अपने लेखन के विस्तृत कैनवॉस में पकड़ने का सराहनीय कार्य किया है। सामाजिक प्रतिबद्धता से सम्पृक्त उपरोल्लेखित वर्ग के चरित्रों के प्रति संजीव को गहरी संवेदना है। इसलिए राजेन्द्र यादव ने संजीव को प्रेमचन्द की परम्परा का रचनाकार माना है। संजीव की रचनाओं को पढ़ने के बाद डॉ. बाबा साहेब अम्बेडकर जी का प्रसिद्ध वाक्य सत्य लगने लगता है। उन्होंने कहा था कि भारतीय गाँव साक्षात् नरक है। इस नरक यातनाओं की अभिव्यक्ति संजीव के बहुचर्चित उपन्यास 'फाँस' की मूल संवेदना है।

प्रस्तुत उपन्यास के सन्दर्भ में वरिष्ठ आलोचक मैनेजर पाण्डेय ने कहा है कि, 'भारत में अब तक तीन लाख से अधिक संख्या में किसानों ने आत्महत्या की है। यह मानवता के इतिहास की एक भयावह त्रासदी है और अमानवीय समाज व्यवस्था का भीषण अपराध भी। इस त्रासदी और अपराध के प्रतिरोध की प्रवृत्ति पैदा करने वाला यह उपन्यास 'फाँस' प्रेमचन्द के कथा-साहित्य की प्रगतिशील परम्परा का आज की स्थिति में विकास करेगा। संजीव ने इससे पहले भी ऐसी कहानियाँ और उपन्यास लिखे हैं। यह उपन्यास संजीव की मूलगामी और अग्रगामी कथा-दृष्टि का एक प्रमाण है।"[3]

प्रेमचन्द के 'गोदान', शिवमूर्ति के 'आख़िरी छलाँग', क्रान्ति त्रिवेदी का 'भूमिजा' तथा संजीव के 'फाँस' उपन्यास की नायिकाएँ किसान की बहू-बेटियाँ उनके कन्धों से कन्धा मिलाकर खेत में खटती है परन्तु उन्हें हमारा भारतीय समाज किसान मानने को ही तैयार नहीं है। किसान स्त्री की इससे बड़ी विडम्बना क्या हो सकती है?

वाणी प्रकाशन नयी दिल्ली से सन् 2015 में प्रकाशित संजीव कृत 'फाँस' वर्तमान किसान जीवन की त्रासदी की महागाथा है। उसका निम्न बिन्दुओं के आधार पर अवलोकन किया जा सकता है।

1. स्त्री-विमर्श के पैरोकारों द्वारा ग्रामीण किसान स्त्री की उपेक्षा

बीसवीं शताब्दी के उत्तरार्द्ध में भारतीय साहित्य के क्षेत्र में स्त्री-विमर्श का बोलबाला चलता रहा। आधी आबादी की आज़ादी और अस्मिता के लिए उच्चवर्ग की पढ़ी-लिखी लेखिकाएँ आक्रोश करती हुई नज़र आती हैं। परन्तु उन्होंने अपनी

आज़ादी को कुछ दायरों में पैवस्त कर लिया है, जैसे कि कपड़े पहनने की आज़ादी को फ़ैशनपरस्ती का जामा पहना दिया। घर लौटने की समयसीमा के नाम पर घर की चौखट लाँघकर देर, सवेरे किटी पार्टियाँ और पब-रेस्टताँ में शराब पीकर झूमने में ख़ुद को आजाद माना। आर्थिक निर्भरता के नाम पर सरकारी, निम्न सरकारी तथा मल्टीनेशनल कम्पनियों के अधिकारियों को लुभाकर अपना प्रमोशन करवाकर बेहिसाब अर्थार्जन कर लिया।

नैतिक-अनैतिक सम्बन्धों की घूसर रेखा को मटियामेट करते हुए अपनी स्वच्छन्दता की आपूर्ति और मनोकामना पूरी करने को स्त्री-विमर्श माना। लेकिन सच्चाई यह है कि इन स्त्री-विमर्श के पैरोकारों की नज़र में ग्रामीण कृषि व्यवस्था की रीढ़ की हड्डी अर्थात् किसान परिवार की स्त्रियों तक उनकी दृष्टि पहुँच ही नहीं पायी। कड़ी धूप, बारिश और सर्दी में रात-दिन खटकर आधे पेट रोटी या जूठन पर गुज़ारा करने वाली किसान स्त्री सही अर्थों में स्त्री-विमर्श की हक़दार है। इस सन्दर्भ में 'फाँस' उपन्यास की शोभा और शकुन का हृदय द्रावक संवाद पाठकों को झकझोर देता है, ''शुभा ने तरस खाती ज़ुबान से कहा, ''आज नववर्ष है। आज तो कुछ क़ायदे की चीज़ बना लेती। ''चलो मैं देती पूरण पोली'' नहीं वहिणी कोई तो दिन आयेगा, हम भी पुरण पोली और ढेर सारा पकवान बनाएँगे। आज रहने दो।'[4] इसी प्रकार किसान स्त्री की दयनीय अवस्था का चित्रण संजीव ने किया है। जो पाठकों की नींद उड़ाता है।

2. दलितों में भी पददलित किसान स्त्री

यह सर्वविदित है कि स्त्रियों को भारतीय समाज में दोयम दर्जे का माना गया है। साथ ही दलितों के घर की स्त्रियाँ और 'फाँस' उपन्यास में किसान परिवार की स्त्रियों में कोई अन्तर नहीं दिखाई देता। जिस प्रकार दलित परिवार की स्त्रियों को पददलित कहा गया है। उसी प्रकार 'फाँस' उपन्यास की स्त्री-चरित्र भी पददलित दिखाई देती है क्योंकि गाँव के ज़मींदार, पंडे-पुजारी, फॉरेस्ट अधिकारी ग़रीब किसानों और मज़दूरों की पत्नी, बहू-बेटियों पर डोरे डालते हैं। उनकी मजबूरी और लाचारी का फायदा उठाकर अपनी वासना का शिकार बनाना चाहते हैं।

उपन्यास का नायक शिबू गाँव के पण्डित के चरित्र का वर्णन करते हुए कहता है कि, ''मन्दिर का वह पुजारी पूजा का प्रसाद भकोसकर अपने गोरे पुट्ठों का प्रदर्शन करता, जाने किस-किसा से टोह लेता रहता...स्साला कुत्ता। दिन-भर नीचे नाले में नहाती औरतों को ताक़ता खजहे कुत्ते की तरह। जाँघ खुजलाता रहता है।''[5] किसी सद्चरित्र को भी दुश्चरित्र या चरित्रहीन घोषित करने वाली सवर्ण मानसिकता गाँवों में यत्र-तत्र दिखाई देती है।

3. फाँस उपन्यास के संघर्षशील स्त्री-चरित्र

प्रस्तुत उपन्यास में ग़रीबी, तंगहाली और प्रतिकूल परिस्थिति का सामना करने वाली संघर्षशील स्त्री-चरित्रों को उजागर किया गया है। उनमें प्रमुख हैं शकुन, आशा, शोभा, कलावती (छोटी), सरस्वती (बड़ी), सिन्धु ताई, मंजुला, वन्दना, रोहिणी और निवेदिता आदि स्त्री-चरित्रों के माध्यम से लेखक ने नारी-विमर्श का सही मायने में विस्तार और विकास किया है। इसका उदाहरण देते हुए संजीव कहते है। कि ''अरे ऽऽऽ। महिलाएँ क्या नहीं कर सकती, बल्कि महिला किसान तो शेती के साथ-ही-साथ बाक़ी ज़िम्मेदारियाँ भी सँभालती है, 'परिवार, रसोई, बच्चों की भी और मर्द की सारी ज़िम्मेदारियाँ भी। आज रसोई में क्या बनेगा से लेकर किस खेत में बीज पड़ेगा, सब्जी में कौन-सा मसाला पड़ेगा से लेकर किस फ़सल में कौन-सी खाद पड़ेगी, बच्चे पैदा करने से लेकर सन्तानों तक के लिए सारे खर्चे जुटाने तक... ।[6]

ग्रामीण खेतिहर महिलाओं की ज़िन्दगी श्रम और संघर्ष में ही ग़ुजर जाती है। इस दर्दभरी दास्ताँ को हिन्दी-मराठी फ़िल्मों में भी चित्रित किया गया है। जैसे सन् 1924 में बनी फ़िल्म साहूक़ारी पाश, बहुचर्चित फ़िल्म मदर इंडिया, बारोमास, गोदान तथा प्रसिद्ध पत्रकार पी. साईनाथ की डॉक्यूमेंट्री नीरोज़ गेस्ट में प्रभावी रूप में देखा जा सकता है। सबसे ज़्यादा प्रभावकारी उसका मार्मिक अंश यह है कि आत्महत्या करने वाली माँ की बेटी कहती है, ''सोते जागते जब भी देखा, माँ को काम करते देखा।''[7] इसी प्रकार फाँस उपन्यास में संजीव ने भारतीय सामाजिक व्यवस्था में संघर्षशील किसान स्त्री को अभिव्यक्त किया है।

4. घर और बाहर दोनों मोर्चों पर कामयाब चरित्र : शकुन

'फाँस' उपन्यास की केन्द्रीय स्त्री-चरित्र शकुन हमारे सामने उपन्यास की नायिका के रूप में आती है। जो शिवशंकर अर्थात् शिबू की पत्नी है जिसका सही नाम शकुन्तला है, जिसे सभी लाड़ प्यार से शकुन कहकर पुकारते हैं। महाराष्ट्र के किसान आत्महत्याग्रस्त पिछड़े विभाग विदर्भ के वनगाँव की वह किसान महिला है? उसके चरित्र में हमें जुझारुपन, व्यावहारिकता, श्रमशीलता, आदर्श पत्नी, आदर्श माता और सबसे महत्त्वपूर्ण समाज सेविका के रूप में व्यक्तित्व के कई आयाम नज़र आते हैं। किसान परिवार में बैलों का स्थान भाई के समान माना जाता है क्योंकि वह कृषि परिवार और संस्कृति का आधार स्तम्भ माना जाता है। यदि वही बैल स्वास्थ्य और वृद्धावस्था के चलते बीमार होने लगता है, तब किसान का पूरा परिवार चिन्ताग्रस्त लगता है। उपन्यास में वर्णित लालू नाम के बैल के सन्दर्भ में शकुन कहती है, ''उठ! उठ जा रे मेरे बाबा! हट हट। ट्ट-ट्ट!'' तमाम ललकारें बेकार गयीं। नववारी में लथपथ शकुन दौड़ी-दौड़ी आयी। बस्ता मेड़ पर रखकर दौड़ी आयीं मुलगियाँ भी। पूरा परिवार लगा लालू को खड़ा करने में।''[8]

आदर्श पत्नी और भारतीय स्त्री के रूप में उसका चरित्र उस वक़्त और ज़्यादा निखरता है, जब वह दुश्चरित्र पुजारी के बुरे बर्ताव के बारे में अपने पति शिबू से कहती है, "मैंने कितनी बार समझाया दीक्षा ले लो दीक्षा ले लो...मगर तुम...? आज भी उसी मन्दिर में मत्था टेकने जाते हो, जिसका पुजारी पहले बाग के सन्तरों की लालच दे-देकर मुझे पटाने की कोशिश करता था और अब बगुला भगत की तरह मन्दिर के ऊँचे चबूतरे पर बैठकर नहाती औरतों और स्कूल जाती मुलगियों को घूरता रहता है। मैंने तो दीक्षा लेते ही मन्दिर की सफ़ाई का काम छोड़ दिया, तुम अब भी...उस पुजारी को प्रणाम करते थे, जो तुम्हारी लड़कियों को...।"[9]

शकुन के चरित्र में जाति-उन्मूलन की भावना भी दृढ़ दिखाई देती है क्योंकि मराठा समाज के अशोक नाम लड़के के प्रति अपनी छोटी लड़की कलावती का प्यार और आकर्षण उसकी आँखों में अखरता नहीं बल्कि उसका समर्थन ही दिखाई देता है। गाँव और इलाक़े के किसानों की आत्महत्या का एक कारण व्यसनाधीनता भी है इसलिए अपने पति की आत्महत्या के पश्चात् वह अपना जीवन व्यसन-मुक्ति के लिए समर्पित कर देती है ताकि अन्य किसान स्त्रियों का जीवन उजड़ने से बच जाये। अपने इलाक़े की विधवा स्त्रियों को इकट्ठा करके दारू भट्टी भंजक दल का नेतृत्व वह करती है। इसलिए पूरे इलाक़े में उसके काम की प्रशंसा होती है। इस सन्दर्भ में उपन्यास की पंक्तियाँ द्रष्टव्य हैं, "जिस काम को न पुलिस रोक पायी और न प्रशासन, उसे रोकेगा शकुन का भट्टी भंजक दल। प्रशासन ने पीठ ठोकी है, बहनो आप आगे बढ़ो। हम तुम्हारे साथ हैं।"[10] शकुन के जीवन का संघर्ष और जीने का मक़सद सार्थक दिखाई देता है क्योंकि घर-परिवार की ज़िम्मेदारियों के साथ-साथ वह अपनी सामाजिक ज़िम्मेदारी भी सजग महिला की तरह निभाती है।

5. धर्म की परिभाषा में उलझी वर्तमान नारी : शुभा

दुनिया की सबसे बड़ी सच्चाई यह है कि स्त्री का कोई धर्म नहीं होता, उसकी कोई जाति नहीं होती, होती है तो केवल कर्तव्य की भावना, वह किसी की बेटी, किसी की बहन, किसी की पत्नी, किसी की बहू, किसी की माँ तो किसी की दादी या नानी। वह कभी हारती नहीं है परन्तु उसे जीता जा सकता है केवल प्यार से। प्रस्तुत उपन्यास की एक अन्य महत्त्वपूर्ण पात्र है, 'शुभा। वह क्षत्रिय मराठा परिवार की स्त्री है। वह भी किसान परिवार की सदस्य है। उसकी एक अभिन्न सहेली है शूद्र और दलित परिवार की शकुन। शुभा का लड़का अशोक शकुन की लड़की कलावती से बहुत प्यार करता है। लेकिन उनके बीच जाति और धर्म की दीवार खड़ी होती है। इसलिए चाहते हुए भी शुभा मजबूर और लाचार बनती है। अर्थात् वह धर्म और जाति की परिभाषा में उलझकर रह जाती है। शकुन बार-बार उसे हिन्दू धर्म छोड़कर बौद्ध धर्म स्वीकार करने का अनुरोध करती है। उसका बेटा अशोक भी

माँ को धर्म की परिभाषा समझाने की कोशिश करता है। लेकिन वह अज्ञान और अशिक्षा के कारण उलझकर रह जाती है। तब उसका बेटा अशोक उसे समझाता है, "अशोक ने अपनी आई को इतिहास का आईना दिखाया कि सम्राट अशोक जिसके नाम पर उन्होंने उसका नाम प्यार से अशोक रखा है, स्वयं बौद्ध थे। यह भी कि बौद्ध धर्म एक क्षत्रिय, माने गौतम बुद्ध का चलाया हुआ था और वे यानी शुभा का परिवार मराठा माने क्षत्रिय। सो शकुन का बौद्ध बन जाना कहीं से भी बेजा नहीं हुआ, बल्कि उनके और क़रीब आना हुआ।"[11] शुभा की तरह ऐसे कई चरित्र भारतीय समाज व्यवस्था में अपनी भावनाओं की बली चढ़ाते हुए दिखाई देते हैं।

6. प्रेम, आत्मसम्मान और कर्तव्य को जीवन का आधार मानने वाली युवा स्त्री-शक्ति : कलावती

वर्तमान आधुनिक युवा पीढ़ी को हमारा समाज ग़ैर-ज़िम्मेदार ठहराता है। उनके विचार और भावना को कभी महत्त्व नहीं दिया जाता। चाहे कोई कुछ कहे लेकिन सच्चाई यह है कि 'फाँस' उपन्यास की बुद्धिजीवी युवती कलावती उन तमाम सामाजिक परम्परागत धारणाओं के कठघरे को तोड़कर युवा पीढ़ी के सामने एक नया आदर्श स्थापित करती है। स्कूल की पढ़ाई से लेकर कॉलेज की पढ़ाई तक वह सदा ही कला, साहित्य, संस्कृति, वैश्विक कृषि संस्कृति और राजनीतिक ज्ञान के प्रति जिज्ञासु रहती है। उसका हर तर्क और निष्कर्ष बड़े-बुज़ुर्गों को भी आश्चर्यचकित कर देता है। आज़ादी के पैंसठ साल बाद भी अपने ससुराल में बिजली का प्रबन्ध नहीं था। कलावती की व्यवहार कुशलता और चतुरता के कारण ही गाँव में बिजली का प्रबन्ध हो पाया। उसने जो प्रशासन को पत्र लिखा, उसमें यह चेतावनी दी गयी थी। उसे पढ़ते हुए बदरी कहता है, "लिखा है कि अधोहस्ताक्षरित बाँसोड़ा ग्राम के हम आदिवासी और बहुत लोग आपसे निवेदन करते है। कि आज़ादी के पैंसठ साल बाद भी हमारा ग्राम विद्युतीकरण की सुविधा से वंचित है। हमारे और आपके बीच अब तक के पत्राचारों की प्रति संलग्न है। यदि सात दिनों के अन्दर विद्युत की व्यवस्था हमारे गाँव को न हुई तो हम कोई भी क़दम उठाने को बाध्य होंगे।"[12] कलावती अर्थात् छोटी प्रेम और आत्मसम्मान की रक्षा स्वयं करना चाहती है। जाति-पाँति और धर्म उसे प्रेम के पथ का सबसे बड़ा रोड़ा दिखाई देता है। अपने बचपन के दोस्त और प्रेम अशोक के प्रति वह समर्पित है। लेकिन अशोक के परिवार और सामाजिक बन्धनों के कारण उसे कई बार अपमानित और कलंकित होना पड़ा। लेकिन वह अपने कर्तव्य को नहीं भूलती। कलावती विजयेन्द्र से कहती है कि, "मैं तुमसे बराबर कहती आयी, आज भी कह रही हूँ अमेरिका जाओ, इजिप्ट जाओ, चाँद पर जाओ या कहीं ओर जहाँ भी संजीवनी मिले, ढूँढ़कर लाओ। मेरा बाप मरा। तुम्हारा बाप

मरा। तीन लाख मर चुके। अब आगे एक भी नहीं। फिर वे कीटकनाशक! सारी मिट्टी में, सारे पानी में ज़हर घोल दिया। मैं इस अभियान को समर्पित हूँ।''[13] पति और ससुरालवालों के स्त्री शिक्षा-विरोधी रवैये का प्रतिरोध करके वह उनसे हमेशा के लिए रिश्ता ही खत्म करके अपनी माँ के पास लौट आती है और किसानों के बारे में जहाँ कहीं भी सभा-सेमिनार हो, वहाँ अपनी सक्रिय सहभागिता दर्ज करती है।

7. पारिवारिक-सामाजिक मर्यादा का निर्वाह करने वाली परम्परागत नारी : सरस्वती

सरस्वती शकुन और शिबू की बड़ी लड़की है। पढ़ने के साथ-साथ वह माँ-बाप का काम में हाथ बँटाती है। उसके विचार परम्परागत होने के कारण वह कहीं भी विद्रोह करते हुए नज़र नहीं आती बल्कि अपनी छोटी बहन कलावती, जो विद्रोही स्वभाव की है, उसे समझाते हुए कहती है कि ''अगर घर-परिवार, रिश्तों में शान्ति चाहती है तो उनकी बात मान लो छोटी। बहुत पढ़ लिया, बहुत जान लिया। अब वही तुम्हारी दुनिया है।''[14] इसी प्रकार पारिवारिक और सामाजिक मर्यादा का निर्वाहन करते हुए बड़ी बहन होने का कर्तव्य भी निभाती हुई नज़र आती है।

8. जीवन संग्राम में पराजित किसान स्त्री : आशा

'फाँस' उपन्यास की महत्त्वपूर्ण किसान स्त्री आशा सुरेश वानेखडे का जीवन और चरित्र भारतीय किसान स्त्री का प्रतिनिधी चरित्र है। घर-परिवार की ज़िम्मेदारी से अपनी बेटियों अजन्ता तथा एलोरा का लालन-पालन करते हुए अपने व्यसनाधीन पति सुरेश का मरते दम तक साथ निभाती है। कर्ज़, ब्याज और तंगहाली में गुज़र-बसर करते हुए एक दिन इस जीवन संग्राम में पराजित होती है। ख़ून-पसीना एक करके खेत में उगाया हुआ सफ़ेद सोना (कापूस) बारिश के कारण भीग जाता है और वह हताश होकर जीवन-यात्रा समाप्त कर लेती है। आशा के आत्महत्या करने के पश्चात् सरकारी पुलिस अफ़सर ने सुरेश से पूछा, ''तुम्हारे या तुम्हारी बायको के किसी ग़ैर से सम्बन्ध थे?'' तब सुरेश मर्द की तरह तनकर खड़ा हुआ और बोला, ''देखो साहब, तुम उसकी मौत को पात्र घोषित करो या अपात्र तुम्हारी मर्ज़ी, मगर तुम्हें कोई हक़ नहीं की मेरी बायको को लांछित करो। वो मुझसे ज्यादा पढ़ी-लिखी सच्ची किसान थी। निखट्टू मैं था, शराबी मैं था...वो देवी थी।'' आँसू, करुणा और आक्रोश में खोलते शब्द थे। छौंक देते शब्द।''[15] पर दुर्भाग्य यह है कि मरने के बाद आशा को ढकने के लिए दो गज़ कफ़न तक नशीब नहीं हुआ और बारिश में भीगे हुए कपास को ही कफ़न समझकर अन्तिम क्रिया-कर्म किया गया। यह प्रसंग हमें प्रेमचन्द के कफ़न कहानी का अगला चरण दिखाई देता है।

9. अन्धश्रद्धा और रूढ़ी परम्परा का शिकार स्त्री-चरित्र, 'सिन्धु ताई

गाँव-देहात में अज्ञान और अशिक्षा के कारण किसान परिवार दलदल से उभर नहीं पा रहे हैं। प्रगतिशील महाराष्ट्र से समाजसेवक डॉ. नरेन्द्र दाभोळकर, गोविन्द पानसरे, कर्नाटक के प्रो. कलबुर्गी की सरेआम हत्या होती है। इसके पीछे सनातनी हिन्दू धर्म की विचारधारा कार्यरत है। इसका शिकार हमारा किसान वर्ग भी हो रहा है। 'फाँस' उपन्यास की जुझारू किसान स्त्री-चरित्र सिन्धु ताई भी अभिमन्यु की तरह चक्रव्यूह में फँसकर अपने पति के गले में निरंजनी महाराज के कहने पर बैल की तरह फाँस (रस्सी) डालती है।

एक साल तक जानवर की तरह दुर्व्यवहार करती है। इस सन्दर्भ में उपन्यास की पंक्तियाँ द्रष्टव्य है, ''हमें उबार लो स्वामी जी।'' गिर पड़ी है सिन्धु ताई उनके क़दमों पर। बैल के गले का फन्दा गले में डालकर भिक्षापात्र लेकर भीख माँगनी पड़ेगी। शुद्धि तक न घर में घुस सकते हैं, न मनुष्य की बोली बोल सकते हैं। बैल की बोली...बॉ-बॉ। या फिर संकेत। क्या समझे?''[16] अपने बच्चे की उपेक्षा का शिकार होती हुई सिन्धु ताई, हिन्दू धर्म के पाप-पुण्य की शिकार होकर अपने पति को बैल की तरह प्रायश्चित्त कराने वाली सिन्धु ताई सही अर्थों में भारतीय धर्मान्ध परम्परा, अज्ञान और अन्धकार के कुचक्र में उलझकर रह जाती है।

सारांश

अतः कहा जा सकता है कि भारतीय साहित्य में किसान की पत्नी को हमारे तथा कथित प्रगतिशील समाज ने कभी किसान समझा ही नहीं। परन्तु सच्चाई यह है कि कृषि व्यवस्था और श्रम संस्कृति का मूलाधार स्त्री ही रही है। वर्ण-व्यवस्था में भी सबसे अन्तिम चरण समझे जाने वाले दलित या शूद्र से भी बदतर किसान स्त्री दिखाई देती है।

सोचने वाली बात तो यह है कि हमारे विभिन्न साहित्य विमर्श के पैरोकार और सामाजिक मानवाधिकार की दुहाई देने वाली एन.जी.ओ. जैसी मुनाफ़ाख़ोर एजेंसियाँ इस स्वार्थान्ध बहती हुई गंगा में हाथ धोती नज़र आती है। लेकिन किसान और किसान की स्त्री के सन्दर्भ में असंवेदनशील नज़र आती है।

सन्दर्भ

1. संजीव, 'फाँस, वाणी प्रकाशन, नयी दिल्ली, प्रथम संस्करण, 2015, पृ. 175
2. वही, पृ. 54
3. वही, फ्लैप मैटर से
4. वही, पृ. 61
5. वही, पृ. 14

6. वही, पृ. 148
7. वही, पृ. 182
8. वही, पृ. 16
9. वही, पृ. 90
10. वही, पृ. 149
11. वही, पृ. 61
12. वही, पृ. 132
13. वही, पृ. 165
14. वही, पृ. 135
15. वही, पृ. 145
16. वही, पृ. 56

गाँव, खेत और किसान को केन्द्र में रखकर 'फाँस' पर संजीव जी से कथाकार विवेक मिश्र की बातचीत

विवेक मिश्र : यूँ तो बतौर एक लेखक गाँव हमेशा आपकी चिन्ता के केन्द्र में रहा पर खेती, किसानी और किसानों से जुड़ी तमाम समस्याओं को केन्द्र में रखकर यह उपन्यास लिखने की बात कब मन में आयी?

संजीव : मैं ख़ुद उत्तर प्रदेश के एक गाँव से और एक किसान परिवार से आता हूँ। पिछले दस-पन्द्रह सालों में भारत में किसानों के हालात लगातार ख़राब होते गये हैं। 2009 में 'मंच' के सम्पादन के समय किसानों की स्थिति पर काम किया। तभी देशभर के किसानों की स्थिति के बारे में और विस्तार से जाना। फिर वर्धा (महाराष्ट्र) गया। वहाँ रहते हुए कई लेखकों जो इस पर पहले से काम कर रहे थे, से मिलने, विदर्भ और आसपास के ग्रामीण इलाकों को देखने, वहाँ के ख़ासकर उन किसानों के परिवारों से मिलने का मौक़ा मिला जिनके परिवार में किसी-न-किसी ने आत्महत्या की थी। उसके बाद उन किसानों से मिलने का सिलसिला चला जो ऐसे हालात में भी खेती कर रहे थे। हालात से लड़ रहे थे...तब जैसे यह एक मिशन बन गया।

विवेक मिश्र : एक समय था जब किसी किसान की आत्महत्या की कोई ख़बर विदर्भ, बुन्देलखण्ड, उड़ीसा या पश्चिम बंगाल से आती थी तो उसे पूरे देश के किसान की समस्या न मानकर, उसकी निजी, पारिवारिक या क्षेत्रीय समस्या मान लिया जाता था। शायद इसीलिए खेती-किसानी से जुड़ी समस्याएँ मुख्य धारा के मीडिया में, या कहें कि अंग्रेज़ी-हिन्दी के बड़े अख़बारों और टी.वी. चैनलों में उतनी जगह नहीं पाती थीं, क्षेत्रीय समाचार-पत्रों और साहित्यिक पत्रिकाओं में यदा-कदा इस पर कोई लेख या चर्चा दिखती थी पर धीरे-धीरे महाराष्ट्र से ही नहीं, उत्तर प्रदेश, मध्य प्रदेश, बिहार, राजस्थान और तमिलनाडु, यहाँ तक कि पंजाब के कुछ इलाक़ों से किसानों की आत्महत्याओं की ख़बरें आनी शुरू हुई, केन्द्र व राज्य सरकारों का, मीडिया का, योजनाकारों का और कृषि वैज्ञानिकों का उन पर ध्यान भी पहले से ज्यादा गया, तमाम कार्यक्रमों और योजनाओं की घोषणाओं का दौर भी आया। पर असल में स्थिति बद से बदतर होती गयी...इसके पीछे क्या करण देखते हैं?

संजीव : ...कहीं विकास, परिवर्तन या सुधार की योजनाओं में किसान शामिल ही नहीं था। सारे निर्णय बहुत सतही और ग़ैर ज़िम्मेदाराना ढंग से लिये गये, यहाँ जैसे कोस-कोस पर पानी और वाणी बदलती है, इसी तरह हर क्षेत्र के किसान की अलग समस्या है। उसके लिए छोटी-छोटी इकाइयों के साथ काम किया जाना चाहिए, न कि ऊपर से कोई एक योजना या आदेश सब पर थोप देना चाहिए। स्थानीय स्तर पर कुछ लोगों ने अपने प्रयासों से जानकारियाँ इकट्ठी करने की कोशिश की—जैसे, पी. साईंनाथ, किशोर तिवारी और विजय जाम्वधिया। ये ऐसे कुछ लोग थे जिन्होंने कुछ ऐसी जानकारियाँ इकट्ठी कीं जिनके आधार पर कुछ ठोस क़दम उठाये जा सकते थे। उन्हीं छोटे-छोटे प्रयासों से चीज़ें चर्चा के केन्द्र में आयीं। पर सरकारों के लिए मामला सुधार का कम और श्रेय लेने का ज्यादा था इसलिए मर्ज़ बढ़ता ही गया, ज्यों-त्यों दवा की।

...इसलिए समस्या और भयावह और विकराल रूप में सामने आयी...अभी तामिलनाडु के किसानों का आन्दोलन इसका उदाहरण है जिसके आप प्रत्यक्ष गवाह रहे हैं। क्या किया सरकारों ने, क्या किया पक्ष और विपक्ष ने केवल दोनों तरफ़ से राजनीति। मीडिया ने भी साँस साध ली। कुछ संस्थाओं या लेखकों-बुद्धिजीवियों, आसपास के राज्यों के किसान संगठनों के अलावा किसी ने उस पर बात नहीं की।

विवेक मिश्र : तमिलनाडु के किसान संगठनों ने अपनी समस्याओं और माँगों की ओर ध्यान खींचने के लिए विरोध-प्रदर्शन की अपनी रणनीति बदली, आत्महत्याओं को रोककर उन्होंने बताया कि एक-दो किसान नहीं देश की खेती जो एक जीवन-शैली भी है, वो मर रही है, ज़मीनें बंजर हो रही हैं, भूमि संरक्षण और सिंचाई के साधनों को बढ़ाने के लिए नदियों को जोड़ने के लिए कोई ठोस क़दम नहीं उठाये जा रहे हैं। उन्होंने राजनीतिक दलों से एक दूरी बनाये रखकर मृतकों के कंकालों के साथ, चूहों को मुँह में दबाकर, नंगे बदन ज़मीन पर लोटते हुए संसद तक की यात्रा करके या फिर आन्दोलन के अन्तिम दिनों में अपना ही मूत्र और विष्टा खाने की बात कहके सबको चौंका दिया पर जो सोये थे, वे तब भी नहीं जागे बल्कि उल्टे उसे ड्रामा करार दिया, क्या कहेंगे इस पर...?

संजीव : देखिये जायज़ बात मनवाने के लिए किसान को मरने से बचाने के लिए हर तरीक़ा सही है। किसान को और संगठित होना होगा। राजनीतिक दलों के हाथ की कठपुतली बनने से बचना होगा। वहाँ वर्धा में भी एस समय जब किसानों ने सामूहिक आत्महत्या करने की सरकार से अनुमति माँगी थी, तब मैं उन्हीं गाँवों में उन लोगों से मिलने पहुँचा था। उस समय राहुल गाँधी गये, मनमोहन सिंह भी गये। कुछ तात्कालिक फ़ैसले भी लिये गये पर सरकारें न तब और न अब, यह समझ पायीं कि सरकारी कर्ज़ माफ़ी ही हर समस्या का हल नहीं है। कर्ज़ दो, माफ करो

और अपनी पीठ थपथपाओ। वहाँ असली समस्या थी ग़ैर-सरकारी, साहूकारों का लोन जो दस महीने में दोगुना हो जाता है। और जो लोन न चुका पाये तो उसकी उगाही का, वसूली का तरीक़ा इतना क्रूर और अपमानजनक है कि कोई भी आदमी उससे बचने के लिए आत्महत्या जैसा क़दम उठा सकता है। गड़करी भाजपा के बड़े नेता है। उनकी बात सुनिए...कपास और सोयाबीन के लिए पानी नहीं है वहाँ, कह रहे है। कि गन्ना बोइए। ऐसे कई लोग है। जिनके इस तरह के ऊपरी सुझाव हैं।

केन्द्र और राज्य की राजनीति, कॉपोरेट और साथ में स्थानीय साहूकार इन सबकी मिलीभगत का खेल है, ऊपर से वहाँ पश्चिमी महाराष्ट्र और विदर्भ क्षेत्र की आपसी खींचतान भी चलती है। ऊपर से केन्द्र से कृषि के लिए जो पैसा सेंक्शन हुआ, उसमें ज़्यादातर उत्तर भारत में चला गया। जो महाराष्ट्र को मिला उसमें से अधिकांश पश्चिमी अंचल को चला गया विदर्भ वहीं-का-वहीं, जैसे उत्तर प्रदेश में बुन्देलखण्ड का हाल है। बुन्देलखण्ड की तरह वहाँ भी स्ट्रोंग लीडरशिप का अभाव है।

...और भी कई समस्याएँ है, जैसे—बी.टी. कॉटन की, बी.टी. बैंगन की जिनको बिना सोचे-समझे लागू कर दिया गया। कुल मिलाकर परम्परागत किसानी को गला दबाकर मार डाला गया जिसमें किसान बीज आपस में बदल लिया करते थे। वह उन्नत बीज बनाने की एक कृषक समाज की अपनी प्रक्रिया थी।

विवेक मिश्र : मतलब जेनेटिकली संशोधित और परिवर्धित बीज या हाइब्रिड ने नुक़सान किया?

संजीव : जेनेटिकली मॉडिफाइड बीज और हाइब्रिड की समस्या यही रही कि इनका बीज दूसरी बार उपयोग में नहीं लाया जा सकता। किसानों ने इन्हीं बीजों के लिए क़र्ज़ा लिया...और अपना बीज खत्म कर दिया। इस तरह पारम्परिक खेती खत्म हो गयी और आरोपित खेती का फल वैसा नहीं हुआ, जैसा सोचा था।

विवेक मिश्र : इसमें किसान का सिंचाई के लिए पूरी तरह पारम्परिक साधनों पर निर्भर करना और मौसम का प्रभाव भी एक कारक रहा है, आप क्या मानते हैं?

संजीव : हाँ। वो तो है ही, कभी अतिवृष्टि तो कभी अनावृष्टि की मार पड़ी। ज्यादा बारिश में फ़सल सड़ जायेगी और कम में सूखकर मुरझा जायेगी। किसान को प्रकृति का प्रकोप तो झेलना ही है, जब तक सिंचाई के पुख़्ता इन्तज़ाम ब्लॉक स्तर पर नहीं किये जाते।

विवेक मिश्र : इसके लिए भी परम्परागत साधनों को संरक्षित और विकसित किया जाना चाहिए था?

संजीव : बिल्कुल, इसके लिए भी देशी पद्धति को विकसित किया जाना चाहिए था। भाई आप जल बना तो नहीं सकते पर बचा सकते हो, उसे एक जगह से दूसरी जगह पहुँचा सकते हो। पर यहाँ भी वही हुआ कि विदेशी पद्धतियों को बेचने और प्रोमोट करने के लिए सरकारें कम्पनियों की दलाल बन गयीं। सरकारी प्रचार ने

मोंसेंटो, बी.टी. बीज, विदेशी कीटनाशकों को प्रेमोट किया जो कि स्थानीय तरीक़ों से बहुत महँगे थे।

...इसी तरह क़र्ज़े का हल्ला...फिर कहूँगा...क़र्ज़ा माफ मतलब बैंक का नियत सीमा का क़र्ज़ा, पर साहूकार का क़र्ज़ा वहीं खड़ा है। और बैंक के क़र्ज़े की माफ़ी में भी कई झोल हैं। यहाँ तक कि आत्महत्या करने वाले के साथ भी स्थानीय तन्त्र उसे पात्र या अपात्र सिद्ध करने का खेल खेलता है। इसमें कर्मचारियों ने पैसा बनाया। अब मरा हुआ आदमी कैसे सिद्ध करे कि वह किसानी की दिक्कतों से मरा है।

विवेक मिश्र : खेती-किसानी में एक जो हताशा, नाउम्मीदी और अवसाद बढ़ रहा है जो अब कहीं-कहीं आक्रोश में बदलता भी दिखता है...

संजीव : देखिए किसान सिर्फ़ किसान नहीं है वह भी इच्क्षाओं, आकांक्षाओं और आज के समय के दबावों से घिरा इंसान है। उसके ऊपर भी धर्म, जाति, क्षेत्र, बाज़ार और राजनीति के वही सब प्रेशर है। जो आज हम आप पर है। बच्चों की शादी, पढ़ाई, रोज़मर्रा का घरख़र्च, घर बनवाना आदि। उस सबके लिए भी पक्की आय का कोई प्रमाण तो नहीं जिससे किसी और जगह से अलग कोई लोन मिल सके। उसके पास जो है, वो एक खेती ही है। जिनके पास आय के अन्य साधन हैं, वे अपेक्षाकृत सम्पन्न हैं।

विवेक मिश्र : यह एक बड़ा संजोग है कि आज जब हम आपके उपन्यास 'फाँस' के बहाने किसानों से जुड़ी समस्याओं पर बात कर रहे है, तब देशभर में किसान मुक्ति यात्रा निकल रही है। अभी हाल ही में योगेन्द्र यादव ने किसानों को मिलने वाली सब्सिडी पर बहुत स्पष्ट और आँखें खोल देने वाला लेख लिखा। उन्होंने लिखा है कि ख़रीफ़ की फ़सल का जो न्यूनतम समर्थन-मूल्य सरकार ने घोषित किया है, इस बढ़ोतरी से किसान को कुछ फ़ायदा होने वाला नहीं है, कई फ़सलों में तो किसान को लागत भी नहीं मिलेगी। इस पर क्या कहना है आपका?

संजीव : यह कोई नयी बात नहीं, पहले भी सब्सिडी के नाम पर सरकार ने हाथ खड़े कर दिये थे। यह सच है कि न्यूनतम समर्थन-मूल्य कई बार लागत से भी कम होता है, यह अलग-अलग क्षेत्रों में अलग-अलग होता है यहाँ जिस तरह इसको प्रचारित किया जाता है, वह कॉरपोरेट का खेल है। नहीं तो किसान अपनी फ़सल की लागत में अगर अपना सही मुनाफा लगाकर बेचे, तो समर्थन-सब्सिडी मूल्य में बेचकर सब्सिडी तो किसान सरकार को दे रहा है, बाक़ी कैलीफोर्निया तक में कॉटन पर बहुत बड़ी सब्सिडी दी जाती है। इसके बाद भी किसान को दाम नहीं मिल रहा, वह घाटे में है सोचिए यहाँ बिना किसी सब्सिडी के क्या हाल होगा। यहाँ मेट्रो और हीरो होंडा के लिए सब्सिडी है, कॉटन पर नहीं।

विवेक मिश्र : जब आप यह उपन्यास लिख रहे थे और रोज़ इन सवालों से रूबरू होते थे, तब क्या महसूस करते थे?

संजीव : दुख होता था। कभी-कभी बहुत निराश हो जाता था, कई बार लगता था लिख कर भी क्या होगा, क्या बदलेगा? फिर लगा इस तरह रोने से भी क्या होगा। तभी उपन्यास की दिशा बदली, केवल एक मृत्युपत्र बाँचने से क्या होगा। तब किसानों की आत्महत्याओं के विरुद्ध जो संस्थाएँ काम कर रही थीं, उनसे जुड़ा। तभी दोतरफ़ा संवाद शुरू हुआ। एक 'फाँस' के माध्यम से किसान का दर्द, उसकी समस्याएँ पाठक के माध्यम से लोगों को पता चलें और दूसरे जो समाधान हैं, उन पर भी बात हो और वह भी इस तरह से कि किसान तक पहुँचे।

विवेक मिश्र : जी। 'मन्थन' वाले हिस्से में, जिसमें किसानों की बड़ी सभा होती है, जिसमें समस्या के हर पहलू पर बात होती है उसमें कई समाधान आये हैं, कथा में इतने विस्तार से समाधान सुझाना कथा के प्रवाह को बाधित करेगा। इसमें जोखिम है, यह नहीं लगा आपको?

संजीव : वह ज़रूरी था। नहीं तो यह मात्र आत्महत्याओं की दारुण कथा बनकर रह जाती। आपने तो छपने से पहले भी पढ़ा था। एकपात्र के माध्यम से उसमें आपकी बात भी है, आपके और मित्रों के सुझाव से इस भाग को संक्षिप्त भी किया। यह विषय ही जोखिम भरा था।

विवेक मिश्र : कथा के शिल्प पर अगर बात करें तो कुछ अंश बहुत मार्मिक हैं, कुछ बहुत प्रवाहमय, कुछ बहुत खुरदरे...क्या कहेंगे?

संजीव : कई जगह यथार्थ इतना भयावह होता है कि शिल्प अपने आप बदलता है। कई जगह चीज़ों को जस-का-तस रखना भी एक तरह का शिल्प ही है। आप किसी की मौत पर कितना कलात्मक हो सकते हैं। पर आपको कई जगह पाठक की अटेंशन ड्रॉ करने के लिए कला का सहारा लेना पड़ता है। आपने अभी तमिलनाडु के किसानों के आन्दोलन की बात की। उनके विरोध के तरीक़े, वही अटेंशन ड्रॉ करने के लिए थे। जैसे उपन्यास में नाना कहता है, "मर जाओ, तुम सब मर जाओ..."

विवेक मिश्र : ऐसे हालात में क्या भविष्य देखते हैं?

संजीव : देश असन्तुलित विकास की तरफ़ जा रहा है। एक अराजक स्थिति है। अब यह गौतम का देश नहीं रहा। अब यह करुणाद्र देश नहीं रहा। एक होड़ समाज में आ गयी है। साधन है। नहीं। रोज़गार है। नहीं। स्वास्थ्य और शिक्षा का बुरा हाल है। बस सपने है। और उन्हें पाने की अन्धी दौड़। इससे एक कंण्ठित समाज पैदा हुआ है।

विवेक मिश्र : क्या कीजिएगा?

संजीव : जीना इसी में है। अगर स्वास्थ्य, शिक्षा, रोज़गार और सामाजिक सौहार्द पर...और साथ ही न्याय व्यवस्था पर...आन्तरिक सुरक्षा पर ध्यान नहीं दिया गया, यदि आन्तरिक मसले अतिरेक और उन्माद में सुलझाये जाते रहे, तो हालात और ख़राब होंगे। जाति और धर्म के नाम पर और हिंसा होगी। आज समाज में आक्रोश तो है

पर किसी बात का संगठित, सक्षम प्रतिवाद नहीं है। युवाओं को सही विकल्प नहीं दिये सरकार ने...भूमि सुधार नहीं हुए पर ज़मीनों के मुआवज़े कई-कई गुना बढ़ा के दिये गये। सड़क बनाने के लिए, औद्योगिक घरानों को ज़मीन मुहैया कराने के लिए।

विवेक मिश्र : लगता है सरकारें चाहती है। कि किसान खेती छोड़कर शहरों का रुख करे, गाँव ख़ाली हों, किसान खेती छोड़कर मज़दूर बनें। आपको नहीं लगता एक योजना के तहत लोगों को खेती से विमुख कर शहरों की तरफ़ धकेला जा रहा है?

संजीव : धकेलना क्या है साधनविहीन कर दीजिए। लोग ख़ुद पलायन कर जाएँगे। बिजली नहीं। पानी नहीं स्कूल और अस्पताल नहीं। रोज़गार नहीं। कहाँ जाएँगे...! शहर!!

...पानी के अभाव में...इतना पानी भूमि से निकाल लिया कि जल स्तर कई स्थानों पर इतना नीचे चला गया कि अब कुछ नहीं बचा। बुन्देलखण्ड से लोगों का पलायन क्या है? क्यों आ रहे है। इतने लोग मज़दूरी करने शहर की ओर?

कुछ अच्छे उदाहरण भी हैं। हिबरे बाज़ार (महाराष्ट्र) में पोपटराव पवार जैसे नेताओं के मार्गदर्शन में आदर्श गाँव बना। जहाँ पानी है, साफ़-सफ़ाई है। पानी जो हमारे पास सबसे ज्यादा था, हमने उसे अपने हाथों से नष्ट किया। जल की क़ीमत इज़राइल जैसे देशों से पूछनी चाहए। हमें उनसे सीखना चाहिए।

विवेक मिश्र : आज अलग-अलग जगहों से किसान उठकर एकजुट हो रहे हैं। आने वाले समय में किसान आन्दोलन का क्या भविष्य देखते हैं?

संजीव : देखिए आज की राजनीति में मूल्यों की भारी कमी आयी है। इसने आन्दोलनधर्मिता को भी पॉल्यूट किया है। आज समझना मुश्किल है कि कौन किसके साथ है। कौन किसके इशारे पर काम कर रहा है। पर सरकारों को किसान की ओर अन्ततः ध्यान देना ही पड़ेगा। बिना खेती के यह देश कुछ भी नहीं। पर सफलता तभी मिलेगी, जब इस पर समग्रता में विचार होगा जिसमें भूमि संरक्षण, जल संरक्षण, खाद और बीज का सन्धान, गाँव में अच्छे स्कूल, अस्पताल आदि की व्यवस्था। पारम्परिक तरीक़ों को प्रोत्साहन आदि मामले शामिल हैं।

...कुल मिलाकर रेशनल एटीट्यूड...होना चाहिए, हाइब्रिड बीजों का बिना सोचे-समझे प्रयोग में लाना घातक है। हम ऐसी फ़सलें खाकर आत्मसंहार कर रहे हैं। इसे आँख मूदकर प्रयोग में नहीं लाना चाहिए। ऑर्गेनिक खेती एक अच्छा विकल्प है पर इसके लिए किये जा रहे प्रयास भी आधे-अधूरे हैं, दरअसल खेत-किसान को बचाने के लिए केवल उसकी फ़सल को नहीं खेती की संस्कृति को बचाना होगा। नहीं तो कई स्तरों पर विघटन होगा।

...जितना हम सोच रहे है, उससे ज्यादा टूटेगा। देखिए कितना बच पाता है।

❏❏